서울 근교 250산

서울 근교 250산

신명호 著

깊은솔

서울 근교 250산을 펴내면서

    산행을 시작한 지 어느 덧 36년 세월이 흘러 수없이 많은 시간을 산과 함께 보냈습니다. 필자는 산행을 시작한 지 30년이 되던 2008년 7월 30일 〈한국 700명산〉을 출판하였고, 이후 〈한국 100대 명산〉〈첩첩산중 오지의 명산〉〈영호남 200명산〉〈수도권 전철타고 가는 산〉〈서울 산 가는 길〉〈한국 1000산〉을 출간하였으며, 다시 〈서울 근교 250산〉을 출간하게 되었습니다. 〈서울 근교 250산〉은 대부분 서울, 경기도의 산들이며 강원도 일부와 충청도 일부가 속해 있습니다.

    서울에서 승용차 또는 대중교통편으로 1시간 30분 이내의 거리에 위치해 있고 대부분 등산로가 뚜렷한 편입니다.

    필자는 〈한국 700명산〉 출간 후에도 계속 제 답사를 통해 개발로 변해가는 등산로와 산 입구가운 곳 까지 가는 교통편, 주변에서 잘하는 음식점, 깨끗한 숙박, 가볼만한 명소 등 산행에 꼭 필요한 사항 등을 중점 조사 하여 새로운 산행안내 책에 기록을 하였습니다.

    필자가 써온 산행안내 책 모든 내용은 필자가 실제 산행을 통해 현장을 답사한 기록이며, 부족한 부분은 재 답사를 통해 소홀함이 없이 정성을 다하여 기록한 내용들입니다. 앞으로도 계속 변해가는 산길과 부족한 부분을 계속 보완해가겠습니다.

    산은 곧 자연이며 자연은 꾸밈이 없는 천연그대로입니다. 맑은 공기 풍부한 산소 헤아릴 수 없이 수많은 동식물이 서식하는 무공해 청정 지역입니다.

    산행은 이러한 자연 속을 힘들게 오르고 내려가며 때로는 평지와 같은 산길을 걸으면서 무심으로 돌아가 자연과 동화되어 심신을 수련하는 생활의 일부입니다. 산행을 생활화하면 심신의 건강을 얻게 되고, 변하지 않는 순수한 산과 영원한 친구가 되어 여생을 외롭지 않게 지낼 수 있습니다.

    산행은 누구나 할 수 있는 건전한 취미생활이며 각박한 현대사회생활에 활력을 불어 넣어 주는 보약과 같은 자연과 함께하는 취미 생활입니다.

    자가운전은 고속도로 IC 또는 주요 국도나 지방도에서부터 산행기점이 가까운 주차공간까지 도로편을 기록하였습니다. 대중교통편은 서울 또는 기타 대도시에서 군소재지까지 군 소재지에서 등산기점이 가까운 마을까지 시내(군내)버스 편을 기록하였습니다.

저자   신 명 호

참고사항

1. 〈서울 근교 250산〉은 서울을 중심으로 승용차로 1시간 30분 이내 거리에 위치한 산이다. 대부분 서울 경기도에 위치한 산이며, 강원도 일부와 충청도 일부의 산이 속해 있다.
2. 지도는 국립지리원 1:5000 원색지도를 기본으로 하여 능선과 계곡을 쉽게 이해할 수 있도록 개념도로 작성하였다.
3. 안내하는 등산로는 적색점선(----)으로 표시하였고, 기타 등산로 흑색점선(----)으로 표시하였다.
4. 산행기록은 산행기점에서 적색점선 등산로를 따라 정상에 오른 후, 하산 지점까지 진행하는 등산로 상태와 갈림길 지명 구간별 시간을 기록하였다.
5. 본문은 소재지, 요점, 구간별 산행시간, 산행진행설명, 교통, 기타 순으로 정리하였다.
6. 능선은 주능선, 지능선, 세능선으로 분류하여 굵고 가늘게 하여 회색 선으로 하였다
7. 계곡은 물이 많은 주요계곡은 청색으로 하였고, 기타 계곡은 바탕색으로 하였다.
8. 소요시간은 보통사람들의 보행시간이며, 총 소요시간은 구간별시간 합계에서 1시간(점심+휴식시간)을 포함한 시간이다.
9. 매년 다음 기일은(2. 1~5. 15) (11. 1~12. 15) 산불예방 입산 통제 기간이며, 지방자치단체에 따라 입산을 통제하는 시기가 다를 수 있다.
10. 도로는 철도, 고속도로, 국도, 지방도, 기타도로, 소형차로(1차선도로)로 정리하였다.
11. 교통편은 자가운전 편과 대중교통 편을 기록하였다. 자가운전 편은 고속도로 IC 또는 주요국도에서부터 승용차 진입이 가능한 산행기점 주차공간까지 기록하였다.
12. 식당은 산행지 주변에서 잘하는 음식점을 조사하여 두세 집을 선정하였다.
13. 숙박은 산행지 주변에서 가장 깨끗한 모텔, 민박, 펜션을 확인 한두 곳을 선정하였다.
14. 시골 농산물을 현지에서 생산자로부터 직접 구매할 수 있는 5일장날을 기록하였다.
15. 명소는 산행지 주변에서 가볼만한 곳을 기록하였다.
16. 지도는 개념도로 작성되었고, 등산로 설명은 요점만 정리하여 기록하였으므로 지도와 등산로설명은 참고만 하고 자세한 부분은 스스로 판단을 하면서 산길을 찾아가야 한다.
17. 지도와 등산로 설명은 요점만 기록 하였으므로 단체산행은 반드시 사전 답사를 해야를 하고, 개별적인 산행은 스스로 개척하는 기분으로 산길을 찾아가야 한다.
18. 입산문의 : 산림청 1588-3249. 국립공원관리공단 02-3279-2794. 지방 시, 군청 산림과.
19. 열차시각안내 1544-7788. 동서울버스터미널 02-446-8000. 강남고속버스터미널1588-6900. 남부버스터미널 02-521-8550

지도에 표시된 기호

기호		기호		기호		기호	
도 계	⟨◊⟩⟨◊⟩	임 도	————	헬 기 장	⊕	표 적 물	●
군 계	·····-	안내등산로	-------	샘 (식 수)	㊉	산불초소	♠
면 계	----	미확인산길	-------	묘 (무 덤)	⌒	통 제 소	⌂
철 도	┼┼┼┼┼□┼┼┼┼	소요시간	←20분→	폭 포	⊐⊏	과 수 원	○
고 속 도 로	═══════	능 선	～～～	주요안부	●	밭 · 논	⋏⋏ ㅛㅛ
국 도	══37══	계 곡	～～～	주갈림길	○	교회(기도원)	✝
지 방 도	══371══	합 수 곡	～•～	절 (암 자)	卍	학교(학교터)	⚑
기 타 도 로	════	삼각점봉	△	성 (성 터)	⊔⊓⊔	주 차 장	Ⓟ
소 형 차 로	══	산봉우리	▲	다 리 (교)	⋈	버스정류장	🚌

산이름 쉽게 찾기

가

산이름	페이지
가덕산	122
각흘산	76
갈기산	158
감악산(원주)	240
감악산(파주)	54
감투봉(포천 신북)	56
감투봉(포천 이동)	76
갑산	34
강씨봉	86
검단산	26
검봉산	196
견치봉	84
계관산	124
고대산	72
고동산	132
고래산(남양주)	34
고래산(여주)	162
고려산	40
고령산	50
곡달산	134
곰넘이봉	64
공작산	214
관모봉	64
관산	168
관악산	18
관음봉	96
관음산	78
관인봉	68
광교산	30
광덕산(천안)	260
광덕산(화천)	184
구룡산	224
구절산	204
구학산	242
국망봉	82
국망산	246
국사봉(포천 내촌)	90
국사봉(포천 신북)	62
굴봉산	198
귀목봉	112
금남산	130
금물산	210
금병산	192
금수산	250
금왕산	160
금주산	64
금학산(철원)	72
금학산(홍천)	206
길매봉	86
깃대봉(가평)	102
깃대봉(청평)	98
까끈봉	212

나

산이름	페이지
남대봉	236
남한산성	28
노고봉	166
노적봉	106

다

산이름	페이지
단월산	152
담바위봉	242
당산	224
대금산	100
대룡산	190
대부산	140
대학산	222
덕가산	234
덕성산	178
덕주봉	252
도드람산	174
도봉산	14
도일봉	152
드름산	192
등선봉	194

마

산이름	페이지
마감산	176
마니산	42
마적산	188
마차산	58
만대산	216
망경산	260
망덕봉	250
매봉	104
매봉산	238
매화산	212
명봉	190
명봉산	226
명성산	74
명지산	110

산이름 쉽게 찾기

모락산 …………… 30	보금산 …………… 176	서리산 …………… 94
몽덕산 …………… 122	보납산 …………… 126	서운산 …………… 180
무갑산 …………… 168	보련산 …………… 246	석룡산 …………… 114
무제봉 …………… 248	보름가리봉 ………… 230	선바위봉 ………… 238
묵방산 …………… 216	보리산 …………… 136	설봉산 …………… 174
문바위봉 ………… 118	복계산 …………… 182	성거산 …………… 258
문수산 …………… 38	봉미산 …………… 156	성산 ……………… 70
문안산 …………… 130	봉재산 …………… 146	소구니산 ………… 140
문형산 …………… 32	봉화산(춘천 남산) … 196	소리산 …………… 154
물갈봉 …………… 200	봉화산(춘천 북산) … 188	소요산 …………… 58
미륵산 …………… 234	봉화산(홍천) ……… 218	소주봉 …………… 202
민둥산 …………… 84	부용산(양평) ……… 142	속리산 …………… 256
	부용산(춘천) ……… 188	송악산 …………… 108
	북귀목봉 ………… 112	송이봉 …………… 102
바	북배산 …………… 124	송이재봉 ………… 154
	북한산 …………… 10	쇠뿔봉 …………… 208
바라산 …………… 30	불곡산 …………… 52	수덕바위산 ……… 114
바른골봉 ………… 106	불기산 …………… 100	수덕산 …………… 118
박달산(괴산) ……… 254	불암산 …………… 24	수락산 …………… 24
박달산(파주) ……… 50	비룡산 …………… 160	수리봉(가평) ……… 102
반암산 …………… 80	뾰루봉 …………… 132	수리봉(원주) ……… 236
발교산 …………… 220		수리봉(춘천 동내) … 190
백둔봉 …………… 110		수리봉(홍천) ……… 220
백마산 …………… 166	**사**	수리산 …………… 36
백봉산 …………… 96		수불무산 ………… 186
백운봉 …………… 146	사향산 …………… 78	수암봉 …………… 36
백운산(영종도) …… 46	삼각산 …………… 160	수원산 …………… 90
백운산(원주) ……… 232	삼악산 …………… 194	
백운산(의왕) ……… 30	삼태봉 …………… 134	
백운산(포천) ……… 80	삿갓봉 …………… 122	**아**
벼락바위봉 ……… 230	상봉산 …………… 44	
병무산 …………… 220	상해봉 …………… 184	아기봉 …………… 88
보개산 …………… 68	새덕산 …………… 200	애기봉 …………… 116

산이름 쉽게 찾기

앵자봉 …………… 170	응봉산 …………… 222	치악산 …………… 228
양자산 …………… 170		칠갑산 …………… 262
어비산 …………… 138	**자**	칠봉산 …………… 60
여우봉 …………… 74		칠장산 …………… 178
연엽산 …………… 204	장락산 …………… 136	칠현산 …………… 178
연인산 …………… 108	정개산 …………… 172	
영장산 …………… 32	정암산 …………… 164	**카**
예봉산 …………… 34	종자산(포천) …………… 66	
오갑산 …………… 244	종자산(홍천) …………… 154	칼봉산 …………… 104
오독산 …………… 98	종현산 …………… 56	
오봉산(춘천) …………… 188	좌방산 …………… 202	**타**
오봉산(홍천) …………… 214	주금산 …………… 92	
오음산 …………… 218	주발봉 …………… 128	태조봉 …………… 258
옥녀봉(가평) …………… 106	주월산 …………… 254	태화산 …………… 166
옥녀봉(진천) …………… 248	중미산 …………… 134	통방산 …………… 134
옥산 …………… 140	중원산 …………… 150	
왕방산 …………… 62		**파**
왕터산 …………… 136	**차**	
용마산 …………… 26		팔봉산 …………… 206
용문산 …………… 148	차돌박이산 …………… 84	폭산 …………… 156
용조봉 …………… 150	천마산 …………… 96	
용화산 …………… 186	천보산(양주) …………… 60	**하**
우두산 …………… 162	천보산(의정부) …………… 52	
운길산 …………… 34	천삼산 …………… 240	함왕봉 …………… 146
운두산 …………… 98	철마산 …………… 92	해명산 …………… 44
운악산 …………… 88	청계산(성남) …………… 22	해협산 …………… 164
원적산 …………… 172	청계산(양평) …………… 142	혈구산 …………… 40
원통산 …………… 244	청계산(포천) …………… 86	호롱곡산(무의도) …………… 48
월두봉 …………… 126	청우산 …………… 100	호명산 …………… 128
월악산 …………… 252	촉대봉 …………… 120	화악산 …………… 116
유명산 …………… 138	추읍산 …………… 144	화야산 …………… 132
육계봉 …………… 198	축령산 …………… 94	흑성산 …………… 258

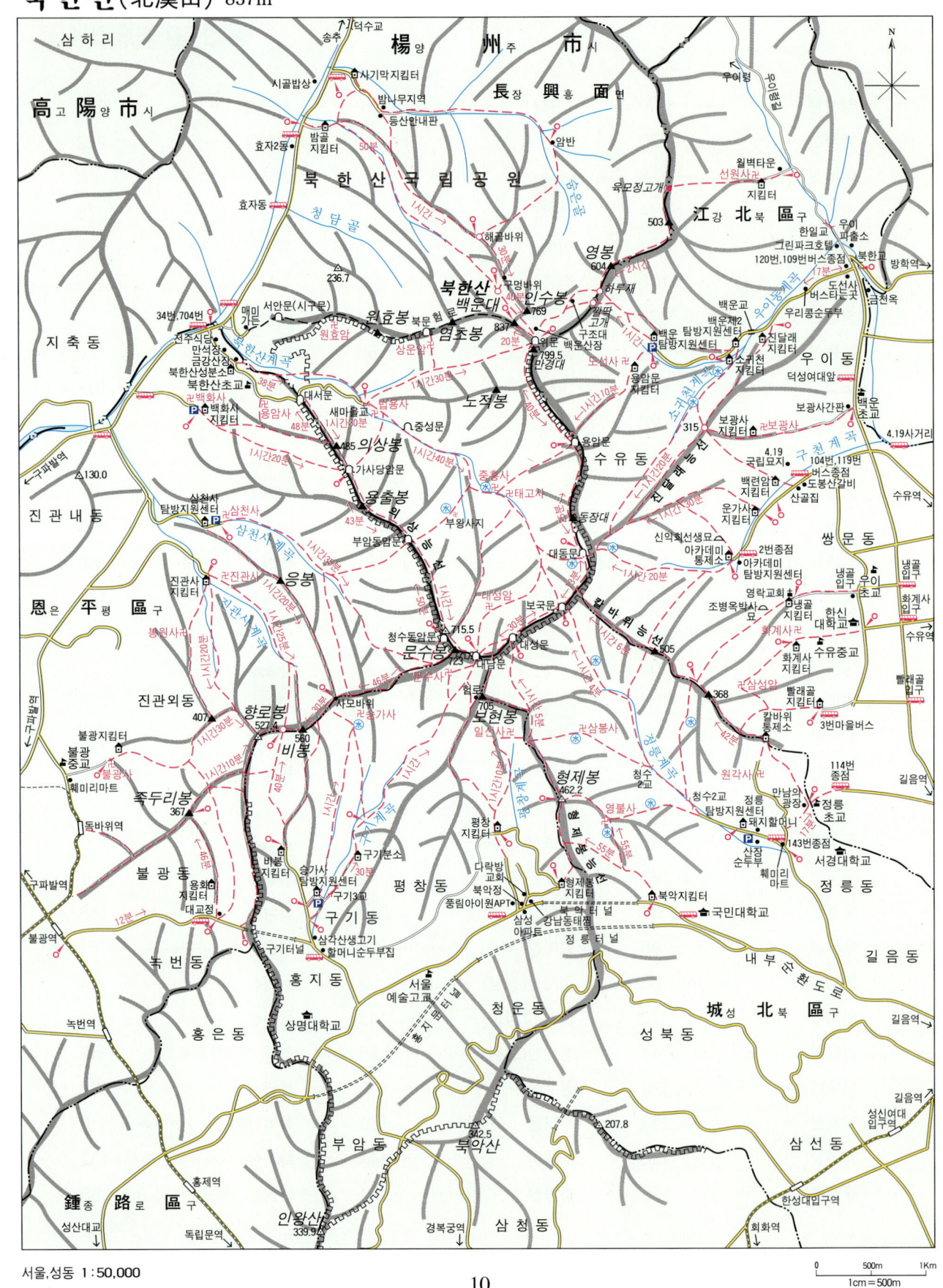

북한산 백운대를 오르다 바라본 인수봉

북한산
서울특별시 · 경기도 고양시

북한산(北漢山. 837m)은 수도 서울의 상징적인 산이다. 우이령을 사이에 두고 동북쪽은 도봉산 남서쪽은 북한산이다. 정상인 백운대와 만경대 인수봉이 거대한 삼각봉으로 이루어져 있고, 보현봉 문수봉 비봉 향로봉 노적봉 원효봉 등 수많은 암봉은 북한산의 절경을 이룬다.

주능선은 북한산성으로 둘러싸여 있으며 12개의 성문이 있고 성 중앙에 중성문이 하나 있다. 북한산은 1983년 4월 2일 도봉산과 함께 우리나라 15번째 국립공원으로 지정되었다.

북한산 등산로는 30코스 정도 된다. 그중 대표적인 11코스만 소개하므로 기타 코스는 산행지도를 참고하면 산행이 가능하다. 등산 기점에는 대부분 안내문이 있고 갈림길 요소에는 이정표가 배치되어 있으므로 이를 참고하면서 산행을 진행한다.

총소요시간은 실제 산행시간에서 휴식시간 30분을 추가한 시간이며 4시간 이상 소요되는 코스는 1시간을 추가하였다.

등산로 Mountain path

북한산성-새마을교-백운대 코스
총 2시간 58분 소요
북한산성 입구→38분→새마을교→90분→위문→20분→백운대

북한산성 입구 버스정류장에서 동쪽으로 난 도로를 따라 100m 정도 들어가면 오른쪽에 주차장이 있고 계속 들어가면 상가지역을 지나서 북한산성 지원센터가 있다. 지원센터에서 50m 거리에 갈림길이다. 왼쪽은 계곡길 오른쪽은 소형차로 대서문길이며 어느 길로 가도 30분 거리에 이르면 새마을교에서 만나게 된다. 새마을교 삼거리에서 왼쪽은 위문 백운대로 오르는 길이고 오른쪽은 대동문 남문 방면 길이다. 왼쪽으로 가면 계곡으로 이어지면서 1시간 30분을 오르면 위문에 닿고 위문에서 20분을 더 오르면 백운대 북한산 정상이다.

밤골 입구-해골바위-숨은벽-백운대 코스
총 3시간 소요
효자2동→60분→해골바위→70분→위문→20분→백운대

효자 2동 버스정류장에서 북쪽 60m 거리 국사당 간판 오른편으로 소형차로를 따라 4분을 가면 밤골지킴터 삼거리다. 여기서 오른쪽은 계곡길, 왼쪽은 능선길로 이어져 숨은벽골 상단에서 만나 백운대로 오르는 길이다.

밤골지킴터에서 왼쪽으로 3분을 가면 삼거리다. 삼거리에서 오른쪽 지능선을 따라 43분을 오르면 바윗길이 시작된다. 바윗길을 따라 8분을 오르면 해골바위 위에 선다.

해골바위 위에서 직진하여 5분 거리 봉에서 오른쪽으로 10분 정도 가면 바위 절벽길이 시작된다. 여기서 바윗길 따라 가다가 왼쪽 우회 길로 가면 구멍바위 북쪽 면에 닿는다. 여기서 오른편으로 구멍바위를 넘어 9분을 내려가면 계곡 삼거리다. 계곡삼거리에서 왼쪽 계곡을 따라 30분을 오르면 고개를 통과하고 70m 정도 내려가면 이정표 삼거리다. 삼거리에서 오른쪽 비탈길을 따라 7분을 가면 위문이다. 위문에서 오른쪽으로 20분을 오르면 백운대 북한산 정상이다.

불광역-족두리봉-비봉-대남문 코스
총 4시간 7분 소요
불광역→58분→족두리봉→70분→향로봉→76분→청수동암문→13분→대남문

여행 정보 Tourist Information

🚌 대중교통

북한산성 입구
구파발역 2번 출구에서 704번 34번 버스 이용, 북한산성 입구 하차.

숨은벽
구파발역 2번 출구에서 704번 34번 버스 이용, 효자2동 하차.

진관사
3호선 구파발역 3번 출구에서 7723번 버스 이용, 진관사 입구 하차.

족두리봉
3호선 불광역 2번 출구.

구기동
3호선 불광역 2번 출구에서 직진 신호등 건너 구기터널 쪽 7022번 7211번 7212번 버스 이용 구기터널 통과 후 하차.

형제봉
4호선 길음역 3번 출구에서 불광동행 7211번 버스 이용, 국민대 하차.

정릉
4호선 길음역 3번 출구에서 143번 버스 이용, 정릉 종점 하차.

칼바위능선
4호선 길음역 3번 출구에서 마을버스 1114번을 타고 정릉초교 뒤 종점 하차. 또는 143번을 타고 정릉 종점 하차.

아카데미하우스
4호선 수유역 8번 출구 강북구청 동편에서 01번 마을버스 이용 종점 하차.

우이동
4호선 수유역 3번 출구에서 120번 153번 버스 이용 우이동 종점 하차.

3호선 불광역 2번 출구에서 구기터널 쪽으로 인도를 따라 12분을 가면 대교정식당 입구이다. 여기서 왼편 대교정식당 쪽 골목길을 따라 2분 거리 통나무집에서 오른쪽으로 8분을 가면 삼거리 용화1통제소가 있다. 용화1통제소에서 왼쪽 등산로를 따라 18분을 오르면 오른쪽에서 오르는 합길이다. 합길에서 왼쪽 능선을 따라 18분을 더 오르면 거대한 바위 족두리봉에 닿는다.

족두리봉에서 북동 방향으로 계속 주능선을 타고 30분을 더 오르면 향로봉 오른편 주능선사거리에 닿는다. 사거리에서 동쪽으로 이어지는 능선을 따라 가면 양편으로 수차례 갈림길이 나오지만 언제나 직진을 하면서 56분 거리에 이르면 문수봉 전 삼거리다. 문수봉 전 삼거리에서 오른쪽은 문수봉으로 오르는 암릉 길이고 왼쪽은 청수동암문이다. 갈림길에서 왼쪽으로 20분을 오르면 청수동암문이다. 여기서 오른쪽으로 7분을 올라가면 문수봉 삼거리에 닿는다. 여기서 문수봉은 바위 경험자만 오를 수 있다. 문수봉삼거리에서 6분을 더 내려가면 대남문이다.

구기동-대남문-대동문-백운대 코스
총 4시간 8분 소요

구기터널 입구→90분→대남문→43분→대동문→65분→위문→20분→백운대

구기터널 동쪽 100m 거리 삼거리에서 북쪽으로 100m 거리에 이르면 오른쪽 계곡을 따라 소형차로가 있다. 여기서 오른편 소형차로를 따라 끝까지 가면 왕금산장에서 차로가 끝나고 등산로가 시작된다. 뚜렷한 등산로를 따라 가면 구기동지킴터가 있고 10분을 더 가면 삼거리다. 왼쪽은 승가사 오른쪽은 대남문이다.

삼거리에서 오른쪽 계곡을 따라 40분을 오르면 갈림길이다. 갈림길에서 오른쪽으로 20분을 더 오르면 대남문이다.

대남문을 통과 오른편 비탈길을 따라 10분을 가면 대성문이고 20분을 가면 보국문이다. 보국문에서 성벽을 따라 13분을 가면 대동문이다. 대동문에서 계속 성벽길을 따라 25분을 가면 동장대를 지나서 용암문이다. 용암문에서 왼편 비탈길로 이어지면서 40분 거리에 이르면 위문에 닿는다. 위문에서 바윗길을 따라 20분을 오르면 백운대 북한산 정상이다.

국민대-형제봉-의상봉-북한산성 코스
총 5시간 48분 소요

북악지킴터→55분→형제봉→75분→대남문→67분→부왕동암문→59분→의상봉→32분→북한산 입구

4호선 길음역 3번 출구에서 7211번 버스를 타고 북악터널 전 국민대 하차. 북악터널 쪽으로 200m 거리에 이르면 북악지킴터가 있다. 북악지킴터를 통과 10분을 가면 둘레길 갈림길이다. 갈림길에서 왼쪽 둘레길을 따라 10분을 오르면 형제봉능선에 닿는다. 여기서 오른쪽 능선을 따라 35분을 올라가면 형제봉에 닿는다.

형제봉에서 북쪽 능선을 따라 35분을 가면 일선사 갈림길이다. 갈림길 오른편에서 왼쪽 비탈길을 따라 30분을 가면 대성문이다. 대성문에서 왼쪽으로 10분을 가면 대남문이다.

대남문에서 성곽을 따라 직진 10분 거리 문수봉 삼거리에서 오른쪽으로 7분 내려가면 청수동암문이다. 여기서 직진 성곽을 따라 7분을 오르면 삼각점봉 삼거리다. 삼각점봉 삼거리에서 왼쪽 의상봉능선 바윗길을 따라 20분을 내려가면 안부에 닿는다. 안부에서 오른편 비탈길을 따라 8분을 가면 갈림길이다. 여기서 왼쪽으로 16분을 가면 부암동암문이다. 왼쪽은 삼천사 방면이다.

부암동암문에서 직진 43분 거리에 이르면 가사당암문에 닿는다. 왼쪽은 백화사 방면이고 직진으로 16분을 오르면 의상봉이다.

의상봉에서 2분을 내려가면 갈림길이다. 왼쪽은 백화사 직진은 북한산성 입구다. 직진 길을 따라 10분을 내려가면 소형차로에 닿고 20분을 더 내려가면 북한산 입구 버스정류장이다.

여행 정보 Tourist Information

식당

북한산성

옛골토성(오리)
고양시 덕양구 대서문길 216(북한동)
02-385-3064

만석장(일반식)
고양시 덕양구 대서문길
02-385-3064

전주식당(일반식)
은평구 대서문길 15-7 (진관동)
02-355-3300

가야밀냉면(일반식)
은평구 대서문길 24 (진관동)
02-356-5546

밤골 입구

시골밥상(일반식)
고양시 덕양구 북한산로 607(효자동)
02-354-7657

진관사

진미집(닭)
은평구 진관내동
삼천사 입구
02-381-3353

수복집(닭)
은평구 연서로54길 47(진관동)
02-381-6948

삼천상회(일반식)
은평구 연서로54길 56(진관동)
02-381-0670

불광역

통나무집(닭, 오리)
은평구 진흥로19길 6 (불광동)
02-356-5533

대교정(닭, 오리)
은평구 진흥로19길 4
구기터널 입구
02-359-6097

정릉-보국문-대동문-백운대 코스
총 3시간 12분 소요

정릉탐방지원센터→64분→보국문→78분→위문→20분→백운대

정릉탐방지원센터에서 주차장을 지나 4분 거리에 이르면 청수1교를 지나 삼거리다. 삼거리에서 왼쪽으로 5분을 가면 청수2교 삼거리다. 청수2교 삼거리에서 왼쪽으로 가면 영취사 일선사를 거쳐 1시간 30분을 오르면 대성문에 닿는다. 청수2교 삼거리에서 오른쪽 등산로를 따라 20분을 가면 넓적바위 삼거리다. 삼거리에서 왼쪽으로 40분을 오르면 보국문에 닿는다.

보국문에서 오른편 성곽을 따라 13분을 가면 대동문에 닿고 대동문에서 25분을 가면 용암문이다. 용암문에서 오른쪽은 도선사로 하산길이다. 용암문에서 만경대 서쪽으로 이어지는 비탈길을 따라 40분 거리에 이르면 위문에 닿는다.

위문에서 거대한 바윗길을 따라 20분을 오르면 백운대 북한산 정상에 닿는다.

백운대에 서면 북쪽으로 인수봉, 동남쪽으로 만경대 백운대와 함께 삼각봉을 이루고 있다.

정릉-칼바위능선-대동문-백운대 코스
총 3시간 43분 소요

정릉 만남의광장→42분→냉골갈림길→66분→대동문→65분→위문→20분→백운대

정릉 143번 버스종점에서 시내 쪽 150m 거리 페미리마트에서 오른쪽으로 5분을 가면 둘레길이다. 여기서 오른쪽 둘레길을 따라 12분을 가면 만남의광장이다. 광장에서 12분을 가면 칼바위 지킴터 사거리다. 사거리에서 북쪽 능선을 따라 30분을 가면 안부사거리 지나 냉골 갈림길이다.

여기서 직진 16분을 오르면 문필봉이다. 문필봉에서 9분을 내려가면 안부 사거리다. 여기서 직진하면 칼바위로 오르고 왼편 우회길도 있다. 직진 바윗길을 타고 7분을 오르면 칼바위에 닿고 2분을 내려가면 안부다. 안부에서 8분을 오르면 성벽길이다. 성벽길을 따라 가면 대동문 용암문 위문을 거쳐 백운대에 오른다. 성벽에서 1시간 30분 거리다.

아카데미하우스-대동문-백운대 코스
총 3시간 15분 소요

아카데미하우스→80분→대동문→65분→위문→20분→백운대

4호선 수유역 8번 출구 강북구청 동편에서 아카데미하우스 방면 01번 마을버스를 이용, 종점 하차. 마을버스 종점이나 (4.19 묘소 입구에서 서쪽으로 도로를 따라 약 1km) 끝까지 가면 아카데미하우스 지킴터가 있다. 지킴터에서 오른쪽은 신익희 선생 묘 가는 길이고 왼쪽으로 10분 거리에 이르면 갈림길이다. 갈림길에서 왼쪽은 칼바위능선으로 이어지고 오른쪽 길은 대동문으로 이어진다. 오른쪽 대동문 이정표를 따라 가면 계곡으로 가다가 능선으로 이어지면서 1시간 10분을 오르면 대동문에 닿는다.

대동문에서 오른쪽으로 간다. 오른쪽 성곽길을 따라 25분 거리에 이르면 용암문에 닿고, 용암문에서 서쪽으로 이어지는 비탈길을 따라 40분 거리에 이르면 위문에 닿는다.

위문에서 거대한 바윗길을 따라 20분을 더 오르면 백운대 북한산 정상이다.

우이동-도선사 주차장-하루재-백운대 코스
총 2시간 30분 소요

120번 종점→40분→도선사 주차장→60분→위문→20분→백운대

도선사 주차장에서 오른쪽으로 가면 백운통제소를 지나서 20분 거리에 이르면 하루재 사거리에 닿는다. 하루재에서 직진하면 산악구조대 백운산장을 지나면서 40분을 오르면 위문에 닿는다. 위문에서 오른쪽 바윗길을 따라 20분을 더 오르면 백운대 북한산 정상이다.

여행 정보 Tourist Information

구기동

삼각산(생삼겹살)
종로구 진흥로 435
(구기동)
02-379-8710

할머니순두부
종로구 진흥로 439
(구기동)
02-379-6276

우이동

우리콩순두부
강북구 4.19로
(도선사 입구)
02-995-5918

금천옥(설렁탕)
강북구 삼양로 672
(우이동)
02-904-5191

울터두부마을
강북구 4.19로 버스종점
02-996-1487

정릉

산장순두부촌
성북구 보국문로 205
(정릉동)
02-919-1599

돼지할머니(삼겹살)
성북구 보국문로38길 25-6(정릉동)
02-918-8198

아카데미하우스

도봉갈비
강북구 4.19로 77(수유동)
02-902-0977

산골집(일반식)
강북구 4.19로21길 4
(수유동)
02-994-5075

농우오리마을
강북구 4.19로 91
(수유동)
02-999-6233

도봉산(道峰山) 739.5m

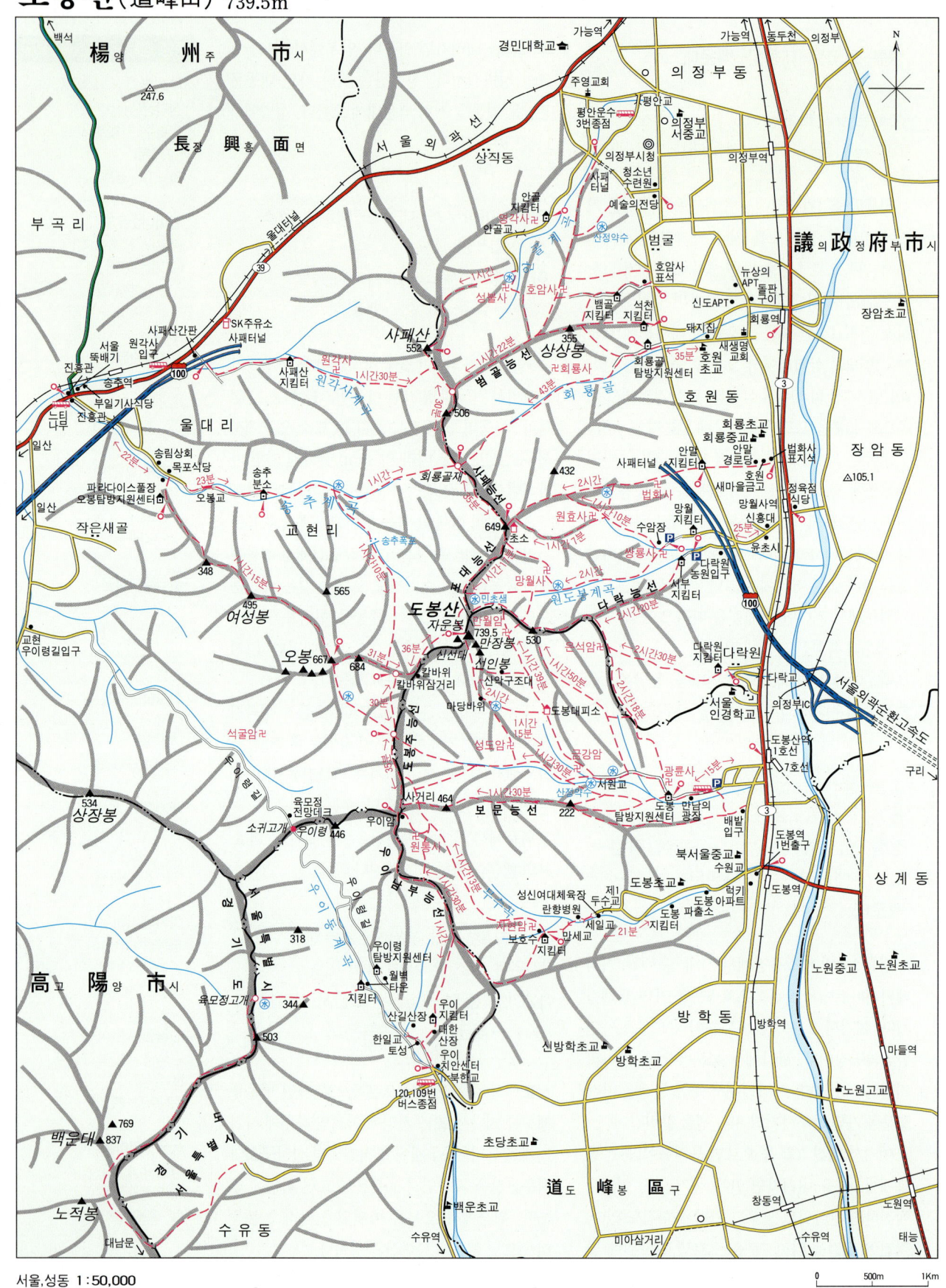

서울,성동 1:50,000

도봉산 자운봉

도봉산　서울특별시 · 경기도

도봉산(道峰山. 739.5m)은 북한산과 함께 수도 서울의 상징적인 산이다. 정상 주변은 대부분 바위로 이루어져 있으며 험로에는 안전설치가 되어 있으나 위험한 곳이 많으므로 안내문을 참고 하면서 산행을 해야 한다.

등산로 Mountain path

도봉산역-다락능선-포대능선-신선대-우이암-우이동 코스 총 6시간 14분 소요
도봉산역→75분→다락능선→30분→만월암 삼거리→48분→신선대→36분→오봉능선→65분→우이암→60분→우이파출소

1호(7호선) 도봉산역 1번 출구에서 도로 건너 15분을 가면 주차장을 지나 지원센터삼거리다. 삼거리에서 오른쪽으로 2분 거리 도봉분소 삼거리에서 오른쪽으로 10분을 가면 둘레길 삼거리다. 여기서 왼쪽으로 7분 거리 갈림길에서 직진 25분을 오르면 능선사거리다. 사거리에서 직진하여 16분을 오르면 다락능선 삼거리에 닿는다.

삼거리에서 왼쪽 다락능선을 따라 30분을 가면 만월암 삼거리다. 만월암 삼거리에서 직진 3분을 가면 암릉길(쇠줄)이 시작된다. 여기서 쇠줄을 이용하여 바윗길을 따라 25분을 오르면 포대능선에 닿는다. (노약자는 오른쪽 우회길을 이용 민초샘을 경유하여 포대로 오른다.)

포대 쉼터에서 직진 밧줄 코스를 타고 오르거나 오른편 우회길을 이용하여 10분을 가면 삼거리가 나온다. 삼거리에서 왼쪽으로 3분 거리 고개에서 4분을 오르면 신선대에 닿는다.

하산은 다시 고개로 내려가서 왼편 삼거리로 되돌아간 다음, 왼쪽 우이암 방면 길을 따라 10분 내려가면 갈림길이 나온다. 갈림길에서 직진 20분을 가면 다시 능선에 오른 후에 오른쪽 (10m) 삼거리에서 왼쪽 우이암 방면으로 30분을 내려가면 안부 사거리다.

사거리에서 직진 35분을 가면 우이암 위 바위 능선이다. 여기서 계속 직진 능선을 따라 밧줄지역을 통과하면서 30분을 내려가면 쉼터가 있다. 쉼터를 지나서 계속 능선을 따라 30분을 내려가면 한일교를 지나 우이파출소에 닿는다.

도봉산역-만월암-포대능선-신선대-마당바위-도봉산역 코스 총 4시간 22분 소요
도봉산역→32분→서원교→38분→만월암→44분→신선대→29분→마당바위→59분→도봉산역

1호선(7호선) 도봉산역 1번 출구에서 도로 건너 식당 골목길을 따라 15분을 가면 만남의광장을 지나 도봉지원센터 삼거리다. 도봉지원센터에서 오른쪽으로 2분 거리 도봉분소에서 왼쪽으로 15분을 가면 서원교 삼거리다.

서원교에서 오른쪽으로 20분을 가면 도봉대피소 삼거리다. 대피소에서 오른쪽으로 10분을 오르면 만월암 입구에 닿는다. 여기서 왼쪽으로 8분을 오르면 만월암을 통과하여 갈림길이 나온다. 갈림길에서 왼쪽으로 가면 바로 계단길로 이어지면서 16분을 오르면 다락능선이다. 다락능선에서 10분을 더 오르면 포대능선에 닿고 1분 거리에 쉼터가 있다.

포대능선 쉼터에서 직진 밧줄 코스 또는 우회길을 이용하여 10분을 가면 삼거리가 나온다. 삼거리에서 왼쪽으로 3분 거리 고개에서 밧줄을 타고 4분을 오르면 신선대에 닿는다.

하산은 다시 고개로 내려가서 오른편 남쪽으로 18분을 내려가면 갈림길이다. 갈림길에서 직진 7분을 내려가면 마당바위다.

마당바위에서 2분 내려가면 삼거리다. 삼거

여행 정보 Tourist Information

🚌 대중교통

도봉산역
1호선(7호선) 도봉산역 1번 출구

도봉역
1호선 도봉역 1번 출구에서 도로 건너 은혜샘교회 오른쪽 길로 간다.

망월사역
1호선 망월사역 3번 출구.

회룡역
1호선 회룡역 3번 출구

예술의전당
1호선 의정부역 하차 후 택시를 이용하여 예술의 전당 하차.

송추
3호선 구파발역 1번 출구에서 34번 버스 이용, 송추 느티나무 하차.

우이동
4호선 수유역 8번 출구 강북구청 동쪽에서 120번 버스 이용, 우이동 파출소 앞 하차.

🍴 식당

도봉산역

산두부(두부요리)
도봉구 도봉동 생태공원 위
02 954-1999

해뜨는집(삼겹살)
도봉구 도봉로181길 110 (도봉동)
02-956-4113

콩사랑(두부요리)
도봉구 도봉산4길 10 (도봉동)
02-955-6016

리에서 왼쪽은 도봉대피소, 오른쪽은 성도원으로 하산길이며 서원교에서 다시 만나게 된다. 삼거리에서 왼쪽으로 15분을 내려가면 천축사를 지나 도봉대피소에 닿는다.

도봉대피소에서 15분을 내려가면 서원교다. 서원교에서 12분을 내려가면 도봉지원센터이며 15분을 더 내려가면 도봉산역이다.

도봉산역-보문능선-우이암-신선대 코스
총 3시간 36분 소요

도봉산역→15분→안내소삼거리→72분→사거리→63분→오봉능선→36분→신선대

1호선(7호선) 도봉산역 1번 출구에서 도로 건너 식당골목으로 15분을 가면 주차장을 지나서 도봉지원센터 삼거리다.

삼거리에서 왼쪽 다리를 건너 산책로를 따라 12분을 가면 이정표(우이암1.8km) 삼거리다. 삼거리에서 왼편 능선길을 따라 10분을 오르면 보문능선 삼거리에 닿는다. 보문능선에서 완만한 능선을 따라 50분을 오르면 사거리다.

사거리에서 오른쪽으로 3분을 가면 도봉주능선 삼거리다. 삼거리에서 왼쪽은 우이암이고 오른쪽으로 30분을 가면 사거리 안부에 닿는다. 안부에서 직진 30분을 오르면 오봉능선 삼거리다.

삼거리 오른쪽(10m) 쉼터에서 왼쪽으로 19분을 가면 갈림길이다. 갈림길에서 직진 10분을 오르면 포대능선 삼거리다. 삼거리에서 오른쪽으로 3분 거리 고개에서 밧줄을 타고 4분을 오르면 신선대에 닿는다.

도봉역-우이암-신선대 코스
총 3시간 45분 소요

도봉역→21분→세일교→73분→우이암→65분→오봉능선삼거리→36분→신선대

도봉역 1번 출구에서 도를 건너 바로 오른편에서 좌회전 5분 거리 누원교에서 개천길을 따라 15분을 가면 개천길이 끝나고 3분을 더 가면 세일교에 닿는다.

세일교 건너 13분을 가면 무수골지킴터가 있다. 지킴터에서 오른쪽으로 3분 거리 자연암 갈림길에서 왼쪽 무수골을 따라 40분을 오르면 원통사에 닿는다. 원통사에서 17분을 오르면 주능선 삼거리에 닿고, 삼거리에서 왼쪽으로 30m 오르면 우이암이 가까이 보이는 전망대에 닿는다.

다시 자운봉을 향해 북쪽 주능선을 따라 35분을 가면 안부사거리다. 여기서 직진 30분을 오르면 오봉능선 삼거리다.

삼거리 오른편(10m) 쉼터에서 왼쪽 자운봉 이정표 방향으로 19분을 가면 갈림길이다. 갈림길에서 직진 10분을 오르면 포대능선 삼거리다. 삼거리에서 오른쪽으로 3분 거리 고개에서 밧줄을 타고 4분을 오르면 신선대에 닿는다.

망월사역-원효사-초소-신선대 코스
총 3시간 19분 소요

망월사역→25분→쌍룡사→67분→산불감시초소→77분→신선대

1호선 망월사역 3번 출구로 나와 오른편 50m 거리 삼거리에서 왼쪽으로 300m 가면 고가 밑 삼거리다. 여기서 오른쪽으로 소형차로를 따라 15분을 가면 쌍룡사 삼거리다.

여기서 오른쪽으로 10분을 가면 원효사 입구 삼거리다. 여기서 왼쪽 원효사 앞을 통과하여 계곡길을 따라 17분을 가면 계곡을 벗어나 능선으로 이어져 7분을 가면 샘터가 나오고 다시 6분을 오르면 지능선 갈림길이다. 여기서 17분을 오르면 헬기장 공터가 나오고 10분을 더 오르면 산불감시초소에 닿는다.

산불감시초소에서 남쪽 포대능선을 따라 1시간을 가면 포대능선 쉼터에 닿는다. 쉼터에서 우회길(혹은 밧줄코스)을 타고 10분을 가면 삼거리다. 삼거리에서 왼쪽으로 3분 거리 고개에서 밧줄을 타고 3분을 오르면 신선대에 닿는다.

여행 정보 Tourist Information

태정(오리요리)
도봉구 도봉산길 57 (도봉동)
02-3494-2006

섬진강(해물)
도봉구 도봉산4나길 4 (도봉동)
02-956-7386

메밀막국수
도봉로181길 136(도봉동)
02-930-4178

토성(오리전문)
도봉구 도봉산4나길 43 (도봉동)
02-955-5667

무수골집(일반식)
도봉구 도봉로173다길 32-2 무수계곡 입구
02-954-1423

회룡역
화로구이(삼겹살)
호원동 회룡역 3번 출구
031-872-5292

너루참치전문점
호원동 회룡역 3번 출구
031-337-3751

보리밥집
양주시 장흥면 호국로 657
031-829-9111

망월사역
윤초시(생고기전문)
망월사역 3번 출구에서 100m
031-877-6694

전원정육점식당(생고기)
의정부시 평화로 175-1 (호원동)
031-873-6317

송추-송추계곡-송추폭포-신선대 코스
총 3시간 1분 소요

느티나무정류장→45분→송추분소→70분→오봉능선→36분→신선대

송추 느티나무 버스정류장에서 진흥관 오른쪽으로 소형차로를 따라 45분을 가면 송추분소에 닿는다. 송추분소를 지나 50m에서부터 등산로가 시작되어 10분 거리에 이르면 삼거리가 나온다. 삼거리에서 왼쪽은 사패능선 오른쪽은 오봉능선이다. 오른쪽으로 12분을 가면 송추폭포를 지나고, 13분을 가면 사목교를 건너가게 되며 35분을 더 오르면 오봉능선에 닿는다.

오봉능선에서 왼쪽으로 7분 거리 갈림길에서 직진 바윗길을 10분 오르면 삼거리다. 삼거리에서 직진 10m 거리 쉼터에서 왼쪽 자운봉 이정표 방향으로 19분을 가면 갈림길이다. 갈림길에서 직진 10분 오르면 포대능선 삼거리다. 삼거리에서 오른쪽으로 3분 거리 고개에서 밧줄을 타고 4분을 오르면 신선대에 닿는다.

송추지킴터-여성봉-오봉-신선대 코스
총 3시간 14분 소요

느티나무정류장→22분→오봉지킴터→50분→여성봉→25분→667봉→31분→칼바위 삼거리→36분→신선대

송추 느티나무버스정류장에서 송추계곡 소형차로를 따라 17분을 가면 목포식당 오봉 갈림길이다. 여기서 오른쪽으로 5분을 가면 오봉지킴터가 있다. 여기서 무난한 등산로를 따라 30분을 오르면 전망바위가 나오고 다시 20분을 오르면 여성봉에 닿는다. 여성봉을 지나 20분을 오르면 오봉이 보이는 전망봉에 닿고 5분을 더 오르면 오봉 동쪽 667봉이다.

667봉에서 5분 거리 갈림길에서 직진 9분을 가면 왼쪽으로 갈림길이다.

갈림길에서 직진 7분 거리 갈림길에서 직진 바윗길을 10분 오르면 칼바위 삼거리다. 삼거리에서 직진(10m) 쉼터에서 왼쪽으로 19분을 가면 갈림길이다. 갈림길에서 직진 10분을 오르면 포대능선 삼거리다. 삼거리에서 오른쪽으로 3분 거리 고개에서 밧줄을 타고 4분을 오르면 신선대에 닿는다.

회룡역-회룡골재-사패산-원각사 코스
총 3시간 23분 소요

회룡역→35분→회룡사→43분→회룡골재→30분→사패산→65분→원각사 정류장

1호선 회룡역 3번 출구에서 직진하여 150m 가면 대로 사거리다. 도로 건너 사거리에서 왼쪽으로 100m 가면 신호등이 있고 오른쪽 도로를 따라 5분을 가면 삼거리다. 삼거리에서 왼쪽으로 5분을 가면 약수터(쉼터) 회룡지원센터가 있다. 지원센터에서 왼쪽 다리를 건너 8분 거리 갈림길에서 왼쪽으로 10분을 가면 회룡사에 닿는다.

회룡사에서부터 등산로를 따라 8분을 가면 쉼터를 지나고 계속 15분을 올라가면 철계단길이 시작된다. 철계단을 따라 8분을 오르면 철계단이 끝나고 쉼터가 있다. 쉼터에서 급경사길을 따라 12분을 오르면 사패능선 회룡골재 삼거리다.

회룡골재 삼거리에서 오른쪽으로 13분을 가면 범골에서 오르는 삼거리다. 삼거리에서 7분을 더 가면 원각사 갈림길이다. 여기서 10분을 더 오르면 사패산 정상에 닿는다.

하산은 정상에서 올라왔던 10분 거리 원각사 갈림길로 내려간다. 갈림길에서 동쪽 원각사 이정표를 따라 12분을 내려가면 계곡이다. 여기서부터 계곡길을 따라 15분을 내려가면 원각사다.

원각사에서부터 소형차로를 따라 9분을 내려가면 둘레길 아치를 지나고, 계속 8분을 가면 안내도를 지나며 다시 8분을 가면 원각사 표지석이 있는 사거리다. 사거리에서 직진 5분 거리에 이르면 원각사 버스정류장이다.

여행 정보 Tourist Information

송추

서울뚝배기(알반식)
양주시 장흥면 호국로 557
031-826-4190

부일기사식당(부대, 된장, 청국장)
양주시 장흥면 가마골로 64-25
031-826-4108

대가(닭, 오리)
의정부시 호국로1114번길 81(가능동)
031-829-9133

흥부산장(닭, 오리)
의정부시 호국로1114번길 138(가능동)
031-872-1136

고가네산장(닭, 오리)
의정부시 가금로69번길 25(가능동)
031-876-7087

진흥관(중식)
양주시 장흥면 호국로 550
031-826-4077

우이동

토성(오리전문)
강북구 삼양로181길 45 (우이동)
02-990-9292

금천옥(설렁탕)
강북구 삼양로 672 (우이동)
02-904-5191

울터두부마을(두부전문)
강북구 삼양로88길 (우이동) 120번 종점
02-996-1487

관악산(冠岳山) 629.9m

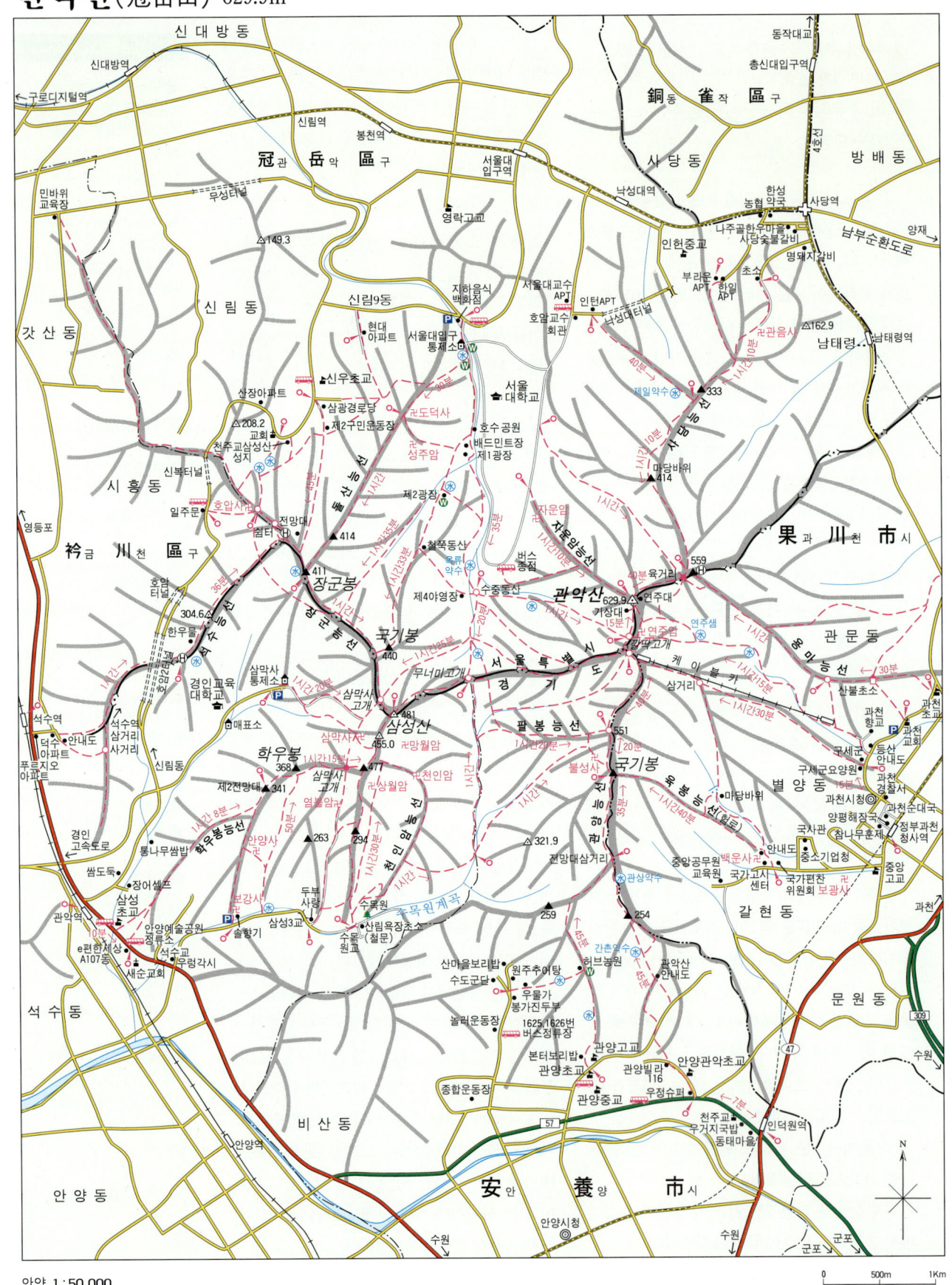

관악산

서울특별시 관악구 · 경기도 과천시, 안양시

관악산 연주대

관악산(冠岳山, 629.9m)은 경기 5악(岳)의 하나로 바위가 많은 산이다. 서울 남부와 경기도 과천시 안양시 경계를 이루고 있다. 꼭대기에 우뚝 솟은 기암괴석에서 땅으로 내려오는 산의 형세가 마치 갓(冠)과 같이 생겼다 하여 관악산이라 부른다. 정상에 서면 서울 남부 시가지와 과천 일대가 시원하게 내려다보인다. 관악산은 광범위한 산이며 수도권 중앙에 위치하고 있어 수도권 시민들이 편하게 오를 수 있는 거대한 공원 같은 산이다.

관악산 산행은 사방에 등산로가 수없이 많이 있고 이정표도 요소마다 설치되어 있다. 대표적인 등산로를 선정 요약해서 안내하므로 지도와 이정표를 확인하면서 산행을 한다.

삼성산(三聖山, 481m)은 관악산의 일부라 할 수 있는 산이며 안양 방면에서 많이 오른다.

소요시간은 등산기점에서 관악산(연주대)까지 또는 삼성산 정상까지이며, 실제 산행시간에 휴식시간 30분을 추가한 시간이다.

등산로 Mountain path

서울대 입구-깔딱고개-관악산(연주대)
총 2시간 20분 소요

서울대 입구→35분→사거리→60분→깔딱고개→15분→관악산

관악산 서울대 입구 코스는 관악산 삼성산으로 이어지는 등산로가 5~6곳으로 갈라지는 중요한 대표적인 등산기점이다.

2호선 서울대입구역 2번 출구에서 5515번A 또는 5515번B 버스를 타고 서울대 입구 하차 후, 서쪽 50m 거리 관악산 광장에서 넓은 산책길을 따라 7분 거리에 이르면 경로구역 갈림길이다. 갈림길에서 계속 직진 6분 거리에 이르면 호수공원 갈림길이다. 갈림길에서 왼쪽으로 연주대 이정표를 따라 22분을 가면 옥돌샘을 지나 삼거리 쉼터가 나온다.

삼거리 쉼터에서 왼쪽 연주암 이정표를 따라 오르면 가파른 길로 이어지면서 1시간을 오르면 깔딱고개 사거리에 닿는다.

깔딱고개에서 왼쪽은 바윗길 정상으로 가는 길이고, 직진은 완만한 길 연주암을 경유하여 정상으로 가는 길이다. 직진으로 내려서면 바로 연주암이다. 연주암에서 넓은 등산로를 따라 15분을 오르면 표지석이 있는 관악산 정상에 닿고 오른쪽에 연주대가 있다.

사당역-사당능선-관악산 코스
총 3시간 30분 소요

사당역→70분→낙성대 갈림길→70분→6거리안부→40분→관악산

2호선 사당역 5번 출구(4호선 4번 출구)에서 과천 방면으로 50m 정도 가다가 오른쪽 언덕길로 올라 첫 번째 오른쪽 관악산(관음사) 팻말을 따라 10분 정도 가면 초소를 통과하고 10분을 더 가면 관음사가 나온다. 관음사에서 좌우 어느 쪽으로 가도 정상으로 이어진다. 관음사에서 무난한 능선길을 따라 50분을 오르면 낙성대 갈림길이다.

갈림길에서 서남쪽으로 이어지는 주능선을 따라 오르면 강남 방면 서울시가지가 내려다보면서 1시간 10분을 오르면 6거리 안부에 닿는다. 여기서부터 바윗길 밧줄을 이용하면서 40분을 더 오르면 연주대를 지나 바위봉 관악산 정상에 닿는다.

정상은 거대한 바위로 이루어져 있고 표지석이 있으며 바로 남쪽 절벽에 연주대가 있다. 정상에서 바라보면 서울시 강남 일대가 시야에 들어온다.

여행 정보 Tourist Information

대중교통

서울대 입구
2호선 서울대입구역 3번 출구에서 5515번A 5515번B 버스 이용 서울대 입구 하차.

사당역
2호선(4호선) 사당역 4번 출구.

인덕원역
4호선 인덕원역 8번 출구.

석수역
1호선 석수역 1번 출구.

관악역
1호선 관악역 2번 출구.

과천
4호선 정부과천청사역 3번 출구.

신림역
2호선 신림역 3번 출구에서 152번 5520번 버스를 이용, 신우초교 하차.

식당

서울대 입구
관악산회관(일반식)
관악구 대학동 210-2
02-873-0943

전주식당(일반식)
관악구 신림로 23
관악휴게소 지하 9호
02-889-5030

낙원정(일반식)
관악구 신림로 23
관악휴게소 지하 15호
02-875-5742

정부과천청사역-연주암-관악산 코스
총 2시간 15분 소요

정부과천청사역→15분→과천향교→75분→연주암→15분→관악산

4호선 정부과천청사역 11번 출구에서 서북 방면 관악산 과천향교 이정표를 따라 15분 거리에 이르면 과천향교 입구가 나온다. 여기서 다리를 건너 과천향교 앞을 지나 왼쪽 넓은 길을 따라 10분 정도 가면 양편으로 식당가를 통과하면서 화기물보관소를 지나면 왼쪽에 풀장 오른쪽에 케이블카 탑승장이다. 여기서부터 뚜렷한 등산로를 따라 가면 계곡길로 이어지면서 28분을 가면 약수터를 통과하고 계속 9분을 오르면 갈림길이다. 갈림길에서 왼쪽으로 28분을 오르면 연주암이다. 연주암에서 오른쪽으로 15분을 더 오르면 관악산 정상에 닿는다. 정상은 넓은 암봉으로 이루어져 있으며 서울 남부와 과천 일대가 시원하게 내려다보인다.

인덕원역-깃대봉-관악산 코스
총 3시간 12분 소요

인덕원역→7분→우정슈퍼→80분→국기봉→75분→관악산

4호선 인덕원역 8번 출구에서 안양 방면으로 500m 거리에 이르면 도로 오른쪽에 우정슈퍼가 있다. 우정슈퍼에서 오른쪽 소형차로를 따라 7분을 가면 관악초교를 지나서 관양빌라 166 오른쪽으로 산길이 있다. 여기서 오른쪽 산길로 가면 언덕을 넘어서 도로가 나온다. 도로를 건너 능선으로 난 등산로를 따라 8분 거리에 이르면 안내도와 이정표가 있다.

안내도에서 뚜렷한 등산로를 따라 10분을 가면 관촌약수 삼거리다. 삼거리에서 오른쪽 또는 왼쪽으로 20분을 가면 능선에 전망대삼거리다. 전망대삼거리에서 능선을 따라 35분을 더 오르면 전망이 좋은 국기봉에 닿는다.

국기봉에서 연주암 이정표대로 주능선을 따라 가면 무난하게 이어지면서 45분 거리에 이르면 연주암 갈림길이다. 갈림길에서 오른쪽은 연주암 왼쪽은 깔딱고개 바윗길이다. 왼쪽 오른쪽 어느 쪽으로 가도 15분을 가면 연주암 또는 깔딱고개에 닿는다.

깔딱고개 또는 연주암에서 넓은 등산로를 따라 15분을 더 오르면 표지석이 있는 관악산 정상에 닿는다. 정상에서 바라보면 서울 강남 일대가 조망되고 과천 방면이 내려다보인다.

관악역-학우능선-삼성산 코스
총 2시간 53분 소요

삼성초교→68분→제2전망대→30분→삼막사고개→45분→삼성산

1호선 관악역 2번 출구에서 동쪽 대로를 건너 오른쪽으로 가면 삼성초교 앞을 지나 안양예술공원버스정류장이 나온다. 버스정류장 왼편에서 바로 오른다. 등산로를 따라 8분을 오르면 삼성초교에서 오르는 갈림길이다. 계속 능선을 따라 1시간을 오르면 제2전망대에 닿는다.

제2전망대에서 계속 능선을 따라 가면 학우봉 오른쪽 비탈길로 이어지면서 30분을 가면 삼막고개 쉼터가 있다. 여기서 왼쪽은 삼막사 오른쪽은 삼성산이다. 오른쪽 능선을 따라 15분을 오르면 국기봉에 닿는다. 국기봉에서 왼편 북쪽으로 10분을 가면 삼막사로 가는 갈림길이다. 여기서 직진 능선을 타고 30분을 더 오르면 삼성산에 닿는다. 삼성산에서 바라보면 안양 일대가 조망되고 관악산이 아름답게 올려다 보인다.

석수역-석수능선-장군봉-삼성산 코스
총 3시간 6분 소요

석수역→60분→헬기장→36분→장군봉→60분→삼성산

1호선 석수역 1번 출구 오른쪽 끝 계단으로 내려와 오른편 파리바게트 삼거리에서 좌회전 5분 거리 도로 끝 소형차로 사거리에서 오른쪽으

여행 정보 Tourist Information

2, 4호선 사당역
나주골한우마을
관악구 남현1길 58(남현동)
02-585-2040

명돼지갈비
관악구 남현동 사당역
02-522-2975

4호선 정부과천청사역
과천순대국
과천시 새술막길 36 (중앙동)
02-502-4274

양평해장국
과천시 새술막길 10-17 (중앙동)
02-503-004

무진장(오리, 삼겹살)
과천시 새술막길 10-13 (중앙동)
02-503-8833

동성회관(돌솥밥)
과천시 새술막길 36
02-502-1333

4호선 인덕원역
동태마을
안양시 동안구 관악대로 456(관양동)
031-424-2097

우거지국밥
안양시 동안구 인덕원로 35(관양동)
031-422-8989

한식뷔페
안양시 동안구 관악대로 425(관양동)
031-424-0949

홍두깨 칼국수
안양시 동안구 인덕원로 30번길 6(관양동)
031-426-0789

1호선 관악역
우렁각시(일반식)
만안구 예술공원로 97 (안양동)
031-471-6768

로 50m 가면 언덕에 호암산 안내도가 있다. 안내도 왼편으로 난 등산로를 따라 6분을 올라가면 지능선 사거리다. 사거리에서 왼쪽 능선을 따라 17분을 오르면 왼쪽 석수역에서 올라오는 갈림길 쉼터가 있다. 갈림길에서 직진 30분을 오르면 헬기장이다.

헬기장을 지나면 제2한우물이 나오고 곧바로 왼편으로 큰 한우물이다. 큰 한우물에서 계속 이어지는 지능선을 따라 12분을 오르면 오른편 삼막사 갈림길이다. 여기서 직진 능선을 따라 11분을 더 오르면 헬기장이 나오고 30m 거리에 전망대가 있다. 다시 헬기장에서 오른쪽으로 5분을 가면 헬기장을 지나 삼거리 장군봉이다.

장군봉에서 직진 주능선을 따라 50분을 가면 깔딱고개 사거리다. 깔딱고개에서 직진 10분을 더 오르면 통신안테나가 있는 삼성산 정상이다.

신림역-장군봉-삼성산 코스
총 2시간 15분 소요

신림초교→45분→장군봉→60분→삼성산

2호선 신림역 3번 출구에서 진주아파트 방면 152번 5520번 버스를 타고 신림동 신우초교정류장에서 하차한다. 신우초교에서 남쪽으로 약 50m 가면 왼쪽으로 소형차로 갈림길이다. 갈림길에서 왼쪽 소형차로를 따라 10분을 가면 경인 굿당을 지나 제2구민운동장이다. 제2구민운동장을 지나면 갈림길이 나오는데 언제나 직진으로 간다. 계속 직진으로 오르면 제3쉼터 제2쉼터를 지나면서 능선으로 이어져 35분 거리에 이르면 헬기장을 지나서 장군봉에 닿는다.

장군봉에서 동남쪽 장군능선을 따라 간다. 장군능선은 평지와 같은 능선길로 이어진다. 능선길은 좌우로 갈림길이 수차례 나오는데 언제나 직진 능선만을 따라 간다. 장군봉에서 50분 거리에 이르면 사거리 안부에 닿는다. 안부에서 오른쪽은 삼막사 왼쪽은 서울대 입구 방면이다. 사거리에서 직진으로 10분을 더 오르면 통신안테나가 있는 삼성산 정상에 닿는다.

서울대 입구-장군봉-삼성산 코스
총 3시간 소요

서울대 입구→30분→돌산능선→60분→장군봉→60분→삼성산

2호선 서울대입구역 2번 출구에서 5515A. 또는 5515B 버스를 타고 서울대 입구 하차 후, 서쪽으로 50m 정도 가면 관악산광장이다. 광장에서 산책로를 따라 7분을 가면 경로구역 삼거리다. 삼거리에서 오른 쪽 능선으로 오른다. 이정표가 있는 등산로를 따라 23분을 오르면 바위봉 돌산능선에 닿는다.

돌산능선에서 남쪽 장군봉을 향해 가면 암릉길로 이어진다. 암릉길 또는 우회길을 이용하면서 1시간을 오르면 장군봉에 닿는다.

장군봉에서 남동쪽 장군능선을 따라 35분 거리에 이르면 깔딱고개에 닿는다.

* 또는 관악산광장에서 산책로를 따라 13분 거리 호수공원 삼거리에서 오른편 산책로를 따라 10분을 가면 제2광장이다. 제2광장에서 오른편 길을 따라 조금 지난 삼거리에서 직진으로 간다. 여기서부터 깔딱고개 이정표만을 따라 45분을 오르면 깔딱고개에 닿는다. 깔딱고개에서 직진 15분을 가면 삼막사 삼거리에 닿고 10분을 더 오르면 송전탑이 있는 삼성산 정상에 닿는다.

종합운동장-국기봉-관악산 코스
총 3시간 5분 소요

원주추어탕→45분→전망대→35분→국기봉→75분→관악산

수도군단 갈림길에서 오른쪽 등산로를 따라 15분을 오르면 지능선 삼거리에 닿는다. 삼거리에서 왼쪽 능선길을 따라 1시간 10분을 오르면 국기봉에 닿는다. 국기봉에서 계속 북쪽 능선을 따라 1시간 거리에 이르면 깔딱고개에 닿고 15분을 더 오르면 관악산 정상이다.

여행 정보 Tourist Information

두부사랑(두부)
만안구 예술공원로 245 (석수동)
031-474-5712

대성식당(일반식)
만안구 예술공원로 280 (안양동)
031-472-3382

오리대가(오리)
만안구 예술공원로131번길 8(석수동)
031-471-5279

종합운동장

임학순추어탕
동안구 평촌대로 476번길 67(비산동)
031-384-1002

산마을민속촌(일반식)
동안구 평촌대로 476번길 56(비산동)
031-387-6215

1호선 석수역

쌈도둑(쌈밥)
만안구 삼막로 67(석수동)
031-471-7676

영광숯불(민물장어)
만안구 삼막로24번길 89(석수동)
031-471-0186

우렁각시(일반식)
만안구 예술공원로 97 (안양동)
031-471-6768

2호선 신림역

고향고기촌
관악구 호암로 498 (신림동) 신우초교 앞
02-874-5530

유황오리
관악구 호암로 493 (삼성동)
02-874-5292

전주식당(일반식)
관악구 신림로 23
02-889-5030

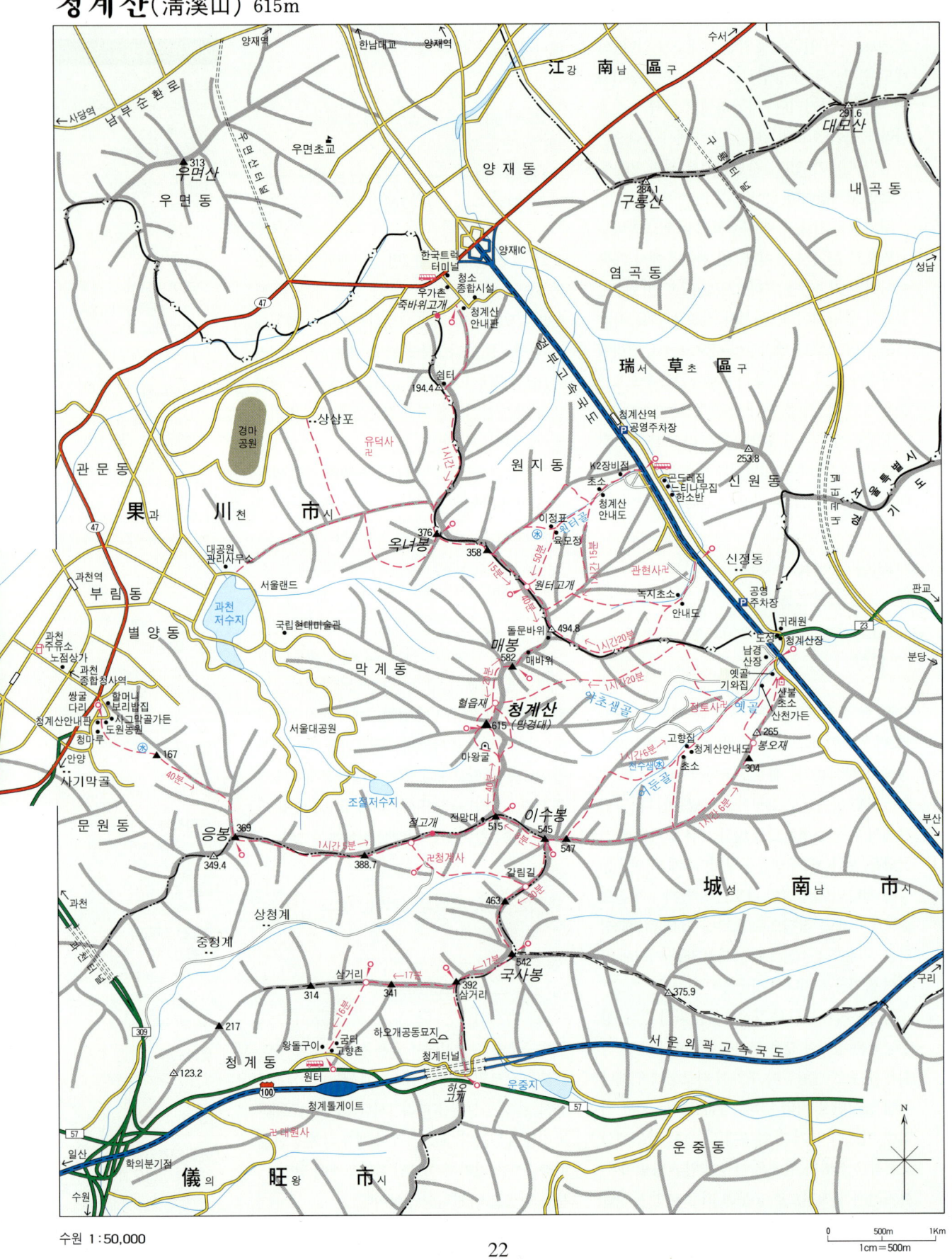

청계산   서울 서초구 · 경기도 과천시, 성남시

등산로 Mountain path

원터골-청계산-이수봉-옛골 코스
총 4시간 44분 소요

안내도→50분→원터고개→60분→청계산→48분→이수봉→66분→옛골

원터골 입구에서 굴다리를 통과하여 직진 5분을 가면 청계산 안내도가 있다. 여기서 계곡길을 따라 35분을 가면 정자삼거리다. 삼거리에서 왼쪽으로 15분을 오르면 원터고개 삼거리다. 원터고개에서 왼쪽으로 40분을 오르면 매봉이다. 매봉에서 13분 거리혈읍재에서 정상을 사이에 두고 양 편으로 우회길이 있다. 혈읍재에서 직진 7분을 가면 청계산 정상 입구 표지목이 있다.

정상은 통제구간이므로 표지목에서 왼쪽 비탈길을 따라 12분을 내려가면 공터 도로에 닿는다. 도로에서 오른쪽 도로를 따라 5분을 가면 정상이 보이는 헬기장이다. 헬기장에서 직진 23분을 가면 515봉 삼거리다. 삼거리에서 왼쪽으로 8분을 가면 이수봉이다.

이수봉에서 직진 동쪽 능선을 따라 6분을 가면 안테나 갈림길이다. 갈림길에서 왼쪽은 천수샘 오른쪽은 능선길이며 양쪽 모두 1시간을 내려가면 옛골 굴다리에 닿는다.

4호선 정부과천청사역-응봉-청계산-원터고개-원터골 코스
총 5시간 5분 소요

도원농원→40분→응봉→65분→515봉→40분→청계산→50분→원터고개→50분→원터골 입구

4호선 정부과천청사역 1번 출구에서 직진 50m 거리 과천주유소 오른쪽으로 간다. 노점 상가를 지나면서 끝까지 가면 왼쪽 인도 굴다리를 지나고 도로를 가로질러 올라서면 왼편으로 매봉가든이다. 여기서 오른쪽으로 50m 가면 도원농원이 있고 청계산 안내도가 있다. 안내도에서 등산로를 따라 6분을 가면 약수터 갈림길이다. 갈림길에서 오른쪽으로 10분을 오르면 안부 사거리다. 안부에서 왼쪽 능선길을 따라 24분을 오르면 응봉이다.

응봉에서 동쪽 능선을 따라 1시간 5분을 오르면 515봉 삼거리다. 여기서 북쪽으로 23분 거리에 이르면 헬기장 삼거리다. 정상은 오를 수가 없고 삼거리에서 정상을 사이에 두고 양 편으로 우회길이 있다. 양편 우회길을 따라 15분을 가면 정상 북쪽 입구에 닿는다. 여기서 7분을 가면 헬기장혈읍재에 닿고 15분을 가면 매봉이다. 매봉에서 북쪽 능선을 따라 30분을 내려가면 원터고개에 닿는다. 원터고개에서 오른쪽으로 50분을 내려가면 원터골 입구에 닿는다.

화물터미널-옥녀봉-청계산-이수봉-옛골 코스
총 5시간 23분 소요

화물터미널→60분→옥녀봉→55분→매봉→20분→청계산→48분→이수봉→30분→국사봉→50분→원터

화물터미널 입구에서 남쪽 터미널 길로 직진 200m 가면 도로 끝 지점에 청계산 안내판이 있다. 여기서부터 능선으로 난 등산로를 따라 1시간을 오르면 옥녀봉에 닿는다.

옥녀봉에서 계속 능선을 따라 52분을 오르면 매봉에 닿는다. 매봉에서 13분을 내려가면 헬기장 혈읍재이다. 혈읍재에서 정상을 사이에 두고 양 편으로 난 우회길로 가야 한다. 헬기장에서 직진으로 가다가 왼쪽으로 7분을 가면 정상 전 이정표가 있다.

이정표에서 왼쪽으로 12분을 가면 임도에 닿고 오른쪽으로 5분을 가면 헬기장이다. 헬기장에서 남쪽 능선을 따라 23분 거리 515봉 삼거리에서 왼쪽으로 8분을 가면 이수봉이다.

이수봉 삼거리에서 남쪽으로 30분을 가면 안부를 지나 국사봉에 닿는다. 국사봉에서 오른쪽 능선을 따라 17분을 가면 삼거리다. 삼거리에서 오른쪽 능선으로 17분 거리 삼거리에서 왼쪽으로 16분을 내려가면 원터마을에 닿는다.

여행 정보 Tourist Information

대중교통

원터골, 옛골
신분당선 청계산역에서 2번 출구로 나와 남쪽으로 300m 굴다리.

화물터미널
3호선 양재역 7번 출구에서 08번 화물터미널행 버스를 타고 화물터미널 하차.

과천
4호선 과천종합청사역 1번 출구.

식당

원터골

곤드레밥집
서초구 청룡마을1길 1
(신원동) 원터골 입구
02-574-4542

정선으로 가는길
(곤드레밥)
서초구 청룡마을1길 3
(신원동) 원터골 입구
02-572-9822

옛골

산천가든(일반식)
성남시 수정구 달래내로 377번길 29(상적동)
031-723-8679

과천

과천순대국
과천시 새술막길 36
(중앙동)
02-502-4274

원터

왕돌구이(오리)
의왕시 원터윗길 3
(청계동)
031-425-2833

수락산(水落山) 640.6m 　불암산(佛岩山) 509.7m

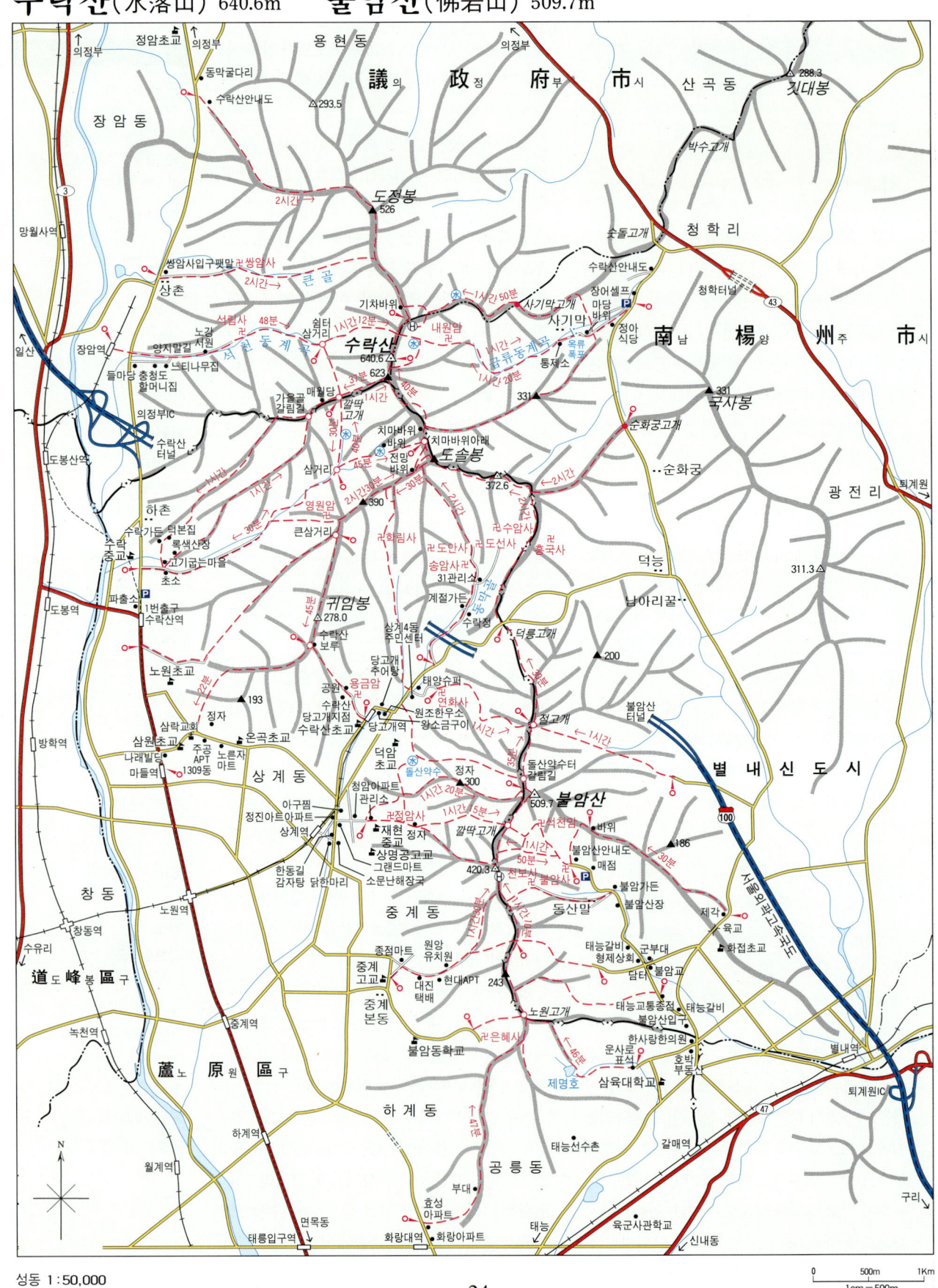

수락산 정상에서 바라본 의정부 시가지

수락산 · 불암산
서울특별시 도봉구 · 경기도 남양주시

수락산(水落山. 640.6m)과 불암산(佛岩山. 509.7m)은 서울특별시 노원구와 경기도 의정부시 경계를 이루면서 덕릉고개를 사이에 두고 북쪽은 수락산 남쪽은 불암산이다.

등산로 Mountain path

수락산 총 4시간 32분 소요
초소(입석)→30분→삼거리→45분→
주능선→40분→수락산→37분→
깔딱고개→60분→초소(입석)

7호선 수락산역 1번 출구로 나와 북쪽 인도로 200m 가서 오른쪽으로 가면 수락산 입구 초소가 있다. 초소에서 산책로를 따라 30분 거리에 이르면 합수곡 삼거리에 닿는다.

삼거리에서 오른쪽으로 가면 바위굴을 지나면서 45분을 오르면 주능선 안부에 닿는다.

안부에서 왼쪽으로 10분을 가면 치마바위 전 갈림길이다. 여기서 왼쪽 비탈길 또는 오른쪽 바윗길을 따라 30분 거리에 이르면 수락산 정상에 닿는다.

하산은 남쪽으로 7분을 내려가면 철모바위 삼거리다. 삼거리에서 오른편 서쪽 능선 바윗길을 따라 30분을 내려가면 깔딱고개 사거리다.

깔딱고개에서 왼쪽으로 30분 내려가면 삼거리가 나오고 30분 더 내려가면 초소에 닿는다.

수락산 장암역 코스 총 5시간 12분소요
장암역→48분→삼거리→72분→수락산
→35분→도솔봉 전 삼거리→30분→
큰삼거리→45분→보루→22분→마들역

7호선 장암역 1번 출구에서 50m 거리 도로 건너 오른쪽 골목길을 따라 21분을 가면 석림사에 닿는다. 석림사에서 등산로를 따라 25분을 가면 삼거리 제3쉼터가 나온다.

쉼터에서 왼쪽으로 6분 거리 갈림길에서 오른쪽으로 28분을 오르면 지능선에 닿고, 지능선에서 오른쪽 바윗길을 따라 30분을 오르면 주능선 사거리에 닿는다. 주능선에서 오른쪽 바윗길을 따라 8분을 오르면 정상이다.

하산은 남쪽으로 7분을 내려가면 철모바위 삼거리다. 오른쪽은 깔딱고개 왼쪽은 도솔봉 방면이다. 왼쪽으로 삼거리에서 왼쪽으로 13분을 가면 도솔봉 전 삼거리에 닿는다.

삼거리에서 오른쪽 비탈길을 따라 7분을 가면 전망바위가 있고 전망바위에서 23분을 내려가면 마들역 수락산역 갈림길이다.

갈림길에서 왼쪽으로 20분을 가면 귀임봉에 닿고 계속 25분을 내려가면 수락산보루가 나온다. 보루 왼쪽 30m 거리 이정표 삼거리에서 오른쪽으로 5분을 내려가면 갈림길이다. 갈림길에서 왼쪽으로 10분 내려가면 도로에 닿고, 도로 오른편 50m 삼거리에서 왼쪽으로 7분을 가면 마들역이다.

불암산 상계역 코스 총 3시간 25분 소요
상계역→10분→관리소→30분→
정자→40분→불암산→15분→
깔딱고개→50분→상계역

4호선 상계역 1번 출구에서 북쪽으로 샛길을 따라 100m 가면 오른쪽으로 그랜드마트가 있다. 그랜드마트 쪽 차도를 따라 100m 가면 4, 5 등산로 입구 불암산 관리소가 있다. 왼쪽은 능선길, 오른쪽은 계곡으로 모두 정상으로 이어진다. 왼쪽 능선 따라 30분을 오르면 전망대 정자에 닿는다. 여기서 30분을 오르면 주능선 삼거리에 닿고 10분을 더 오르면 불암산 정상이다.

하산은 남쪽 바윗길을 타고 15분을 내려가면 깔딱고개에 닿는다. 여기서 오른쪽으로 40분을 가면 관리소에 닿고 상계역까지는 10분 거리다.

여행 정보 Tourist Information

대중교통

수락산
7호선 수락산역 1번 출구에서 북쪽 200m 오른쪽에서 100m 거리 수락산 입구 초소

불암산
4호선 상계역 1번 출구에서 북쪽으로 100m 가서 오른쪽 그랜드마트 쪽으로 간다.

장암역
7호선 장암역 하차

식당

수락산역
고기굽는마을(삼겹살)
노원구 동일로250길 41
(상계동)
02-934-9292

수락가든(토종닭)
노원구 상계1동 산16
02-933-9490

장어셀프(장어)
별내면 순화궁로 927
031-841-7176

만남의집(일반식)
의정부시 동일로122번길 18-6(장암동)
017-270-2625

표계촌(부대찌개)
마들역 7번 출구
02-3391-3354

상계역
한동길감자탕
노원구 덕릉로83길 6
(중계동)
02-931-7066

생소금구이(소고기)
노원구 덕릉로119가길 40-5(상계동)
02-938-5393

검단산(黔丹山) 659.8m 용마산(龍馬山) 595.4m

검단산 · 용마산
경기도 하남시, 광주시 남종면

팔당호에서 바라본 검단산

검단산(黔丹山. 659.8m)은 하남시 동남쪽에 위치한 순수한 육산이다. 산세가 완만하여 누구나 편안히 오를 수 있는 공원 같은 산이다. 산행은 중부고속도로 톨게이트 동편 산곡초교와 하남시청 쪽 애니메이션고교에서 오른다.

용마산(龍馬山. 595.4m)은 검단산에서 남쪽 능선으로 이어져 약 4km 거리에 위치한 산이다. 산행은 산곡휴게소에서 지능선을 타고 용마산에 오른 후, 북쪽 주능선을 타고 고추봉에서 서쪽 지능선 동수말로 하산 하거나 계속 북릉을 타고 검단산까지 종주산행이다.

등산로 Mountain path

검단산 총 3시간 40분 소요

산곡초교 → 40분 → 갈림길 → 40분 → 검단산 → 50분 → 큰고개 → 30분 → 애니메이션고교

하산곡동 산곡초교 입구 버스정류장에서 동쪽 소형차로를 따라 100m 가면 산곡초교 정문을 지나고 200m 더 가면 산불초소를 지나 소형차로 끝이 나온다. 여기서부터 등산로를 따라 올라가면 계곡을 벗어나면서 갈림길이 나온다. 버스정류장에서 40분 거리다.

갈림길에서 왼쪽 길을 따라 조금 올라서면 샘이 있고 이어서 육모정 능선에 서게 된다.

능선에서 왼쪽 비탈길로 들어서면 백곰샘이 있고 능선을 지나서 주능선 삼거리가 나온다. 삼거리에서 북쪽 주능선을 따라 계속가면 다시 삼거리가 나오고 조금 가면 검단산 정상에 닿는다. 갈림길에서 40분 거리다.

하산은 북쪽 주능선을 타고 20분을 내려서면 전망바위에 나오고, 바로 왼쪽 홍국사로 내려가는 삼거리가 나온다. 여기서 계속 직진하여 30분을 내려가면 큰 고개 십자로가 나온다.

여기서 왼쪽으로 가면 애니메이션고교 방면이고 직진하면 팔당대교 방면이다. 왼쪽 넓은 길을 따라서 30분을 내려가면 애니메이션고교 검단산 등산로 입구에 닿는다.

용마산 코스 총 3시간 32분 소요

산곡휴게소 → 30분 → 안부 → 40분 → 용마산 → 40분 → 고추봉 → 42분 → 동수말

상산곡동 산곡휴게소(매점)에서 도로를 건너 동쪽 검은 다리(마을길)를 따라 들어가면 중부고속도로 교각 밑 삼거리다. 삼거리에서 왼쪽 교각 밑을 지나 고물상을 끼고 100m 가면 산불초소가 있고 양편에 차단기가 있는 소형차로가 나온다. 여기서 오른쪽 차단기를 통과하여 올라가면 방림농원 팻말을 지나 빈집 두 채가 있다. 여기까지 농로이고 여기서부터는 산길이 시작된다. 빈집에서 오른쪽 길을 따라 8분을 가면 삼거리다. 삼거리에서 오른쪽으로 6분을 가면 안부사거리에 닿는다. 산곡휴게소에서 30분 거리다.

사거리에서 왼쪽으로 간다. 왼쪽 비탈길을 따라 13분을 가면 안부에 닿고 27분을 더 올라가면 용마산 정상이다.

하산은 왼쪽 주능선을 따라 17분을 내려가면 안부 갈림길이다. 갈림길에서 계속 주능선을 따라 7분을 가면 또 안부갈림길이다. 여기서도 계속 주능선을 따라 16분을 오르면 삼각점이 있는 고추봉 삼거리에 닿는다. 여기서 검단산까지 1시간 거리다.

고추봉에서 왼편 지능선을 따라 30분을 내려가면 묘를 지나 송전탑을 통과하고 12분을 더 내려가면 112번 버스종점에 닿는다.

여행 정보 Tourist Information

대중교통

검단산
산곡초교 : 2호선 강변역 동편에서 112번 13번 12-1번 15-3번.
2호선 잠실역에서 30-5번 13-2번 15-3번 112번 상산곡동 방면 버스 이용, 산곡초교 입구 하차.

애니메이션고교 : (5호선, 8호선) 천호역에서 112번 9301번 305번 버스 이용, 애니메이션고교 하차.

용마산
2호선 강변역 동편에서 13번 광주 방면 버스 이용, 섬말 입구 안가 앞(산곡휴게소) 하차.
하산지점 차고지에서는 강변 잠실 방면 버스 이용.

식당

애니메이션고교
조선곰탕(곰탕전문)
하남시 창우로 86(창우동)
031-796-2570

밀향기(칼국수전문)
하남시 검단산로 217 (창우동)
031-794-8155

고향스타일
하남시 검단산로218번길 41(창우동)
031-796-8688

산곡동
대가(닭, 오리전문)
하남시 하남대로292번길 40
031-794-9948

용마산
강가(생삼겹살전문)
하남시 하남대로 161
031-793-5905

남한산성 (南漢山城)

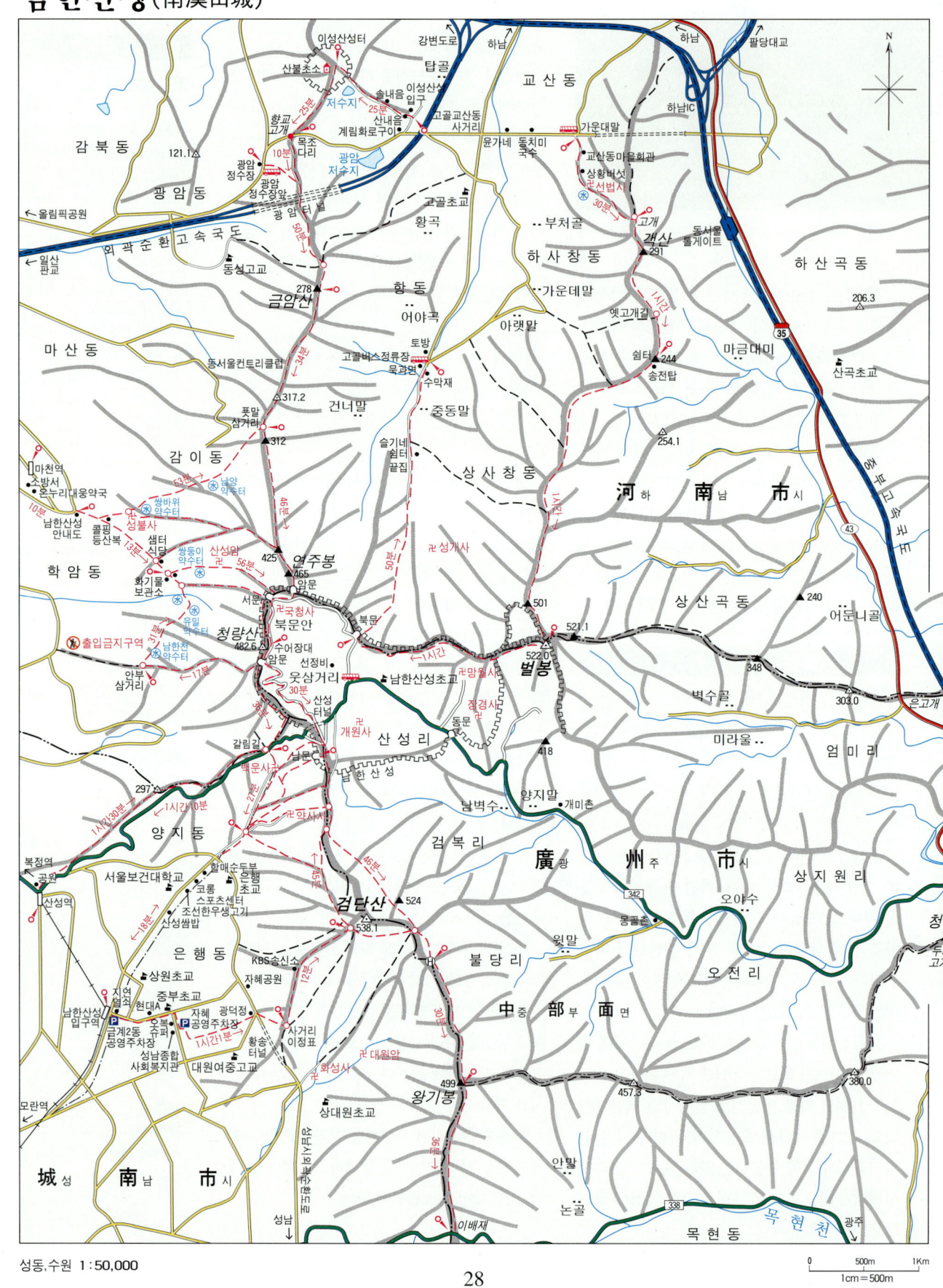

남한산성

경기도 하남시, 성남시, 광주시

남한산성(南漢山城)은 광범위한 면적에 나지막한 높이의 산군으로 이루어져 있다. 성의 외부는 급경사를 이루어 적의 접근이 어렵고 내부는 경사가 완만하여 넓은 경작지와 물을 갖춘 천혜의 전략적 요충지의 지형이다.

등산로 Mountain path

이성산성-금암산-수어장대-남문-검단산-이배재 총 6시간 22분 소요
토방카페→25분→이성산성→25분→향교고개→50분→금암산→34분→표말삼거리→46분→수어장대→30분→남문→46분→검단산→66분→이배재

춘궁동 토방카페가 있는 이성산성 입구에서 송네을식당 오른쪽으로 난 소형차로를 따라 25분을 올라가서 왼쪽으로 작은 저수지를 두 번 지나면 이성산성 터를 지나 산불초소가 있다.

초소에서 남쪽 능선을 따라 25분을 내려가면 향교고개에 닿는다. 고개에서 목조 다리를 통과 10분을 오르면 삼거리다. (금암정수장 앞 건너편에서 6분을 오르면 이 삼거리에 닿는다.) 여기서부터 능선을 따라 40분 거리에 이르면 금암산에 닿는다.

금암산에서 계속 능선을 따라 34분을 가면 표말삼거리다. 여기서 직진 능선을 따라 30분을 오르면 연주봉에 닿고, 계속 5분 거리에 이르면 데크를 지나서 서문이다. 서문을 통과 성안 길을 따라 직지 11분을 가면 수어장대에 닿는다.

수어장대에서 성내 도로를 따라 30분을 내려가면 버스 정류장 도로 남문에 닿는다.

* 성남 방향은 남문을 통과 도로 왼편 계곡 하산 길을 따라 27분을 내려가면 남한산성유원지다. 남한산성역까는 18분 거리다.

* 남문에서 검단산은 남문을 통과 왼쪽 성곽을 따라 오르면 곳 소형차로가 나온다. 소형차로를 따라 43분을 가면 매점 갈림길이다. 갈림길에서 오른쪽으로 70m 거리 갈림길에서 왼쪽으로 2분을 가면 검단산 정상을 대신하는 헬기장이다. 헬기장에서 남쪽으로 이어지는 등산로를 따라 8분 거리 삼거리에서 오른쪽으로 22분을 가면 왕기봉이다. 왕기봉에서 남쪽 능선길을 따라 36분을 내려가면 이배재에 닿는다.

마천역-표말삼거리-수어장대-남한천약수터-마천역 코스 총 4시간 소요
마천역→10분→만남의 장소→53분→표말삼거리→46분→수어장대→17분→삼거리→54분→마천역

5호선 마천역 1번 출구 사거리에서 서쪽 50m 119 거여소방대에서 좌회전 도로를 따라 10분을 가면 만남의장소다. 만남의장소에서 상가골목으로 직진 3분 거리 갈림길에서 왼쪽으로 10분을 가면 성불사를 지나서 안내도 갈림길이다. 갈림길에서 왼쪽으로 3분을 가면 쌍바위약수터가 있다. 여기서 왼쪽 표말삼거리 이정표를 따라가면 비탈길로 이어지면서 두 번 오른쪽 능선으로 오르는 갈림길이 있으나 언제나 직진 비탈길을 따라 가면 남양약수터 연못 묵밭을 경유하면서 40분을 가면 주능선 표말삼거리에 닿는다.

표말삼거리에서 오른쪽 능선을 따라 30분을 오르면 성벽이다. 성벽 외곽길을 따라 5분 거리에 이르면 데크를 지나서 서문이다. 서문을 통과 오른쪽 성내 길을 따라 11분을 가면 수어장대에 닿는다.

수어장대에서 100m 내려가면 암문이 있다. 여기서 암문을 통과 후 사거리에서 직진 남한천약수터 길을 따라 16분을 내려가면 안부 삼거리다. 삼거리에서 오른쪽으로 4분을 가면 남한천약수터가 있고 바로 갈림길이다. 갈림길에서 왼쪽으로 7분을 가면 희미한 사거리다. 여기서 직진 8분 거리 갈림길에서 오른쪽으로 100m 거리에 일장천약수터다. 약수터에서 비탈길을 따라 6분을 내려가면 철조망삼거리다. 여기서 직진 6분을 내려가면 화기물보관소이다. 여기서 13분 내려가면 만남의광장이고 10분 마천역은 10분 거리다.

여행 정보 Tourist Information

대중교통
이성산성-금암산-수어장대 코스
(2호선·8호선 잠실역에서 춘궁동-하남시청 방면 1번), (잠실역-성내역-춘궁동-하남시청 30-5번), (5호선 둔촌역에서 춘궁동-애니메이션고교 80번) 버스를 타고 춘궁동 하차.

식당
하남시
보리향(보리밥전문)
하남시 서하남로 449
031-794-7592

남한산성유원지
할매손두부
성남시 중원구 산성대로 606(은행동)
031-743-7556

조선한우생고기(암소)
성남시 중원구 광명로 2(성남동)
031-747-3011

산성쌈밥
성남시 중원구 산성대로 540
031-733-6054

개미촌(한방백숙, 닭도리탕)
광주시 중부면 남한산성로 512
031-745-5717

몽골촌(참나무 생바비큐)
광주시 중부면 남한산성로 373
031-749-3307

바라산 428m 백운산(白雲山) 562.6m 광교산(光敎山) 582m 모락산(慕洛山) 386m

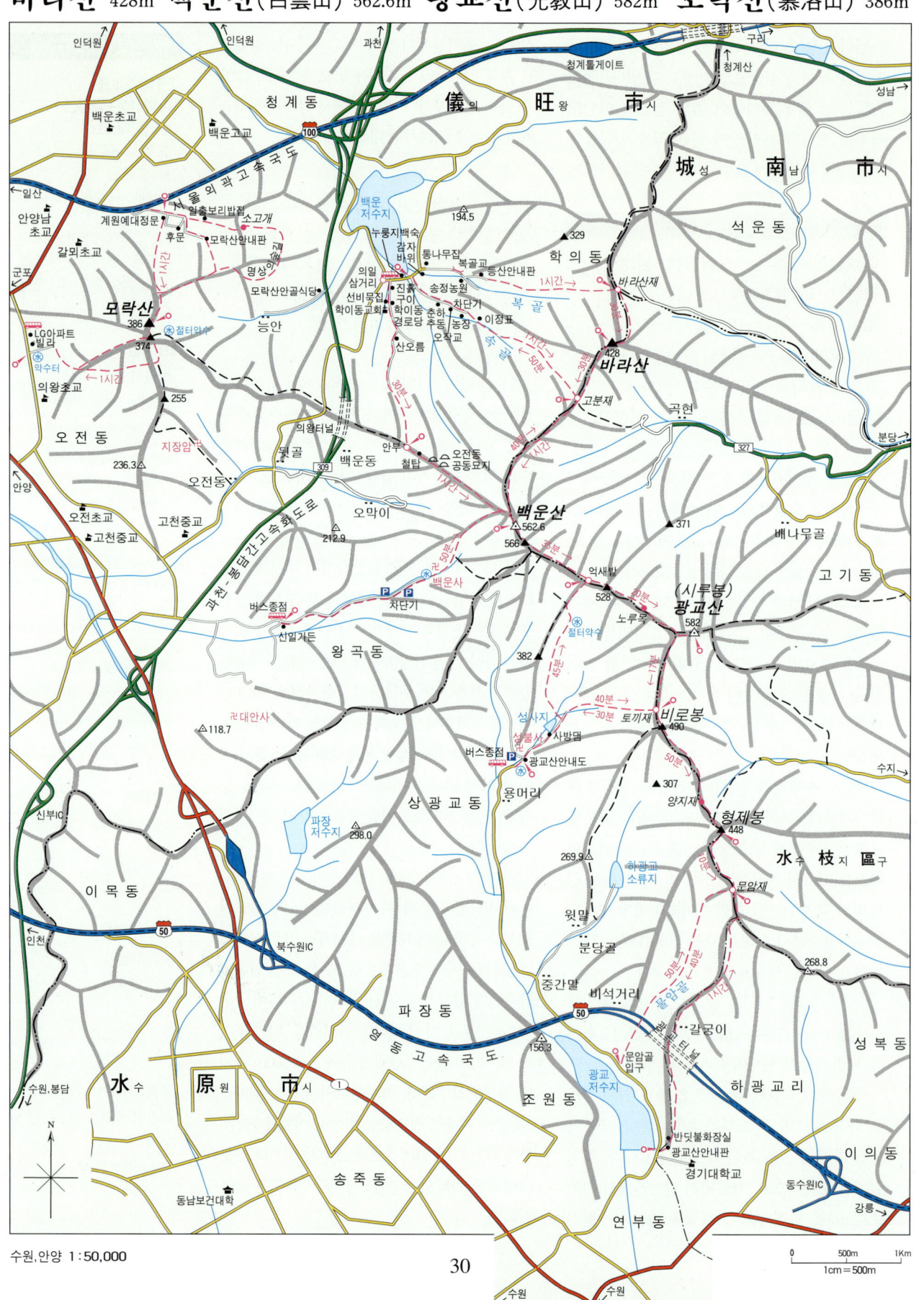

바라산 · 백운산 · 광교산 · 모락산   경기도 의왕시, 수원시, 용인시

등산로 Mountain path

바라산 총 3시간 50분 소요
의일삼거리 → 60분 → 바라산재 → 30분 → 바라산 → 30분 → 고분재 → 50분 → 의일삼거리

백운저수지 상류 의일삼거리에서 북쪽으로 200m 가면 다리 건너기 전 오른쪽으로 소형차로가 있다. 이 길을 따라 가면 송정농원이 있고 송정농원에서 계곡길을 따라 가면 등산안내판 삼거리다. 여기서 계곡을 따라 30분을 올라가면 바라산재 사거리에 닿는다.

바라산재에서 오른편으로 30분을 오르면 바라산 정상이다.

정상에서 남쪽으로 30분을 내려가면 고분재 사거리가 나온다. 고분재에서 오른쪽으로 30분을 내려가면 중앙농원을 지나고 20분 더 내려가면 의일삼거리다.

백운산 코스 총 4시간 소요
의일삼거리 → 30분 → 안부 → 60분 → 백운산 → 40분 → 고분재 → 50분 → 의일삼거리

의일삼거리에서 도로 건너 진흙구이집 오른쪽 소형차로를 따라 10분을 가면 삼거리가 나온다. 삼거리에서 오른쪽으로 가면 산오름식당을 왼쪽으로 끼고 소형차로를 따라가다 갈림길에서 왼쪽으로 간다. 왼쪽 길로 가면 또 갈림길이 나오는데 오른쪽 길을 따라가면 안부사거리에 닿는다. 안부에서 왼쪽 능선으로 올라가면 묘를 지나고 철탑을 지나면 공원묘지가 나온다. 계속 능선을 따라 1시간을 오르면 주능선 삼거리다. 삼거리에서 오른쪽으로 200m 더 오르면 백운산 정상이다.

하산은 동쪽 바라산 쪽으로 주능선을 따라서 40분을 내려가면 고분재사거리다.

고분재에서 왼쪽 길을 따라 50분을 내려가면 중앙농원을 지나 의일삼거리다.

광교산 코스 총 2시간 52분 소요
버스종점 → 45분 → 억새밭 → 20분 → 광교산 → 17분 → 토끼재 → 30분 → 버스종점

상광교동 버스종점에서 오른쪽 길을 따라 10분을 가면 저수지 상류 삼거리다. 삼거리에서 왼쪽은 억새밭 오른쪽은 토끼재이다. 왼쪽으로 10분을 가면 약수터 갈림길이다. 갈림길에서 오른쪽으로 15분을 가면 절터 약수가 나오고 10분을 더 오르면 억새밭 사거리다.

억새밭에서 동쪽으로 18분을 가면 광교산 전 삼거리다. 삼거리에서 왼쪽으로 2분을 더 가면 표지석이 있는 광교산 정상이다. 정상에서 수지 방면은 동쪽으로 내려가고, 상광교동 방면은 다시 서쪽 삼거리봉까지 되돌아가서 남쪽 능선으로 간다. 남쪽 능선을 따라 17분을 내려가면 토끼재삼거리에 닿는다. 토끼재에서 서쪽 계단길을 따라 30분을 내려가면 저수지를 거쳐 상광교동 버스종점에 닿는다.

* 토끼재에서 문암재, 광교저수지 쪽은 계속 남쪽능선을 따라 가다가 이정표대로 따라가면 버스정류장이다.

모락산 코스 총 3시간 소요
계원예대후문 → 60분 → 모락산 → 60분 → LG아파트)

안양시 평촌동 계원예대 정문에서 왼쪽으로 7분을 가면 계원예대 후문 앞 갈림길이 나온다. 갈림길에서 오른쪽으로 가면 바로 등산로 입구다. 이 등산로를 따라 30분을 오르면 주능선 삼거리가에 닿고 삼거리에서 오른쪽으로 30분을 더 오르면 모락산 정상에 닿는다.

하산은 서남쪽 능선을 따라 45분을 내려가면 삼거리가 나온다. 삼거리(철문)에서 절터약수터 길을 따라 15분을 내려가면 약수터 LG아파트 앞 버스정류장이다.

여행 정보 Tourist Information

🚌 대중교통
백운산-바라산
4호선 인덕원역 하차. 2번 출구에서 5번, 6번 마을버스 이용, 의일삼거리 하차.

광교산
1호선 수원역 하차. 5번 출구 도로 북쪽에서 13번, 13-3번 버스 이용, 상광교동 종점 하차.

🍴 식당
백운저수지 상류
진흙구이(오리구이)
의왕시 오린계2길 5 (학의동)
031-426-9293

한우정식 암소식당
의왕시 학현로 170-22 (학의동)
031-425-3939

감자바위(해물탕)
의왕시 의일로 48-3 (학의동)
031-426-3019

누룽지백숙
의왕시 의일로 11(학의동)
031-426-0300

광교산 버스종점
폭포가든(보리밥)
수원시 광교산로 594-3 (상광교동)
031-256-9774

광교현(일반식)
수원시 광교산로 602-6 (상광교동)
031-242-3903

경기대 입구
토성(바베큐)
수원시 광교산로 164 (하광교동)
031-245-3400

영장산(靈長山) 414.2m 문형산(文衡山) 497.7m

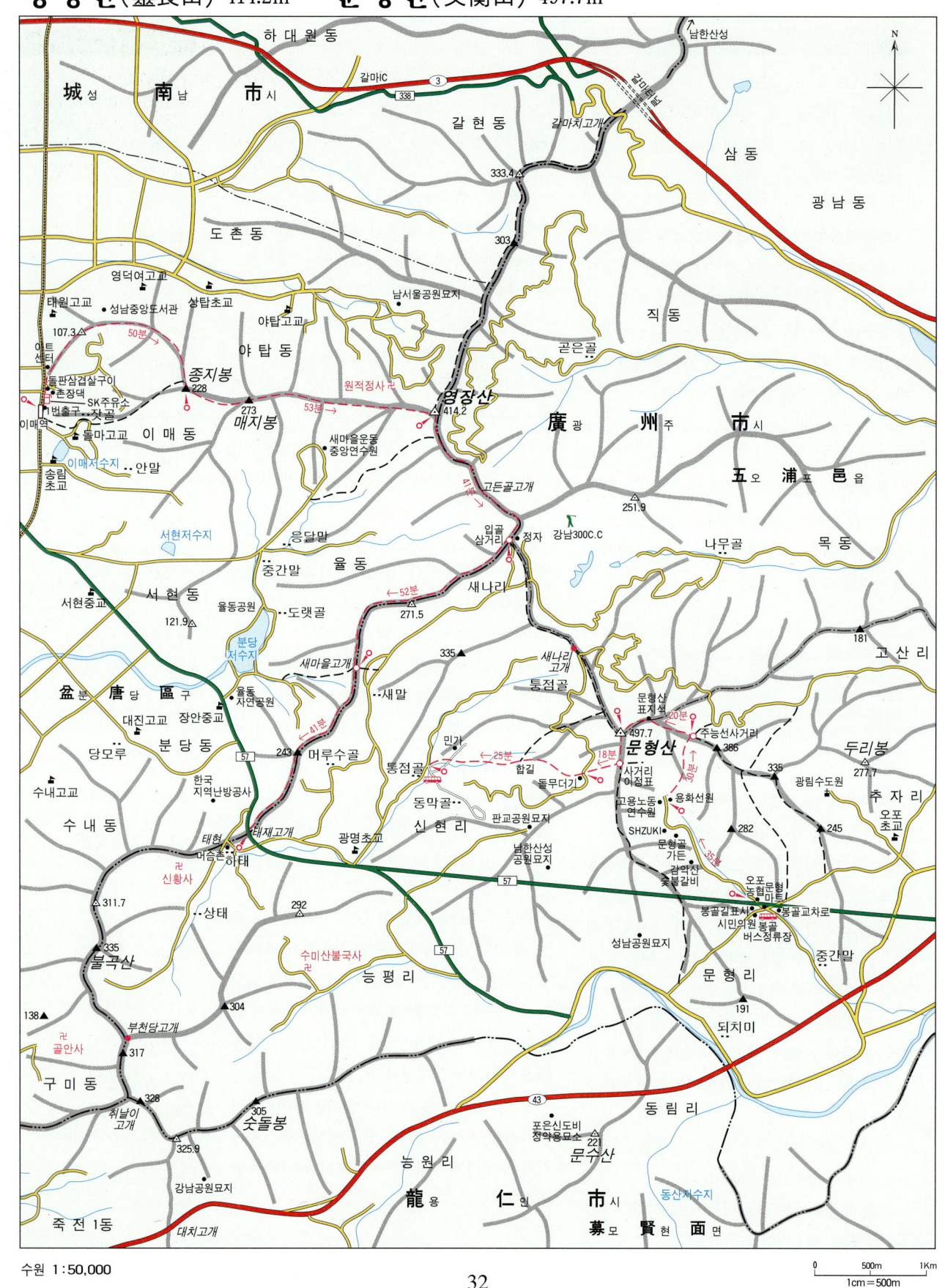

영장산 · 문형산 경기도 성남시, 광주시

정자가 있는 문형산 정상

영장산(靈長山 414.2m)은 성남시 광주시 경계에 위치한 순수한 육산이다. 산행은 이매역에서 능선을 타고 정상에 오른 뒤 남쪽 태재고개로 하산 한다. 간단한 산행은 이매역에서 정상에 오른 뒤, 다시 이매역으로 하산하거나 태재고개 쪽으로 가다가 오른편 서쪽 방향으로 하산을 하면 분당 시가지로 하산을 하게 된다.

문형산(文衡山 497.7m)은 조선시대 대제학(大提學)의 별칭으로 이곳에서 선비가 많이 배출되기를 바라는 뜻으로 마을 유지들이 문형산 이름을 지었다고 전해진다. 정상에서 북쪽 능선으로 이어져 약 5km 거리에 영장산이다. 평범한 육산이며 남쪽 면에 공원묘지가 있다.

등산로 Mountain path

영장산 총 4시간 57분 소요
이매역→50분→종지봉→53분→영장산→41분→입골삼거리→52분→새마을고개→41분→태재고개

산행은 이매역 1번 출구에서 왼편 북쪽 도로를 따라 가면 SK주유소를 지나면서 4분 거리에 이르면 성남아트센타 입구 오른편에 영장산 등산기점 이정표가 있다. 여기서부터 완만한 등산로를 따라 오르면 수차례 갈림길이 나타난다. 갈림길이 나올 때마다 언제나 직진으로 이어지는 지능선길만을 따라 50분을 오르면 228봉을 지나서 삼거리 종지봉에 닿는다.

종지봉에서 계속 직진 53분을 오르면 표지석이 있는 영장산 정상에 닿는다.

하산은 남쪽의 태재고개와, 북쪽의 갈마치고개로 나뉜다. 남쪽의 태재고개를 향해 11분을 내려가면 곧은골고개가 나오고, 다시 30분을 내려가면 입골삼거리가 나온다.

입골삼거리에서 오른편 능선길을 따라 41분 거리에 이르면 새마을고개 방향 이정표가 나온다. 여기서는 왼쪽 새마을고개 이정표를 따라 11분을 내려가면 사거리 새마을고개이다.

새마을고개에서 직진 급경사를 오르고 다시 완만한 능선길을 따라 21분 거리에 이르면 봉적골고개를 통과하고, 계속 20분을 더 내려가면 57번 지방도 태재고개에 닿는다.

문형산 총 3시간 8분 소요
봉골 입구→35분→용화선원→30분→주능선→20분→문형산(정자)→18분→임도→25분→통점골

산행은 문형리 봉골 입구 버스정류장에서 문형마트 왼편 봉골길 2차선 도로를 따라 35분 거리에 이르면 도로가 끝나면서 용화선원 앞 광장이 나온다. 광장에서 용화선원 왼쪽 계곡으로 난 계단길 등산로를 따라 가다가 계곡으로 이어져 30분을 오르면 주능선 사거리에 닿는다.

주능선에서 왼쪽 능선을 따라 15분을 더 오르면 문형산 정상 표지석이 세워진 봉우리다. 정상 표지석에서 서쪽능선으로 5분 거리에 이르면 삼거리에 정자가 있는 봉우리가 나온다. 5만분의 1지도상에는 이 봉이 문형산(文衡山) 정상으로 표시되어 있다.

정자가 있는 문형산 정상에서 남쪽능선을 탄다. 남쪽으로 40m 거리 일출단을 통과하여 8분을 내려가면 헬기장을 지나 이정표 사거리가 나온다. 사거리에 오른편 세능선길을 따라 10분을 내려가면 임도가 나오고 왼쪽 오른편에 돌무더기가 있다. 여기서 돌무더기 오른편으로 난 길을 따라 7분을 내려가면 합길이 나오고 3분을 더 내려가면 임도가 나온다. 임도 왼쪽 50m 거리 갈림길에서 오른쪽 임도를 따라 15분을 더 내려가면 통점골 버스정류장이다.

여행 정보 Tourist Information

대중교통
영장산은 분당선 전철 이용 이매역 1번 출구.
문형산은 분당선 서현역 2번 출구에서 17번 17-1번 버스를 타고 문형리 봉골 입구 하차.
하산 후, 신현1리 통점골에서 520번 서현역 행 버스 이용.

식당
영장산
촌장댁(손두부)
성남시 분당구 성남대로 772번길 5-1
031-703-6533

머슴촌(국밥)
성남시 분당구 정자일로 25
031-719-0154

문형산
문형골가든(닭, 오리)
광주시 오포읍 봉골길 171번지 12-1
031-767-7599

동막골이야기(일반식)
광주시 오포읍 문형산길 115(하산지점)
031-718-7762

양평해장국
성남시 분당구 황새울로 258번길 10-9(수내동)
수내역 1번 출구
031-718-7773

예봉산(禮峰山) 683.2m 갑산(甲山) 547m 운길산(雲吉山) 606.4m 고래산 528.5m

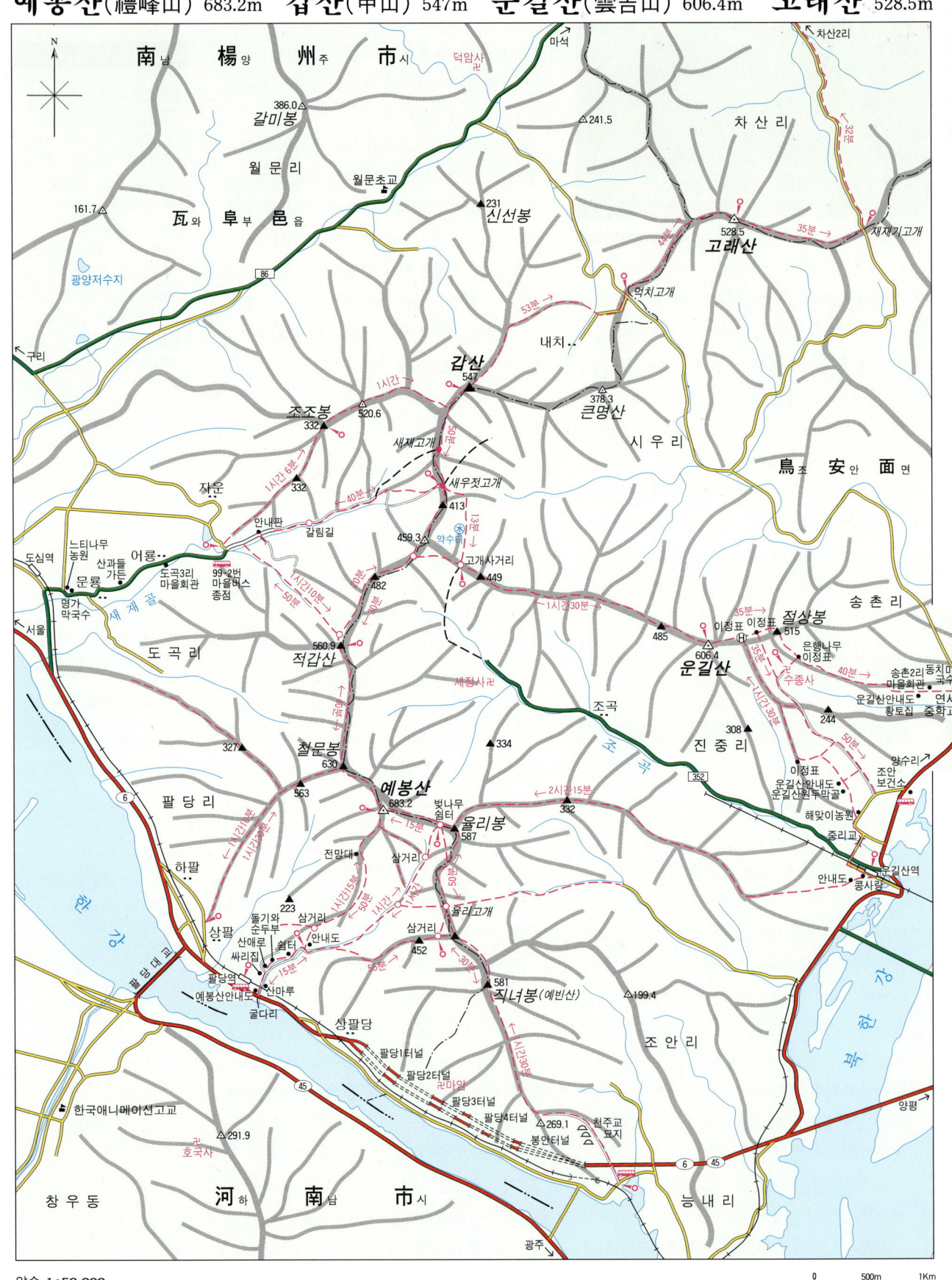

예봉산 · 갑산 · 운길산 · 고래산   경기도 남양주시 와부읍, 조안면

등산로 Mountain path

예봉산 총 3시간 35분 소요
팔당역→15분→삼거리→75분→예봉산
→50분→삼거리→15분→팔당역

중앙선 팔당역에서 동쪽 300m 거리에 이르면 왼쪽에 중앙선 굴다리가 나온다. 중앙선 굴다리를 통과 11분을 가면 삼거리 예봉산 안내가 있다.

삼거리에서 오른쪽으로 조금 가면 사슴목장 삼거리다. 삼거리에서 왼쪽 계곡길을 따라 45분을 오르면 삼거리 벚나무쉼터 이정표가 있다. 삼거리에서 오른쪽으로 15분을 더 오르면 주능선 벚나무쉼터에 닿는다. 여기서 왼쪽 능선을 따라 15분을 오르면 예봉산 정상이다.

하산은 남쪽 팔당역 방면 주능선을 따라 40분을 내려가면 전망대를 지나 안부 삼거리다. 삼거리에서 왼쪽으로 10분 내려가면 삼거리에 닿고 소형차로를 따라 15분 내려가면 팔당역이다.

갑산 총 4시간 36분 소요
99-2번 종점→66분→조조봉→60분→
갑산→50분→새우젓고개→40분→
99→2번 종점

자운동 99-2번 종점 삼거리에서 바로 지능선으로 오른다. 지능선을 따라 15분을 오르면 첫 송전탑을 지나고 계속 지능선을 따라 51분을 오르면 조조봉에 닿는다.

조조봉에서 계속 25분을 가면 안부를 지나고 급경사 능선으로 10분을 오르면 삼거리다. 삼거리에서 왼쪽으로 25분을 가면 안테나가 있는 갑산 정상이다.

하산은 지나온 삼거리로 되돌아온 다음, 왼편 남쪽 능선을 따라 15분을 내려가면 새재고개삼거리다. 새재고개에서 왼쪽 능선으로 35분을 가면 새우젓고개에 닿는다.

새우젓고개에서 오른쪽으로 12분을 내려가면 삼거리다. 여기서부터는 직진 소형차로를 따라 28분을 내려가면 99-2번 등산기점이다.

운길산 총 3시간 55분 소요
운길산역→90분→운길산→35분→
수종사→50분→운길산역

중앙선 운길산역 앞에서 서쪽으로 200m 거리 철다리 밑을 통과하여 1분을 지나 진중교를 건너 왼쪽으로 3분을 가면 해맞이농원이다. 농원 왼쪽으로 8분을 가면 안내도 갈림길이다. 여기서 왼쪽 골을 따라 22분을 가면 왼쪽 능선에 올라선다. 여기서부터 능선길로 이어져 40분을 오르면 갈림길이다. 여기서 왼쪽 헬기장을 지나 15분을 오르면 운길산 정상이다.

하산은 헬기장 삼거리로 되돌아온 다음 동쪽 능선으로 8분을 내려가면 갈림길이다. 갈림길에서 오른쪽으로 12분 내려가면 수종사에 닿는다. 수종사에서 차도로 내려가다가 갈림길에서 오른편으로 1시간을 내려가면 운길산역이다.

고래산 총 2시간 51분 소요
먹치고개→44분→고래산→35분→
재재기고개→32분→차산2리
버스타는곳

갑산에서 먹치고개는 동쪽으로 2분 거리 갈림길에서 왼쪽으로 6분을 가면 또 갈림길이다. 여기서 오른쪽으로 39분을 가면 먹치고개다.

먹치고개에서 동쪽 성도사 쪽으로 2분을 가면 길이 끝나는 지점에서 왼쪽으로 산길이 있다. 이 산길을 따라 10분을 오르면 합길이다. 합길을 지나 12분을 가면 송전탑이 있고 바로 석문이다. 석문에서 11분을 오르면 수넘이고개 삼거리다. 삼거리에서 오른쪽으로 11분을 오르면 삼각점 고래산 정상이다.

하산은 동쪽 능선을 따라 20분을 내려가면 돌무더기 사거리다. 사거리에서 직진 능선을 따라 15분 내려가면 송전탑을 지나 재재기고개이다. 재재기고개에서 북쪽으로 32분 내려가면 마을을 지나 차산2리 버스정류장이다.

여행 정보 Tourist Information

대중교통
중앙선 전철을 타고, **갑산**은 덕소역 하차 후, 덕소역에서 매시 10분, 40분에 출발하는 99-2번 도곡동행 마을버스 이용, 자운동 종점 하차.
고래산은 덕소역에서 시우리 방면으로 왕래하는 마을버스 이용, 먹치고개 하차.
예봉산은 팔당역 하차.
운길산은 운길산역 하차.

식당
예봉산
싸리나무집(일반식)
남양주시 와부읍 팔당로 139번지 12-27
031-576-1183

갑산
명가막국수
남양주시 와부읍 궁촌로 9-2
031-576-4608

고운님오셨네(한식)
남양주시 와부읍 수레로 457
031-577-2070

봉평산골메밀촌(막국수)
남양주시 와부읍 궁촌로 14
031-521-1571

운길산
운길산콩마을(두부)
남양주시 조안면 운길산로 25
031-576-7687

동치미국수
남양주시 조안면 북한강로 547
031-576-4070

수리산(修理山) 489.2m   수암봉(秀岩峰) 398m

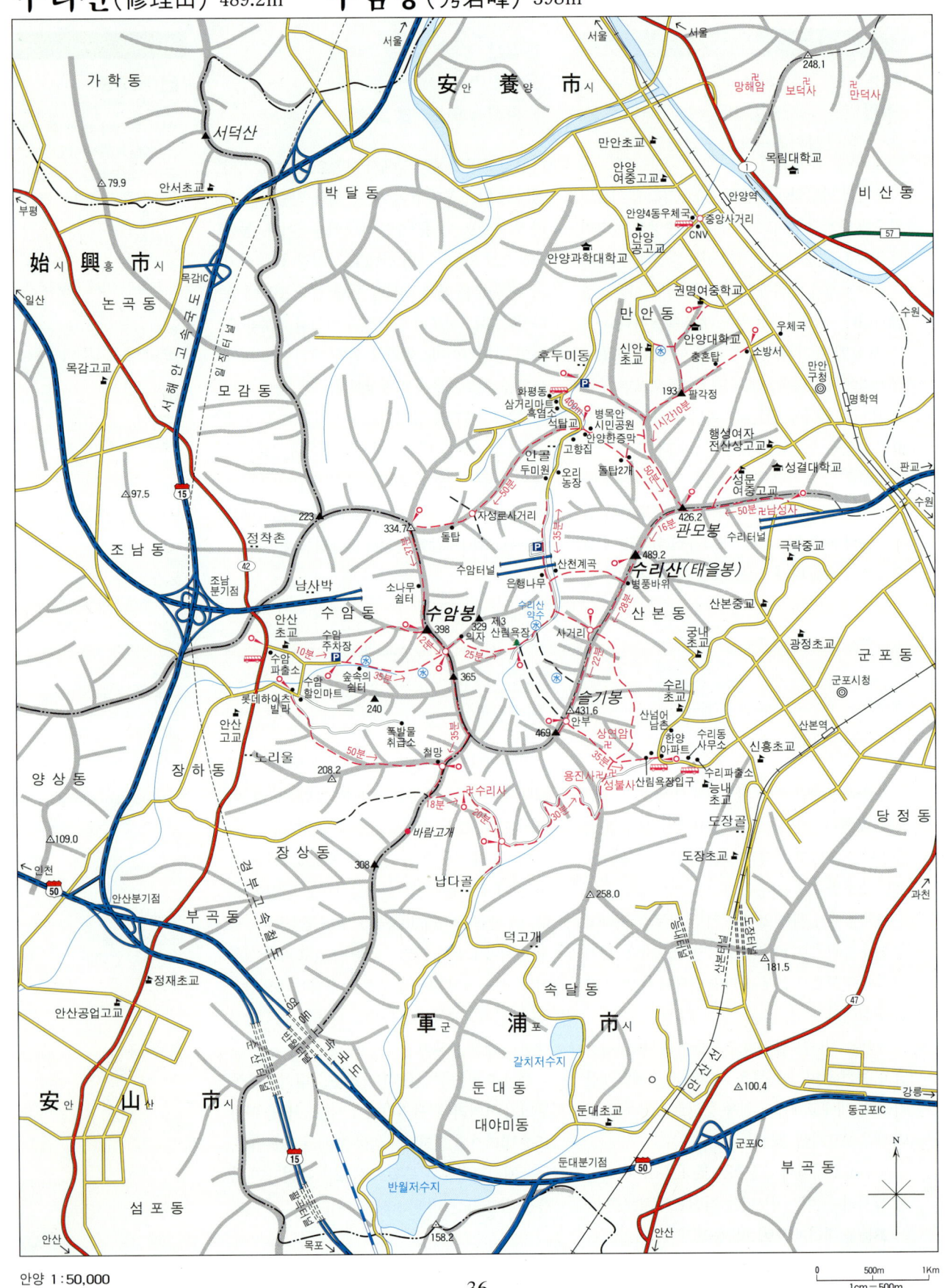

수리산 · 수암봉

경기도 안양시, 군포시, 안산시

수리산(修理山. 489.2m)은 안양시 서쪽에 위치한 산이다. 관모봉에서 태을봉을 거쳐 슬기봉까지 이어지는 주능선 길은 아기자기한 바윗길이다.

수암봉(秀岩峰. 398m)은 창박골을 사이에 두고 수리산과 동서로 마주하고 있는 산이다. 대부분은 육산이나 정상은 암봉으로 이루어져 있다.

등산로 Mountain path

수리산 총 3시간 31분 소요
석탑교→50분→관모봉→16분→
태을봉→28분→사거리→22분→
슬기봉→35분→수리동

수암봉 총 3시간 39분 소요
석탑교→50분→334.7봉→37분→
수암봉→12분→사거리→25분→
제3산림욕장장→35분→석탑교

창박골삼거리에서 남쪽 창박골 쪽으로 500m 가면 왼쪽에 석탑교가 나온다. 석탑교를 건너면 병목안시민공원을 지나면서 수리산 등산로가 시작된다. 계곡 왼쪽으로 이어지는 등산로를 따라 13분을 올라가면 탑 2개가 있는 삼거리다. 여기서 직진 골을 따라 30분을 오르면 주능선안부에 닿는다. 또는 탑 2개에서 왼쪽 비탈길로 5분을 가면 충혼탑 쪽에서 올라오는 삼거리다. 삼거리에서 오른쪽 능선을 따라 32분을 오르면 관모봉에 닿는다.

관모봉에서 남쪽 능선을 따라 4분 내려가면 탑 2개에서 올라오는 안부삼거리다. 안부에서 남릉을 따라 13분을 가면 헬기장 태을봉(수리산) 정상이다.

하산은 남쪽 능선을 따라 3분을 내려가면 병풍바위가 나온다. 병풍바위 오른쪽으로 밧줄을 잡고 내려서면 10m 거리에 갈림길이다. 갈림길에서 오른쪽으로 내려가면 창박골로 하산길이다.(40분소요) 왼쪽 길은 능선으로 이어져 슬기봉으로 가는 길이다. 왼쪽 비탈길을 따라 2분을 가면 능선길로 이어진다. 아기자기한 능선 바윗길을 따라 23분을 가면 안부사거리다. 사거리에서 오른쪽은 창박골 왼쪽은 산본동 방면으로 하산길이다. 계속 남쪽 능선을 따라 22분을 가면 슬기봉을 지나서 이정표가 있는 사거리안부에 닿는다.

안부에서 왼쪽으로 내려가면 급경사 계단길로 이어져 11분을 내려가면 만남의 광장을 지나서 갈림길이다. 갈림길에서 왼쪽 길로 3분을 가면 성불사 입구 임도에 닿는다. 임도를 가로 질러 20분을 내려가면 약수터 통제소를 지나 한양아파트 뒤 버스정류장이다.

창박골 입구 석탑교에서 오른편 지능선 등산로를 따라 오르면 완만한 능선길로 이어져 30분을 올라가면 자성로사거리다. 여기서 직진 능선을 따라 10분을 가면 돌탑을 지나고 10분을 더 가면 334.7봉에 닿는다.

여기서 남쪽 능선을 따라 9분을 가면 갈림길 순환지점이 나오고, 계속 남쪽 능선을 따라 10분을 가면 오른쪽 수암동에서 올라오는 갈림길을 지나 소나무쉼터가 나온다. 쉼터를 지나 10분을 가면 오른쪽 수암동에서 올라오는 삼거리가 또 나오고 8분 더 오르면 수암봉이다.

하산은 남쪽 능선을 따라 12분을 내려가면 헬기장을 지나서 사거리고개에 닿는다. 사거리에서 왼쪽으로 3분 거리 갈림길에서 오른쪽 계곡 길을 따라 22분을 내려가면 차단기가 있는 주차장에 닿는다. 여기서부터 소형차로를 따라 35분을 내려가면 등산기점 석탑교에 닿는다.

* 헬기장사거리에서 서쪽으로 30분을 내려가면 수암동 주차장이다. 헬기장사거리에서 계속 남쪽 능선을 따라 35분을 가면 철망삼거리다. 삼거리에서 오른쪽으로 내려가면 수암동으로 하산길이다.(40분소요).

* 철망삼거리에서 왼쪽으로 8분 내려가면 사거리다. 사거리에서 왼쪽으로 10분 내려가면 수리사에 닿는다.

여행 정보 Tourist Information

대중교통

수리산-수암봉
안양역 앞 중앙사거리 서쪽 안양4동우체국 앞에서 창박골 행 버스(10번 11-3번 15번 15-2번)를 타고 창박골 삼거리 하차.

슬기봉(수리동)
금정역에서-15번, 마을버스 2번, 산본역에서 마을버스 3-1번 이용, 모두 수리동 덕유아파트 8단지 하차.

수암봉(수암동)
여의도-개봉-광명역에서 수암동 방면 301번, 302번 버스 이용, 수암동 하차. 안양역에서 수암동 방면 350번 버스 이용 수암동 하차.

식당

창박골
병목안왕냉면왕갈비
안양시 만안구 창박로 2 (안양동)
031-469-9293

수리산흑염소뚝배기
안양시 만안구 병목안로 214(안양동)
031-442-7701

수리동
산넘어남촌(보쌈)
군포시 수리로 102 설악아파트 설악상가 2층
031-391-1399

수리산 창박골 등산로 입구에 있는 쌍둥이 돌탑

문수산(文殊山) 376.1m

문수산

경기도 김포시 월곶면

자연석이 세워진 문수산 정상

등산로 Mountain path

문수산 총 3시간 22분 소요

삼림욕장→40분→팔각정→30분→
문수산→22분→문수사→30분→
청하산장→20분→산림욕장

여행 정보 Tourist Information

자가운전
수도권에서 48번 국도를 타고 강화 방면으로 가다가 강화대교 건너기 전 성동검문소에서 우회전⇨ 북쪽 해변도로를 따라 1km 거리 문수산 삼림욕장 팻말에서 우회전⇨ 100m 거리 삼림욕장주차장.

대중교통
서울 신촌 그레이스백화점 서강 철다리 쪽에서 10분 간격으로 운행하는 강화행 직행버스 이용, 강화대교 전 성동검문소 하차.
영등포역에서 강화행 1번 버스 이용, 성동검문소 하차.
인천버스터미널에서 70번을 타고 강화대교 전 하차.
기타지역에서는 강화행 버스 이용, 성동검문소 하차(성동검문소에서 삼림욕장까지 1km).

식당
나룻터(숯불장어구이)
김포시 월곶면 김포대로 3014-5
031-987-7373

느티나무골(장어)
김포시 월곶면 문수산로 370번길 49
031-987-3036

숙박
문수산펜션, 민박
김포시 월곶면 김포대학로 125
011-721-0999

문수산자연휴양림
김포시 월곶면
031-981-7423

문수산(文殊山, 376.1m)은 김포시 최북단에 위치한 산으로서 북한 개풍군과 불과 2km 거리에 위치하고 있는 산이다. 군사 주둔지로서 민간인 출입이 통제되었으나 최근 출입이 해제되어 지금은 출입이 가능하다.

산능선으로 문수산성(文殊山城)이 있으며 서쪽 중턱에 문수사가 있고, 서쪽 면은 울창한 숲으로 이루어진 삼림욕장이 있다. 삼면이 한강과 서해 바다로 둘러싸여 있어서 정상에 서면 섬 같은 느낌이 든다. 정상에서 바라보면 북한 땅과 가장 가까운 거리에 위치하고 있어 북한 개풍군 일대가 자세하게 조망된다.

또한 북한산이 웅장한 산세로 바라보이고 도도히 흐르는 한강과 서울의 서부지방 일대가 시원하게 펼쳐진다. 서쪽으로는 강화도 일대가 시야에 들어오고 남쪽으로는 김포시 일대와 인천광역시가 시야에 들어온다. 삼면이 강과 바다로 둘러싸여 있어 섬 같은 느낌이 드는 산이다. 나지막한 산이지만 사방이 막힘이 없고 유일하게 북한 개풍군과 임진강 한강이 한눈에 내려다보이는 전망이 좋은 산이다.

산행은 문수골 주차장에서 지능선을 타고 팔각정을 경유하여 성곽을 따라 정상에 오른 다음 문수사를 경유하여 청하산장으로 하산한다. 또는 팔각정까지 되내려온 다음, 중간 능선을 타고 다시 주차장으로 원점회귀 산행을 한다. 정상에서 동쪽 능선을 따라 내려가는 길은 예비군교육장을 거쳐 고읍동으로 하산한다.

참고로 문수사에서 하산길은 부대를 통과해야만 한다. 하산길은 통과할 수 있으나 반대로 올라갈 때는 통제한다.

강화대교 동편 성동검문소에서 우회전 1km 거리 오른쪽에 문수산산림욕장 팻말이 보인다. 이 팻말을 따라서 100m 들어가면 삼림욕장주차장이 있고 매표소가 있다.

매표소 오른쪽으로 넓은 길을 따라 가면 식수대가 있고 30m 더 가면 갈림길이다. 갈림길에서 오른쪽 계단길로 올라간다. 오른쪽 계단길을 따라 25분을 올라가면 성곽이 있는 삼거리다. 이 삼거리에서 오른쪽으로 성동검문소까지 성곽과 길이 있다. 하지만 현재는 성곽 보존관계로 통제하고 있다.

성곽삼거리에서 왼쪽으로 성곽 길을 따라 15분을 걸으면 삼거리가 나온다. 삼거리에서 서쪽 지능선으로 내려서면 전망대 정자가 있고, 계속 지능선을 따라 내려가면 삼림욕장주차장 또는 삼림욕장 팻말이 있는 도로에 닿는다.

삼거리에서 북쪽 성곽 길을 따라 20분을 가면 암문이 나오고 바로 헬기장사거리다. 헬기장에서 급경사 길을 따라 10분을 올라가면 문수산 정상에 닿는다.

정상에 서면 북쪽으로 한강 건너 황해도 개풍군 일대가 시야에 들어오며 북한의 일부를 볼 수 있다. 동서남쪽으로 일산 김포 강화일대가 막힘없이 조망된다.

하산은 다시 남쪽 헬기장사거리로 내려가서 오른쪽 문수사 방향으로 간다. 문수사를 향해 약 12분을 가면 문수사에 닿는다. 문수사에서는 서쪽 계곡 길을 따라 17분을 내려가면 부대 다리를 지나고, 차도를 따라 13분을 더 내려가면 청하산장 앞이다.

여기서 차도를 따라 20분을 내려가면 삼림욕장 입구 도로 변이다.

고려산(高麗山) 436.3m 혈구산(穴口山) 465m

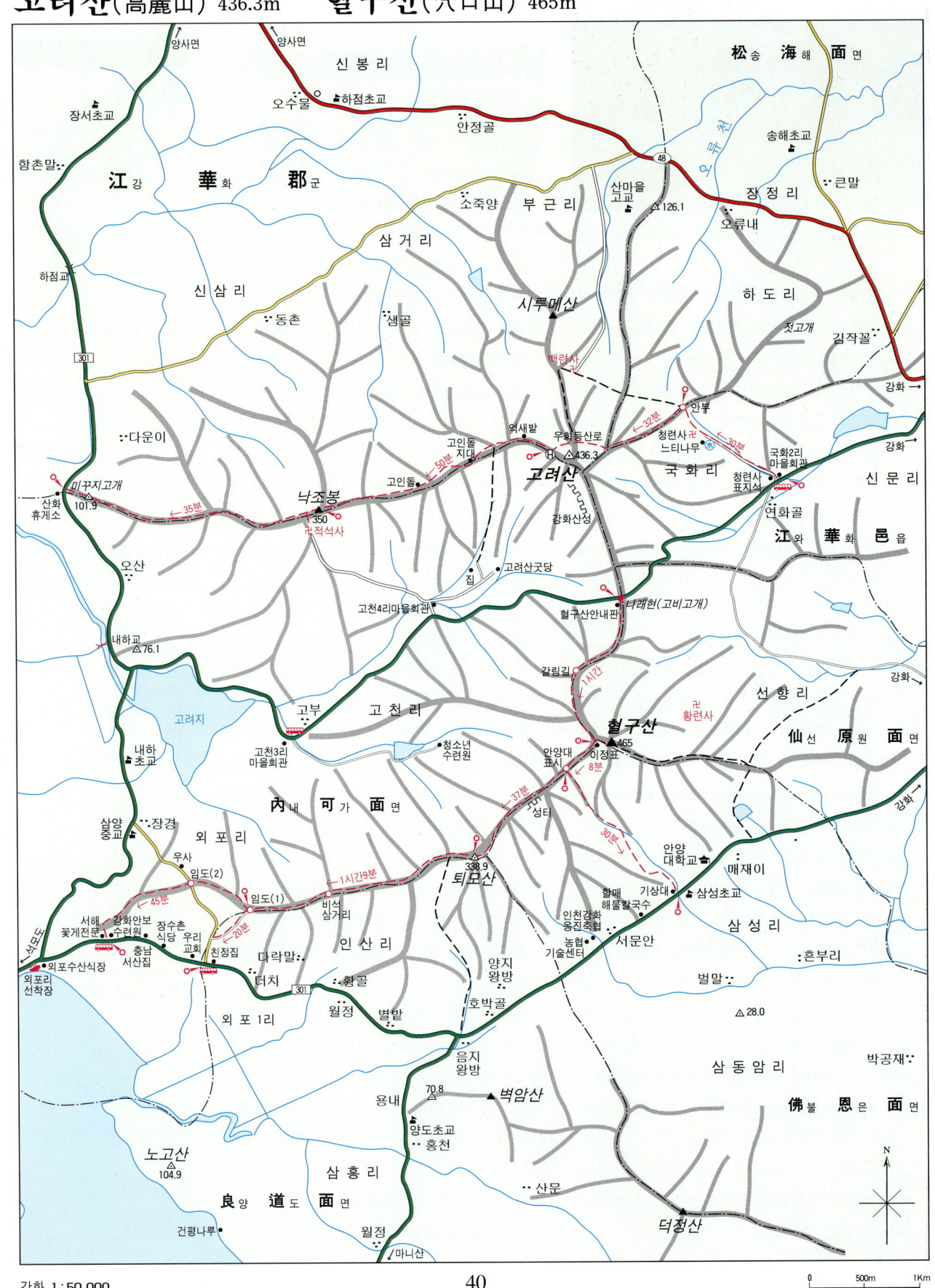

강화 1:50,000

고려산 · 혈구산
인천광역시 강화군 강화읍, 하점면, 내가면

고려산(高麗山. 436.3m)은 강화읍 서쪽 진달래로 유명한 산이다. 정상에 서면 강화도 앞바다는 물론 군사분계선 넘어 황해도 개풍군 일부가 시야에 들어온다.

혈구산(穴口山. 465m)은 고려산에서 남쪽으로 약 3km 거리에 위치한 산이며 완만한 산세에 험로가 없어 가족 산행지로 좋은 산이다.

등산로 Mountain path

고려산 총 3시간 27분 소요
국화2리 마을회관→30분→안부→32분→고려산(H)→50분→낙조봉→35분→미꾸지고개

강화읍에서 서쪽 3km 국화2리 마을회관에서 청련사 안내판이 있는 소형차로를 따라 23분 거리에 이르면 청련사가 나온다. 청련사 마당 오른쪽으로 난 등산로를 따라 7분을 올라가면 안부사거리다.

사거리 안부에서 왼쪽으로 20분을 올라가면 정상이 보이는 공터에 닿는다. 공터에서 바라보면 강화읍이 뚜렷하게 내려다보이고 김포일대가 보인다. 정상은 통제하므로 사면길로 우회하여 12분을 가면 서쪽 능선과 하점면, 내가면 일대가 시원하게 펼쳐 보이는 헬기장이다.

헬기장에서 서쪽 능선을 타고 억새군락지를 지나 완만한 능선으로 20분을 내려가면 고인돌 안내판이 있는 삼거리다. 삼거리에서 계속 남쪽 능선을 따라 3분 거리에 이르면 고인돌안내판과 함께 수십 기의 고인돌이 있다. 고인돌지대를 지나면 송림지대를 통과하고, 다시 고인돌지대가 나타나며 경사진 길에 올라서면 넓은 억새군락지를 지나 27분 거리에 이르면 낙조봉에 닿는다.

낙조봉에서 계속해서 서쪽 능선을 따라 내려간다. 능선은 무난한 능선으로 이어져 35분을 내려가면 미꾸지고개에 닿는다.

혈구산 총 4시간 39분 소요
고비고개→60분→혈구산→45분→퇴모산→69분→임도→45분→외포리

강화읍에서 서쪽으로 약 5km 거리 고비고개에서 안내판 왼쪽 능선을 따라 30분을 오르면 의자가 있는 삼거리에 닿는다. 삼거리에서 왼쪽 능선을 따라 30분을 더 오르면 이정표가 있는 삼거리다. 삼거리에서 왼쪽으로 40m 오르면 혈구산 정상이다.

하산은 올라 왔던 40m 거리 삼거리로 되돌아간 다음 왼편 서남쪽 능선을 탄다. 서남쪽 능선으로 8분을 내려가면 안양대학교로 가는 왼쪽 갈림길이다. 갈림길에서 왼쪽으로 30분을 내려가면 안양대학교 입구 기상대에 닿는다.

다시 주능선 갈림길에서 계속 서쪽 능선을 따라 12분 가면 삼각점이 있는 삼거리다. 삼거리에서 오른쪽으로 내려서면 평지와 같은 능선으로 이어지고, 25분을 지나면 삼각점이 있고 안내문이 있는 퇴모산이다.

퇴모산에서 계속 서쪽 능선길을 따라 25분 거리에 이르면 이정표사거리 안부에 닿는다. 사거리에서 직진 서쪽으로 10분을 가면 비석이 있는 삼거리다.

비석에서는 왼쪽 길로 11분을 가면 갈림길이다. 갈림길에서 오른쪽으로 13분을 가면 고압선이 있는 봉에 닿는다. 고압선봉에서 10분을 내려가면 첫 번째 임도가 나온다. 임도에서 왼편 임도를 따라 20분을 내려가면 버스정류장에 닿는다.

첫 번째 임도에서 외포리 방면은 임도를 가로질러 능선으로 올라서 5분을 가면 두 번째 임도가 나온다. 여기서도 임도를 가로질러 왼쪽 능선으로 올라서면 컨테이너 오른쪽으로 길이 있으며 15분을 올라가면 삼각점 삼거리봉이다. 삼거리봉에서 왼쪽으로 13분을 내려가면 안부사거리가 나오고, 직진하여 12분을 가면 능선을 지나 강화안보수련원 버스정류장이다.

여행 정보 Tourist Information

자가운전
고려산은 수도권외곽고속도로 김포IC에서 김포-강화 방면 48번 국도로 빠져나와 김포-강화 이정표를 따라 강화대교 건너 4km 거리 강화읍사무소에서 직진⇨약 1km 삼거리에서 좌회전⇨2km 거리 국화리 마을회관에서 우회전⇨소형차로 (1km) 청련사 주차장.
혈구산은 강화읍 지난 1km 삼거리에서 좌회전⇨약 4km 거리 고비고개 주차.

대중교통
(신촌로타리-강화-화도에서 마니산행) (부평-강화 90번) (영등포-강화 1번) (인천-강화 70번) (안양-강화 3번) 버스를 타고 강화읍 하차.
고려산은 청련사까지, **혈구산**은 고비고개까지 택시를 이용한다.

식당
푸른솔가든(일반식)
강화읍 강화대로440번길 6-1
032-933-1555

충남서산집(회)
강화군 내가면 중앙로 1200
032-933-8403

인천강화옹진축협(소고기)
강화군 불은면 중앙로 742-2
032-934-8999

명소
전등사
보문사
강화장날 2일 7일

마니산(摩尼山) 469.4m

민족의 번영을 위해 기원하던 참성단

마니산
인천광역시 강화군 화도면

35분 → 함허동천주차장

마니산(摩尼山. 469.4m)은 민족의 영산이다. 북으로는 백두산, 남으로는 한라산, 정 중앙에 위치하여 산 정상에는 단군이 민족의 번영을 기원하던 제단이라고 전해 내려오는 참성단(塹城壇)이 있다. 화강암으로 높이 6m 사각 제단인 참성단의 기초는 하늘을 상징하여 둥글게 쌓았고, 단은 땅을 상징하여 네모로 쌓아 신성감을 느끼기에 충분하다.(사적 136호) 고려원종 11년(1270)에 보수했고 조선 인조 17년(1639)에 수축하였으며 숙종 26년(1700)에도 보수하였다. 지금은 해마다 개천절에 이곳에서 단군의 제사를 지내며, 전국 체육대회 때마다 대회장에 타오르는 성화는 이 참성단에서 7선녀에 의해 채화되어 행사장까지 봉송된다. 참성단 제사 때 제물을 준비하던 천제암이란 암자가 있었는데 일제 때 폐지되었고 불상은 전등사로 옮겨졌다. 천제암터 위에는 과굴(過窟)이 남쪽에는 굴바위가 있다. 마니산은 산세가 아름답고 가을 단풍의 풍치가 빼어나 강화 팔경의 하나로 꼽는다. 주능선은 암릉길이나 그 외는 대부분 순조로운 육산으로 산행을 하는데 큰 어려움이 없다.

산행은 주차장에서 계단로를 따라 참성단에 오른 다음, 하산은 단군로를 따라 다시 주차장으로 원점회귀 산행이다. 종주산행은 참성단에서 동릉을 타고 정상에 오른 다음, 정상에서 계속 동릉을 타고 절고개-함허동천으로 하산한다.

등산로 Mountain path
마니산 총 4시간 24분 소요
주차장 →40분→ 315고개 →60분→
참성단 →30분→ 마니산 →39분→ 고개

화도면 문곡리 마니산 주차장에서 산 쪽으로 50m 정도 들어가면 매표소가 있다. 매표소에서 5분을 가면 갈림길이다. 왼쪽은 계단길이고, 오른쪽은 단군길이다. 오른쪽으로 다리를 건너면 계곡과 능선으로 갈림길이 있는데 오른쪽으로 간다. 오른쪽 길로 올라가면 지능선으로 이어져 주능선삼거리에 닿는다.

매표소에서 35분 거리다. 삼거리에서 왼편 동쪽으로 남쪽 바다를 바라보면서 능선길을 따라 1시간을 올라가면 참성단삼거리에 닿는다. 참성단삼거리에서 오른편 동쪽 방면으로 비탈길을 따라가면 마니산종합안내문이 있는 헬기장이다. 참성단은 출입을 금지하고 있으며 매년 개천대제행사 때 12월 31일과 1월 10일부터-3일까지는 개방한다.

정상은 헬기장에서 동릉을 따라 30분 거리에 위치하고 있다.

헬기장에서 하산은 다시 참성단삼거리까지 되돌아온 다음, 오른편 917계단 길을 따라 50분을 내려가면 마니산주차장에 닿는다.

정상까지 종주산행은 헬기장에서 계속 동릉을 타고 간다. 바윗길로 이어지는 주능선을 따라 30분 거리에 이르면 마니산 정상에 닿는다.

정상에서 하산은 동쪽으로 4분 거리에 이르면 갈림길이 나온다. 왼쪽은 함허동천으로 가는 길이고, 오른쪽은 함허동천 또는 정수사로 가는 길이다. 오른쪽 능선을 따라 내려가면 험한 바윗길이다. 바위에서 왼편으로 우회하여 내려간다. 조금 내려가서 갈림길이 나오면 오른쪽으로 올라서 능선으로 오르게 되어 30분을 내려가면 사거리고개에 닿는다.

오른쪽은 정수사로 가는 길이고 직진은 진달래 능선 길이며 왼쪽은 함허동천으로 내려가는 길이다. 왼쪽으로 10분을 내려가면 270봉 방향 합길에 닿는다. 합길에서 25분을 더 내려가면 매표소에 닿는다.

여행 정보 Tourist Information

🚗 자가운전
수도권에서 올림픽대로 김포-강화 방면 48번 국도를 타고 강화읍에 도착한 다음, 강화읍에서 84번 군도 이용, 화도면 마니산주차장.

🚌 대중교통
(신촌로타리-강화-화도 마니산행) (부평-강화 90번) (영등포-강화 1번) (인천-강화 70번) (안양-강화 3번) 버스를 타고 강화에 도착한 다음, 강화에서 1시간 간격으로 운행하는 화도(마니산)행 시내버스를 타고 마니산 하차.

🍴 숙식
주차장
길목식당(일반식)
강화군 화도면 마니산로 675번길 8
032-937-5590

동촌집(일반식)
강화군 화도면 마니산로 682 마니산 입구
032-937-8144

마니산펜션
강화군 화도면 마니산로 675번길 17
032-937-0286

사기리
황토옛집(한정식)
화도면 해안남로 1139
032-937-9647

이레가든(산채비빔밥)
화도면 해안남로 1196번길 16
032-937-4451

해오름펜션
화도면 해안남로 1192
032-937-1460

🏛 명소
전등사 보문사

해명산(海明山) 308.9m   상봉산(上峰山) 316.1m

서해바다가 내려다보이는 낙가산 미륵바위

해명산 · 상봉산
인천광역시 강화군 삼산면

해명산(海明山. 308.9m)과 **상봉산**(上峰山. 316.1m)은 석모도에 위치한 산이다. 산세는 석모도 동서로 능선이 이어져 서쪽에 상봉산이 있고 약 4km 동쪽 능선에 해명산이다. 서쪽 편 남단에는 보문사가 있고 보문사 뒤편으로 419개 석 계단을 오르면 마애불이 있으며, 마애불 뒷산을 낙가산으로 부른다. 보문사는 남해 보리암 양양 낙산사 홍련암과 함께 우리나라 3대 관음 도량으로 꼽히는 사찰이며, 신라 선덕여왕 때인 635년에 회정대사가 세웠다고 전해진다.

승용차를 이용할 때는 보문사주차장에 주차하고, 버스 편으로 전득이고개로 가서 산행을 시작한다. 전득이고개를 기점으로 북서쪽 능선을 타고 해명산에 오른 다음, 계속 북서쪽 능선을 따라 낙가산 갈림길에서 서쪽으로 하산하면 보문사로 이어진다. 낙가산 갈림길에서 계속 북서쪽 능선을 타고 절고개를 경유하여 상봉산에 오른 후에, 하산은 다시 절고개로 되돌아와서 서쪽 보문사로 내려간다.

등산로 Mountain path
해명산-상봉산 종주 총 4시간 55분 소요
전득이고개→35분→해명산→53분→
밤개고개→50분→보문사삼거리→
17분→절고개→30분→상봉산→25분→
절고개→25분→주차장

석포리 선착장에서 보문사 방면 도로를 따라 약 2.5km 거리에 이르면 전득이 고개가 나온다. 전득이 고개에서 등산로 안내판을 따라 13분을 올라가면 230봉에 닿는다. 계속해서 능선길을 따라 22분을 더 올라가면 삼각점이 있는 해명산 정상이다.

해명산에서 평지와 같은 능선길을 따라 22분을 가면 310봉에 닿는다. 310봉에서도 평지와 같은 능선을 따라 31분을 걸으면 밤개고개 사거리에 닿는다.

이 지점에서 동쪽 길은 석포리(밤개) 방면이고 서쪽은 매음리(윗말) 방면이다. 상봉산 방향인 서북쪽을 향해 24분을 올라가면 270봉이다. 이 지점은 두 능선으로 갈라지는데 서편 왼쪽으로 내려가야 한다. 서쪽으로 내려가면 새가리고개 안부를 지나서 다시 올라가면 250봉 전망바위봉에 닿는다. 여기서부터는 다시 서북 방면으로 등산로가 이어지며, 평지와 같은 길을 따라 25분을 가면 낙가산 바위 앞 삼거리에 닿는다.

이 삼거리에서 서남쪽으로 내려가면 마애불을 거쳐 보문사로 내려간다. 삼거리에서 서북쪽을 향해 바위를 올라서 넓은 바위를 지나면 바로 낙가산 정상이다. 낙가산을 뒤로하고 서북쪽 방면으로 가면 234봉을 거쳐 절고개 사거리에 닿는다. 보문삼거리에서 17분 거리다.

절고개에서 북쪽 길은 삼산면사무소로 가고, 남쪽으로 내려가면 보문사로 내려간다. 다시 서쪽 능선길을 따라 10분을 오르면 산불감시초소가 있고 20분을 더 올라가면 상봉산 정상이다.

정상은 바위 봉으로 전망이 빼어나며 삼각점이 있고 표지목이 있다. 상봉산에서 계속 서쪽으로 산길이 있고 동쪽으로도 산길이 있다. 하지만 미확인 길이고 교통이 불편하므로 보문사로 하산하는 것이 일반적이다. 상봉산 정상에서 다시 절고개사거리까지 되돌아와서 남쪽으로 15분을 내려가면 보문사에 닿는다. 보문사 극락보전(極樂寶殿) 오른쪽으로 419계단을 올라가면 마애불이며 15분 거리다. 보문사에서 10분을 내려가면 버스종점 주차장이다.

위와 같은 산행은 종주산행이며 간단한 산행은 보문사에서 마애불을 경유하여 능선삼거리에서 왼쪽으로 절고개를 거쳐 상봉산에 오른 후에 다시 절고개 보문사로 하산하면 된다.

여행 정보 Tourist Information

자가운전
올림픽대로 김포-강화 방면 48번 국도를 타고 강화읍에서 서쪽 외포리 방면 군도를 타고 외포리 선착장.
외포리에서 평일 1시간, 토, 일요일은 30분 간격으로 운행하는 석모도행 배편을 이용, 석모도 보문사 주차장.

대중교통
(신촌로타리-강화-화도, 마니산) (부평-강화 90번) (영등포-강화 1번) (인천-강화 70번) (안양-강화 3번) 버스를 타고 강화에 도착한 다음, 강화에서 50분 간격으로 운행하는 외포리행 버스를 타고 외포리 하차. 외포리에서-석모도행(30분 간격) 배편 이용 후, 보문사행 마을버스를 타고 전득이고개 하차.

식당
춘하추동(꽃게탕)
강화군 삼산면 삼산남로 823
032-932-3584

솔밭식당(산채비빔밥)
강화군 삼산면 매음리 보문사 입구
032-932-3138

백송식당(꽃게탕)
강화군 삼산면 삼산남로 828번길 13 보문사 입구
032-933-6566

숙박
언덕위에 하얀집 펜션
강화군 삼산면 삼산남로 760 보문사 입구
032-933-3884

명소
보문사

강화장날 2일 7일

백운산(白雲山) 255.2m

백운산　인천광역시 중구 영종도

영종도 일대가 내려다보이는 백운산 정상

백운산(白雲山. 255.2m)은 영종도를 상징하는 영종도 한 중심에 솟은 산이다. 아침저녁에는 구름과 안개가 자욱이 끼고 석양에 비치는 오색구름이 산봉우리에 머물 때면 선녀들이 내려와 약수를 마시며 놀고 간다하여 백운산이라 칭하게 되었다고 한다.

산에는 단풍나무가 많아 가을철에는 오색 단풍이 아름답게 전개된다. 산자락에는 용궁사 백운사가 자리하고 있으며 산세가 수려하다. 정상에서 바라보면 인천국제공항 영종도신도시가 시원하게 내려다보이고 무의도 장봉도 강화도 인천이 바라보인다.

산행은 (1)운서역 광장에서 쌍굴 도로 전에 지능선을 타고 백운산에 오른다. 하산은 동쪽 용궁사를 경유하여 전소농협으로 하산한다.

(2)정상에서 남쪽 은서초교로 하산한다.

(3)정상에서 남쪽으로 10분 거리에서 북쪽 과학고로 하산한다.

등산로 Mountain path

백운산 총 3시간 소요

운서역 → 44분 → 산불초소 → 28분 →
백운산 → 36분 → 용궁사 → 12분 →
전소마을

공항철도 운서역에서 나와 오른쪽 도로를 따라 약 150m 거리에 이르면 삼거리다. 삼거리에서 도로를 건너 우회전 도로를 따라 철도 밑을 통과하면서 9분을 가면 쌍굴 도로 200m 전에 왼쪽으로 농로 같은 길이 나온다. 이 길을 따라

50m 정도 가면 정면으로 대규모 공사장이다. 여기서 오른편 산과 공사장 사이로 난 등산로를 따라 간다. 뚜렷한 등산로를 따라 10분을 가면 갈림길이다. 갈림길에서 왼쪽으로 간다. 약간 내려가다가 평지와 같은 오솔길을 따라 10분을 가면 산맥이 끊기는 지역이 나온다. 여기서 계속 이어지는 산길을 따라 12분 거리에 이르면 산불초소가 있는 사거리다.

사거리에서 직진 14분을 올라가면 오른쪽으로 갈림길이다. 갈림길에서 직진 9분을 오르면 운동시설이 있는 쉼터가 나오고, 5분을 더 오르면 데크를 지나서 백운산 정상 헬기장에 닿는다. 정상에서 바라보면 사방이 막힘이 없다. 인천공항과 영종도 일대가 속속들이 다 내려다보이고 강화도 장봉도 무의도가 가까이 보인다.

하산은 (1) (2) (3) 곳이 있다.

(1) 헬기장에서 동쪽 전소리 방면으로 주능선을 따라 26분을 내려가면 용궁사에 닿는다.

용궁사에서 오른편으로 5분을 가면 고개에 닿는다. 고개에서 직진 7분 거리에 이르면 중구출장소(보건소)가 있다. 출장소에서 5분 거리에 이르면 전소농협 버스정류장이다. 전소농협에서 운서역행 버스가 30분 간격으로 운행한다.

(2) 백운정에서 남쪽 운서초교 방면으로 10분을 내려가면 갈림길이다. 갈림길에서 직진 11분 거리에 이르면 쉼터 사거리다. 사거리에서 오른쪽 운서초교 이정표를 따라 10분 거리에 이르면 운서초교 앞 버스정류장에 닿는다.

(3) 백운정에서 남쪽으로 10분 거리에 이르면 갈림길이다. 갈림길에서 오른쪽 과학고등학교 방면 길로 내려간다. 나무계단을 따라 내려가면 하산길은 계곡을 지나서 오른현 비탈길로 이어지다가 내려가게 되어 18분 거리에 이르면 과학고등학교 왼편 울타리에 닿는다. 여기서부터 울타리를 따라 9분을 가면 과학고등학교 입구를 지나서 쌍굴 쪽으로 샛길을 따라 4분을 가면 도로에 닿고, 도로를 따라 18분 거리에 이르면 운서역에 닿는다.

여행 정보　Tourist Information

대중교통

공항철도 서울역, 김포공항역에서 인천공항행을 타고 운서역 하차. 하산지점 전소리나 운서초교 앞에서는 (구)배터에서-전소리-운서초교 경유-운서역행 마을버스 222번, 221번, 202번, 203번을 타고 운서역 하차.

식당

육천지 (한우, 장어)
인천광역시 중구 전소로1번길 17
032-751-7737

동해바다 (바다회)
인천광역시 중구
신도시남로142번길 17
(운서동)
032-747-0178

충청도회조개구이
인천광역시 중구 을왕로
을왕리수욕장내
032-746-3365

보길도회센터, 민박
(바다회)
인천광역시 중구 을왕로
58번길 3(을왕동)
032-764-3686

늘목쌈밥
인천광역시 중구
용유서로 162(을왕동)
032-746-8877

미미네 칼국수
인천광역시 중구 용유로
21번길 53(덕교동)
032-746-3838

명소

을왕리해수욕장
무의도
실미도
인천대교

호룡곡산 243.8m

아름다운 해변 무의도 하나개유원지

호룡곡산
인천광역시 중구 무의도

등산로 Mountain path

호룡곡산 총 3시간 40분 소요

무의선착장→23분→실미고개→45분→국사봉→21분→구름다리→28분→호룡곡산→43분→광명선착장

호룡곡산(虎龍谷山. 243.8m)은 영종도 남쪽 무의도에 위치한 산이다. 무의도는 전체가 산으로 이루어져 있고 북쪽은 국사봉(237m) 남쪽은 호룡곡산이다.

호룡곡산이나 국사봉에서 바라보면 영종도를 비롯한 인천시내가 시야에 들어오고 서해안 많은 섬들이 조망되며 북으로는 연백반도와 옹진반도가 수평선 너머로 시야에 들어온다.

등산로는 무의도 최 북쪽 선착장에서 시작하여 남쪽 끝 광명까지 약 6km 능선으로 이어지는데 등산로가 잘 정비되어 있고 요소에 이정표가 배치되어 있어서, 이정표만 확인하면서 산행을 하면 누구나 큰 어려움 없이 목적한대로 산행을 할 수 있다. 산행은 북쪽의 무의선착장에서 시작하여 당산 국사봉 호룡곡산 광명선착장으로 하산 한다.

광명으로 하산 후에는 무의선착장까지 마을버스가 수시로 왕래하므로 마을버스를 이용하여 다시 무의선착장으로 가서 배를 타면 된다. 중간에 하산길이 있으므로 이용하면 되며 이 외에도 실미도, 하나개유원지에서 오르고 내려가는 등산로가 있어서 이용하면 된다.

무의도 산행은 교통편을 자세히 알아야 한다. 5호선 김포공항역에서 인천공항철도로 갈아타고 공항역에서 하차 후에, 잠진선착장행 버스를 타고 잠진선착장에서 무의도행 배편을 이용하면 된다. (인천역, 동인천역)에서는 306번(인천공항경유)을왕리행 버스를 타고 덕교동(거잠포)에서 하차. 잠진선착장까지 10분 거리다.

실미도유원지나 하나개유원지를 돌아볼 계획이면 자가용을 이용하는 것이 좋다.

큰무의선착장에서 하선하자 바로 건너편에 등산로안내판이 있다. 나무계단으로 시작하는 등산로를 따라 13분을 오르면 쉼터로 좋은 당산에 닿는다.

당산에서 외길로 이어지는 등산로를 따라 10분을 내려가면 도로 실미고개가 나온다.

실미고개에서 도로를 가로질러 3분 거리에 이르면 이정표가 있는 갈림길이다. 갈림길에서 왼쪽길을 따라 9분을 올라가면 오른쪽 실미도 갈림길 봉우리다. 갈림길에서 직진하여 4분을 내려가면 또 오른쪽 실미도로가는 갈림길이다. 갈림길에서 직진 2분을 내려가면 헬기장 넓은 공터가 나온다. 공터를 지나고 2분 거리에 이르면 삼막개 도로가 나온다. 도로를 따라 조금 가서 이정표가 있는 오른쪽 산길로 오른다.

국사봉 이정표 등산로를 따라 27분을 올라가면 삼거리가 나온다. 삼거리에서 왼쪽으로 올라서면 넓은 쉼터 시설이 있는 국사봉이다.

국사봉에서 하산은 다시 삼거리로 되돌아온 다음, 왼쪽 능선을 따라 21분을 내려가면 도로 위를 통과하는 출렁다리가 나온다.

출렁다리를 건너 호룡곡산 이정표를 따라 17분을 올라가면 조망대가 있다. 조망대에서 바라보면 서쪽 하나개해수욕장이 아름답게 내려다보이고 서해바다에 작은 섬들이 사야에 들어온다. 조망대에서 계속 능선길을 따라 11분을 올라가면 호룡곡산 정상이다.

하산은 외길인 서남쪽 능선길을 따라 11분 내려가면 의자가 있는 쉼터가 있다. 쉼터에서 조금 오르면 작은 봉우리를 통과하고 내리막길로 이어져 32분을 내려가면 버스종점 광명마을 삼거리에 닿는다.

여행 정보 Tourist Information

자가운전

인천공항고속도로를 타고 영종대교 통과 고속도로 끝에서 직진⇨공항로에서 우회전⇨공항남로를 타고 8km 덕교동에서 좌회전⇨잠진도선착장⇨승선⇨무의도선착장 주차. 인천대교를 타면 공항로에서 좌회전⇨공항남로.

대중교통

서울역, 5호선 김포공항역에서 인천공항행 전철을 타고 인천공항역 하차. 인천공항역 3층 5번 출구에서 잠진도행 버스 222번을 타고 잠진도 하차. 잠진도에서 무의도행 배편 06시 45분부터~오후 19시까지 약 30분 간격으로 운행.

숙식

무의선착장
자매조개구이
인천광역시 중구
대무의로 86-4(무의동)
032-746-4948

수리봉식당(조개구이)
중구 큰무리로 7(무의동)
032-747-0022

하얀펜션
중구 대무의로 90(무의동)
032-752-7747

광명 종점
해오름식당(해물칼국수)
중구 큰무리로 117(무의동)
032-751-0399

바다마을펜션
(해물매운탕)
중구 대무의로 498
010-4242-6789

준수산횟집(쭈꾸미)
중구 대무의로 505(무의동)
018-313-3033

고령산(高嶺山) 621m　박달산(朴達山) 369m

고령산·박달산 경기도 양주시, 파주시

고령산 등산로 입구에 자리한 수구암

고령산(高嶺山, 621m)은 장흥면 서쪽에 위치한 순수한 육산이다. 등산로입구에는 천년 고찰 보광사(普光寺)가 자리하고 있고, 험로가 없어 주말 가족 산행지로 좋은 산이다.

박달산(朴達山, 369m)은 광탄면 동쪽에 위치한 나지막한 산이며 완만한 산세에 험로가 없어 가족 산행지로 좋은 산이다.

등산로 Mountain path

고령산 총 3시간 10분 소요
보광사 입구→7분→보광사→48분→삼거리→26분→고령산→42분→보광사→7분→보광사 입구

고양동에서 광탄으로 가는 367번 지방도를 따라 됫박고개를 넘어 1km 거리에 이르면 보광사 입구가 나온다. 버스정류장인 보광사 입구에서 오른쪽으로 소형차로를 따라 7분을 가면 식당가를 지나서 매표소를 통과하면 보광사 경내 주차장이다.

주차장에서 왼편 시멘트 길을 따라 10분을 가면 수구암이다. 수구암 왼쪽으로 난 등산로를 따라 38분을 올라가면 주능선삼거리에 닿는다.

삼거리에서 오른쪽 주능선을 따라 26분을 오르면 공터인 고령산 정상에 닿는다.

하산은 남쪽 도솔암을 경유하여 보광사로 내려오는 길이 있고, 북쪽 능선을 따라 안고령으로 내려가는 길이 있으며, 올라왔던 서북쪽 능선을 타고 광탄면으로 내려가는 길이 있다.

가장 일반적인 코스는 도솔암을 거쳐 보광사로 내려간다. 고령산 정상에서 동쪽 방향으로 조금 가면 오른쪽으로 하산길이 있다. 서남쪽 방향인 이 오른쪽 길을 따라 17분을 내려가면 도솔암이 나온다. 도솔암을 지나서 지능선을 따라 25분을 내려가면 보광사에 닿고 7분 거리에 버스정류장이다.

박달산 총 3시간 25분 소요
광탄면사무소→15분→안부사거리→60분→292봉→30분→박달산→40분→유일레저타운

광탄면사무소에서 북쪽 시내 쪽으로 100m 거리 삼거리에서 오른쪽으로 100m 가면 터널 전에 오른편 길을 따라 올라가면 양궁장 관리소가 있고 바로 위에 박달산안내지도가 있다.

안내도 뒤로 가면 능선으로 등산로가 이어진다. 능선 등산로를 따라 15분을 오르면 광탄면이 시야에 들어오며 안부사거리다.

안부에서 동쪽 주능선을 따라가면 새로운 묘목을 하기위해 대부분의 나무를 베어버렸다. 뚜렷하고 무난한 주능선길을 따라 1시간을 올라가면 295봉 삼거리에 닿는다.

삼거리에서 왼쪽으로 내려가면 바로 유일레저로 내려가는 길이고, 박달산은 계속 동쪽 능선으로 간다.

동쪽 능선을 따라가면 안부 사거리다. 여기서도 계속 동쪽 능선으로 간다. 292봉에서 30분 거리에 이르면 박달산 정상이다.

박달산에서 하산은 북서쪽으로 뻗은 지능선을 타고 간다. 북서쪽 지능선을 따라 15분을 내려가면 신호약수터가 나온다. 약수터를 뒤로하고 하산길을 따라 25분을 내려가면 삼림욕장을 지나서 유일레저이다. 여기서 오른편 길로 내려가면 박달산장을 지나서 마장3리 도봉산갈비집이 있는 버스정류장에 닿는다.

여행 정보 Tourist Information

자가운전
고령산
구파발역에서 문산 방면 1번국도 통일로 벽제역 사거리에서 의정부 쪽으로 4km 거리 벽제에서 광탄 방면으로 좌회전⇨ 2.2km 거리 삼거리에서 우회전⇨ 367번 지방도를 따라 5.1km 거리 보광사 입구에서 우회전⇨ 소형차로 500m 거리 보광사 주차장.

박달산
벽제에서 광탄 방면으로 좌회전⇨ 2.2km 거리 삼거리에서 좌회전⇨ 78번 군도를 타고 8.7km 거리 광탄면사무소 주차.

대중교통
고령산
구파발역에서 333번 보광사 금촌행 버스 이용, 보광사 입구 하차.

박달산
서울역, 구파발역에서 광탄-금촌행 703번 버스를 타고 광탄면사무소 하차.

식당
고령산
시골보리밥집
파주지 광탄면 보광로471번길 32-22
031-948-7169

박달산
만나토종순대국
파주지 광탄면 혜음로 1070
031-947-2460

명소
유일레저타운
돔베돈가식당 사우나
파주지 광탄면 마장리 83-10
031-948-6161

불곡산(佛谷山) 469m   천보산(天寶山) 336.8m

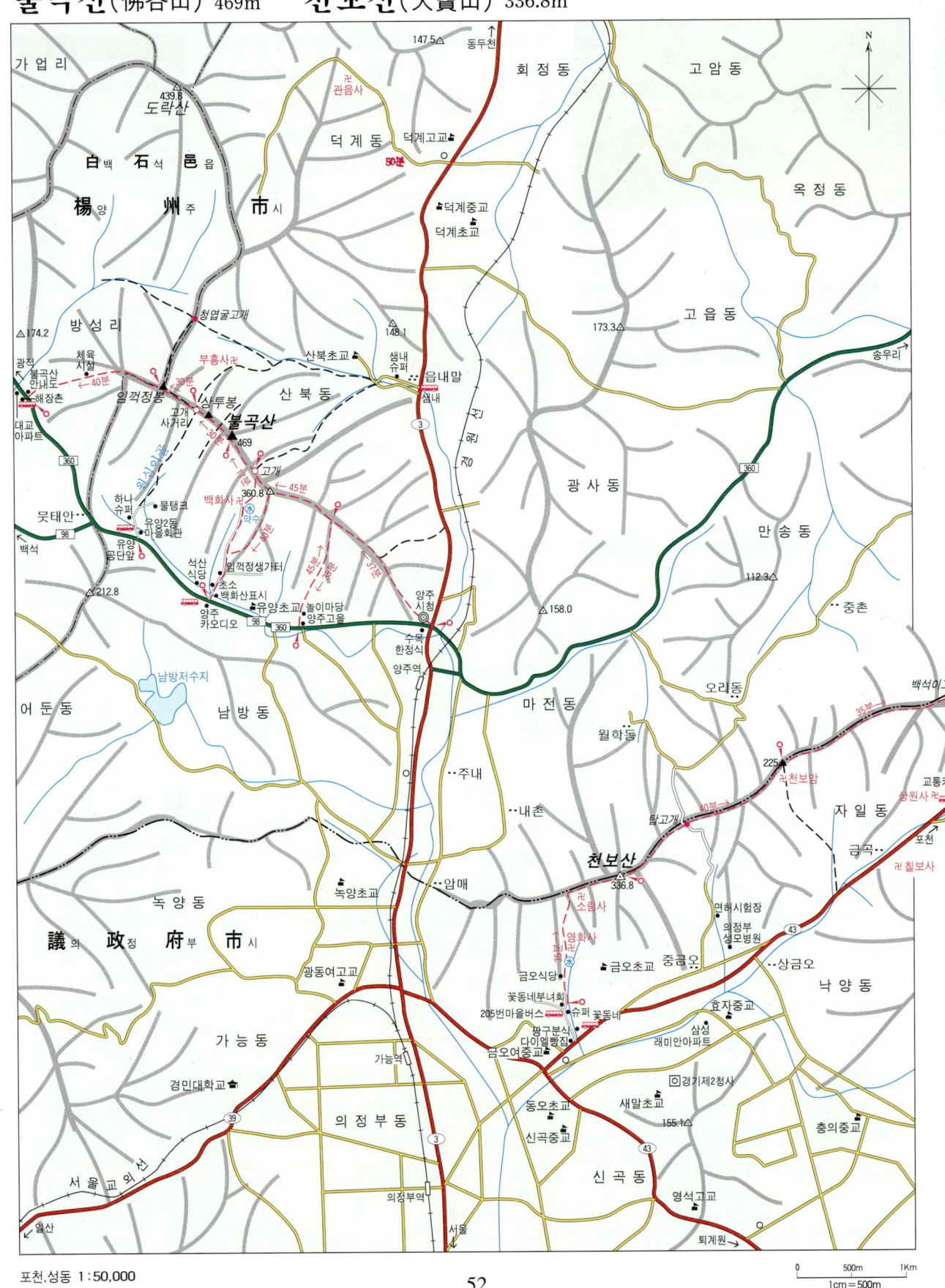

불곡산 · 천보산
경기도 양주시 주내면, 의정부시

불곡산에서 바라본 임꺽정봉

불곡산(佛谷山. 469m)은 양주시청 북서쪽으로 길게 뻗은 바위산이다. 정상 일대는 암릉으로 이루어져 있고, 불곡산 정상에서 임꺽정봉까지 주능선은 대부분 바윗길 험로이나 계단이나 밧줄이 설치되어 있어 위험하지는 않으며 아기자기한 산행이다.

천보산(天寶山. 336.8m)은 의정부시 북쪽에서 동쪽 축석령으로 길게 이어진 육산이다.

등산로 Mountain path

불곡산 총 4시간 19분 소요
양주시청→37분→삼거리→45분→
영원사갈림길→17분→불곡산→60분→
임꺽정봉→40분→대교아파트

양주시청 서쪽 주차장 진입로에 등산로가 있다. 주차장 차단기에서 이정표가 있는 뚜렷한 등산로를 따라 37분을 오르면 삼거리에 닿는다.

삼거리에서 계속 직진하여 주능선을 따라 간다. 주능선길은 산책길 정도로 완만하고 편안하게 이어지면서 41분 거리에 이르면 삼각점봉 삼거리에 닿고 계속 직진하여 4분을 가면 백화사에서 올라오는 삼거리에 닿는다.

삼거리에서 직진한다. 여기서부터는 바윗길이 이어지면서 17분을 오르면 바위봉 불곡산 정상에 닿는다.

하산은 임꺽정봉을 경유하여 서쪽 대교아파트로 하산길이 있고 단거리 코스는 백화사를 경유하여 석산식당으로 하산길이 있다.

장거리 임꺽정 코스는 불곡산 정상에서 서북 방면으로 계단길을 따라 9분을 내려가면 사거리다. 사거리에서 직진하여 11분을 가면 상투봉을 통과하고 12분을 더 내려가면 안부사거리다. 안부사거리에서 직진하여 급경사 바윗길을 따라 25분을 올라가면 임꺽정봉에 닿는다.

임꺽정봉에서 하산은 서북쪽 50m 거리 갈림길에서 왼쪽으로 간다. 서쪽 방면인 바위를 넘어서 다시 50m 가면 이정표가 있는 쉼터가 나온다. 쉼터에서부터 능선을 타고 33분을 내려가면 갈림길이다. 갈림길에서 오른쪽으로 7분을 내려가면 대교아파트 버스정류장에 닿는다.

* 짧은 코스는 불곡산 정상에서 올라왔던 17분 거리 백화사 삼거리로 내려가서 오른쪽으로 20분을 내려가면 백화사에 닿는다. 백화사에서부터 소형차로를 따라 20분을 내려가면 석산식당 버스 정류장이다.

천보산 총 3시간 15분 소요
약수터→35분→천보산→40분→
천보암삼거리→35분→백석이재→
25분→도로

의정부역에서 포천으로 가는 43번 국도변 북쪽 금오동 꽃동네 앞 버스정류장에서, 다이엘빵집 골목으로 약 500m 들어가면 꽃동네 마을버스종점 삼거리다. 삼거리에서 지금동 부녀회가 있는 오른쪽 길로 가면 영화사 입구 약수터 길이다. 갈림길에서 영화사를 사이에 두고 양쪽으로 등산로가 있는데 왼쪽능선으로 올라가면 소림사가 나온다. 소림사에서 오른쪽으로 조금 오르면 천보산 정상이다.

정상에서 하산은 동쪽 능선을 따라 18분을 가면 탑고개 사거리다. 탑고개에서 오른쪽으로 내려가면 시내로 바로 내려가는 길이다. 계속해서 동릉을 따라 22분을 가면 천보암 갈림길이다.

계속 동쪽 주능선을 따라 35분을 가면 백석이 고개 사거리에 닿는다.

백석이고개 사거리에서 남쪽계곡 길로 간다. 남쪽 계곡길은 희미한 편이나 길 잃을 염려는 없고 25분을 내려가면 43번 국도에 닿는다.

여행 정보 Tourist Information

자가운전
의정부에서 동두천 방면 3번 국도를 타고 의정부 시내 통과 양주시청 주차장.

대중교통
불곡산 전철 1호선 양주역 하차. 양주시청까지 1km 거리. 하산지점에서는 대교아파트에서 10분 간격으로 운행하는 35번 32번 32-1번 양주역 방면 시내버스 이용 양주역 하차.

천보산 전철 1호선 가능역 동편 입구 평화주유소 앞에서 금오동 꽃동네 행 마을버스 15분 간격 이용, 종점(꽃동네) 하차. 또는 꽃동네까지 택시 이용.

식당
시실리(오리전문)
양주시 부흥로1398번길 26-13
031-842-5295

양주순대국
양주시 부흥로 1379
031-840-0233

삼오식당(부대찌개)
양주시 부흥로1398번길 51
031-840-8828

감악산(紺岳山) 674.9m

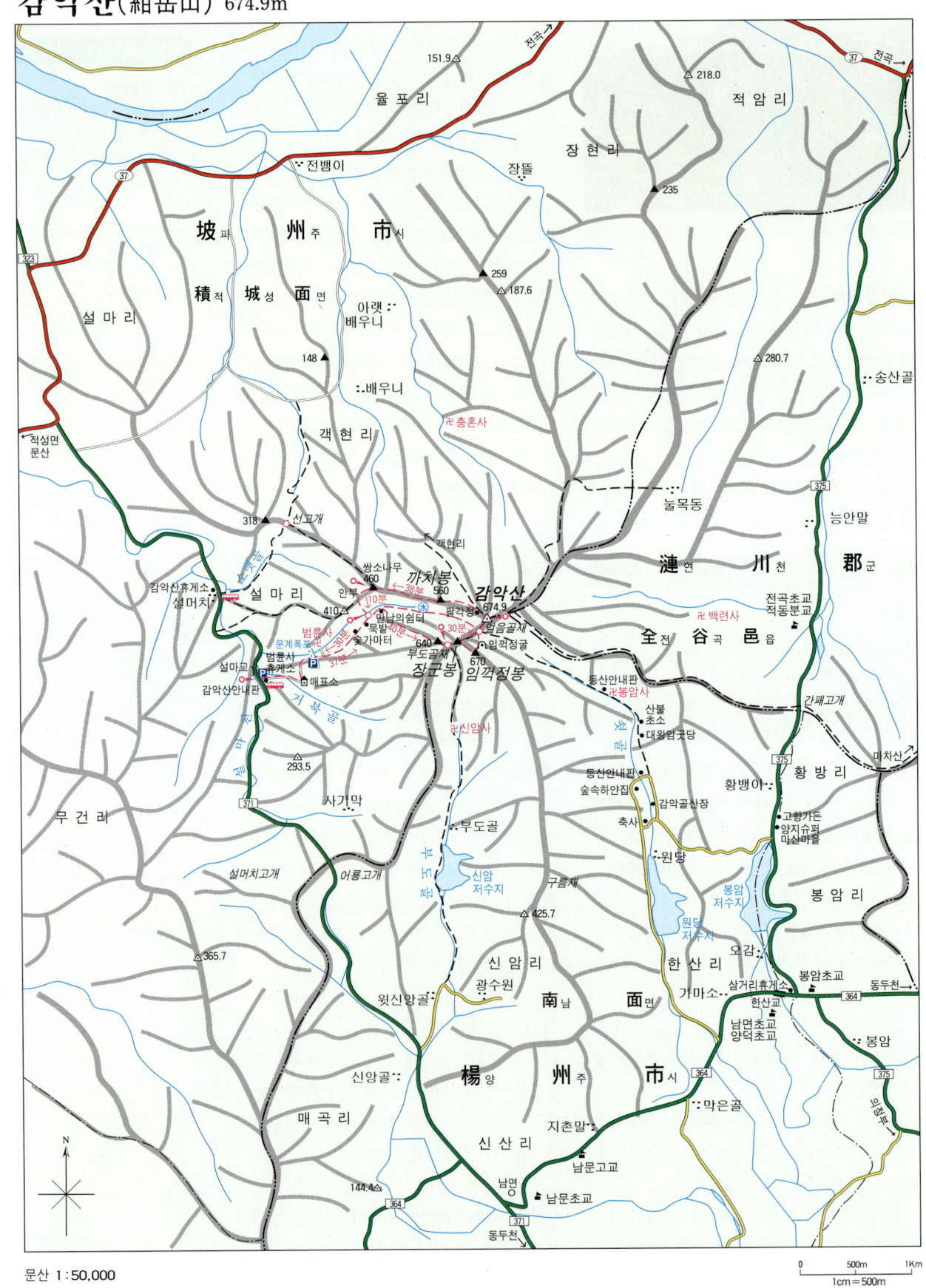

문산 1:50,000

감악산

경기도 파주시 적성면, 양주시 남면

임꺽정봉에서 바라본 감악산 정상

감악산(紺岳山. 674.9m)은 화악산과 함께 경기 오대 악산의 하나이며 정상 주변은 암릉 절벽으로 이루어진 바위산이다. 멀리서보면 전체적으로 감색을 띠고 있어서 감악산으로 붙여졌다고 전해오기도 하고 신령스러운 산으로 알려져 있기도 하다.

정상에는 감악산비가 있는데 글자가 전혀 확인되지 않고 있어 몰자비(沒字碑)라 불리기도 하고, 설인귀비, 빗돌대왕비등으로 부러지기도 한다. 그러나 지금까지도 이 비에 대한 실체는 밝혀지지 않고 있으며 속전(俗傳)에 의한 기록만이 존재하고 있다. 또한 임꺽정봉 아래는 임꺽정굴 혹은 설인귀굴이라 불리는 굴이 있는데, 고구려를 치러 온 당나라 장수 설인귀가 이곳에 진을 쳤다는 이야기가 전해지는 곳이고, 정상에 서면 사방이 막힘이 없어 군사요충지임을 실감하게 하며 6.25 전쟁 시 중공군과 치열한 격전지였다.

* 부도골재에서 정상까지 구간은 서쪽 계곡쪽으로 갈림길과 이정표가 너무 많아 매우 혼란스러운 구간이므로 갈림길을 무시하고 무조건 능선만을 타고 가면 큰 어려움 없이 정상에 오르게 된다.

등산로 Mountain path

감악산 총 4시간 5분 소요

설마교→37분→묵은밭→40분→부도골재→30분→감악산→38분→쌍소나무→10분→묵은밭→30분→설마교

설마교에서 동쪽 소형차로를 따라 3분 거리에 이르면 매표소를 통과하고 9분을 더 가면 승용차 10대 공간 주차장이 있다. 주차장에서 계속 급경사 소형차로를 따라 5분을 가면 범륜사가 나온다. 범륜사에서 식수를 준비하고 13분을 가면 숫가마터 쉼터가 나오고 5분을 더 올라가면 묵은 밭 삼거리다.

삼거리에서 오른쪽으로 3분 거리에 이르면 만남의 숲 삼거리다. 삼거리에서 왼쪽은 계곡길 바로 정상으로 가는 길이고 오른쪽은 능선길 임꺽정봉으로 오르는 길이다. 오른쪽 계곡을 건너 지능선을 따라 25분을 올라가면 전망봉을 지나 안부삼거리에 닿는다. 삼거리에서 직진 능선길을 따라 8분을 오르면 바위봉 전 삼거리다. 삼거리에서 왼쪽으로 접어들면 바로 갈림길이 나오는데 오른쪽 길로 2분을 가면 부도골재 삼거리다.

부도골재에서부터 나무계단길이 시작되어 7분을 가면 암봉을 넘어 안부갈림길이다. 여기서 계속 암봉을 오르면 장군봉 이정표를 지나 갈림길이다. 갈림길에서 오른쪽으로 9분을 가면 삼각점이 있는 임꺽정봉이다. 임꺽정봉을 내려서면 바로 임꺽정굴 안내판이 있다. 여기서 오른쪽 비탈길을 따라 8분을 가면 얼음골재이다. 얼음골재에서 6분을 더 오르면 헬기장 감악산 정상이다. 정상은 높은 철탑이 있고 감악산비가 있다.

정상에서 하산은 서쪽 능선을 탄다. 서쪽 능선을 따라 2분 거리에 이르면 팔각정 삼거리가 나온다. 팔각정 삼거리에서 서쪽 문을 통과하여 능선을 따라 20분을 내려가면 까치봉에 닿는다. 까치봉에서 16분을 내려가면 쌍소나무 전 삼거리에 닿는다.

삼거리에서 왼쪽길을 따라 6분을 내려가면 구급약 함을 지나서 삼거리 안부에 닿는다. 안부에서 왼쪽 비탈길을 따라 4분을 내려가면 묵은 밭 삼거리다.

삼거리에서 32분을 내려가면 설마교에 닿는다.

여행 정보 Tourist Information

자가운전
수도권에서 북쪽 3번 국도를 타고 의정부시까지를 통과하여 덕정사거리에서 좌회전⇨56번 지방도를 따라 신산리를 통과하여 약 6km 거리 감악산 입구 설마교 부근 주차.
혹은 우회전⇨약 500m 거리 주차(승용차 10대).

대중교통
의정부시외버스터미널에서 30분 간격으로 운행하는 적성행 25번 버스 이용,
또는 1호선 덕정역에서 25-1번 적성행 버스 이용, 감악산 입구 설마교 하차.

남면콜택시
031-863-6282

식당
감악산계곡(한식)
파주시 적성면 감악산로 1377
031-959-3841

꿀벌식육점식당
양주시 남면 개나리11길 15
031-863-5636

천하장사(숯불돼지)
양주시 남면 개나리11길 7
031-867-6432

숙박
계수장모텔
양주시 남면 신산리 285-166
031-868-0233

명소
설마계곡
영국군기념비

신산장날 3일 8일

종현산(鍾懸山) 588.5m 감투봉 535.6m

종현산 · 감투봉

경기도 포천시 신북면, 연천군 동두천시

종현산(鐘懸山. 588.5m)과 **감투봉**(535.6m)은 소요산 북쪽에 위치한 산이다. 열두개울을 사이에 두고 북쪽은 종현산 남쪽은 감투봉이 서로 마주하고 있다. 산세가 급하게 보이나 등산로는 험로가 없고 뚜렷하여 가족 산행지로 좋은 산이다.

종현산은 신북온천입구 남쪽 약 200m 제일휴게소에서 서쪽으로 뻗은 능선을 타고 정상에 오른 다음, 북릉을 타고 290봉을 경유하여 종현교로 하산한다.

감투봉은 소요산 바로 북쪽에 위치한 산이다. 산행은 신북온천에서 서쪽 370봉을 경유하여 북서쪽 능선을 타고 번대산을 경유하여 감투봉에 오른 다음, 아시랑골 동릉을 타고 다시 신북온천으로 원점회귀 산행이다.

등산로 Mountain path

종현산 총 3시간 17분 소요

신북온천→60분→종현산→45분→
310봉 지나 삼거리→32분→종현교

신북온천 입구에서 남쪽 도로를 따라 100m 내려가면 오른쪽에 사계절민박식당이 있고, 30m 더 내려가면 왼쪽에 제일유원지휴게소가 있다. 여기서 도로를 벗어나 제일휴게소 마당을 통과하여 간이 철다리를 건너서 오른쪽 계곡을 건너서면 동쪽 산으로 등산로가 있다.

이 등산로를 따라 5분을 올라서면 오른쪽 협곡이 보이는 능선이다. 양면이 급경사인 능선을 따라 18분을 올라가면 첫 철탑을 지나 삼각점봉에 닿는다. 계속 능선을 따라 12분을 가면 두 번째 철탑이 나온다. 철탑을 지나 완만한 능선으로 이어지다가 급경사로 바뀌면서 20분을 오르면 560봉 삼거리에 닿는다. 왼쪽은 하산길이고 오른쪽으로 5분을 더 오르면 표지목이 있는 종현산 정상이다. 동쪽 부대가 있는 봉이 정상이지만 현재는 이곳을 정상으로 대신한다.

하산은 올라왔던 길로 3분 내려가면 560봉 삼거리다. 삼거리에서 오른쪽 능선으로 간다.

북쪽 방향 능선을 타고 12분 거리에 이르면 거대바위를 통과하고 계속 능선을 따라 18분을 내려가면 희미한 사거리가 나오고, 사거리에서 계속 능선을 따라 12분을 가면 큰 삼거리 가 나온다. 여기서 직진하면 능선으로 도로까지 산길로 이어지고, 왼쪽은 계곡으로 가다가 임도로 이어져 종현교로 이어진다.

삼거리에서 직진 능선을 따라 10분 거리에 이르면 갈림길이다. 갈림길에서 왼쪽으로 7분을 내려가면 철탑을 통과하고, 15분을 더 내려가면 종현교 북쪽 편 도로에 닿는다.

감투봉 총 4시간 15분 소요

신북온천→30분→370봉→60분→
번대산→30분→감투봉→50분→
350봉→25분→신북온천

신북온천 입구 버스정류장에서 북쪽도로를 따라 80m 가면 왼쪽으로 밥짓는곳(집)이 있다. 밥짓는곳 오른쪽으로 가면 등산로가 있다. 이 등산로를 따라 오르면 지능선으로 이어져 30분을 오르면 370봉 삼거리 주능선에 닿는다.

370봉에서 왼편 남쪽 주능선을 따라 1시간을 오르면 번대산이다.

번대산에서 10분을 내려가면 아시랑고개 사거리에 닿는다. 아시랑고개에서 북동쪽 아시랑계곡으로 내려가면 신북온천까지 1시간 거리다. 아시랑고개에서 다시 남쪽 능선으로 20분을 올라가면 삼거리 감투봉 정상이다.

하산은 북동능을 탄다. 북동 능선을 따라 내려가면 거북바위 독수리바위를 거쳐 25분을 내려가면 410봉에 닿고 25분을 더 내려가면 350봉 삼거리가 나온다.

350봉에서 왼쪽으로 25분을 내려가면 아시랑 계곡길과 만나 사계절 민박식당에 닿는다.

신북온천에서 바라본 종현산

여행 정보 Tourist Information

자가운전
수도권에서 동두천 방면 3번 국도를 타고 동두천 소요산역 통과 후 3km 거리 삼거리에서 우회전 ⇨368번 지방도를 따라 신북온천 주차장.

대중교통
천안, 인천, 서울 방면에서 동두천행 전동열차 이용, 동두천역 하차. 동두천역 동편광장 남쪽편에서 매시 50분에 출발하는 신북온천 방면 57번 57-1번 57-2번 57-3번 버스를 타고 신북온천 하차.

식당
사계절가든(일반식)
포천시 신북면 청신로 618 신북온천 옆
031-535-1057

우렁먹는날(우렁추어탕)
연천군 청산면 청신로 335
031-835-3434

할머니청국장
연천군 청산면 청신로 285
031-835-2987

숙박
열두개울펜션
연천군 청산면 청신로 380
031-835-4004

명소
열두개울
범수교에서 원덕둔까지 4.6km 개울을 12번이나 건너야 했던 곳.

전곡장날 4일 9일

소요산(消遙山) 587m　마차산(磨叉山) 588.4m

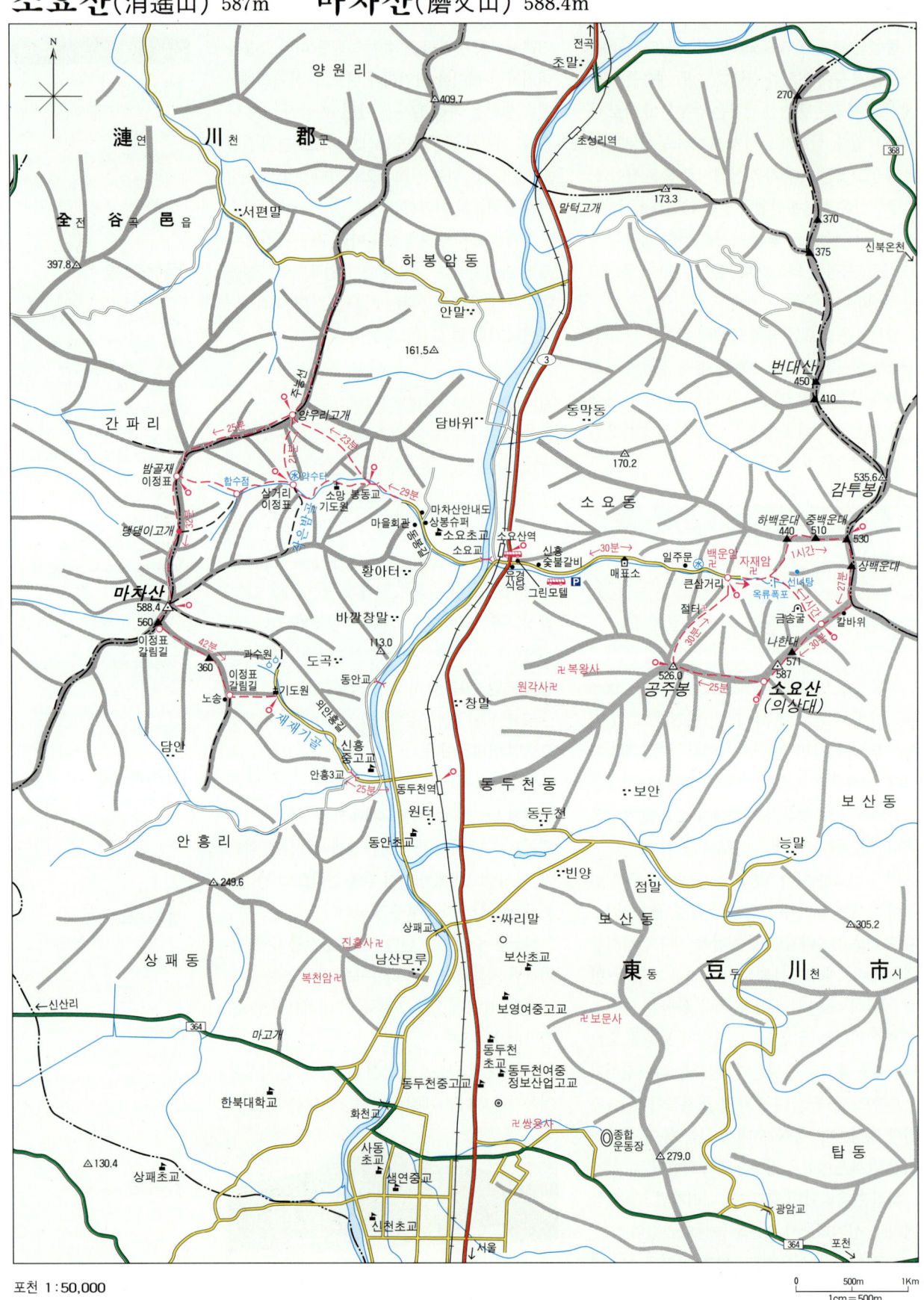

소요산·마차산 _{경기도 동두천시. 포천시}

동두천시내가 내려다보이는 마차산 정상

소요산(消遙山. 587m)은 하 중 상백운대를 비롯해 나한대 의상대 공주봉의 6개봉우리로 주능선을 이루고 있고 서쪽 산자락에는 명찰 자재암이 자리하고 있다. 자재암(향토유적 제8호)은 신라 선덕여왕 14년 원효대사가 개산하여 산 이름을 소요, 절 이름을 자재암이라 하였다.

마차산(磨叉山. 588.4m)은 동두천시 서쪽에 위치한 순수한 육산이다.

등산로 Mountain path

소요산 총 3시간 52분 소요
큰삼거리→60분→530봉→27분→안부→30분→의상대→25분→공주봉→30분→큰삼거리

소요산역에서 동쪽 소요산으로 가는 도로를 따라 30분 거리에 이르면 주차장 매표소 일주문을 통과하고 산행기점 큰삼거리다. 큰삼거리에서 왼쪽 계단길을 올라가서 6분 거리에 이르면 자재암 마당이다. 자재암에서 큰바위 왼쪽 언덕으로 급경사 등산로를 따라 30분을 오르면 삼거리 하백운대에 닿는다. 하백운대에서 오른쪽 능선을 따라 10분을 가면 중백운대 절벽지역을 통과하고 10분을 더 가면 530봉 삼거리다.

삼거리에서 오른쪽 능선을 따라 8분을 가면 상백운대에 닿는다. 상백운대에서 14분을 내려가면 칼바위가 나타나고 5분을 더 내려가면 안부갈림길이다.

갈림길에서 오른쪽으로 내려가면 돌밭길로 이어져 1시간을 내려가면 자재암에 닿는다.

안부에서 의상봉을 향해 왼편 주능선을 따라 17분을 오르면 나한대에 닿고 13분을 더 오르면 바위봉 소요산 정상(의상대)이다.

의상대에서 서쪽으로 주능선을 따라 25분을 가면 공터 공주봉에 닿는다.

공주봉에서 북쪽 지능선을 따라 내려가면 완만하고 부드러운 길로 이어져 25분을 내려가면 구 절터를 통과하고 5분을 더 내려가면 큰 삼거리에 닿는다.

마차산 총 3시간 56분 소요
소요산역→29분→삼거리→23분→양우리고개→25분→밤골재→32분→마차산→42분→기도원→25분→동두천역

소요산역 남쪽 100m 사거리에서 서쪽 도로를 따라 13분을 가면 마차산안내도가 있는 삼거리가 나온다. 삼거리에서 왼쪽 길을 따라 10분을 가면 기도원이 있고 기도원에서 6분을 가면 이정표가 있는 삼거리다.

삼거리에서 왼쪽은 밤골재, 오른쪽은 주능선이다. 오른쪽으로 2분 거리 약수터에서 오른쪽 길을 따라 올라가면 왼편으로 두 번 갈림길이 있으나 오른쪽 길만을 따라 21분을 올라가면 묘를 지나서 주능선 양우리고개 삼거리에 닿는다.

삼거리에서 왼쪽 능선길을 따라 17분을 가면 이정표가 있는 봉우리에 닿는다. 여기서 남쪽 능선을 따라 4분을 가면 간파리 갈림길이 나온다. 여기서 왼쪽 길을 따라 4분을 가면 밤골재이고, 다시 10분을 가면 댕댕이고개이며 22분을 더 오르면 마차산 정상이다.

하산은 서남쪽 1분 거리에서 왼쪽 능선을 따라 내려가면 바윗길로 이어져 5분을 내려가면 삼거리다. 삼거리에서 왼쪽길을 따라 23분을 내려가면 삼거리가 또 나온다. 삼거리에서 왼쪽 길을 따라 13분을 내려가면 기도원에 닿는다.

기도원에서 소형차로를 따라 25분 거리에 이르면 안흥교를 지나서 동두천역이다.

여행 정보 Tourist Information

자가운전
수도권에서 의정부 동두천 방면 3번 국도를 타고, 소요산역 100m 전 사거리에서 소요산은 우회전⇨약 1km 거리 소요산주차장.
마차산은 소요산역 100m 전 사거리에서 좌회전⇨약 500m 거리 소요초교 부근 주차.

대중교통
소요산·마차산
1호선 소요산행 전철 이용, 소요산역 하차.

식당
유경참나무장작구이 (오리훈제)
동두천시 평화로29번길 10 소요산 입구 사거리
031-865-5292

신흥숯불갈비
동두천시 평화로 2910번길 57
031-865-1106

넓은공간(한정식)
동두천시 상봉암동 8
031-865-6787

명소
전곡리 선사유적지
구석기 시대 유물이 대량 발견된 유적지로 사적 제268호로 지정되었다.
연천군 전곡읍 양면로 1510
031-832-2570

칠봉산(七峰山) 506.1m   천보산(天寶山) 423m

칠봉산·천보산
경기도 동두천시, 포천시, 양주시

칠보산 회암사지

칠봉산(七峰山, 506.1m)과 **천보산**(天寶山, 423m)은 덕정에서 동두천으로 가는 3번국도 동쪽으로 길게 이어진 산이다. 두 산은 장림고개를 사이에 두고 동서로 마주하고 있으며 동일한 능선으로 이어져 약 3km 거리에 위치하고 있다. 나지막한 산이지만 주능선은 작은 봉우리가 많고 아기자기한 능선으로 이루어져 있다. 북쪽 산행기점에는 대도사(大度寺)가 있고, 천보산 남쪽 하산지점에는 회암사(檜岩寺)와 회암사지가 있다.

칠봉산과 천보산은 전철 동두천역에 내려 택시를 타고 등산로 입구 대도사까지 가서 바로 산행을 시작하는 것이 좋다.

하산지점에서는 1호선 덕정역-송우리 간 15분 간격으로 운행하는 버스 편을 이용하면 된다.

산행은 동두천시 송내동에서 대도사를 경유하여 동쪽으로 뻗어나간 주능선을 타고 칠봉산을 오른 다음, 계속 동남쪽으로 이어지는 주능선을 타고 장림고개를 가로질러 천보산에 오른 후, 주능선을 벗어나 오른쪽 남서쪽으로 회암사 회암사지를 경유하여 회암동으로 하산한다.

등산로 Mountain path

칠봉산-천보산 총 4시간 36분 소요

대도사 입구 →20분→ 대도사 →25분→
길골재 →25분→ 칠봉산 →30분→
장림고개 →33분→ 천보산 →33분→
회암사 →25분→ 회암사 →25분→ 회암교

동두천역에서 서울 쪽 3번 국도를 따라 2.5km 거리 송내동 시내버스정류장에서 송내교회 대도사 팻말이 있는 동쪽 송내로를 따라 1km거리에 이르면 왼쪽에 시내버스종점이다. 버스종점에서 계속 들어가면 송내슈퍼를 지나서 동쪽으로 마을길을 따라 1km를 가면 마을이 끝나고 갈림길이 나온다. 갈림길에서 오른편 농로를 따라 가면 오른쪽에 우사가 있고, 계속 대도사 팻말을 따라 끝까지 올라가면 대도사가 나온다.

대도사에서 오른편 미륵불을 지나 산 능선에 올라서 왼쪽으로 가면, 산신각을 거쳐 315봉을 지나가서 길골재에 닿는다.

길골재에서 왼쪽으로 20분을 올라가면 능선 삼거리다. 능선삼거리에서 주능선으로 5분을 더 올라가면 칠봉산 정상이다.

정상에서 하산은 동릉을 탄다. 동쪽 능선을 따라 가면 505봉 전망봉을 지나고 이어서 석봉이다. 석봉에서 30분을 내려가면 장림고개 차도에 닿는다.

장림고개에서는 왼쪽도로를 따라 30m정도 가서 오른편 동남쪽 능선으로 등산로가 있다.

이정표가 있는 등산로로 접어들어 남쪽 능선길을 따라 33분을 올라가면 삼거리 천보산 정상에 닿는다.

천보산 정상 삼거리에서 왼쪽 주능선길은 회암령으로 가는 길이고, 오른쪽 지능선길은 400m고지를 경유하여 회암사로 하산길이다.

하산은 삼거리에서 오른편 서남쪽 회암사 길로 내려간다. 서남쪽 능선을 따라 5분을 내려가면 400고지 전망봉에 닿는다. 전망봉에서 8분을 내려가면 갈림길이 나온다. 갈림길에서 오른쪽으로 내려가면 바윗길로 이어져 20분을 내려가면 회암사에 닿는다.

회암사에서부터는 차도를 따라 내려간다. 차도를 따라 13분을 내려가면 주차장을 지나서 회암사지에 닿고, 12분을 더 내려가면 가게 앞이며 동쪽으로 조금가면 삼거리 버스정류장에 닿는다.

여행 정보 Tourist Information

자가운전
동두천 방면 3번 국도를 타고 양주시청을 지나 동두천시 입구 외곽 삼거리에서 직진⇒송내동정류장 지나서 대도사 팻말을 따라 바로 우회전⇒송내동 안골 부근 주차.

대중교통
천안, 인천 서울에서 소요산행 전동열차 이용, 동두천역 하차. 동두천역에서 송내동행 시내버스 이용, 송내동종점 하차. 수유리 시외버스정류장 북쪽 시내버스정류장에서 5분 간격으로 운행하는 소요산행 좌석버스 36번, 39번을 타고 덕정리 다음 송내동에서 하차.

칠봉산 남쪽 하산지점 회암리 쪽은 1호선 덕정역~송우리 간 78번 버스 15분 간격 이용.

식당
국향(일반식)
양주시 화합로 1750 (율정동)
031-866-6750

댓돌(한정식)
양주시 화합로 1752 (율정동)
031-866-8367

권성주능이전복백숙
양주시 화합로 1795 (율정동)
031-865-3111

밤나무식당(한정식)
양주시 화합로1745번길 44(회암동)
031-866-1639

명소
회암사
회암사지

왕방산(王訪山) 737.2m　국사봉(國師峰) 754m

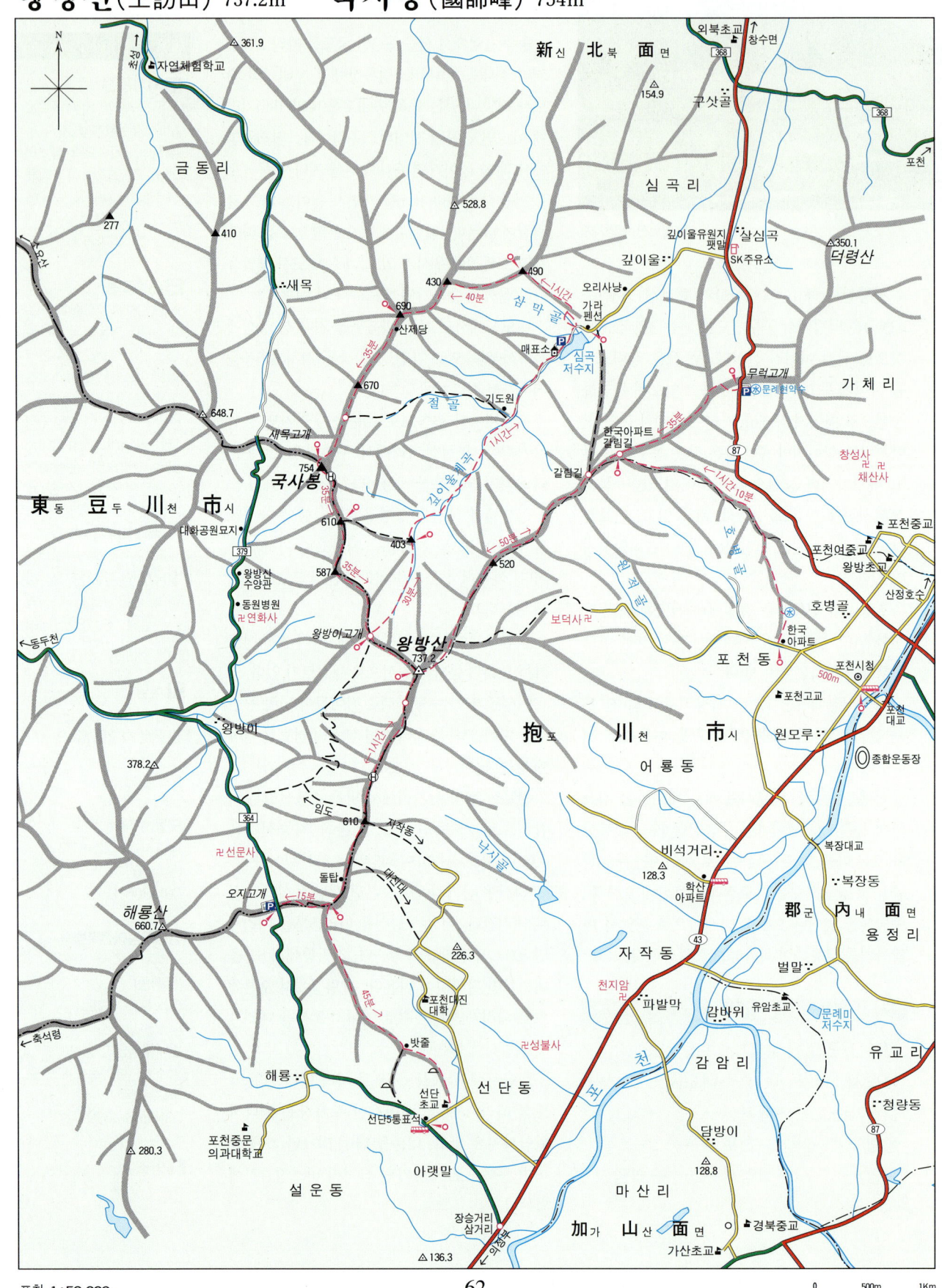

왕방산 · 국사봉
경기도 포천시 신북면, 동두천시

왕방산(王訪山, 737.2m)은 태조 이성계가 무예를 익히고 사냥을 했다 하여 왕방산(王訪山)이라고 부르게 되었다고 한다. 완만한 산세에 등산로도 부드러운 편이다.

국사봉(國師峰, 754m)은 왕방산에서 북쪽 능선으로 이어져 약 2.5km 거리에 위치한 산이다. 정상은 시설로 인해 정상 동쪽 헬기장을 정상으로 대신한다.

등산로 Mountain path

왕방산 총 4시간 45분 소요
한국아파트→70분→한국아파트갈림길→50분→왕방산→60분→오지고개갈림길→45분→선단초교

포천시청 뒤 한국아파트 서쪽 동쪽 담을 따라 5분을 가면 약수터가 나온다. 여기서부터 지능선으로 이어져 여러 곳에서 오르는 갈림길이 많으나 능선만을 따라 오르면 잘못 가는 일이 없으며 1시간 5분을 오르면 무럭고개에서 오르는 주능선삼거리에 닿는다.

* 무럭고개에서도 주능선을 따라 35분을 오르면 삼거리에 닿는다.

주능선 삼거리에서 왼편 주능선을 탄다. 주능선 길은 거의 평지와 같고 소나무지역이며 등산로가 정비되어 편안한 길이다. 완만한 능선길을 따라 5분 거리에 이르면 깊이울로 가는 갈림길이 나온다. 갈림길에서 계속 남릉을 따라 37분을 가면 왕산사로 가는 갈림길이 나온다. 여기서 왼쪽으로 하산하면 왕산사를 거쳐 다시 한국아파트로 원점회귀 산행이다.

다시 갈림길에서 계속 남릉을 따라 8분을 가면 헬기장을 지나 표지석이 있는 정상이다.

정상에 서면 사방이 막힘이 없으며 서쪽으로 국사봉이 바로 건너다보인다.

정상에서 하산은 남릉을 탄다. 남릉을 따라 20분을 가면 헬기장이 나오고 다시 10분을 가면 왼쪽 자작동으로 하산길이 나온다. 계속 남쪽능선을 따라 10분을 가면 대진대학교 갈림길이다. 갈림길에서 계속 남릉을 따라 20분 거리에 이르면 마지막 오지고개 갈림길이다.

오른쪽은 오지고개, 왼쪽은 선단초교 하산길이다. 왼쪽 선단초교 쪽 지능선을 따라 24분을 내려가면 갈림길이 나온다. 갈림길에서 왼쪽으로 16분을 내려가면 선단초교에 닿고 5분 거리에 버스정류장이다.

국사봉 총 5시간 55분 소요
저수지→60분→490봉→40분→690봉→35분→국사봉→70분→왕방이고개→90분→저수지

심곡저수지 둑에서 오른쪽으로 난 농로를 따라 50m 가면 오른쪽에 지계곡이 있고 철문이 있다. 이 철문을 통과하여 50m 들어가면 왼쪽에서 올라오는 길과 합해져 다시 계곡길을 따라 올라가면 갈림길이 나오는데 왼쪽으로 간다. 갈림길에서 50m 가량 가면 다시 갈림길이 나온다. 여기서는 오른쪽 비탈길로 오른다. 비탈길을 올라서면 묘 2기가 있는 능선이다. 묘에서 왼편 능선을 따라 40분을 오르면 안부에 닿는다. 안부에서 희미한 급경사능선으로 20분을 더 올라가면 490봉 삼거리에 닿는다.

삼거리에서 왼쪽으로 20분을 올라가면 430봉 비탈길이 나온다. 왼쪽 비탈길을 따라 20분을 더 가면 690봉에 닿는다.

690봉에서 남서쪽 완만한 능선길을 따라 25분을 오르면 기도원 갈림길에 닿는다. 갈림길에서 10분을 올라가면 국사봉 시설 정문에 닿는다. 정문에서 오른편 남쪽으로 시설울타리를 따라 돌아가면 헬기장이다.

하산은 남쪽 급경사 능선을 따라 35분 내려가면 610봉 삼거리다. 삼거리에서 계속 직진 주능선을 따라 35분을 가면 사거리 왕방이고개에 닿는다. 여기서는 왼쪽으로 30분을 내려가면 계곡 삼거리에 닿고, 계곡 따라 1시간을 내려가면 주차장을 지나 심곡저수지 둑에 닿는다.

여행 정보 Tourist Information

자가운전
왕방산 의정부에서 43번 국도를 타고 포천시청 전 사거리에서 서쪽으로 좌회전⇒500m 한국아파트 앞 주차장. 무럭고개는 포천시청 북쪽에서 신북면 방면 87번 국도를 타고 무럭고개 주차. 하산지점 선단초교에서 포천행 53번 시내버스는 1시간 간격으로 있다.

국사봉 포천시청 북쪽에서 서쪽 신북면 방면 87번 국도를 타고 무럭고개 넘어 1.5km에서 좌회전⇒깊이울에서 좌회전⇒1차로를 따라 심곡저수지 주차.

대중교통
왕방산 동서울터미널 또는 수유역 4번 출구 시외버스정류장과 도봉산역 버스승강장에서 포천 방면 버스 이용, 포천터미널 하차.

국사봉 포천시청 건너편에서 30분 간격으로 운행하는 심곡리 방면 시내버스 이용, 깊이울계곡 입구 하차.

식당
토속촌(쌈밥)
포천시 군내면 포천로 1495
031-535-0960

오리사냥(오리회전구이)
포천시 신북면 깊이울로 88
031-534-4747

우미락(해장국, 생고기)
포천시 원모루2길 55(신읍동)
031-535-2509
031-532-3359

관모봉(冠帽峰) 583.9m   곰넘이봉 610m   금주산(金珠山) 568.1m

관모봉 · 곰넘이봉 · 금주산 경기도 포천시 영중면, 일동면

관모봉(冠帽峰. 583.9m) · **곰넘이봉**(610m) · **금주산**(金珠山. 568.1m)은 38휴게소 동쪽 관모봉을 시작으로 동남쪽으로 산맥이 뻗어나가 관모봉 곰넘이봉 금주산 순으로 동일한 능선에 위치한 산들이다. 6. 25 전란 때는 치열한 격전지이기도 했던 산들이다.

등산로 Mountain path

관모봉 총 3시간 30분 소요
약수터→50분→풍월산→40분→관모봉→60분→약수터

38휴게소 남쪽 편 삼거리에서 동쪽으로 1km 가면 양문리 산업단지가 나온다. 산업단지 건물 중간과 맨 오른쪽 사이 길로 가면 단지가 끝나면서 50m 거리에 약수터가든을 지나 주차장이다. 주차장에서 계류를 건너서면 오른쪽에 약수터 길이고 정면 쪽은 관음봉 등산로이다.

정면 쪽 길을 따라 조금가면 왼쪽 지능선으로 오르는 등산로가 있다. 여기서 계곡 길을 버리고 왼쪽으로 간다. 왼쪽 등산로를 따라 오르면 지능선으로 등산로가 이어지면서 50분 거리에 이르면 삼거리 풍월산에 닿는다.

풍월산 삼거리에서 오른쪽 능선을 따라 40분 거리에 이르면 군 벙커가 있었던 삼거리 관모봉 정상에 닿는다.

관모봉에서 하산은 오른편 서쪽 능선을 탄다. 능선길 좌우에 참호가 연속 이어지면서 하산길은 희미하게 이어진다. 하지만 정서쪽으로 이어지는 지능선을 따라 1시간을 내려가면 저수지에 닿고 저수지 오른쪽으로 가면 바로 약수터가든이다.

곰넘이봉 코스 총 5시간 20분 소요
종점→20분→기도원→60분→새내치→60분→곰넘이봉→30분→삼거리→90분→종점

만세교에서 3km 거리인 금주2리(문아리) 버스종점에서 북동 방면으로 소형차로를 따라 1km 가면 다리가 나오고, 다리를 건너서 직진하여 100m 가면 왼쪽에 기도원이 있는 삼거리가 나온다. 종점에서 20분 거리다.

삼거리에서 오른쪽 옛 군사도로를 따라 15분을 가면 소형차로는 왼쪽으로 꺾어지고, 등산로는 오른편 계곡 쪽으로 있다. 오른쪽 등산로를 따라 올라가면 갈림길이 나온다. 갈림길에서 왼쪽으로 이어지는 등산로를 따라 45분을 올라가면 능선 새내치고개 삼거리에 닿는다.

새내치고개에서 오른쪽 주능선을 따라 1시간 거리에 이르면 549봉을 지나 바로 곰넘이봉에 닿는다.

하산은 남쪽 주능선을 따라 30분 거리에 이르면 119 표지판이 있는 삼거리가 나온다. 여기서 오른편 서쪽으로 간다. 서쪽 지능선을 따라 30분을 내려가면 큰골에 닿고, 큰골을 따라 1시간을 내려가면 문아리 펜션단지를 지나 금주2리 버스종점이다.

금주산 총 3시간 55분 소요
금룡사 입구→30분→금룡사→30분→금주산→25분→작은골재→90분→기도원 입구

만세교에서 1km 거리인 금주교에서 남쪽으로 700m 거리에 이르면 금룡사 입구 안내판이 있다. 안내판에서 동쪽 금룡사 길을 따라 500m 들어가면 주차장이 있고, 100m 더 올라가면 금룡사(金龍寺)가 바위 절벽 위에 있다. 절 마당을 통과하여 미륵불 앞으로 가면 바윗길 등산로가 있다. 뚜렷한 등산로를 따라 30분을 오르면 금주산 정상에 닿는다.

하산은 동쪽 능선을 따라 25분을 가면 작은골재삼거리가 나온다. 작은골재에서 왼편 북쪽으로 간다. 북쪽길을 따라 내려서면 작은골로 이어지고 작은골을 따라 1시간 30분을 내려가면 미스바기도원에 닿는다.

여행 정보 Tourist Information

자가운전
포천-만세교-38휴게소 방면 43번 국도를 타고 만세교 삼거리에 도착한 다음, **금주산**은 (구)37번 국도로 우회전⇒800m 거리 금룡사 입구에서 금룡사 팻말을 따라 좌회전⇒금룡사 주차장.
곰넘이봉은 만세교 삼거리에서 (구)37번 국도로 우회전⇒600m 거리 금주교 서쪽에서 좌회전⇒금주2리 주차.
관모봉은 38휴게소 전 삼거리에서 동쪽으로 우회전⇒1.5km 약수터가든 지나 주차장.

대중교통
금주산은 수유역 4번 출구 또는 도봉산역 버스승강장에서 동송, 와수리 방면 버스 이용, 만세교 하차.
곰넘이봉은 수유역 4번 출구 시외버스정류장과 도봉산 시내버스승강장에서 포천행 버스 이용 후, 포천에서 금주2리행(1일 5회) 시내버스 이용, 종점 하차. 또는 택시이용.
관모봉은 동서울터미널에서 수시로 운행하는 철원행 버스 이용, 38휴게소 하차. 또는 포천에서 수시로 운행하는 38교 방면 시내버스 이용, 38교 하차.

식당
만세교콩비지식당
신북면 호국로 2454
031-531-4416

파주골토종순대국
신북면 양문로 111-1
031-532-5562

종자산(種子山) 642.9m

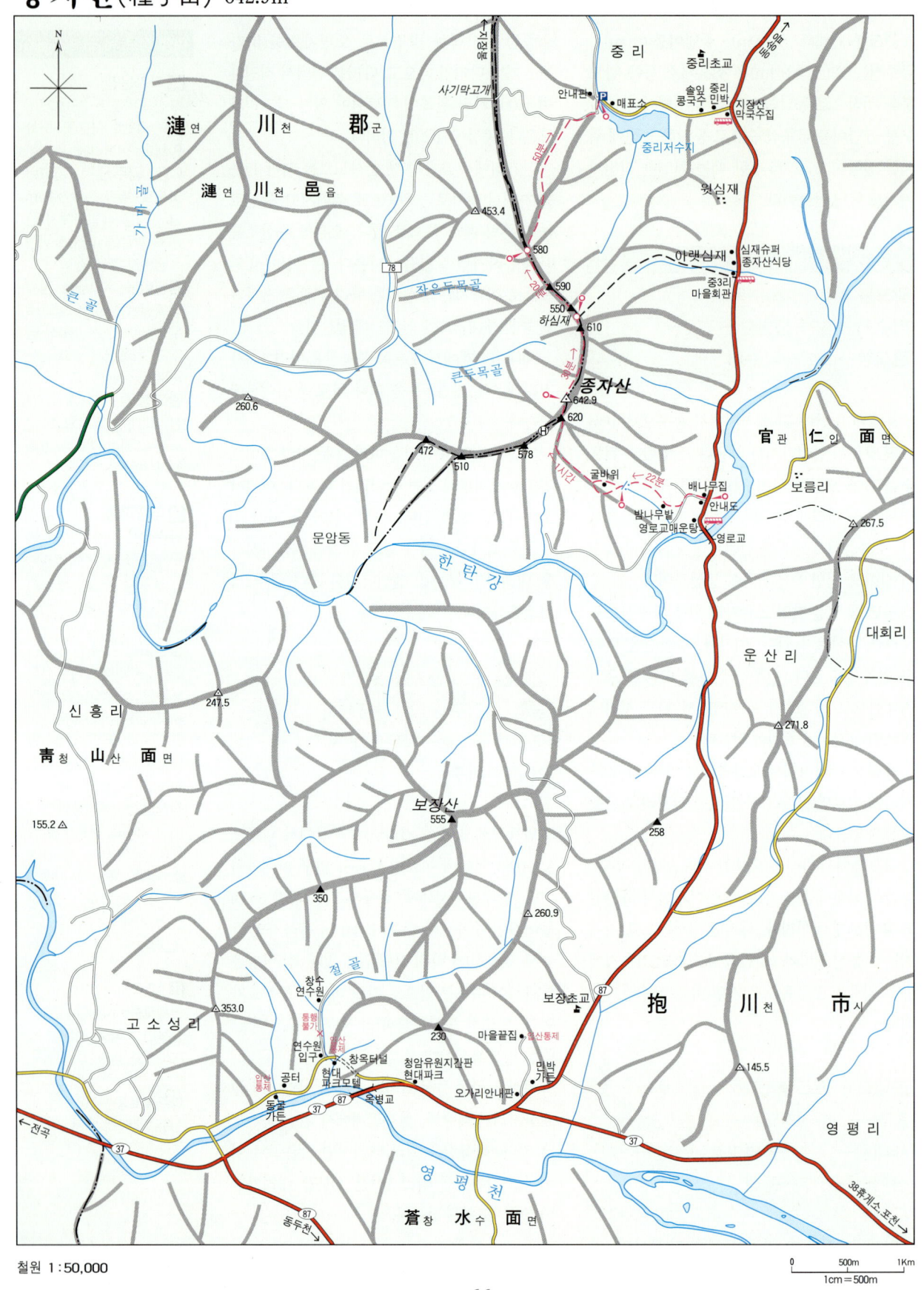

철원 1:50,000

종자산 경기도 포천시 관인면, 창수면

한탄강 남쪽에서 바라본 종자산

등산로 Mountain path

종자산 총 4시간 2분 소요

해뜨는마을 →22분→ 밧줄길 →60분→ 종자산 →30분→ 하심재 →20분→ 삼거리 →50분→ 중리저수지

종자산(種子山. 642.9m)은 경기도 연천군 고대산에서 남쪽으로 뻗어 내려오는 능선이 지장봉을 이루고 계속 남쪽으로 이어지면서 약 10km 거리에 위치한 산이다.

종자산 동남쪽으로 거대한 한탄강이 흐르고 있고, 한탄강을 사이에 두고 보장산과 남북으로 마주하고 있으며 서쪽에는 재인폭포가 있다.

정상 북쪽 주능선에는 싸리나무가 유난히 많아 초여름이면 그 향이 싱그럽고 진달래가 많으며 단풍이 아름다운 산이다. 정상 남쪽 편에는 졸망졸망한 암봉으로 이루어져 있고 굴바위가 있는데 생김새가 야외음악당과 흡사하며 기묘한 절벽과 웅장한 산세 울창한 수림 동남쪽으로 흐르는 한탄강과 어우러져 경관이 빼어난 산이다.

전설에 의하면 아주 오랜 태고적에 천지가 개벽하여 온 세상이 물바다가 되었을 때, 이 산의 정상이 마치 종지그릇을 뒤집어 놓은 것처럼 조금 낮아 있었다하여 종자산으로 불리어 오다가 이를 다시 한자로 옮기는 과정에서 같은 뜻을 가지는 종자산(種子山)이 되었다 한다.

또 다른 전설에 의하면 옛날 3 대독자의 부부가 아이를 못 낳아 고심하던 중 굴바위에서 백일기도를 올린 뒤 아들을 낳았다고 하여 종자산(씨앗산)이라는 이름이 유래 되었다고 한다.

산행은 영로교 해뜨는마을에서 시작하여 밤나무밭을 지나 굴바위를 통과하여 종자산 정상에 오른 다음 북쪽능선을 타고 580봉 삼거리에서 오른쪽 지능선을 타고 중리저수지로 하산한다.

포천에서 철원으로 이어지는 87번 국도가 지나가는 관인면 한탄강 영로교를 건너면 매운탕집이 있는 마을이 나온다. 마을 중간 쯤 87번 국도변에 해뜨는마을 표지석과 종자산안내도가 있고 산 쪽으로 소형차로가 있다. 이 지점에서 도로를 벗어나 소형차로를 따라 50m 거리에 이르면 삼거리에 종자산 안내판이 있다. 안내판에서 왼쪽으로 50m 가면 또 갈림길이 나온다. 여기서 왼쪽으로 간다. 왼쪽 등산로를 따라 20분을 가면 밤나무 지역을 지나서 밧줄이 있는 지점이 나온다.

여기서 왼쪽으로 우회하여 오른다. 또는 밧줄을 이용하여 오를 수도 있다. 30분을 오르면 바위 위 능선에서 만난다. 능선에서부터는 전망이 좋은 산행이 이어진다. 급경사를 이룬 능선길을 따라 25분을 오르면 주능선삼거리에 닿는다. 왼쪽은 문암동으로 하산길이고, 오른쪽으로 5분을 더 오르면 종자산 정상이다.

정상에 서면 북으로 지장봉, 남으로는 한탄강이 흐르는 아름다운 광경이다.

하산은 북릉을 탄다. 북쪽 능선을 따라 내려가면 무난한 길로 이어져 30분을 내려가면 하심재삼거리가 나온다. 오른쪽은 중3리로 하산길이고, 왼쪽 능선길은 중리저수지로 하산길이다. 왼쪽 능선길을 따라 20분을 가면 벙커가 있는 삼거리다.

이 삼거리에서 왼쪽은 사기막고개로 가는 하산길이고, 오른쪽은 중리저수지 주차장으로 가는 하산길이다. 뚜렷한 오른쪽 지능선 길을 따라 내려가면 무난한 길로 이어지면서 46분을 내려가면 임도에 닿는다. 임도에서 오른쪽으로 4분 더 내려가면 중리저수지 위 주차장에 닿는다.

여행 정보 Tourist Information

자가운전

수도권에서 동두천 전곡 연천 방면 3번 국도를 타고 전곡에서 37번 국도로 우회전 ⇨ 약 12km 창수면 오가리 삼거리에서 87번 국도로 좌회전 ⇨ 약 8km 한탄강 영로교를 건너 100m거리 해뜨는마을 주차.

대중교통

수유역 4번 출구 방면 시외버스정류장에서 30분 간격으로 운행하는 포천행 시외버스 이용, 포천 하차.
포천시청 건너편 시내버스정류장에서 59번 중리행 시내버스 이용, 영로교 건너 중2리 하차.
하산지점 중리에서는 2시간 간격으로 운행하는 포천행 59번 버스 이용.

식당

영로교식당(매운탕)
포천시 관인면 중2리 633-3
031-533-1821

지장산막국수
포천시 관인면 창동로 1037번길 1
031-533-1801

지장산손두부
포천시 관인면 창동로 1037번길 10-8
031-534-2851

숙박

중리민박
포천시 관인면 교동1길
031-534-5410

명소

지장계곡
한탄강
산정호수

보개산(寶蓋山) 877.4m   관인봉(官仁峰) 710m

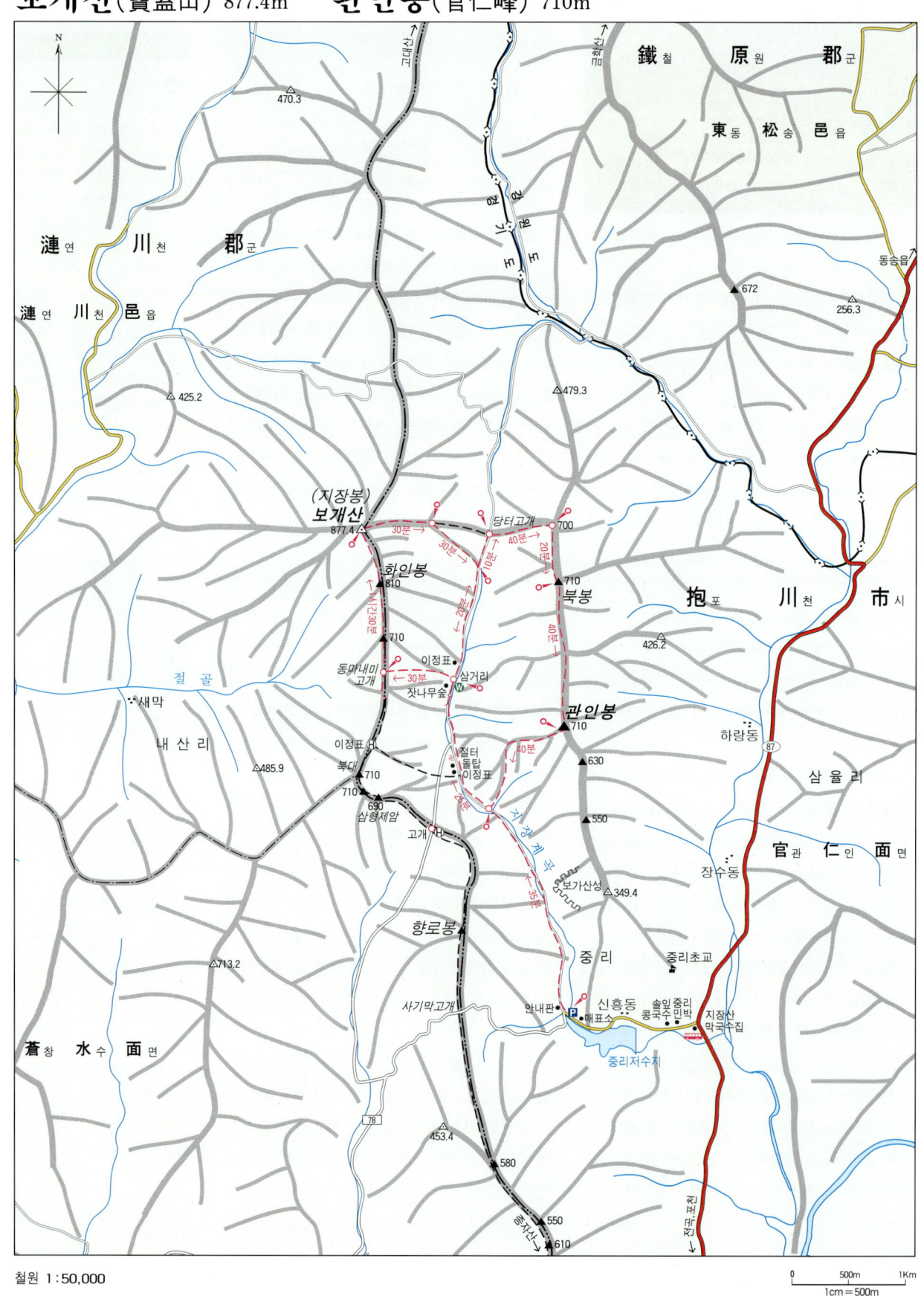

보개산 당터고개

보개산 · 관인봉
경기도 포천시 관인면, 연천군 신서면

보개산(寶蓋山. 877.4m)과 관인봉(官仁峰. 710m)은 지장계곡을 사이에 두고 동서로 마주하고 있다. 지장계곡은 6km에 달하고, 주변은 보가산성터(保架山城址) 궁예성터(弓裔城) 신흥사지(新興寺址)가 있고, 곳곳에 크고 작은 폭포와 반석이 어우러져 계곡 전체가 경승지로 널리 알려져 있다. 보개산 산행은 주차장에서 지장계곡을 따라 가다가 잣나무 숲 삼거리에서 왼쪽 주능선고개를 경유하여 정상에 오른 후에 동쪽 지능선 지장계곡을 경유 주차장으로 내려온다.

관인봉은 지장계곡 당터고개 700봉을 경유하여 남릉을 타고 관인봉에 오른 다음, 지장계곡을 경유하여 다시 주차장으로 원점회귀 산행이다.

등산로 Mountain path

보개산 총 6시간 20분 소요
매표소→60분→잣나무갈림길→30분→동마내미고개→90분→보개산→30분→삼거리→30분→큰골→80분→매표소

주차장에서 다리 건너 갈림길에서 오른편 소형차로를 따라 2km 들어가면 첫 번째 다리가 있고 보가산성 안내표시판이 있다. 여기서 계속 차로를 따라 가서 6번째 다리를 지나면 삼형제봉 이정표가 있다. 삼형제봉 이정표에서 계속 소형차로를 따라가면 이정표를 지나서 왼편으로 돌탑지역이 있고, 조금 지나서 왼쪽으로 산길이 있으며 임도 갈림길이 나온다. 여기서도 계속 오른쪽 소형차로를 따라간다. 여기서부터 다리를 3번째 건너서 50m 거리에 이르면 오른쪽에 화장실이 있고 왼쪽으로 잣나무 숲이 있으며 왼쪽으로 등산로가 보인다. 주차장에서 1시간 거리다. 보개산은 여기서 왼쪽 잣나무 숲이 있는 산길로 간다.

잣나무 숲이 있는 오른쪽 길로 들어서면 언덕을 올라서 계곡 오른쪽으로 등산로가 이어지며, 30분을 오르면 동마내미고개에 닿는다.

고개에서는 오른쪽으로 북릉을 따라서 가면 화인봉 전후로 경사가 심한 바윗길이다. 바윗길을 조심해서 우회하여 간다. 화인봉을 지나서부터는 등산로는 완만하다가 급경사를 오르면 보개산 정상이다. 동마내고개에서 1시간 거리다. 서쪽으로 철원평야가 시원하게 시야에 들어오며 주변일대가 막힘없이 조망된다.

하산은 오른편 동쪽 능선을 타고 30분 내려가면 갈림길이 나온다. 갈림길에서 오른쪽 지능선을 따라 30분을 내려가면 큰골 상류 비포장 소형차로에 닿는다. 여기서부터는 약 4km 거리 소형차로를 따라 내려가면 주차장에 닿는다.

관인봉 총 5시간 25분 소요
매표소→90분→당터고개→40분→700봉→60분→관인봉→40분→큰골→35분→매표소

주차장에서 다리를 건너 오른쪽 소형차로를 따라 약 6km 가면 당터고개 사거리에 닿는다. 당터고개에서 오른쪽 능선길을 따라 40분을 오르면 700봉 삼거리에 닿는다.

삼거리에서 오른쪽 남쪽 주능선을 따라 20분을 가면 안부를 지나 710봉이다. 710봉에서 계속 완만한 남쪽 능선을 따라 40분을 가면 관인봉 정상 삼거리에 닿는다.

하산은 삼거리에서 오른편 남서쪽 능선길을 따라 내려간다. 하산길은 다소 급경사길이며 위험한 곳은 없다. 오른쪽 능선길을 따라 40분을 내려가면 큰골 소형차로에 닿는다. 여기서부터는 올라왔던 소형차로를 따라 35분을 내려가면 주차장매표소에 닿는다.

여행 정보 Tourist Information

자가운전
연천 방면 3번 국도를 타고 전곡에서 37번 국도로 우회전⇨12km 오가리에서 좌회전⇨87번 국도를 타고 약 12km 중1리에서 좌회전⇨소형차로를 따라 지장계곡 주차장.

대중교통
수유역 4번 출구 시외버스정류장에서 30분 간격으로 운행하는 포천 방면 버스 이용 후, 포천시청 건너편 시내버스정류장에서 중리행 59번 시내버스 이용, 중리종점 하차. 관광버스는 주차장까지 가능.

식당
지장산막국수
포천시 관인면 창동로 1037번길 1
031-533-1801

지장산손두부
포천시 관인면 창동로 1037번길 10-8
031-534-2851

영노교식당(한정식)
포천시 관인면 중2리 633-3
031-533-1821

숙박
중리민박
포천시 관인면 중1리
031-534-5410

명소
산정호수
한탄강
지장계곡

관인장날 2일 7일

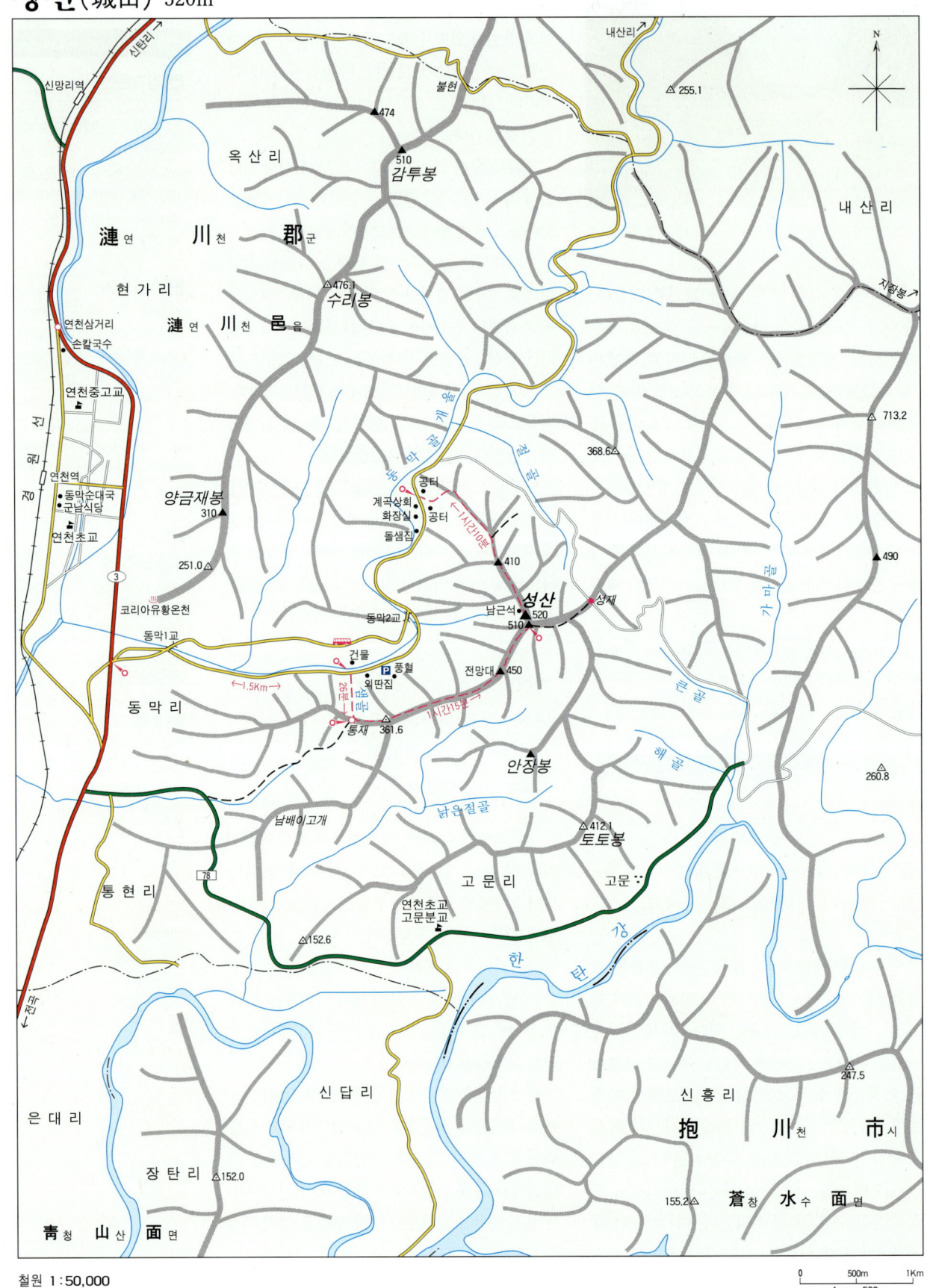

동막리에서 바라본 성산 전경

성산 경기도 연천군 연천읍

성산(城山, 520m)은 연천읍 동쪽 동막골 동쪽으로 길게 뻗어있는 산이다. 정상은 산성(山城)이 있었던 곳으로 추정되며 정상 주변 삼면이 절벽으로 이루어져 있고, 분지와 같은 넓은 지형을 이루고 있어서 군사요충지였던 것으로 추정된다. 정상에서 서남쪽으로 뻗은 주능선은 완만한 편이나 능선 양 편은 깎아지른 급경사로 이루어져 있다. 성산 서쪽은 동막골 개울이 흐르고 동쪽에는 가마골이 흐르며 가마골 하류에는 유명한 재인폭포가 있다. 또한 남쪽에는 거대한 한탄강이 흐르고 있다. 성산 서쪽 동막리 소재 산행기점에는 전체 길이 16m 높이 2.2m 규모의 풍혈(風穴)이 있다. 풍혈은 천연바위굴로 여름에는 얼음이 녹지 않을 정도로 찬 공기가 흘러 나와 추운 겨울을 연상케 하고, 반대로 겨울에는 얼음이 얼지 않고 따뜻한 김이 모락모락 솟아오르는 기현상을 보이는 곳이다. 일제 잠정 기 때에는 냉동시설이 없는 관계로 이곳에다 잠종(蠶種) 1,000 여 매를 저장했다고 한다.

산행은 풍혈이 있는 서쪽 샘골을 기점으로 하여 통재를 경유하여 동북쪽으로 뻗은 주능선을 타고 성산 정상에 오른 뒤, 정상에서 북서쪽 지능선을 타고 동막골 계곡상회로 하산한다.

등산로 Mountain path

성산 총 3시간 51분 소요

샘골 입구→26분→통재→15분→361.6봉→60분→성산→30분→410봉→40분→돌섬집

전곡에서 연천으로 가는 3번 국도 연천역 2km 전에 동막사거리다. 동막사거리에서 우회전 동쪽으로 2차선도로를 따라 200m 가면 동막1교 삼거리다. 이 삼거리에서 우회전하여 1km 가면 오른편에 외딴집이 있고 외딴집에서 약 100m 도로 동쪽에 풍혈(風穴)이 있다. 외딴집 50m 닿기 전에 오른쪽 숲 속으로 등산로가 있다.(잘 보이지 않음) 이 지점은 왼쪽으로 천(川) 건너에 시멘트 2층 기둥이 등산로 입구와 남북으로 일직선에 있다. 이 지점에서 오른쪽 산길로 접어들면 계곡길이 이어지고 26분을 오르면 통재 안부에 닿는다.

통재에서는 왼편 동쪽으로 주능선을 따라 간다. 왼쪽길을 따라가면 산길이 다소 희미한 편이나 길을 찾아 가는데 큰 어려움은 없고 15분을 오르면 361.6봉 삼거리에 닿는다.

삼거리에서 동북쪽 주능선을 따라 간다. 10분쯤 올라가면 바윗길이 나오는데 오른쪽으로 우회길이 있다. 바윗길이 끝나면 곳 이어서 450봉 전망봉에 닿는다. 전망봉에서 다시 안부로 내려 가다가 올라가게 된다. 완만한 능선으로 이어지는 등산로를 따라 가면 평범한 지역으로 이어진다. 평범한 지역을 지나면 왼편 서쪽으로 능선길이 이어져 올라서면 510봉 삼거리에 닿는다. 삼거리에서 왼편 서북쪽으로 5분 거리에 이르면 520봉 성산 정상이다. 361.6봉에서 1시간 거리다.

정상 주변은 분지와 같은 평범하고 넓은 지역으로 이루어져 있으며 옛날 군사요충지였던 것으로 추정된다.

하산은 서북쪽 지능선을 탄다. 서북쪽 능선길을 조금 내려서면 남근석이 있고 남근석을 지나서 내려가면 바윗길로 이어진다. 아기자기한 바윗길을 따라 30분을 내려가면 410봉 삼거리에 닿는다. 삼거리에서 북쪽으로 이어지는 능선길을 따라 내려가면 갈림길이다. 갈림길에서 직진하여 내려서면 병풍바위가 나오고, 다시 왼쪽으로 내려서면 산복도로에 닿으며 이어서 조금 내려가면 유원지주차장이다. 갈림길에서 40분 거리다.

여행 정보 Tourist Information

자가운전
의정부에서 전곡-연천 방면 3번 국도를 타고 연천역 2km 전 동막사거리에서 우회전⇨200m 동막1교에서 우회전⇨1km 지점 외딴집 앞 주차.

대중교통
전철 1호선 동두천역 하차 후, 매시 50분에 출발하는 신탄리행 열차 이용, 연천역 하차, 연천역 앞 중앙약국 앞에서 동막리행 버스 이용, 동막2교 직전에서 하차. 연천역에서는 버스가 하루에 몇 번 있고, 시간이 맞지 않으므로 등산기점 샘골 입구 외딴집까지 택시를 이용한다.

식당
군남식당(한식)
연천군 연천읍 차탄3리 연천시장내
031-834-0065

동막순대국
연천군 연천읍 연로 260번길 13 연천시장내
031-834-2641

손칼국수
연천군 연천읍 연천로 390
031-834-3389

온천
동막골유황천
연천군 연천읍 동막로 25번길 181
031-834-7000

명소
재인폭포

연천장날 2일 7일

고대산(高臺山) 831.8m 금학산(金鶴山) 946.9m

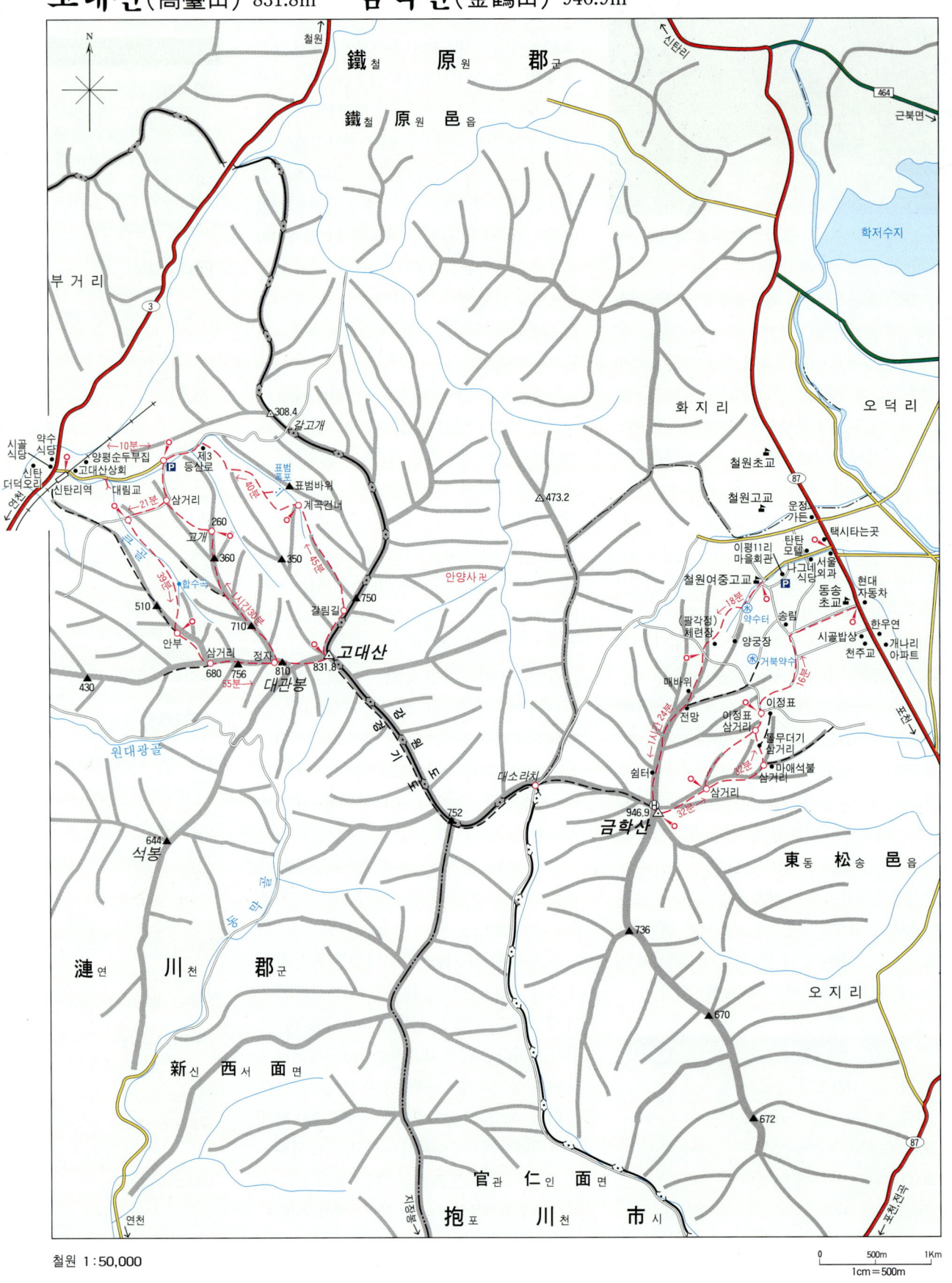

고대산 · 금학산 경기도 연천군 · 강원도 철원군

고대산(高臺山. 831.8m)은 경원선 열차종점 신탄리역 동쪽에 위치한 산이다. 낭만의 열차산행이고 산세가 험하지 않아 주말 가족 산행지로 적합한 산이다.

금학산(金鶴山. 946.9m)은 동송읍 남쪽에 우뚝 솟은 철원을 상징하는 산이다. 산중에는 마애불상이 있고, 부도석재가 남아있으며 북쪽 산록에 있는 칠성대는 왕건에게 쫓기던 궁예(弓裔)가 재기의 소원을 빌던 곳이라 전해 오고 있다.

등산로 Mountain path

고대산 총 4시간 20분 소요
주차장→60분→안부삼거리→55분→고대산→45분→계곡건너→40분→주차장

신탄리역에서 동쪽으로 10분을 가면 주차장이다. 주차장에서 남쪽 도로를 따라 10분을 올라가면 삼거리다. 삼거리에서 오른쪽으로 11분을 가면 제1등산로 입구가 나온다. 여기서 왼쪽 등산로를 따라 19분을 가면 계곡을 건너고, 오른편으로 20분을 더 오르면 안부 쉼터에 닿는다.

안부에서 왼쪽 능선을 따라 37분을 오르면 정자가 있고 18분을 더 가면 고대산 정상이다.

하산은 제2등산로 제3등산로가 있으나 제3등산로로 하산이 이상적이다. 정상에서 북동쪽으로 8분을 내려가면 삼거리다. 삼거리에서 왼쪽 비탈길로 가다가 능선으로 이어지면서 20분을 내려가면 계단길이 끝나는 지점이 나온다. 여기서부터 오른편 계곡으로 이어지면서 17분을 내려가면 표범폭포 위 왼쪽으로 계곡을 건너는 지점이다.

여기서 왼쪽으로 3분을 올라가서 다시 오른쪽으로 2분을 내려가면 표범폭포 갈림길이다. 여기서 직진하여 조금 내려가서 바로 왼쪽 비탈길로 이어지면서 16분을 가면 갈림길이다. 이정표에서 왼쪽 오르막길을 따라 6분을 오르면 능선 삼거리다. 여기서부터 계곡을 따라 10분을 내려가면 제3등산로 입구가 나오고 5분 거리에 주차장이다.

금학산 총 4시간 2분 소요
철원여중고교→18분→임도→29분→매바위→55분→금학산→32분→삼거리→32분→임도→16분→철원여중

철원여중고교 정문에서 남쪽으로 3분을 가면 약수터다. 약수터에서 오른쪽으로 10분을 가면 체육공원이다. 체육공원에서 오른쪽 등산로를 따라 5분을 오르면 임도사거리다.

임도에서 직진 등산로를 따라 15분을 오르면 첫 번째 쉼터를 지나고 8분을 가면 두 번째 쉼터를 지나며 6분을 더 오르면 매바위가 나온다.

매바위에서 20분을 오르면 급경사 계단길을 통과하게 되며 20분을 더 오르면 정상이 보이는 쉼터에 닿는다. 여기서 15분을 오르면 헬기장을 지나서 금학산 정상에 닿는다.

하산은 정상에서 오른편으로 10m 정도 내려서면 뚜렷한 외길로 이어진다. 북동쪽 능선을 따라 20분 정도 내려가면 이정표를 통과하고, 12분을 더 내려가면 삼거리가 나온다.

삼거리에서 왼쪽은 직선 하산길이고 오른쪽은 마애불을 경유하여 다시 합해지는 길이다. 오른쪽으로 4분을 가면 급경사 밧줄을 내려서고 12분을 내려가면 마애불 이정표 삼거리다. 삼거리에서 오른편으로 20m 내려가서 마애석불을 보고 다시 삼거리로 올라와서 왼쪽으로 내려간다. 서쪽으로 내려서면 비탈길로 이어져 9분을 가면 돌무더기 갈림길이다. 여기서 왼쪽으로 20m 가면 이정표삼거리가 나오고 7분을 내려가면 임도를 만난다.

임도에서 오른쪽으로 2분을 가면 임도삼거리다. 여기서 왼쪽으로 10분을 내려가면 삼거리이다. 여기서 오른쪽은 버스 타는 길이고 왼쪽으로 4분 거리에 이르면 철원여중고교에 닿는다.

여행 정보 Tourist Information

자가운전
고대산 동두천 연천 신탄리로 가는 3번 국도를 타고 신탄리역에서 철길을 건너 500m 거리 고대산 주차장.

금학산 신탄리역에서 계속 북쪽 3번 국도를 타고 관포 4거리에서 87번 국도로 우회전⇨동송읍 택시 타는 곳에서 우회전⇨700m 철원여중고교 주차.

대중교통
고대산 1호선 전동열차 이용, 동두천역 하차. 동두천역에서 매시 50분에 출발하는 신탄리행 열차 이용, 신탄리역 하차.

금학산 동서울버스터미널 및 수유역 4번 출구 시외버스정류장과 도봉산역 버스승강장에서 동송행 시외버스 이용, 동송지서 하차.

숙식
금학산
이평시골밥상(일반식)
철원군 동송읍 금학로 157번길 19
033-455-8869

한우연(숯불갈비 전문)
동송읍 금학로 136번길 9
033-455-1717

탄탄모텔
철원군 동송읍 이평1로 12번길 4-10
033-455-4200

고대산
신탄더덕오리
연천군 신서면 연신로 1615번길 46
031-834-9558

연천장날 2일 7일
신철원장날 5일 10일

명성산(鳴聲山) 921.7m　여우봉 710m

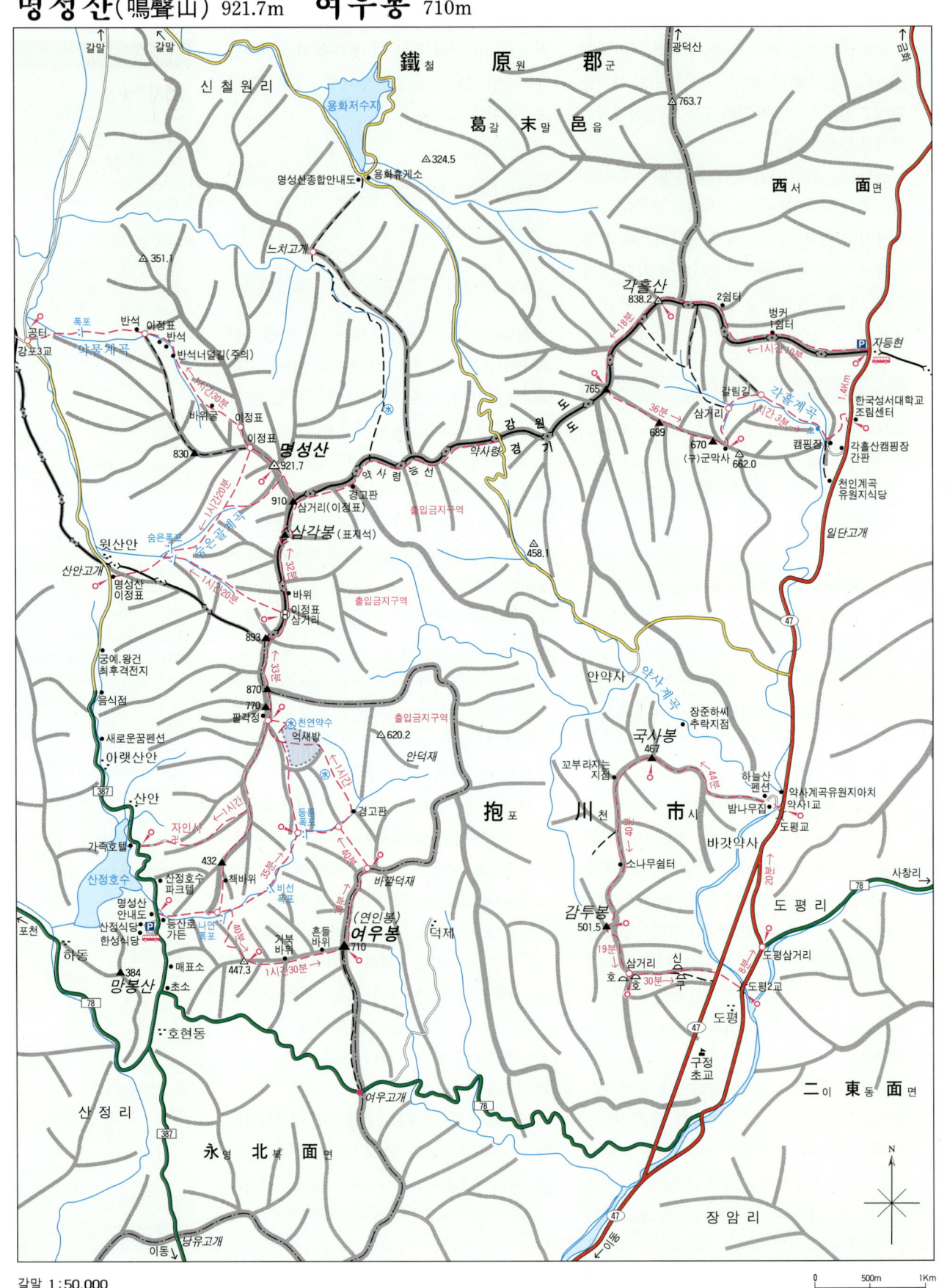

명성산 · 여우봉

경기도 포천군 영북면 · 강원도 철원군 갈말읍

명성산(鳴聲山. 921.7m)은 서쪽 면은 급경사 절벽지대이고 동쪽 면은 완만한 산세를 이루고 있으며 남쪽 면은 억새밭으로 매년 10월이면 억새축제가 열린다.

명성산은 천 년 전 궁예가 후고구려를 건국하여 철원을 도읍으로 하고, 국호를 태봉국으로 정해 문란한 정치를 일삼다 민심을 잃자 부하인 왕건의 정변으로 이곳에 은거하였다. 왕건과 최후 격전을 벌이다 크게 패하여 온산이 떠나가도록 울었다하여 울음산 또는 명성산이라 불리어지고 있으며, 궁예왕의 망국의 한이 곳곳에 서려 있는 유서 깊은 산이다. 산정호수 좌우에는 궁예가 운둔하며 망을 보았던 곳으로 망무봉 망봉산이 있다.

여우봉(710m)은 산정호수 동쪽에 위치한 바위봉이다.

등산로 Mountain path

명성산 총 5시간 10분 소요
버스종점→35분→등룡폭포→60분→팔각정→33분→헬기장삼거리→32분→명성산→90분→강포3교

버스종점인 주차장 입구에서 북쪽 50m 거리 등산로가든 왼편 길을 따라 4분을 가면 비선폭포 위에 이정표사거리가 나온다. 사거리에서 계곡 길을 따라 31분을 가면 등룡폭포 갈림길이다. 갈림길에서 오른쪽 길을 따라 15분을 가면 경고판이 나오고 10분을 더 가면 약수터가 나온다. 약수터에서 14분 거리에 이르면 억새밭이 시작되어 8분을 더 오르면 능선삼거리이다. 능선에서 오른쪽 길을 따라 8분을 더 오르면 팔각정에 닿는다.

팔각정에서 북쪽 주능선을 따라 33분 거리에 이르면 산안고개로 가는 삼거리다.

삼거리에서 서쪽으로 하산하면 신안고개이고 3km 1시간 30분 소요된다. 삼거리에서 계속 북쪽 주능선을 따라 20분을 가면 삼각봉 대형 표지석에 닿고 3분 더 내려가면 910봉 삼거리에 닿는다. 삼거리에서 오른쪽은 약사령이고 왼쪽은 명성산이다. 왼쪽 능선을 따라 7분을 가면 갈림길에 닿고 2분을 더 오르면 표지석이 있는 명성산 정상이다.

하산은 북서쪽 능선을 따라 8분을 내려가면 삼거리 안부가 나온다. 안부에서 왼쪽 계곡길을 따라 1시간 30분을 내려가면 산안고개에 닿는다. 다시 안부에서 약물계곡 강포3교는 오른쪽으로 간다. 오른쪽 비탈길을 따라 4분 내려가면 이정표 안부가 나온다. 안부에서 왼쪽 계곡길을 따라 17분을 내려가면 바위굴을 통과하고, 계속 계곡길로 이어져 40분을 내려가면 왼편에 반석이 있고 너덜길을 통과하게 되며 주의를 하면서 내려가야 하는 하산길이다. 2번 3번 반석을 지나면서 5분을 내려가면 삼거리 이정표가 나온다. 이정표에서 오른쪽으로 접어들어 바로 능선으로 가지 말고 왼쪽 계곡길로 내려서 12분을 가면 강포3교에 닿는다.

여우봉 총 4시간 55분 소요
버스종점→40분→447.3봉→90분→여우봉→30분→바갓덕재→40분→등룡폭포→35분→버스종점

여우봉은 주차장 아래 등산안내도에서 등산로가든이 있는 오른쪽 길을 따라 4분을 들어가면 비선폭포 위에 이정표 사거리다. 여기서 오른쪽으로 비선폭포 위 계류를 건너면 여우봉 등산로가 시작된다. 처음에는 비탈길로 가다가 능선으로 이어져 36분을 오르면 447.3봉 첫봉에 닿는다. 첫봉에서 계속 능선을 따라 45분을 올라가면 거북바위가 나온다. 거북바위에서 능선길을 따라 가면 흔들바위가 나오고, 45분을 더 올라가면 삼거리 여우봉에 닿는다.

하산은 북릉을 타고 30분을 가면 바갓덕재가 나온다. 여기서 왼쪽 등산로를 따라 내려간다. 무난한 하산길을 따라 40분 내려가면 등용폭포 삼거리다. 삼거리에서 왼쪽 계곡길을 따라 35분 내려가면 주차장이다.

여행 정보 Tourist Information

자가운전
수도권에서 포천 방면 43번 국도를 타고 운천 삼거리에서 우회전⇨1km에서 우회전⇨76번 지방도를 타고 약 7km 삼거리에서 좌회전⇨1km 산정호수주차장.

대중교통
의정부역에서 138-6번 산정호수행 버스 1일 16회 이용, 종점 하차.
수유역 4번 출구 시외버스정류장 또는 도봉산역 버스승강장에서 30~40분 간격으로 운행하는 신철원 동송행 버스 이용, 운천 하차.
운천에서 1일 6회 운행하는 산정호수행 시내버스를 타고 종점 하차.

식당
이모네식당(쌈밥)
포천시 영북면 산정호수로 411번길 108
031-534-6173

호수가든
포천시 영북면 산정호수로 411번길 10
031-532-6250

숙박
늘푸른허브펜션
포천시 영북면 산정호수로 867
031-534-4818

명소
산정호수
자인사

운천장날 4일 9일

각흘산(角屹山) 838.2m   감투봉 501.5m

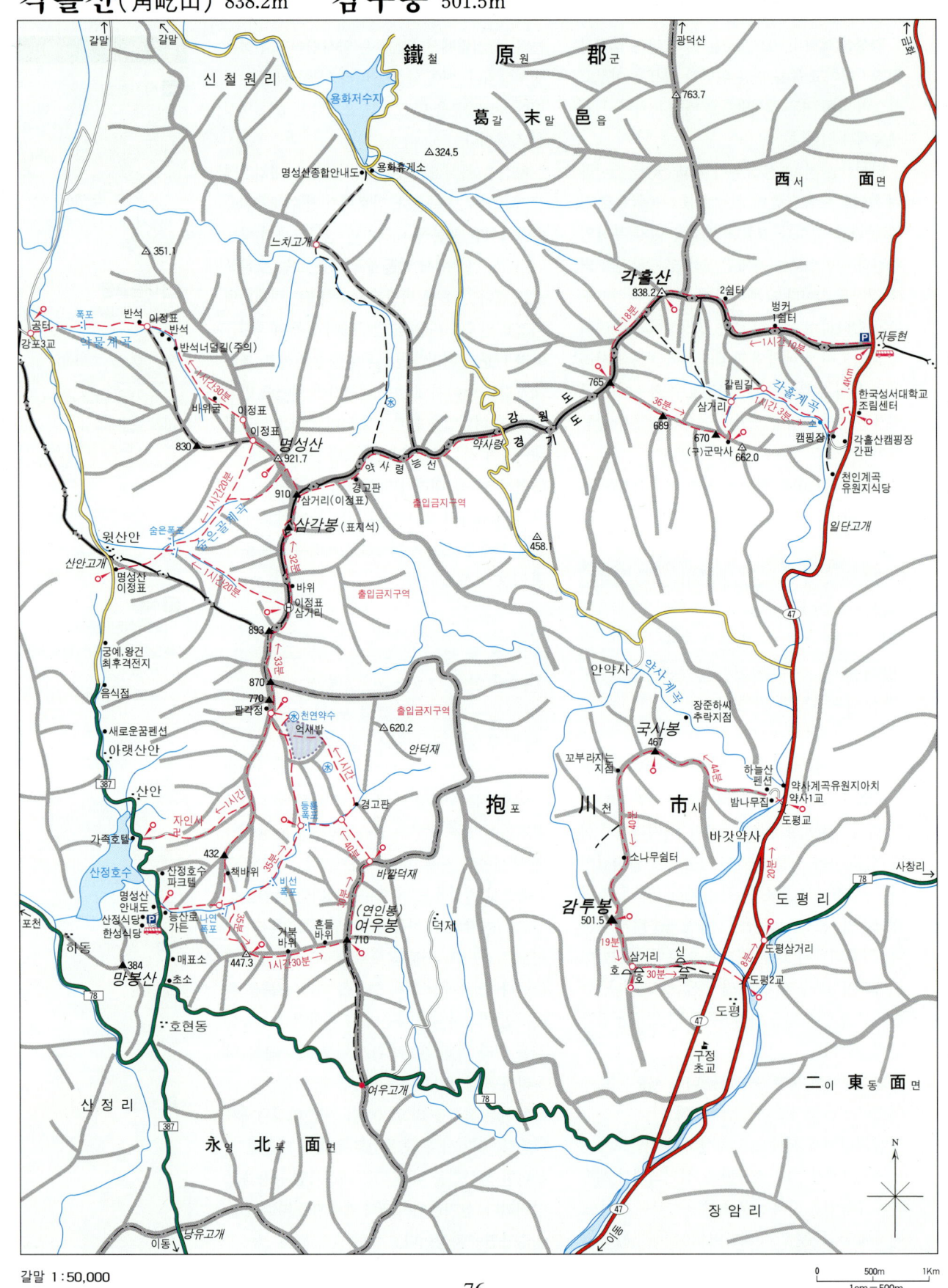

각흘산 · 감투봉   경시도 포천시 이동면

각흘산(角屹山. 838.2m)은 명성산에서 북동쪽 능선 상 약 5km 지점에 위치한 산이다.

감투봉(501.5m)은 명성산 동남쪽 이동면 도평삼거리 서쪽에 위치한 산이다.

등산로 Mountain path

각흘산 총 4시간 7분 소요
자등현→70분→각흘산→18분→삼거리→36분→군막사→63분→성서대조림장

자등현 주차장에서 남쪽 능선을 따라가면 완만한 길로 이어져 28분 거리에 이르면 참호가 있는 쉼터가 나온다. 참호에서 오른편 능선을 따라 27분을 가면 헬기장 쉼터가 나오고, 15분을 더 오르면 헬기장을 지나서 각흘산 정상에 닿는다.

하산은 남쪽 급경사 바위능선을 내려가면 이후부터 완만한 능선으로 이어지면서 18분 거리에 이르면 765봉 삼거리다.

삼거리에서 왼쪽으로 간다. 급경사를 내려서면 동쪽으로 완만한 능선이 이지면서 36분을 내려가면 (구)군막사 삼거리가 나온다.

삼거리에서 왼쪽으로 간다. 처음부터 비탈길을 따라 10분을 가면 계곡이다. 계곡을 따라 5분을 내려가면 삼거리다. 삼거리에서 오른쪽 하산길을 따라 21분을 내려가면 갈림길다. 갈림길에서 오른쪽 비탈길을 따라 조심해서 통과하면 돌이 많은 계곡길로 이어지다가 오솔길로 이어져 캠핑장 50m 전에 합수곡이다. 합수곡에서 계곡길을 버리고 왼쪽 언덕길로 3분 올라가면 성서대학교조림장 정문 도로에 닿는다.

감투봉 총 3시간 13분 소요
약사1교→44분→약사봉→40분→감투봉→19분→삼거리→30분→도평2교

이동면 도평삼거리에서 와수리 쪽 1.5km 지점에 도평교가 있고, 도평교에서 북쪽으로 50m 거리 왼쪽에 약사1교가 있다. 약사1교를 건너 바로 우회전 소형차로를 따라 5분을 가면 넓은 운동장이다. 운동장 왼쪽 화장실 뒤로 가면 산자락에 산길이 있다. 희미한 산길을 따라 오르면 점차 뚜렷해지면서 6분을 오르면 쉼터를 지나고, 계속 8분을 오르면 갈림길이다. 갈림길에서 오른쪽 능선길을 따라 25분을 올라가면 주변에서 가장 높은 약사봉에 닿는다.

약사봉에서 1분 정도 더 가면 능선이 남쪽 직각으로 휘어지는 지점이 나온다. 이 지점에서 남쪽으로 이어지는 주능선을 따라 6부을 가면 희미한 갈림길이 나온다. 여기서도 왼쪽 주능선을 따라 23분을 가면 소나무가 많은 쉼터가 나온다. 쉼터를 지나 10m 정도 내려가면 능선이 갈라진다. 여기서 희미한 왼쪽 주능선을 접어들어 가면 능선은 다시 오른쪽으로 휘어지다가 다시 왼쪽으로 휘어지면서 9분을 가면 참호가 있는 갈림길이 나온다. 갈림길에서 오른쪽으로 1분 거리에 이르면 헬기장 감투봉 정상이다.

실제 감투봉은 동쪽 200m 거리에 있으나 바위봉이며 등산로가 없다.

하산은 남동 방향 능선을 탄다. 뚜렷한 남동 방향 능선길을 따라 내려가면 길이 뚜렷하고 왼편으로 휘어지면서 19분을 내려가면 참호가 2곳이 있는 삼거리다.

삼거리에서 왼편 동쪽으로 간다. 동쪽 지능선 길을 따라 11분을 내려가면 능선이 갈라지면서 왼쪽에 (신)묘가 나오고, 오른쪽에 (구)묘가 나온다. 여기서 왼쪽 (신)묘 쪽 능선으로 간다.

(신)묘로 접어들어 능선을 따라 9분을 내려가면 (신)47번 국도에 닿는다. 여기서 오른쪽으로 내려서 도로 밑 굴다리를 통과하고, 묵밭을 지나 5분을 내려가면 밭이다. 밭에서 왼쪽으로 4분 거리에 이르면 도평2교 이동막걸리 공장이다.

여행 정보 Tourist Information

자가운전

감투봉 수도권에서 와수리 방면 47번 국도를 타고 도평IC통과 1km 거리 도평교 통과 50m에서 좌회전⇒약수1교 건너 바로 우회전⇒200m 주차장.

각흘산은 도평IC 통과 계속 47번 국도를 타고 자등현 주차.

대중교통

감투봉 동서울터미널에서 도평 경유 와수리 또는 사창리행 버스 이용, 도평삼거리 하차. 의정부역에서 15분 간격으로 있는 138-5번을 타고 도평리 하차. 도평삼거리에서 안약사로 가는 마을버스 3번을 타고 도평교 하차.

각흘산 동서울터미널에서 자등현 경유 와수리행 버스를 타고 자등현 초소 하차.

식당

이동폭포갈비
포천시 이동면
여우고개로 698
031-531-4415

김미자할머니갈비
이동면 화동로 2087
031-531-4459

숙박

계곡을품은펜션
포천시 이동면 금강로 6423
010-2438-8180

히든벨리
이동면 금강로 6233
010-7187-8587

명소

산정호수

이동장날 3일 8일

관음산(觀音山) 732.6m   사향산(麝香山) 750m

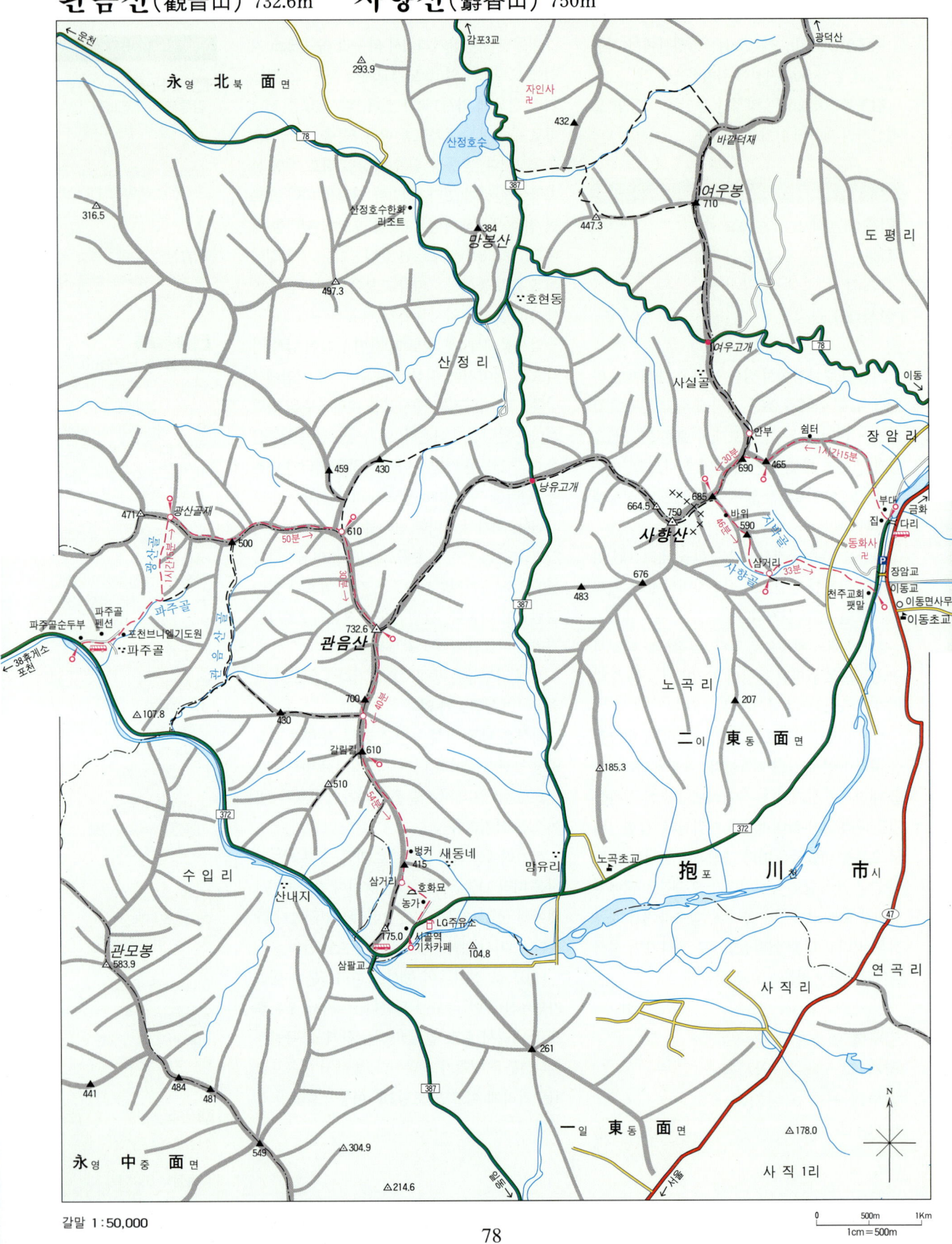

관음산 · 사향산

경기도 포천시 일동면, 이동면, 영북면

사향산 정상을 대신하는 690봉

관음산(觀音山. 732.6m)은 영평천 북쪽에 위치한 산이다. 낭유고개를 사이에 두고 사향산과 동서로 마주하고 있다. 순수한 육산이며 등산로도 뚜렷하고 완만한 편이다. 산행은 파주골순두부집을 출발 광산골재를 경유하여 정상에 오른 다음 남릉을 따라 38교로 하산한다.

사향산(麝香山. 750m)은 이동면 서쪽에 솟은 산이다. 산행은 동화사 북쪽 100m 거리 집 두 채에서 지능선을 타고 지박고개 685봉 삼거리에서 동쪽 지능선과 계곡을 따라 도로 밑을 경유하여 천주교로 하산한다.

등산로 Mountain path

관음산 총 5시간 9분 소요
순두부집→75분→광산골재→50분→610봉삼거리→30분→관음산→40분→갈림길→54분→기차카페

파주골순두부집에서 동쪽 마을길을 따라 가면 마을 삼거리가 나온다. 삼거리에서 왼쪽으로 100m 가면 기도원이 있고, 다시 왼쪽으로 50m 가량 올라서면 삼거리다. 여기서 오른쪽으로 가서 산모퉁이를 돌아가면 계곡이 시작되며 삼거리다. 삼거리에서 왼쪽으로 조금 더 들어가면 다시 삼거리다. 여기서 왼쪽 광산골을 따라 1시간을 올라가면 광산골재에 닿는다.

광산골재에서 오른편 능선으로 20분을 오르면 500봉 삼거리다. 삼거리에서 왼쪽으로 30분을 가면 610봉 삼거리다.

여기서는 오른편으로 30분을 더 오르면 넓은 공터 관음산 정상이다.

하산은 남릉을 탄다. 무난한 남쪽 주능선을 따라 40분을 내려가면 610봉 갈림길이 나온다.

삼거리에서 왼쪽 주능선을 따라 10분을 내려가면 안부를 지나고 다시 415봉을 내려서면 바로 삼거리가 나온다. 이 삼거리에서 왼쪽 길로 20분 내려가면 외딴 농가에 닿고, 농가에서 소형차로를 따라 10분을 내려가면 기차카페 앞이다.

사향산 총 4시간 4분 소요
집 2채→75분→465봉→30분→685봉→46분→삼거리→33분→천주교 간판

이동면 장암교 서쪽 편에서 오른편 북쪽으로 도로를 따라 200m 거리에 이르면 왼쪽에 집 2채 지나 바로 왼쪽으로 넓은 길이 있다. 이 길을 따라 30m 들어가면 오른편 지능선 등산로가 산행 기점이다. 완만하고 뚜렷한 등산로를 따라 22분을 가면 터널 위 첫 봉에 닿고 25분을 가면 쉼터가 나온다. 쉼터를 지나면 급경사 바윗길로 이어지며 28분을 올라가면 바위봉 첫 봉(465봉)에 닿는다.

첫 봉에서 북쪽능선을 따라 11분을 가면 갈림길이다. 갈림길에서 왼쪽 방화선 능선을 따라 10분을 오르면 690봉에 닿는다. 정상은 오를 수 없기 때문에 690봉을 정상으로 대신한다. 690봉에서 서남쪽 주능선을 따라 7분을 가면 685봉 삼거리에 닿는다.

삼거리에서 왼쪽으로 간다. 왼편 지능선은 급경사이며 10분을 내려가면 완만한 능선으로 이어지고 10분을 더 내려가면 갈림길이다. 갈림길에서 왼쪽 지능선을 따라 18분을 내려가면 계곡을 건너게 되며 8분을 내려가면 삼거리가 나온다. 삼거리에서 왼쪽으로 3분을 내려가면 계곡을 건너고, 오른쪽 길을 따라 가면 다시 계곡을 건너 7분을 내려가면 도로가 나온다. 도로에서는 왼편 남쪽 편 다리 밑으로 난 하산길을 따라간다. 다리를 지나면 다시 산길로 이어지고 농로로 접어들어 23분을 내려가면 도로에 닿고 왼쪽 200m 거리에 동화사 주차장이다.

여행 정보 Tourist Information

자가운전
구리IC에서 일동 방면 47번 국도를 타고 일동 방면 339번 도로 교차로에서 **관음산**은 좌회전⇨339번 지방도를 타고 삼팔교에서 좌회전⇨파주골순두부집 주차.
사향산은 교차로에서 직진 이동 IC에서 빠져나와 (구)도로에서 좌회전⇨이동면 동화사 주차장.

대중교통
동서울터미널에서 일동~이동 방면행 버스 이용, **사향산**은 이동 하차. **관음산**은 일동 하차 후, 운천행 버스 이용, 파주골순두부집 하차.

식당
파주골순두부
포천시 영중면 전영로 1723-8
031-532-6590

김미자할머니갈비
포천시 이동면 화동로 2087
031-531-4459

숙박
뮤모텔
포천시 일동면 화동로 1601-22
031-536-7240

온천
일동제일유황온천
포천시 일동면 화동로 1210
031-536-6000

명소
산정호수

이동장날 3일 8일

백운산(白雲山) 903.1m   반암산(盤岩山) 840m

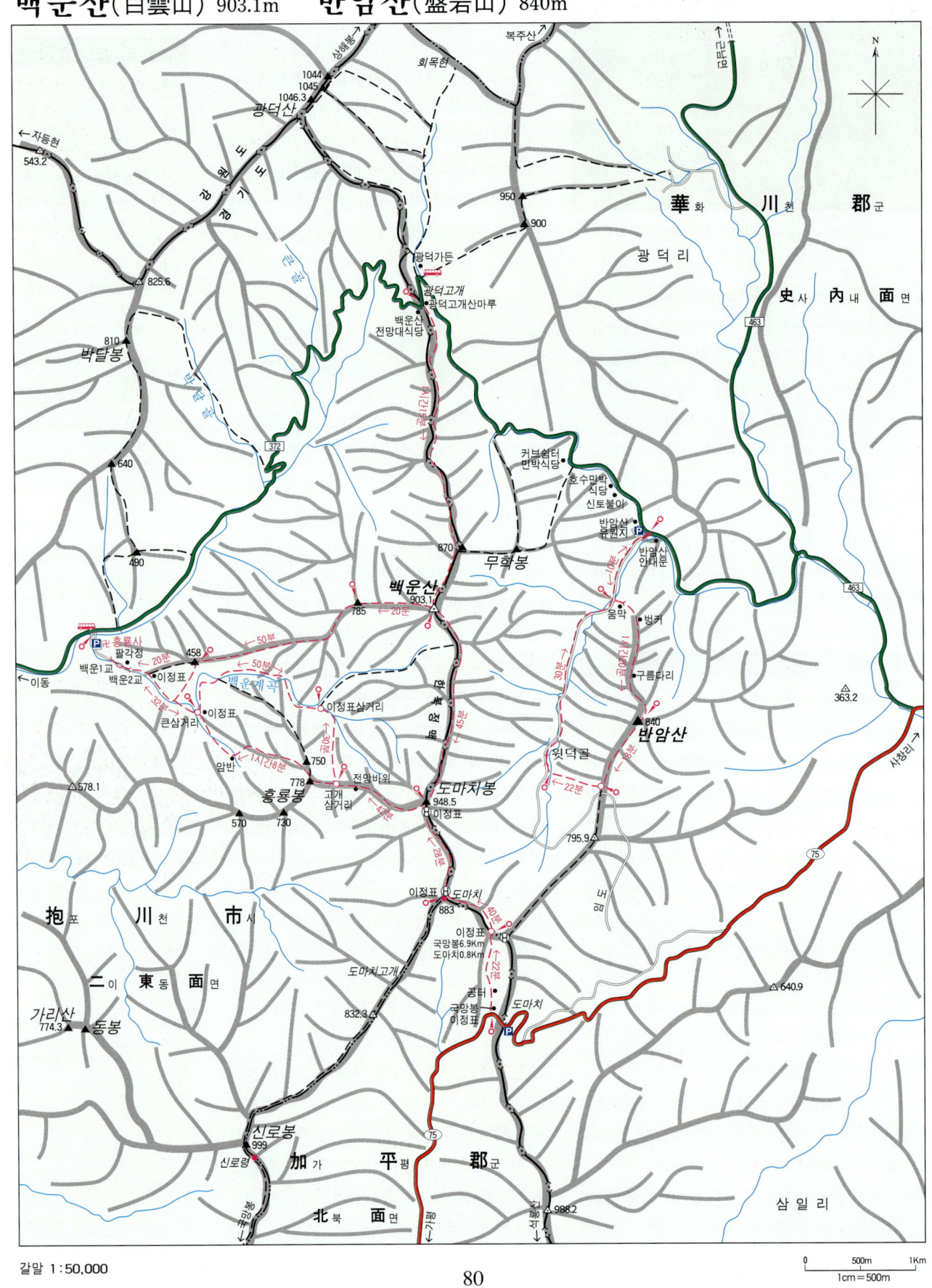

백운산 · 반암산
경기도 포천시 이동면 · 강원도 화천군

도마치봉에서 바라본 한북정맥 백운산 능선

백운산(白雲山. 903.1m)은 한북정맥으로 서쪽 산록에는 흥룡사가 자리하고 있고, 백운계곡으로 유명하다. 산행은 광덕고개에서 남릉을 타고 정상에 오른 다음, 서쪽 지능선을 타고 785봉을 경유하여 흥룡사로 하산한다.

반암산(盤岩山. 840m)은 백운산 동쪽 2km 거리에 위치한 산이다.

등산로 Mountain path

백운산-도마치봉 총 5시간 32분 소요
광덕고개→75분→백운산→45분→
도마치봉→42분→고개삼거리→80분→
큰삼거리→30분→흥룡사 주차장

광덕고개에서 남쪽 철계단으로 올라 비탈길로 가면 다시 능선으로 이어져 평지와 같은 능선길이 시작된다. 서서히 고도를 높이면서 중간 중간에 봉우리를 지나면서 1시간을 진행하면 870봉 삼거리에 닿는다. 왼쪽은 무학봉으로 가는 길이다. 계속 주능선을 따라 15분을 더 가면 공터에 삼각점이 있는 백운산(903.1m) 정상이다.

삼거리에서 동쪽 지능선길로 내려가면 뚜렷하고 무난한 길로 이어져 1시간 10분을 내려가면 흥룡사 주차장에 닿는다.

도마치봉은 백운산 정상에서 계속 남쪽 주능선을 따라 45분을 가면 헬기장 도마치봉에 닿는다.

하산은 서쪽 지능선을 따라 18분을 내려가면 안부 오른편 비탈길로 이어지고, 5분 거리 갈림길에서 오른편으로 19분을 내려가면 고개삼거리에 닿는다.

고개삼거리에서 오른쪽으로 내려가면 계곡길로 이어져 흥룡사로 내려간다(1시간 40분 소요).

* 고개삼거리에서 왼편 능선으로 직진 10분을 올라가면 헬기장인 흥룡봉 삼거리에 닿는다.

흥룡봉에서 오른쪽으로 9분을 가면 이정표 삼거리다. 삼거리에서 왼쪽으로 6분 거리에 이르면 바윗길을 통과하고 15분 더 내려가면 이정표 갈림길이 또 나온다. 갈림길에서 왼쪽으로 8분 거리 급경사를 내려서면 계곡으로 이어져 10분지나 왼쪽으로 계곡을 건너면 산판길을 만난다. 여기서 오른쪽 산판길을 따라 10분 내려가면 이정표가 있는 큰 삼거리에 닿고 32분을 더 내려가면 흥룡사 주차장이다.

반암산 총 3시간 50분 소요
지방도→10분→다리→80분→
반암산→18분→갈림길→22분→
임도→40분→지방도

반암산유원지에서 북쪽으로 100m 거리에 이르면 오른쪽으로 차단기가 있는 다리가 있다.

이 다리가 반암산 기점이다. 다리를 건너 임도를 따라 10분을 가면 다리가 나온다. 다리를 건너면 왼쪽에 움막이 있고 능선으로 오르는 등산로가 있다. 여기서 왼쪽 등산로를 따라 13분을 올라가면 참호가 있는 지능선에 닿는다. 지능선에서 오른쪽 능선을 따라 40분을 가면 구름다리모양 바위가 있고 27분을 더 가면 반암산 정상이다.

하산은 남쪽 능선을 따라 18분을 내려가면 임도 닿기 바로 전에 삼거리가 나온다.

삼거리에서 오른쪽으로 22분을 내려가면 계곡으로 난 임도에 닿는다.

여기서부터 오른쪽 임도를 따라 30분을 내려가면 움막 다리가 나오고, 10을 더 내려가면 316번 지방도 반암산 등산로 입구에 닿는다.

여행 정보 Tourist Information

🚗 자가운전
백운산 서울-와수리 간 47번 국도를 타고 도평리에서 빠져나와 우회전 ⇒ 500m 도평리에서 좌회전 ⇒ 372번 지방도를 타고 2km 백운계곡주차장, 또는 광덕고개 주차.
반암산은 광덕고개에서 사창리 쪽 4km 반암산 입구 주차.

🚌 대중교통
백운산 동서울터미널에서 이동 경유 사창리행 버스 이용, 흥룡사 또는 광덕고개 하차하고, **반암산**은 광덕고개에서 4km 거리 반암산 입구 하차.

🍴 식당
김미자할머니갈비
포천시 이동면 화동로 2087
031-531-4459

이동폭포갈비
포천시 이동면 여우고개로 698
031-531-4415

한우마을(소고기)
포천시 이동면 화동로 2405
031-535-2219

🏠 숙박
계곡을품은펜션
포천시 이동면 금강로 6423
010-2438-8180

♨ 온천
일동제일유황온천
포천시 일동면 화동로 1210
031-536-6000

🏛 명소
산정호수
백운계곡
이동장날 3일 8일

국망봉(國望峰) 1167.2m

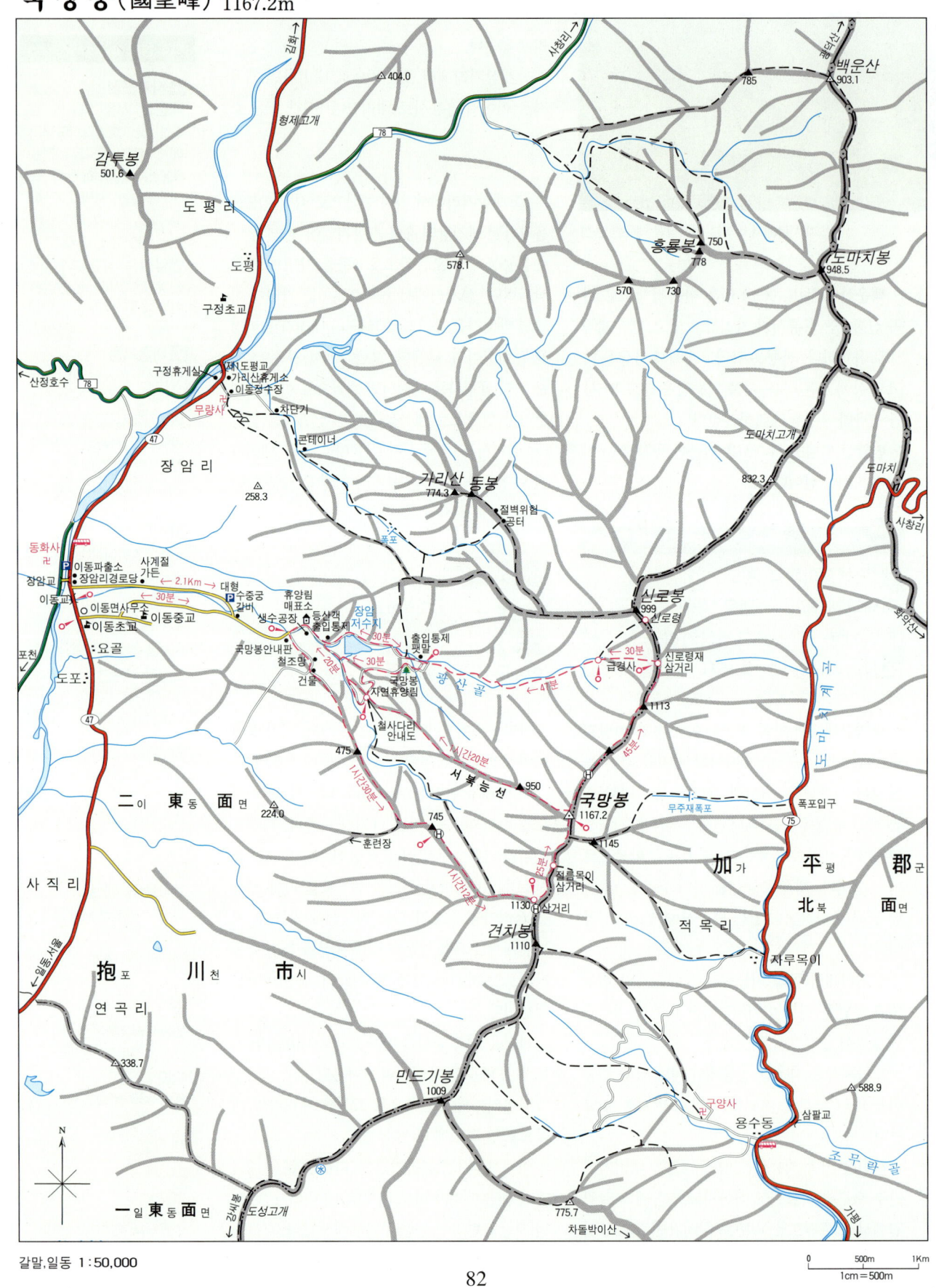

국망봉
경기도 포천군 이동면, 가평군 북면

사방이 탁 트인 국망봉 정상

국망봉(國望峰. 1167.2m)은 백운산 남쪽 6km 지점 이동면 동쪽에 위치한 높고 수려한 산이다. 옛 궁예왕(弓裔王)이 철원에 도읍을 정하고 국기를 굳혀나가는 과정에서 날로 폭정이 심해지자 그의 부인 강(姜)씨는 한사코 궁예에게 간언하였으나 이를 듣지 않고 오히려 부인 강씨를 강씨봉으로 귀양을 보냈다. 그 후 왕건에 패한 궁예가 과거의 잘못을 뉘우치고 강씨를 찾았으나 이미 세상을 떠난 뒤라 일찍 찾지 못한 회한에 잠겨, 국망봉 정상에 올라 도성 철원을 바라 보았다하여 국망봉(國望峰)이라 산명이 붙이게 되었다 한다.

산행은 생수공장 입구 갈림길에서 오른쪽 능선을 타고 국망봉에 오른 후, 서쪽 지능선을 타고 생수공장으로 하산하거나, 북쪽 신로령 전 삼거리에서 서쪽 계곡으로 하산 한다.

등산로 Mountain path

국망봉 총 6시간 39분 소요

생수공장→90분→헬기장→72분→
주능선→25분→국망봉→45분→
삼거리→30분→계곡삼거리→47분→
공터→30분→생수공장

이동면사무소 오른쪽 소형차로를 따라 2.1km 들어가면 등산안내도가 있는 갈림길이 나온다. 갈림길에서 오른쪽 농로 30m 거리 묵밭 갈림길에서 왼편으로 5m 가다가 오른쪽으로 30m 가면 농로가 나온다. 여기서 왼쪽 농로를 따라 6분을 가면 공터에 가건물이 있고 건물 오른쪽에 산길이 있다. 여기서부터 지능선으로 접어들면 묘를 지나서 급경사로 이어지다가 완만한 능선길로 이어져 바위를 지나면서 참호를 연속 3개를 지나면서 22분을 오르면 475봉에 닿는다. 475봉에서 13분을 오르면 바위봉을 지나며 다시 8분 거리에 바위를 통과하여 25분을 더 오르면 오른쪽으로 갈림길이 나온다. 갈림길에서 왼쪽 능선을 따라 7분을 오르면 전망대를 지나서 헬기장이다. 헬기장을 지나 47분을 오르면 큰 지능선에 닿고, 왼쪽 능선을 따라 25분을 오르면 주능선삼거리에 닿는다.

주능선에서 왼쪽 한북정맥을 타고 12분을 가면 오른쪽으로 갈림길이 있고, 4분을 오르면 삼거리봉이다. 삼거리봉에서 계속 왼쪽 주능선을 따라 8분을 더 오르면 국망봉 정상에 닿는다. 정상에 서면 사방이 막힘이 없다.

하산은 두 길이 있다. 정상에서 북쪽으로 30m 거리 갈림길에서 왼쪽은 가까운 거리 생수공장 직선거리 지능선 급경사 하산길이고, 오른쪽은 먼 거리 신로령 전 삼거리를 경유하여 계곡을 따라 생수공장으로 가는 완만한 하산길이다. 갈림길에서 왼편 서쪽 지능선 급경사 길을 따라 20분을 내려가면 다소 완만해지면서 20분을 더 내려가면 전망바위에 나오고 계속 서쪽 지능선을 따라 40분을 내려가면 임도에 닿는다. 임도에서 세능선 하산길을 따라 20분을 내려가면 생수공장 지나 삼거리다.

국망봉 정상에서 신로령 방면은 북쪽 주능선을 따라 내려가면 완만하게 이어지다가 작은 봉 두 개를 지나면서 45분을 가면 신로봉 전 안부 삼거리에 닿는다.

삼거리에서 왼쪽(서)으로 30분을 내려가면 계곡삼거리를 만난다. 삼거리에서 왼쪽 광산골을 따라 50분을 내려가면 휴양림운동장이다. 운동장에서 휴양림 쪽은 통제하므로 왼쪽 임도로 가야 한다. 임도를 따라 12분을 가면 오른쪽 지능선으로 하산길이 있다. 이 지능선을 따라 10분을 내려가면 저수지 둑 아래 삼거리다. 여기서부터 소형차로를 따라 8분을 내려가면 등산기점 안내도 삼거리다.

여행 정보 Tourist Information

자가운전
수도권에서 강동대교를 건너 이동 방면 47번 국도를 타고 이동IC에서 빠져나와 이동면 사무소 이동초교 사이 소형차로를 따라 2.1km 거리 국망봉 안내도 주차.

대중교통
동서울터미널에서 사창리 방면 버스 이용, 이동면 사무소 하차.

식당
원조김미자할머니갈비
포천시 이동면 화동로 2087
031-531-4459

한우마을(소고기)
포천시 이동면 화동로 2405
031-535-2219

느티나무갈비
포천시 이동면 성장로 1289번길 57
031-532-4454

숙박
피앙세모텔
포천시 이동면 화동로 1833
031-532-6887

온천
일동제일유황온천
포천시 일동면 화동로 1210
031-536-6000

명소
백운계곡
산정호수

국망봉자연휴양림
031-532-0014

이동장날 3일 8일

견치봉(犬齒峰) 1110m 민둥산 1009m 차돌박이산 710m

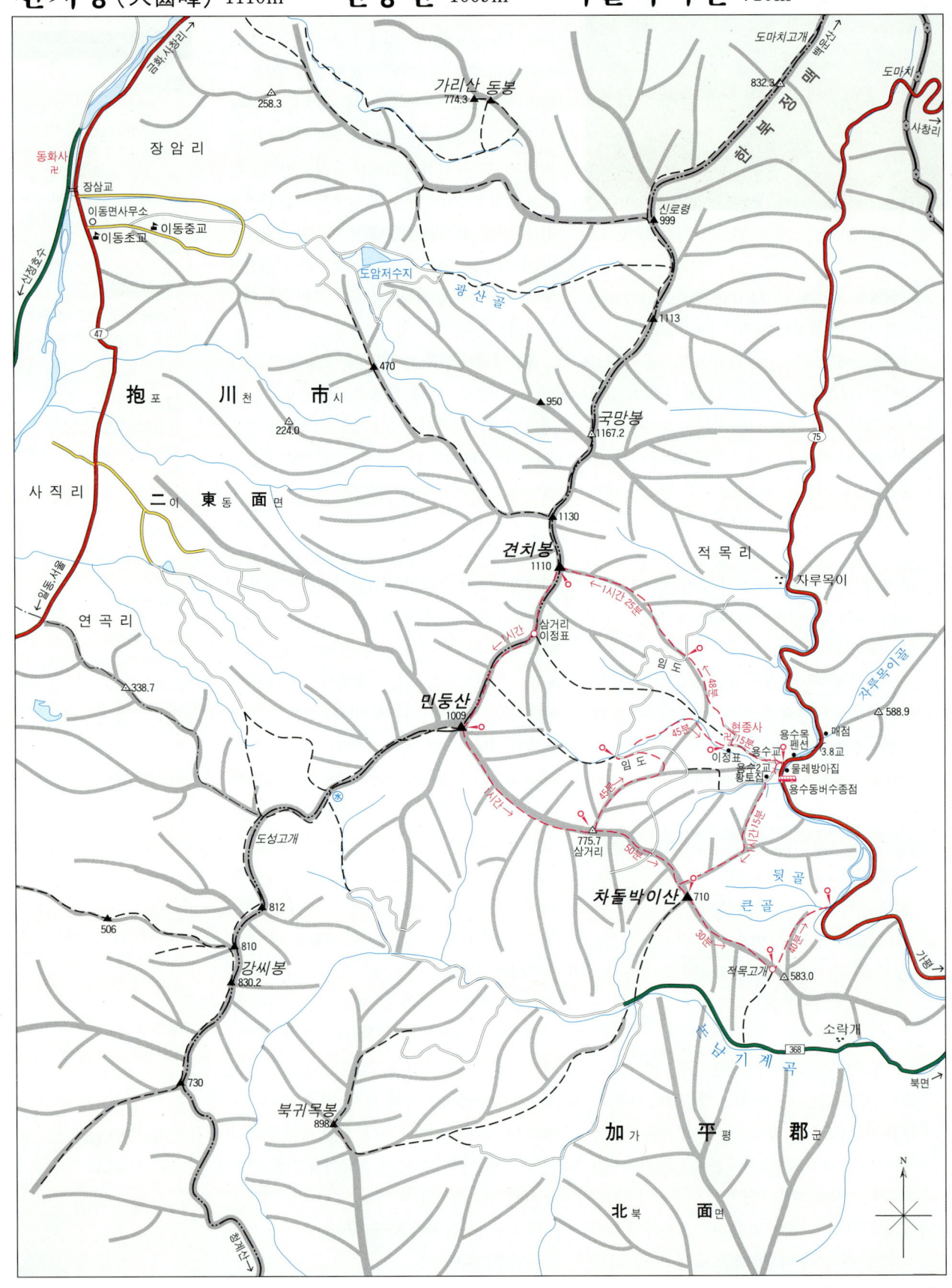

울창한 숲으로 이어진 민둥산 안바위골

견치봉 · 민둥산 · 차돌박이산
경기도 가평군 북면, 포천군 이동면

등산로 Mountain path

견치봉—민둥산 총 7시간 40분 소요
용수교→63분→두번째 임도→85분→
견치봉→60분→민둥산→60분→
삼거리→45분→임도→60분→용수교

차돌박이산 총 3시간 25분 소요
용수교→8분→황토집→60분→
숭덕곡개 동봉→7분→정상→30분→
적목재→40분→가림교

용수동 버스종점에서 서쪽 용수교 건너 소형 차로를 따라 15분을 가면 이정표 삼거리가 나온다. 삼거리에서 오른쪽으로 2분 거리 현종사 마당 오른편 수도에서 오른쪽으로 접어들어 10m 거리 갈림길에서 왼쪽 희미한 길로 8분을 가면 임도가 나온다. 임도 왼쪽 10m에서 오른쪽 희미한 길로 올라가면 점점 뚜렷하게 이어지면서 38분을 올라가면 두 번째 임도를 만난다.

임도를 가로질러 능선을 따라 1시간을 오르면 죽은 큰 소나무를 통과하며 25분을 더 오르면 주능선 무의미한 견치봉에 닿는다.

하산은 남쪽 민둥산을 향해 주능선을 따라 25분을 가면 이정표 삼거리다. 삼거리에서 계속 주능선을 따라 35분을 더 내려가면 삼거리 넓은 공터 민둥산 정상이다.

민둥산에서 왼쪽으로 50m 가면 삼거리다. 삼거리에서 왼쪽 주능선길을 따라 내려가면 산길이 뚜렷하고 완만한 길로 이어지면서 1시간을 내려가면 775.7봉 삼거리가 나온다.

삼거리에서 왼편 동쪽 지능선을 따라 15분을 내려가면 갈림능선이다. 이 갈림능선에서 왼쪽으로 50m 가면 왼편 북쪽 방향 직각으로 휘어진다. 하산길은 급경사로 이어져 30분을 내려가면 임도가 나온다.

임도에서는 왼쪽 50m 거리 안경다리 닿기 전에 오른쪽 계곡을 향해 내려간다. 오른쪽으로 내려서면 불분명한 너덜길로 이어져 100m 내려서면 계곡길이 뚜렷하게 나 있다. 계곡길을 따라 30분을 내려가면 삼거리가 나오고, 10분을 더 내려가면 현종사 입구이다. 여기서부터 15분을 내려가면 용수교 버스종점이다.

용수동 종점에서 용수교를 건너자 바로 왼쪽 용수2교를 다시 건너서 2분을 가면 2층 벽돌집 뒤로 산판길이 이어진다. 산판길을 따라 6분을 올라가면 오른편에 황토집이 있고 왼쪽길 50m 거리 왼쪽에 합수곡이다.

합수곡에서 무조건 왼쪽 계곡을 건너서 계곡길을 따라 4분을 가면 오른쪽으로 희미한 갈림길이 있다. 갈림길에서 오른쪽 희미한 길을 따라 5분을 올라가면 지능선으로 오르게 된다. 지능선길은 희미하지만 외길이므로 지능선 만을 따라가면 길 잃을 염려가 없다. 지능선길은 잡목이 많아 겨우 빠져나갈 정도이며 10분 정도 올라가면 길이 없어진다. 여기서 약간 왼쪽 편으로 오르면 다시 본 지능선으로 이어진다. 산길은 갈만한 정도이며 지능선을 벗어나지 말고 계속 지능선 만을 따라 올라가면 산길은 점점 뚜렷해지면서 큰 어려움 없이 숭덕고개 동봉에 닿는다. 황토집에서 1시간 거리다.

동봉에서 왼쪽으로 7분을 가면 차돌이 4~5군데 박혀 있는 차돌박이산이다.

하산은 동남 방향 왼쪽 능선을 따라 가면 두 번 정도 능선이 갈라지는데 언제나 왼쪽 능선을 따라 30분을 내려가면 묘를 지나 적목고개에 닿는다. 여기서 왼쪽 숲터널길로 30분 내려가면 방갈로 3~4개가 있는 갈림길이다. 여기서 오른쪽으로 10분 내려가면 파란기와집을 지나서 가림교 건너 도로 버스정류장이다.

여행 정보 Tourist Information

자가운전
수도권에서 가평 방면 46번 국도를 타고 가평읍에서 좌회전⇒75번 국도를 타고 목동에서 좌회전⇒적목리 방면 12km 용수교 버스 종점 주차.

대중교통
경춘선 상봉역에서 춘천행 전철 이용, 가평역 하차.
가평역에서 용수동행 시내버스(06:10 08:35 09:40 10:30 11:10 13:20 15:40 16:00 16:40 19:10) 이용, 용수동 종점 하차.

식당
물래방아집(토종닭)
가평군 북면 가회로 3044
031-582-8701

용수목산장(식당, 민박)
가평군 북면 가회로 3092
010-8585-8077

송원막국수
가평군 가평읍 가화로 76-1
031-582-1408

용추골오리숯불구이
가평군 가평읍 가화로 193
031-581-5282

숙박
로빈나문화마을(펜션)
가평군 북면 용수목길 8-9
031-582-4768

명소
적목리계곡

강씨봉(康氏峰) 830.2m   청계산(清溪山) 849.1m   길매봉 730m

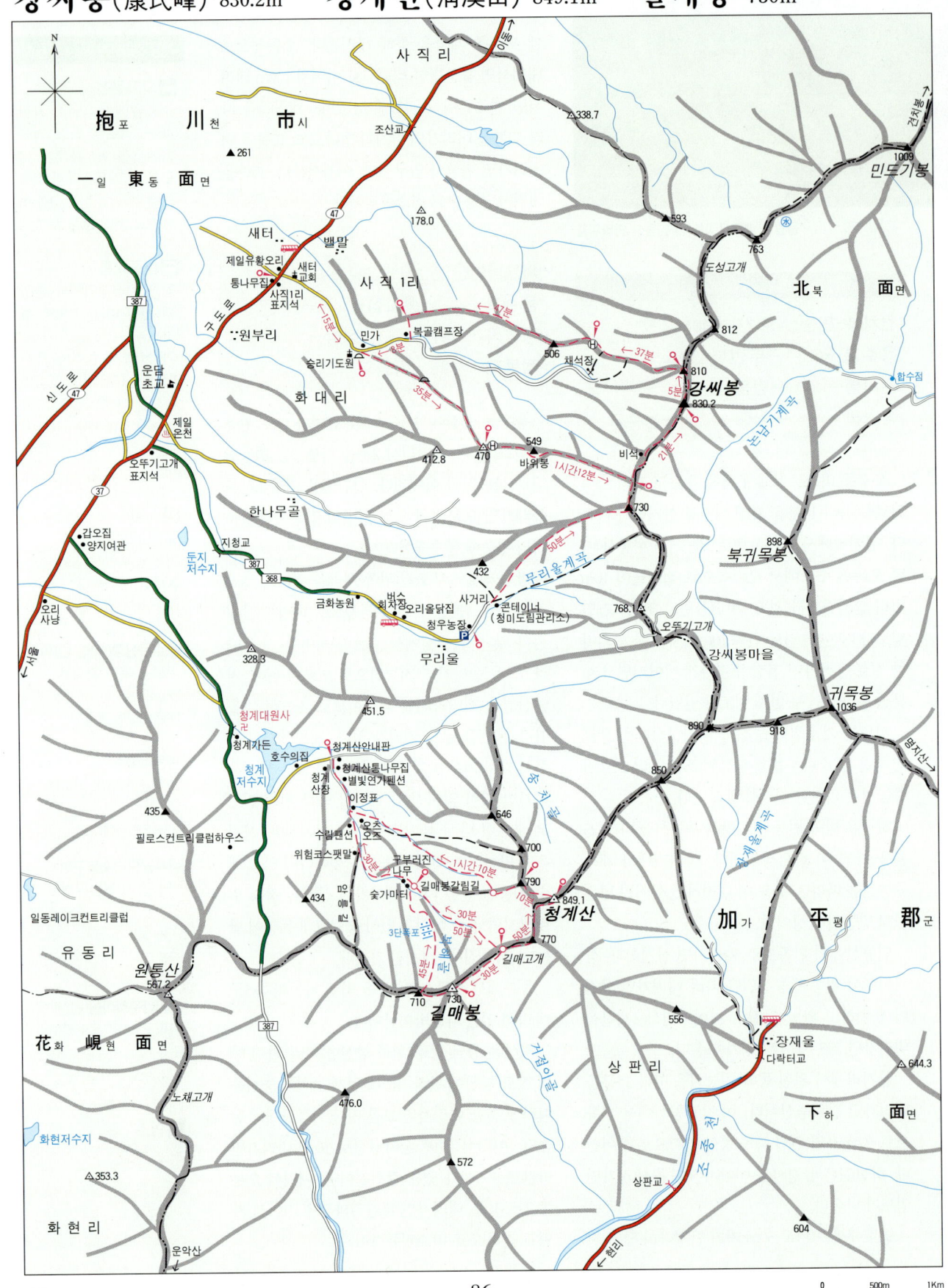

한겨울 강씨봉 정상

강씨봉 · 청계산 · 길매봉
경기도 포천시 일동면, 가평군 하면

등산로 Mountain path

강씨봉 총 5시간 15분 소요
새터→15분→갈림길→35분→헬기장→72분→주능선→21분→강씨봉→42분→헬기장→70분→새터

새터사거리에서 동쪽 소형차로를 따라 1.3km 거리에 이르면 집 2채 50m전 인삼밭 오른편에 승리기도원 입구 둔덕사거리다. 여기서 동쪽으로 시작되는 지능선을 탄다. 둔덕에서 바로 동쪽 희미한 지능선으로 올라서면 묘4기를 지나서 능선길이 이어진다. 능선길을 따라 13분을 올라가면 묘가 있는 봉우리다.

봉우리에서 계속 이어지는 지능선을 따라 22분을 올라가면 삼각점이 있는 헬기장이다.

헬기장에서 14분을 더 가면 바위봉 밑에 닿는다. 바위봉 10m 전에 우회 비탈길을 따라 9분을 가면 다시 본지능선으로 이어진다. 본지능선을 따라 15분을 가면 경사로 이어지면서 34분을 올라가면 주능선에 닿는다.

주능선에서부터 왼편 방화선을 따라 21분을 오르면 표지석이 있는 강씨봉 정상이다.

하산은 북릉을 따라 5분을 가면 삼거리다. 삼거리에서 왼편 서쪽 지능선을 탄다. 서쪽 지능선을 따라 27분을 내려가면 왼쪽으로 갈림길이 있다. 갈림길에서 오른편 능선길을 따라 7분을 가면 또 왼쪽으로 갈림길이 나온다. 여기서도 오른쪽 능선길을 따라 3분을 가면 헬기장이다.

헬기장에서 계속 서쪽 지능선을 따라 11분을 가면 506봉을 지나고, 계속 능선을 따라 36분을 가면 갈림길이 나온다. 갈림길에서 왼쪽으로 1분 내려가면 복골캠프장이 나오고 7분 거리에 이르면 등산기점이다.

청계산 총 4시간 30분 소요
청계산장→80분→길매재→50분→청계산→10분→790봉→70분→청계산장

청계저수지 상류 청계산장에서 오른쪽 소형차로를 따라 3분을 가면 청계산 이정표가 있는 삼거리다. 삼거리에서 오른쪽으로 100m 가면 민가가 끝나고 계류를 건너면서 산행이 시작된다. 이 지점에서부터는 길매골을 따라 1시간 15분을 오르면 길매재에 닿는다.

길매재에서 왼쪽 주능선을 따라 770봉을 거쳐 50분을 오르면 청계산 정상에 닿는다.

하산은 왼편 서쪽 능선길을 따라 10분을 내려가면 790봉 삼거리다.

삼거리에서 왼쪽 능선길로 10분을 내려가면 갈림길이다. 여기서 오른쪽으로 내려서면 참나무계곡 길로 이어지면서 1시간을 내려가면 청계산 저수지 상류 청계산장이다.

길매봉 총 4시간 5분 소요
청계산장→80분→길매재→30분→길매봉→45분→길매골→30분→청계산장

청계산장에서 길매재까지는 청계산과 같은 길로 오른 후에, 길매재에서 남서쪽능선을 따라 11분을 오르면 바위 아래에 닿는다. 바위아래에서 오른쪽 북사면으로 가파르게 이어진다. 가파른 길을 따라 오르면 다시 능성으로 이어지고, 바윗길을 우회하면서 19분을 오르면 길매봉이다.

하산은 서릉을 따라 14분을 내려가면 안부삼거리다. 안부에서 오른쪽으로 내려가면 복해폭포를 지나면서 45분을 내려가면 길매골에 닿고 30분을 더 내려가면 청계산장이다.

여행 정보 Tourist Information

자가운전
내부순환도로 구리 IC에서 47번 국도를 이어타고 일동면 제일온천 사거리에서 **강씨봉**이 이동방면으로 2km 새터 사거리에서 동쪽 새터교회 오른쪽 소형차로를 따라 1.3km 주차.

청계산 · 길매봉은 제일온천 삼거리에서 우회전 ⇨3km 청계산장 주차.

대중교통
동서울터미널에서 일동 경유 와수리행 버스 편을 이용, 일동 하차.

강씨봉은 일동에서 이동 방면 7번 버스 이용, 새터 하차.

청계산 · 길매봉은 청계산 입구까지 택시 이용.

식당
명지원(갈비)
일동면 화동로 1258
031-536-9919

제일유황오리
일동면 화동로 1391
031-536-5289

청계가든(일반식)
일동면 운악청계로 1575-1
031-532-3172

숙박
뮤모텔
일동면 화동로 1601-22
031-536-7240

온천
일동제일유황온천
일동면 화동로 1210
031-536-6000

명소
산정호수
백운계곡

이동장날 3일 8일

운악산(雲岳山) 934.5m   아기봉 772m

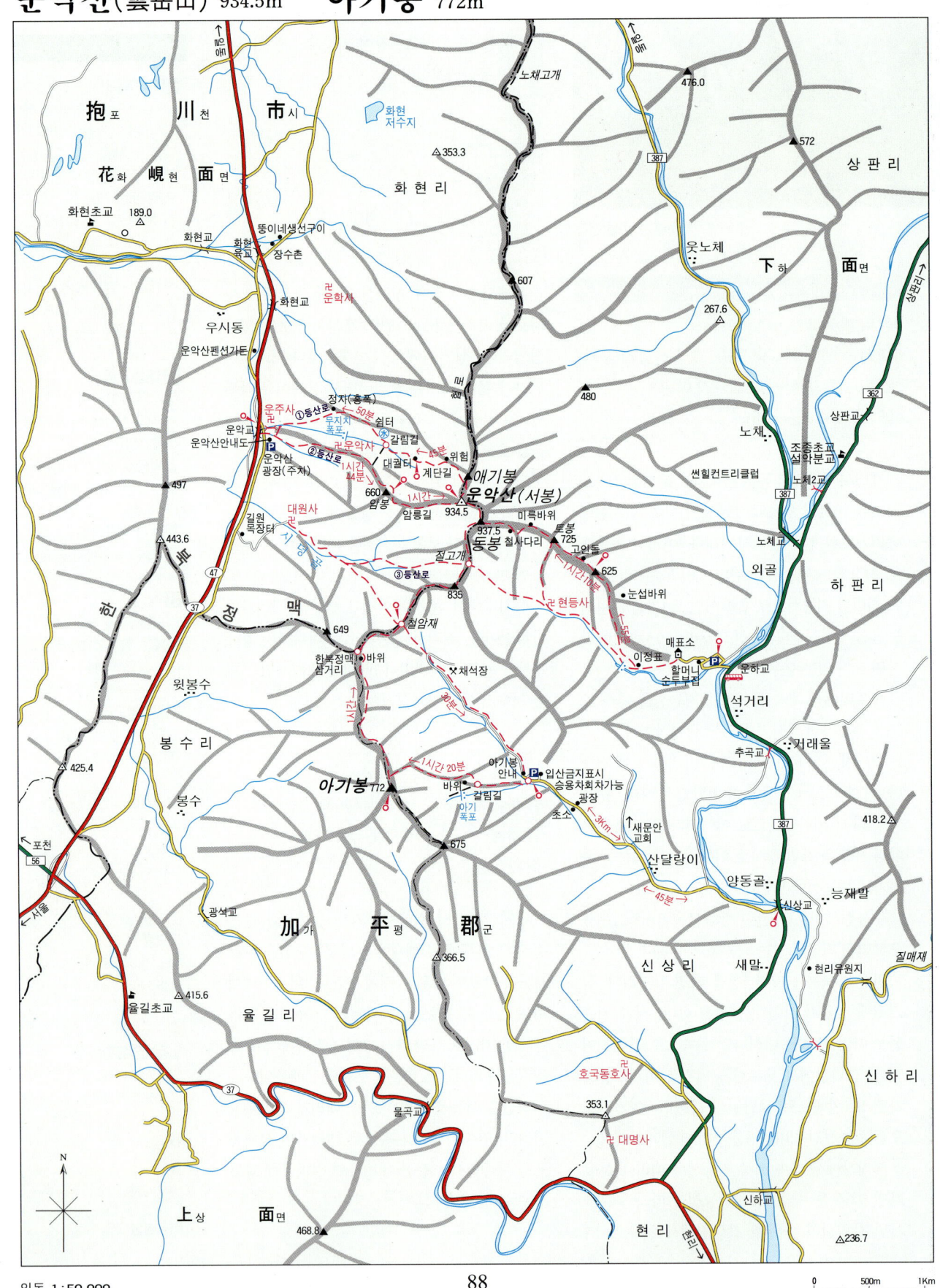

운악산 · 아기봉

경기도 가평군 하면, 포천시 화현면

운악산(雲岳山. 934.5m)은 경기 5대 악산의 하나이다. 전체적으로 바위로 이루어진 험악한 산세이다. 정상은 서봉과 동봉으로 구분되어 있고 정상은 서봉이다.

산행은 서쪽 운주사 쪽과 동쪽 현등사 쪽에서 오르는데 1코스, 2코스, 3코스가 있으며 2코스는 매우 험로이므로 2코스로 오른 후 1코스로 하산하는 것이 더 안전하다.

아기봉(772m)은 운악산 남쪽 능선으로 연결되어 약 4km 거리에 위치한 산이다.

등산로 Mountain path

운악산 총 5시간 19분 소요

운악산휴게소→104분→암봉→60분→운악산(서봉)→45분→대궐터→50분→운악산휴게소

운악산휴게소에서 왼쪽 소형차로를 따라 2분을 가면 삼거리가 나온다. 왼쪽은 1코스 오른쪽은 2코스이다. 여기서 2코스 쪽으로 2분을 더 가면 휴양림관리소가 나온다. 관리소 왼쪽 길을 따라 25분을 오르면 운아사 고개에 닿는다. 고개에서 능선을 따라 25분을 오르면 정상(1,030m) 이정표가 있는 지점이 있다. 여기서부터는 바윗길이 시작된다. 바윗길을 따라 12분을 오르면 전망바위가 나오고, 전망바위에서 40분을 오르면 정상(660m) 이정표가 있는 암봉 위에 선다. 여기서부터는 더욱 험로로 이어진다. 계속 이어지는 바윗길을 따라 50분을 오르면 사다리를 오르고 능선에 선다. 능선에서 10분을 더 오르면 서봉 정상이다. 서봉에서 동봉까지는 10분 거리다.

서봉에서 하산은 북쪽으로 12분을 내려가면 삼거리가 나오고, 삼거리에서 왼쪽으로 5분을 내려가면 전망바위가 나온다. 여기서부터 나무계단을 따라 20분을 내려가면 대궐터(쉼터)에 닿는다. 쉼터에서 10분 거리 갈림길에서 오른쪽 비탈길을 따라 4분을 가면 바위(약수터) 쉼터가 있고, 쉼터에서 10분을 내려가면 정자가 있다.

정자에서 10분을 더 내려가면 갈림길이 나오고, 갈림길에서 직진은 운주사 왼쪽은 운악산광장이다.

아기봉 총 5시간 20분 소요
(승용차 편 3시간 50분)

신상교→45분→출입금지표→80분→아기봉→60분→철암재→30분→출입금지표→45분→신상교

신상교 남쪽 편에서 소형차로를 따라 1.5km 가면 수양관삼거리다. 여기서 왼쪽 비포장 채석장 길을 따라 500m 거리 차단기를 통과한 후, 정확히 15분 거리에 이르면 오른쪽에 출입금지표지가 있다. 이 지점에서 왼쪽 계곡으로 등산로가 시작된다.

계곡을 건너 50m 가면 오른쪽 능선으로 산길이 이어진다. 능선길을 따라 14분을 가면 왼쪽으로 갈림길이 있다. 여기서 오른쪽 능선으로 간다. 능선길로 접어들면 바로 오른쪽 비탈길로 이어지다가 왼쪽 능선으로 다시 올라서게 된다. 능선 길로 이어지는 등산로를 따라 43분을 가면 능선 왼쪽으로 바위를 우회하게 된다. 주의를 하면서 오르면 다시 오른쪽 본 능선으로 산길이 이어지고, 이어서 급경사를 따라 24분을 오르면 주능선 삼거리에 닿는다. 삼거리에서 왼쪽으로 3분을 더 오르면 아기봉 정상이다.

하산은 올라왔던 삼거리로 되 내려간 다음, 북쪽 주능선을 탄다. 주능선을 따라 23분을 가면 작은 봉에 닿고, 17분을 더 가면 바위 오른쪽 비탈길로 이어지면서 다시 왼쪽으로 오르면 리본이 많은 삼거리봉에 닿는다. 왼쪽은 한북정맥이다. 삼거리에서 오른쪽 능선을 따라 17분을 내려가면 철암재 사거리에 닿는다.

철암재에서 오른편 동쪽 길을 따라 10분을 내려가면 채석장 집이 나오고 채석장 길로 이어진다. 여기서부터 채석장 길을 따라 20분을 내려가면 출입금지표시가 있는 등산기점이다.

※ 운악산자연휴양림 031-534-6330

여행 정보 Tourist Information

자가운전

운악산 내부, 외부순환도로 구리IC에서 일동 방면으로 빠져나와 47번 국도를 타고 신팔리 지나서 약 5km 거리 운악산으로 빠져나와 운악산광장 주차.

아기봉 46번 경춘 국도를 타고 현리검문소에서 좌회전⇒현리에서 상판리 방면 362번 지방도로 우회전⇒4km 거리 신상교에서 좌회전⇒3km 거리 아기봉 등산로 입구 주차.

대중교통

운악산 청량리 현대코아에서 10분 간격으로 운행하는 707번, 강변역에서 12분 간격으로 운행하는 11번 버스 이용, 광릉내 하차 후, 광릉내에서 일동 방면 30분 간격으로 운행하는 7번 버스 이용, 운악산 하차.

아기봉 청량리역 앞에서 회기역 상봉역 도농역을 경유하여 현등사 행 1330-44번을 타고 신상교 하차.
현리행 1330-4번을 타고 현리에서 1일 10회 운행하는 상판리행 버스 이용, 신상교 하차.

식당

운주사
장수촌(쌈밥 보리밥)
화현면 화동로 361
031-533-9207

신팔리 할머니순두부
내촌면 금강로 3215
031-533-5479

현등사
원조할머니손두부집
가평군 하면 운악청계로 589번길 8-235
031-585-1219

국사봉(國師峰) 547m 　　수원산(水原山) 709.7m

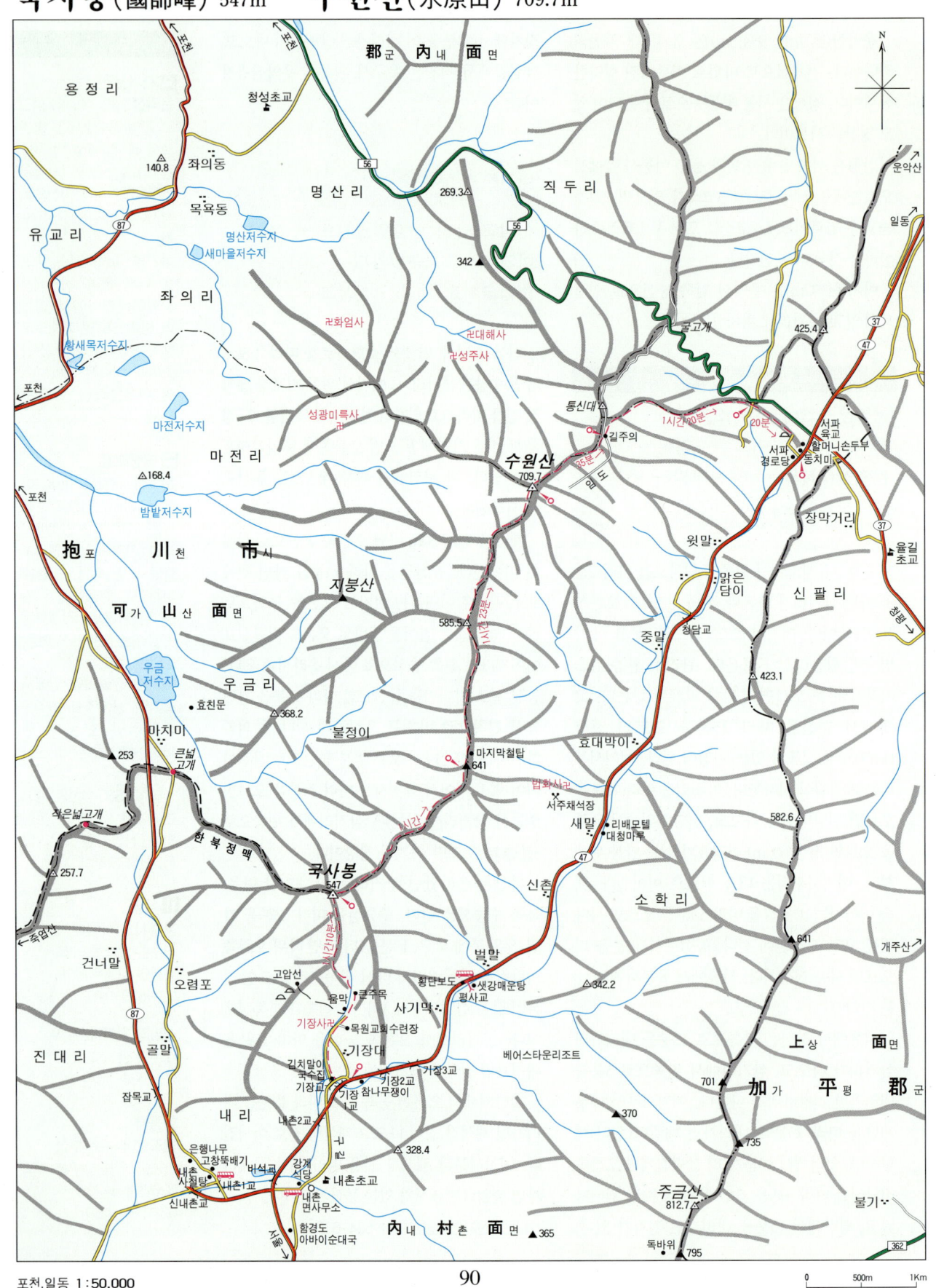

국사봉·수원산
경기도 포천시 내촌면, 군내면

내촌면 소재지에서 바라본 국사봉 전경

국사봉(國師峰. 547m)과 **수원산**(水原山. 709.7m)은 내촌면에서 서파사거리까지 서쪽으로 길게 이어진 순수한 육산이며 가을 단풍이 아름답다.

기장사에서부터 국사봉에 오르는 구간에 산길이 다소 희미한 곳이 부분적으로 있으나, 크게 길 잃을 염려는 없으며, 국사봉에서 수원산까지는 평지와 같은 길이며 긴 능선을 타고 산행하는데 묘미가 있다.

산행은 기장마을에서 국사봉에 먼저 오른 다음, 북쪽 한북정맥 긴 능선을 타고 수원산에 오른다. 수원산에서 계속 북쪽 능선을 타고 가다가 통신시설 동쪽 지능선을 타고 서파검문소로 하산한다.

등산로 Mountain path

국사봉-수원산 총 6시간 48분 소요
기장대→70분→국사봉→60분→
마지막철탑→83분→수원산→35분→
임도→100분→서파검문소

내촌면소재지에서 북쪽으로 (구)도로를 따라 1km 가면 기장대 마을이 나온다. 기장대 마을 입구 김치말이국수집에서 왼쪽으로 난 마을길을 따라가면 바로 삼거리다. 삼거리에서 오른쪽으로 60m 거리에 이르면 마을 끝 집이다. 끝집에서 오른쪽 샛길로 올라가면 시멘트길 소형차로가 나온다. 소형차로를 따라 50m 가면 왼편에 기장사를 지나서 바로 임도 갈림길이다. 기장교에서 15분 거리다.

갈림길에서 왼쪽 임도를 따라 100m 가면 갈림길이다. 이 갈림길에서 임도를 버리고 오른쪽 계곡길로 간다. 오른쪽 계곡길로 들어가면 왼쪽에 움막을 지나서 30분을 올라가면 건곡에 길이 희미해지면서 갈림길이 나온다. 희미한 갈림길에서 왼쪽으로 가면 산길이 없어지고 왼쪽에 아름드리 주목나무가 있다. 길은 없으나 아름드리 주목 쪽으로 올라가서 왼편 능선을 따라 5분만 오르면 왼쪽 능선에서 올라오는 지능선길을 만난다. 여기서 오른쪽 능선길을 따라 20분을 오르면 주능선에서 삼거리를 만나서 30m 지나면 국사봉 정상이다. 정상은 헬기장 넓은 공터이다.

국사봉에서 수원산 방향은 북릉을 탄다. 평지 같은 북쪽 주능선을 따라 19분 거리에 이르면 송전탑이 나오고 27분을 더 가면 송전탑이 있는 660봉이다. 계속된 주능선을 따라 15분을 더 가면 마지막 철탑이 또 나온다.

여기서 계속 북쪽 능선을 따라 33분 거리에 이르면 잣나무군락이 시작되고 다시 15분을 지나면 헬기장이다. 헬기장에서 35분을 가면 삼거리봉을 지나 잣나무 군락지역이 끝나고 헬기장을 지나서 수원산 정상이다.

수원산에서 하산은 북릉을 탄다. 완만한 북릉을 따라 35분을 가면 임도 갈림길이 나오고 전방에 통신 시설물이 보인다.

임도에서 오른쪽으로 5m 가서 왼쪽 임도 아래 숲 속으로 산꾼들이 억지로 낸 희미한 산길이 있다. 숲 속으로 난 산길로 내려서면 산길은 왼쪽 비탈길로 이어진다. 시설 오른쪽 아래로 난 비탈진 산길을 따라 약 100m 돌아가면 오른편 동쪽으로 내려가는 지능선길을 만난다.

여기서부터는 산길이 뚜렷하다. 뚜렷한 하산길을 따라 큰 어려움 없이 1시간 15분을 내려가면 소형차로에 닿는다. 여기서 차로를 가로질러 다시 능선으로 오르면 산길이 뚜렷하고 20분을 내려가면 묘지를 지나서 오른쪽 마을을 통과하여 서파검문소 47번 국도에 닿는다.

여행 정보 Tourist Information

자가운전
수도권에서 내부(외부)순환도로 구리IC에서 일동 방면 47번 국도로 진입 진접 내촌 일동 방면 47번 국도를 타고 내촌에서 빠져나와 내촌면사무소에서 북쪽 (구)47번 도로를 따라 1km 거리 기장대 마을 주차.

대중교통
강변역에서 내촌면(베어스타운) 12분 간격으로 운행하는 11번 버스를 타고 내촌면 지나 기장대마을 하차.

청량리역(현대코아) 앞에서 707번 광릉내행 버스를 이용 후, 광릉내에서 내촌 이동 방면 7번 버스로 갈아타고 내촌면 기장대 하차.

식당
김치말이국수
포천시 내촌면 내촌로 175
031-534-0732

할머니순두부
포천시 내촌면 금강로 3215
031-533-5479

대청마루(갈비, 곰탕)
포천시 내촌면 금강로 2705
031-534-9999

숙박
리베모텔
포천시 내촌면 금강로 2714-30
031-534-6709

명소
광릉수목원

주금산(鑄錦山) 812.7m 　 철마산(鐵馬山) 780.8m

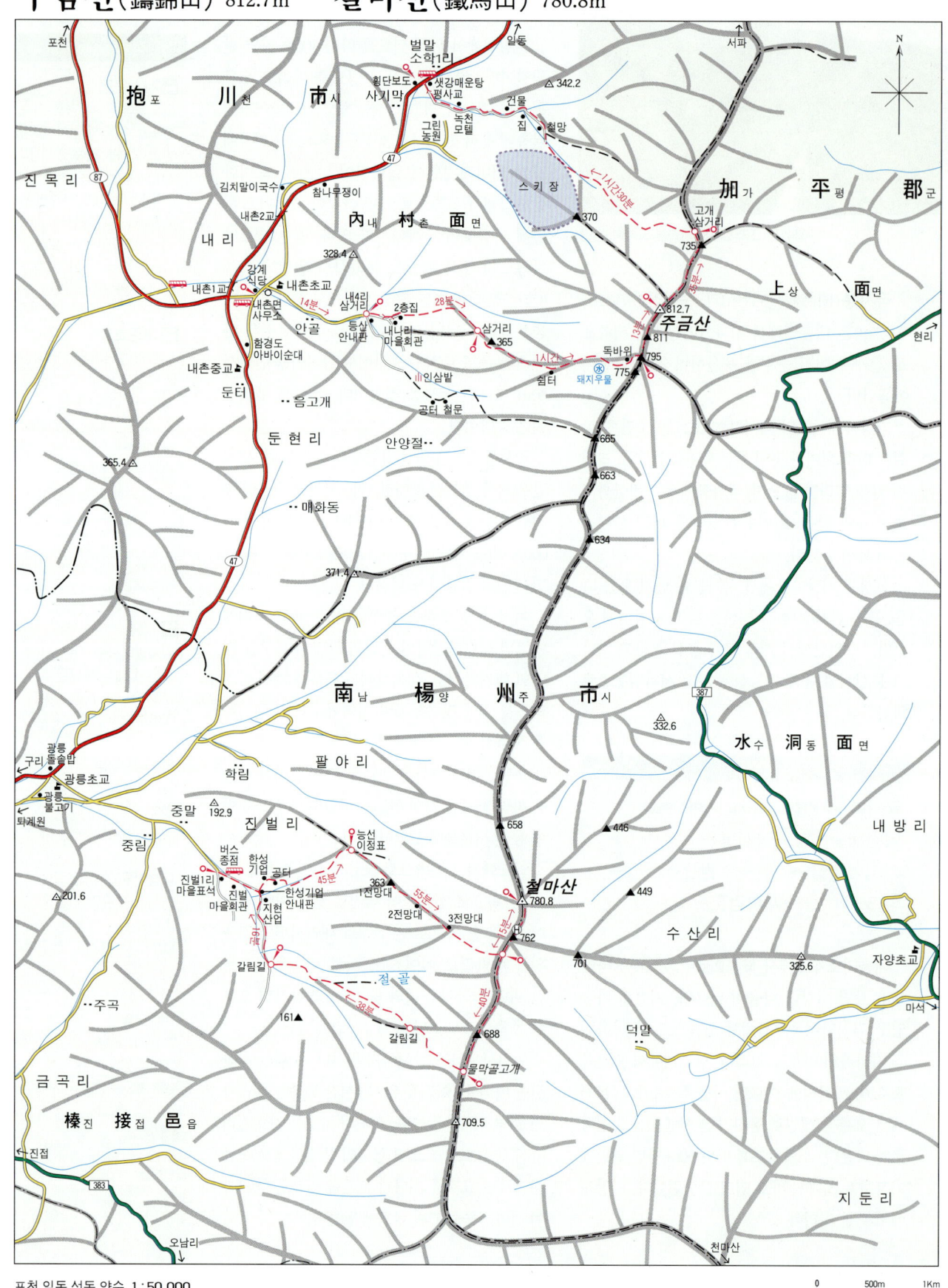

철마산의 이른 봄 능선길

주금산 · 철마산
경기도 남양주시, 포천시, 가평군

주금산(鑄錦山, 812.7m)은 내촌면 동쪽에 위치한 육산이다. 정상 서남쪽에 거대한 독바위가 있고 서쪽에는 스키장이 있다.

철마산(鐵馬山, 780.8m)은 광릉내 동쪽 주금산에서 남쪽으로 이어진 능선상으로 약 6km 지점에 위치한 주변 일대에서 단풍이 가장 좋은 산이다.

등산로 Mountain path

주금산 총 4시간 46분 소요
내4리→28분→지능삼거리→60분→
주능삼거리→13분→주금산→35분→
고개삼거리→90분→평사교

내촌면사무소 뒤 차로를 따라 14분 거리에 이르면 내4리 주금산 안내도가 있다. 안내도에서 왼쪽 마을길을 따라 4분을 가면 내4리 마을회관 40m 전 삼거리가 나온다. 삼거리에서 왼쪽 소형차로를 따라 50m 가면 갈림길 오른쪽에 2층집이 있다. 갈림길에서 오른편 2층집 왼쪽 임도를 따라 5분 거리 갈림길에서 오른쪽으로 10m 가서 왼쪽 임도를 따라 5분을 가면 갈림길이 나온다. 갈림길에서 오른쪽 길을 따라 2분을 가면 능선으로 올라서게 되며 다시 7분을 가면 지능선 갈림길이다.

갈림길에서 능선으로 직진 14분을 가면 쉼터가 있고, 쉼터에서부터 급경사로 이어져 9분을 오르면 바위를 지나면서 완만한 길이 이어지며 18분을 더 올라가면 독바위 아래 이정표가 있다. 여기서 오른쪽 비탈길을 따라 2분 거리 돼지우물 갈림길을 지나서 17분을 오르면 독바위 위에 닿고 1분 거리에 주능선 삼거리다. 삼거리에서 왼쪽능선을 따라 13분을 오르면 표지석이 있는 주금산 정상에 닿는다.

하산은 북쪽 주능선을 탄다. 북릉을 따라 2분을 가면 베어스타운 갈림길이다. 갈림길에서 오른쪽 북쪽 능선을 따라 18분을 가면 안부 갈림길이 나온다. 갈림길에서 계속 주능선을 따라 15분을 더 가면 이정표 삼거리 안부에 닿는다.

안부에서 왼편 서쪽 지능선길을 따라 20분을 내려가면 계곡에 닿는다. 여기서 계곡길을 따라 50분을 내려가면 소형차로가 나오고, 20분을 더 내려가면 평사교 버스정류장이다.

철마산 총 4시간 44분 소요
진벌종점→45분→능선→55분→
주능삼거리→15분→철마산→55분→
물막골고개→54분→진벌종점

진벌리 버스종점에서 마을 안으로 5분을 가면 동산교회 간판 삼거리가 나온다. 삼거리에서 왼쪽 언덕으로 농로를 따라 가면 차도 끝 지점에 공터가 나온다. 공터에서 오른쪽 비탈길로 가면 계곡사거리다. 동산교회에서 11분 거리다. 여기서 왼쪽 계곡길을 따라 12분을 가면 갈림길이 나온다. 갈림길에서 왼쪽길을 따라 17분을 오르면 능선 삼거리에 닿는다.

능선에서 오른쪽 급경사 능선을 따라 15분을 오르면 전망바위가 있는 쉼터가 있다. 전망바위에서 능선을 타고 오르면 2전망, 3전망대를 거쳐 40분을 오르면 주능선 삼거리에 닿는다.

삼거리에서 왼쪽으로 5분을 오르면 헬기장이다. 여기서 10분을 더 오르면 철마산 정상이다.

하산은 헬기장으로 되돌아와서 남쪽 능선을 따라 45분을 가면 물막골고개 삼거리에 닿는다. 삼거리에서 오른쪽으로 간다. 진벌리 이정표를 따라 5분을 내려가면 갈림길이다. 갈림길에서 오른쪽 길을 따라 33분을 내려가면 소형차로가 나오고, 소형차로를 따라 16분을 내려가면 진벌리 버스종점이다.

여행 정보 Tourist Information

자가운전
내부, 외부 순환도로 구리IC에서 일동 방면 47번 국도로 빠져나와 광릉내 사거리에 이른 다음,
철마산은 서쪽 진벌리 방면 약 2km 거리 진벌리 주차.
주금산은 계속 47번 국로를 타고 내촌면으로 빠져나와 내촌면사무소 뒤로 우회전 ⇨ 소형차로 1.5km 내4리 삼거리(안내도) 주차.

대중교통
2호선 강변역에서 12분 간격으로 운행하는 내촌행 11번 버스 이용,
철마산은 광릉내 하차.
주금산은 내촌면 하차.

청량리역 앞에서 10분 간격으로 운행하는 707번 광릉내행 버스 이용, 광릉내 하차.

강변역-잠실역에서 광릉내행 7007번 좌석버스 이용, 광릉내 하차.
주금산은 광릉내에서 내촌까지 버스 이용.
철마산은 택시 이용.

식당
철마산
광릉불고기(간판 없는 집)
진접읍 광릉내로 36
031-527-6631

주금산
장계식당(일반식)
포천시 내촌면 내촌로 65
031-532-2478

명소
광릉내수목원

축령산(祝靈山) 879.5m   서리산(霜山) 832m

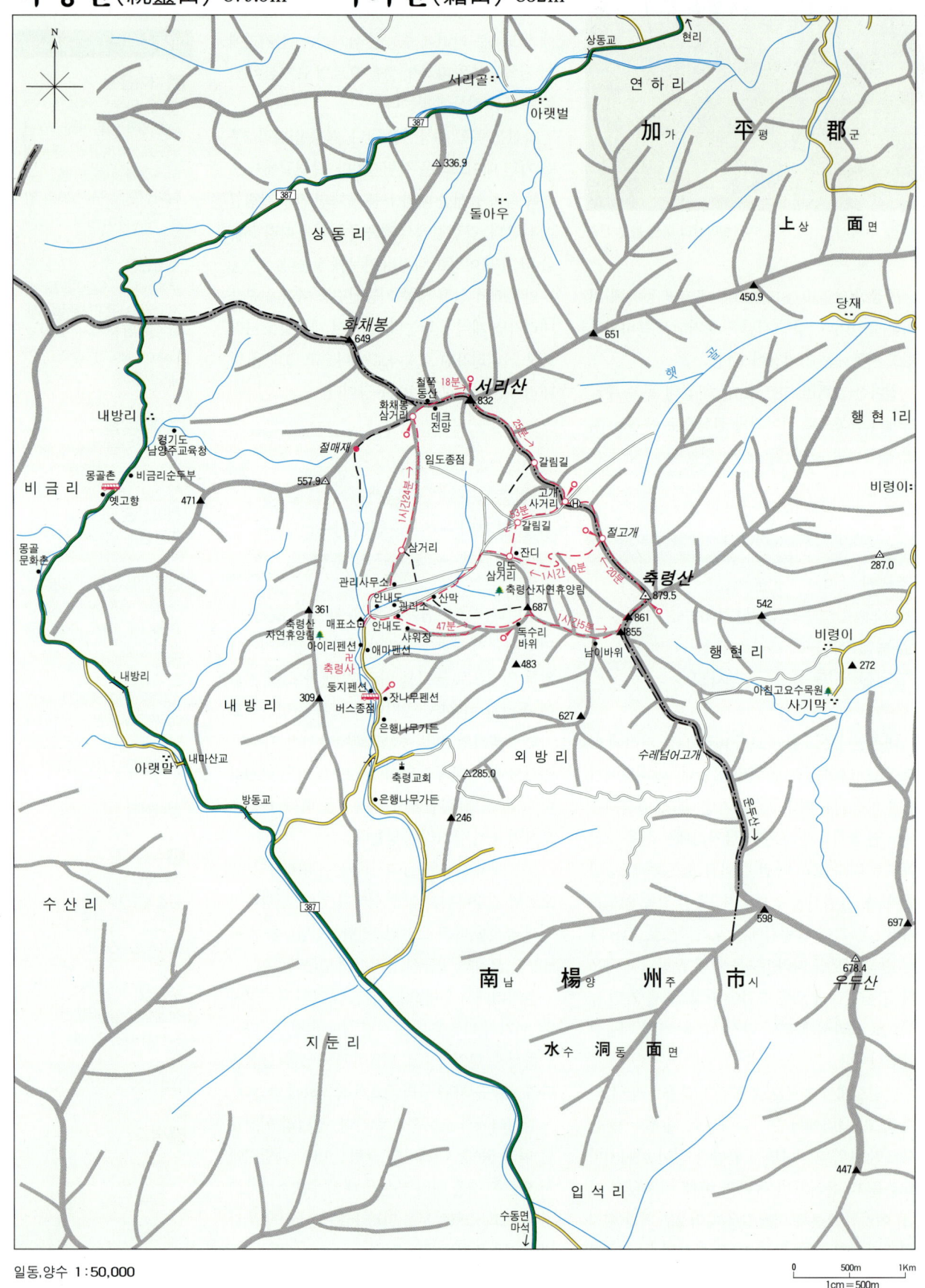

축령산 · 서리산
경기도 남양주시 수동면, 가평군 상면

6월의 서리산 정상

축령산(祝靈山. 879.5m)은 암산으로 조선왕조를 개국한 태조 이성계가 고려말에 사냥을 왔다가 한 마리도 잡지 못하였는데, 이 산은 신령스러운 산이라 산신제(山神祭)를 지내야 한다고 하여 산정상에 올라 제(祭)를 지낸 후 멧돼지를 잡았다는 전설이 있으며, 이때부터 고사(告祀)를 올리는 산이라 하여 축령산으로 불리어지게 되었다.

서리산(霜山. 832m)은 축령산에서 북서 방면으로 이어져 약 3km 지점에 위치한 산이다. 등산로 입구에는 자연휴양림이 있으며 영적인 산으로 알려져 매년 정초에는 많은 산악단체에서 시산제를 모시는 산이다.

등산로 Mountain path

축령산 총 4시간 22분 소요
버스종점 →47분→ 독수리바위→
65분→축령산→20분→절고개→
70분→매표소

수동면 내방리 버스종점에서 휴양림 길을 따라 15분 거리에 이르면 매표소가 있다. 매표소를 통과하여 S자로 난 길을 따라 올라가면 구 관리사무소가 있다. 여기서 오른편 통나무집과 취사장 사이로 난 길을 통과하여 오른쪽으로 가면 축령산 등산로가 있다. 뚜렷한 등산로를 따라 계속 올라가면 능선으로 이어져 35분을 올라가면 독수리바위 앞이다.

독수리바위를 지나 5분을 가면 안내판이 있는 수리바위 꼭대기에 닿는다. 수리바위를 지나 30분을 올라가면 남이바위가 나타난다. 남이바위부터는 암릉길로 이어진다. 밧줄이 있으나, 오른쪽이 수십 길 절벽이므로 주의해서 통과해야 한다. 암릉길을 주의하면서 30분을 지나면 축령산 정상에 닿는다.

하산은 북릉을 탄다. 북쪽 능선을 따라 20분을 내려가면 절고개사거리에 닿는다.

절고개에서 왼쪽으로 내려가면 축령산 휴양림 시설들을 통과하면서 1시간을 내려가면 휴양림 매표소에 닿고 15분 더 내려가면 버스종점이다.

서리산 총 4시간 소요
버스종점 →84분→화채봉삼거리→
18분→서리산→25분→고개사거리→
53분→버스종점

버스종점에서 도로를 따라 13분을 가면 매표소가 나온다. 매표소에서 1분 거리 삼거리에서 왼쪽으로 4분을 가면 관리사무소 전에 왼쪽 계단길이 나온다. 이 계단길을 따라 8분을 오르면 능선이다. 능선을 따라 5분을 가면 바위 우회길이 나오고 우회길을 따라 5분을 가면 이정표 삼거리가 나온다. 삼거리에서 계속 직진 26분을 가면 전망장소가 나오고 6분을 더 가면 임도종점 삼거리다. 삼거리에서 계속 직진 15분을 오르면 화채봉삼거리다.

삼거리에서 오른쪽으로 가면 철쭉터널길로 이어지면서 10분 거리에 이르면 철쭉동산전망대가 나온다. 여기서 8분을 오르면 서리산 정상에 닿는다.

하산은 동남쪽 능선을 따라 16분을 내려가면 갈림길이 나오는데 직진하여 9분을 더 내려가면 사거리 임도가 나온다.

임도에서 오른편 임도를 따라 6분을 내려가면 왼쪽으로 이정표 샛길이 있다. 이 샛길을 따라 8분을 내려가면 잔디삼거리다. 여기서 오른쪽으로 8분 내려가면 임도가 나오고 임도를 따라 2분 거리 삼거리에서 왼쪽으로 17분을 내려가면 매표소를 통과하고 13분 더 내려가면 버스종점이다.

여행 정보 Tourist Information

자가운전
수도권에서 46번 경춘(구)국도를 타고 평내-호평, 마치터널을 통과 쉼터휴게소 전 삼거리에서 좌회전→수동면 소재지 통과 약 5km 거리 삼거리에서 축령산휴양림 이정표 따라 우회전→4km 휴양림주차장.

대중교통
경춘선 상봉역에서 춘천행 전철 이용, 마석역 하차. 마석역에서 30-4번 축령산행 시내버스(1일 11회)를 타고 종점 하차.

식당
은행나무가든
남양주시 수동면 축령산로 212-5
031-591-6277

화광숯불갈비
남양주시 수동면 비룡로 737
031-594-3450

통나무산장(한식)
남양주시 수동면 축령산로 234
031-591-6949

돌고개주막(닭, 오리)
남양주시 수동면 비룡로 996
031-593-6960

명소
축령산자연휴양림
남양주시 수동면 축령산로 299
031-592-0681

천마산(天摩山) 810.2m   백봉산(白峰山) 587m   관음봉(觀音峰) 556.9m

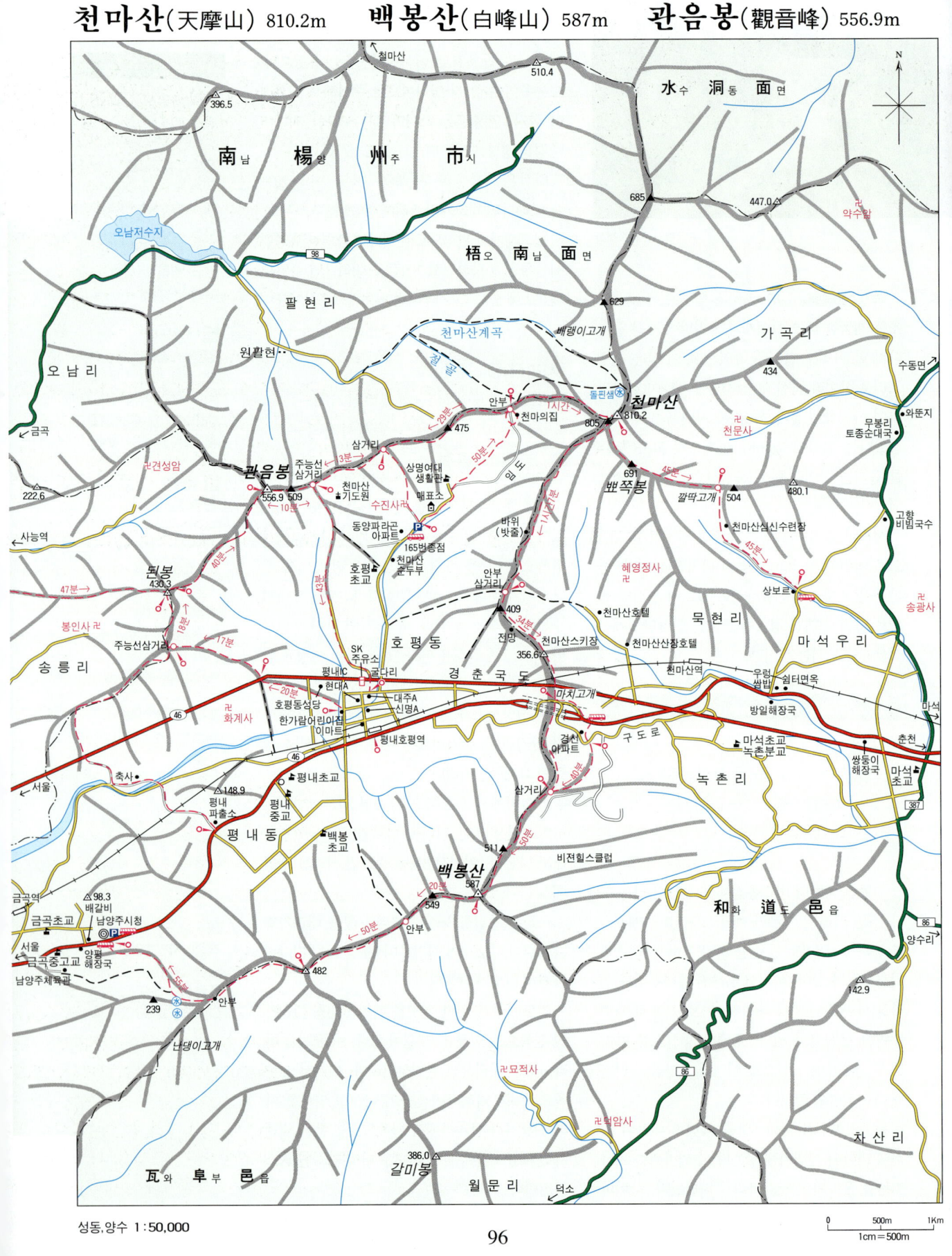

천마산 · 백봉산 · 관음봉 경기도 남양주시

천마산(天摩山, 810.2m)은 호평 마석 북서쪽에 우뚝 솟은 산이다. **백봉산**(白峰山, 587m)은 천마산 남쪽에 위치한 산이고, **관음봉**(觀音峯) 556.9m은 천마산 서쪽에 위치한 산이다.

등산로 Mountain path

천마산 총 4시간 20분 소요
165번 종점→50분→안부→60분→천마산→45분→깔딱재→45분→상보르 버스정류장

호평동 165번 종점에서 임도를 따라 20분을 가면 임도를 벗어나 계곡으로 등산로가 이어진다. 계곡 길을 따라 25분을 오르면 임도가 나온다. 오른쪽은 천마의집이고 왼쪽 임도를 따라 5분을 가면 임도 끝 삼거리다.

삼거리에서 오른쪽 능선을 따라 53분을 올라가면 805봉 삼거리에 닿고 북쪽으로 7분을 더 오르면 천마산 정상이다.

정상에서 올라왔던 능선 왼편 비탈길로 8분을 가면 이정표 사거리다. 여기서 맨 왼편 동쪽은 청소년수련, 남쪽은 마치고개, 조금 위 동쪽은 호평동 하산길이다. 동쪽 지능선길을 따라 45분을 내려가면 깔딱고개 삼거리가 나온다. 여기서 오른쪽으로 20분을 내려가면 수련장이 있고 25분을 더 내려가면 도로변 버스정류장이다.

* 정상에서 남쪽 8분 거리 갈림길에서 남쪽 마치고개 이정표 방면으로 19분을 내려가면 헬기장을 지나서 바위 험로를 통과하면서 22분 거리에 이르면 갈림길이 나오는데 직진하고 18분을 더 내려가면 사거리안부다.

안부에서 직진 능선을 타고 34분을 가면 마치고개 (구)도로에 닿는다. 도로에서 왼쪽 강동빌라 샛길로 내려가 빌라 두 번째 오른쪽 골목으로 가서 왼쪽으로 가면 버스정류장이다.

백봉산 코스 총 4시간 35분 소요
경선아파트→40분→삼거리→50분→백봉산→20분→고개→50분→482봉→55분→시청앞

46번 국도 마치터널을 통과하여 100m 거리 오른쪽에 경선아파트 버스정류장이다. 정류장에서 오른쪽으로 10분을 올라가서 (구)도로를 건너 등산로를 따라 30분을 올라가면 주능선삼거리다. 삼거리에서 남쪽능선을 따라 50분을 오르면 삼거리 백봉산 정상이다.

하산은 서쪽 주능선을 따라 20분을 내려가면 안부삼거리다. 삼거리에서 직진 주능선을 따라 50분을 올라가면 482봉 삼거리에 닿는다. 삼거리에서 오른쪽으로 20분 거리 갈림길에서 오른쪽으로 15분을 내려가면 약수터를 지나 갈림길이다. 갈림길에서 오른쪽 길을 따라 10분을 가면 갈림길이 또 나온다. 여기서 오른쪽으로 10분을 내려가면 남양주시청 앞이다.

관음봉 코스 총 3시간 58분 소요
평내호평역→15분→성당 입구→37분→주능선→58분→관음봉→53분→SK주유소→15분→평내호평역

평내호평역 앞 이마트 사거리에서 서쪽으로 200m 거리 삼거리에서 우회전 500m 거리에 이르면 왼쪽으로 호평동성당 입구이다. 성당 입구 갈림길에서 왼쪽으로 접어들면 한가람어린이집을 지나 바로 등산로가 있다. 지능선으로 난 뚜렷한 등산로를 따라 20분을 오르면 호평터널 위 삼거리다. 삼거리에서 오른쪽 능선을 따라 17분을 올라가면 주능선 삼거리다. 삼거리에서 오른쪽으로 18분을 오르면 된봉이다. 된봉에서 오른쪽 능선을 따라 40분을 가면 관음봉이다.

하산은 오른쪽으로 10분을 간 삼거리에서 오른쪽 지능선을 따라 7분을 내려가면 갈림길인데 오른쪽으로 간다. 지능선을 따라 26분을 내려간 안부 갈림길에서 왼쪽으로 가면 비탈길로 이어지면서 5분을 가면 안부에 닿는다. 안부에서 오른쪽으로 가면 도로 굴다리를 통과하면서 5분 내려가면 SK주유소이다.

여행 정보 Tourist Information

대중교통

천마산 경춘선 전철 이용, 평내호평역 하차. 호평역에서 천마산 방면 165번을 타고 호평동 종점 하차.

백봉산 경춘선 전철 이용, 금곡역 하차. 남양주시청 앞에서 마석 방면 시내버스 이용, 마치터널 통과 100m 경선아파트 하차.

관음봉 경춘선 평내호평역 하차.

식당

천마산
초당순두부
남양주시 의안로 129-13
031-591-1020

쌍둥이해장국
화도읍 경춘로 1896-8
031-511-5011

외딴지 (한정식, 청국장)
남양주시 화도읍 비룡로 292번길 39-31
031-593-4942

백봉산
배갈비
남양주시 경춘로 1023 (금곡동)
031-559-8588

양평해장국
남양주시 경춘로990번길 9-4(금곡동)
031-595-3440

관음봉
도농한우(암소전문점)
남양주시 늘을1로 16번안길 3-15
031-511-5767

백봉산 서쪽 금곡동에 자리한 홍유릉

깃대봉 645m   운두산 678.4m   오독산 610m

깃대봉 · 운두산 · 오독산   경기도 가평군 청평면, 남양주시

등산로 Mountain path

깃대봉 총 4시간 47분 소요
안내도 →23분→ 지능선 →73분→ 안테나 →25분→ 깃대봉 →25분→ 안테나 →45분→ 안부 →36분→ 청평중

청평역에서 서쪽 도로를 따라 1.3km 가면 경춘 국도 상하행선 북단에 깃대봉 안내도가 있다. 안내도에서 7분을 올라가면 성불사가 나온다. 성불사 입구에서 직진 30m 에서 오른쪽집터 갓길로 30m 가면 비탈길로 시작하여 16분을 올라가면 지능선에 닿는다. 지능선에서 오른쪽 지능선을 따라 18분을 오르면 벌목지대를 지나고, 다시 30분을 올라가면 급경사가 시작되며 25분을 더 올라가면 안테나가 있는 주능선에 닿는다. 주능선에서 왼쪽 주능선을 따라 25분을 가면 삼거리 깃대봉 정상에 닿는다.

하산은 다시 안테나 삼거리로 되돌아온 다음, 동쪽 능선을 따라 13분을 내려가면 삼거리다. 삼거리에서 왼쪽으로 27분을 내려가면 임도 삼거리다. 임도에서 계속 능선으로 5분 내려가면 이정표 사거리다. 여기서 오른쪽은 약수터를 경유하여 농로로 가는 하산길이고, 왼쪽은 능선을 따라 청평중학교로 이어진다. 왼쪽 길을 따라 8분을 올라가면 전망대를 지나서 능선을 따라 12분을 내려가면 약수터 갈림길이 나오고, 12분을 더 내려간 갈림길에서 오른쪽으로 4분을 내려가면 청평중학교에 닿고 청평역까지는 15분 거리다.

운두산 총 4시간 57분 소요
초소 →46분→ 안부사거리 →28분→ 447봉 →46분→ 운두산 →60분→ 송전탑안부 →57분→ 초소

원대성삼거리에서 서쪽으로 100m 가서 오른쪽 소형차로를 따라 12분을 가면 초소가 나온다. 초소를 통과 소형차로를 따라 13분 거리 갈림길에서 오른쪽으로 5분을 가면 민가를 지나 철문을 통과하여 14분을 가면 승리기도원 갈림길이다. 갈림길에서 왼쪽 계곡을 건너 4분 거리 갈림길에서 왼쪽으로 10분을 오르면 안부사거리다. 안부에서 오른쪽 무난한 능선길을 따라 28분을 오르면 447봉 주능선에 닿는다.

447봉에서 오른쪽 능선을 따라 46분을 오르면 삼거리 헬기장 운두산 정상에 닿는다.

정상에서 오른쪽으로 10분을 가면 697봉 갈림길이다. 갈림길에서 오른쪽으로 6분을 내려가면 갈림길이 나오는데 오른쪽으로 23분을 가면 612 헬기장이다. 612봉에서 21분을 가면 송전탑 닿기 전에 안부 갈림길이 나온다.

갈림길에서 오른쪽으로 뚜렷한 길을 따라 12분을 내려가면 계곡길이 폐허가 되어 없어진다. 하지만 계곡만 따라 14분을 내려가면 다시 뚜렷한 길로 이어져 8분을 더 내려가면 올라왔던 소형차로에 닿는다. 여기서부터 올라왔던 길을 따라 23분을 내려가면 초소에 닿는다.

오독산 총 4시간 7분 소요
외방3리 버스회차장 →60분→ 수래넘어고개 →36분→ 오독산 →23분→ 파워고개 →28분→ 둥지펜션 →40분→ 운수리

외방3리 버스회차장에서 소형차로를 따라 25분을 가면 철문이 나온다. 철문을 통과 산판길을 따라 10분을 가면 임도삼거리다. 삼거리에서 오른쪽 임도를 따라 3분을 가면 임도삼거리다. 임도삼거리에서 왼쪽 임도를 따라 22분을 오르면 수래넘어고개에 닿는다.

수래넘어고개에서 오른쪽 주능선길을 따라 36분을 오르면 바위봉 오독산 정상이다.

하산은 서쪽으로 10m 내려가서 왼쪽 비탈길로 가면 능선길로 이어져 23분을 내려가면 파워고개에 닿는다. 여기서 오른쪽 하산길을 따라 15분을 내려가면 갈림길이다. 여기서 오른쪽으로 13분을 내려가면 둥지펜션이다. 여기서부터 소형차로를 따라 40분을 내려가면 파워교를 건너 운수리 버스정류장이다.

여행 정보 Tourist Information

자가운전
가평 방면 46번 국도를 타고 **운두산**은 대성리 지나 원대성리 학산주유소에서 좌회전⇨1km 원대성 마을 주차.
깃대봉은 46번 국도를 타고 청평 시내 주차.
오독산은 46번 경춘 국도를 타고 마치터널을 통과 쉼터휴게소 전 삼거리에서 좌회전⇨수동면 소재지 통과 4km 거리 삼거리에서 우회전⇨500m 에서 우회전⇨500m 불당골마을 주차.

대중교통
경춘선 상봉역에서 춘천행 전철 이용, **깃대봉**은 청평역 하차.
운두산은 대성리역 하차 후, 청평 방면 시내버스 이용, 1구간 원대성 하차.
오독산은 마석역 하차 후, 30-4번 (외방3리 경유) 축령산행 버스를 타고 외방3리회차장 하차.

식당
깃대봉
호반닭갈비(닭다리 전문)
가평군 청평면 강변로 45-7
031-585-5921

운두산
시골우거지탕
가평군 청평면 안내성길 2
031-584-1808

오독산
화광숯불갈비
수동면 비룡로 737
031-594-3450

명소
청평호
청평면 고성리에서 춘천시 남면 고성리까 32km 에 달하는 청평호.

대금산(大金山) 706m　　청우산(靑雨山) 619.3m　　불기산(佛岐山) 600.7m

일동 1:50,000　　　　100　　　　0　500m　1Km　1cm=500m

대금산 · 청우산 · 불기산   경기도 가평군 가평읍, 상면

등산로 Mountain path

대금산 총 3시간 27분 소요
두밀리 종점→30분→지능선→45분→대금산→20분→두밀리고개→18분→임도→34분→두밀리 종점

두밀리 버스종점에서 오른편 소형차로를 따라 6분을 올라가면 안내표시가 있는 갈림길이 나온다. 갈림길에서 오른편 농로를 따라 6분을 가면 양편 집 사이에 계곡으로 등산로가 있다. 이 등산로를 따라 7분을 가면 움막집이 있고 갈림길이 있다. 갈림길에서 오른편 길을 따라 8분을 가면 안부 사거리다.

사거리에서 왼편 서쪽 능선을 따라 27분을 가면 왼편은 절벽인 바위봉이다. 바위봉에서 계속 이어지는 능선길을 따라 14분을 더 오르면 표지석이 있는 대금산 정상이다.

하산은 남서쪽 주능선을 따라 20분을 내려가면 두밀리고개 사거리에 닿는다.

두밀리고개에서 왼쪽으로 18분을 내려가면 임도가 나오고, 왼쪽 임도를 따라 34분을 내려가면 버스종점이다.

청우산 총 4시간 6분 소요
덕현교→48분→조가터 갈림길→50분→청우산→50분→문화교회→38분→덕현리 버스정류장

덕현리 입구 광성교회에서 덕현교를 건너 5분을 가면 고가 밑을 지나고, 바로 구정동길 50 민가에서 도로를 벗어나 왼쪽으로 30m 가면 산길이 나온다. 여기서부터 능선길을 따라 20분을 올라가면 사거리 안부다. 사거리에서 직진 능선을 따라 21분을 오르면 조가터 갈림길 이다.

갈림길에서 직진 능선길을 따라 46분을 올라가면 돌무더기 삼거리다. 삼거리에서 왼쪽은 하산길이고, 직진하여 4분을 더 가면 오른편 갈림길을 지나 헬기장 청우산 정상에 닿는다.

하산은 200m 거리 두 번째 돌무더기 삼거리로 뒤돌아 온 다음 오른쪽으로 간다. 처음부터 급경사 하산길을 따라 26분을 내려가면 합수곡이다. 합수곡에서 계곡길을 따라 24분을 내려가면 조종천을 건너 문화교회 앞 도로에 닿는다. 여기서 왼쪽 도로를 따라 33분을 가면 광신교에 닿고 왼쪽으로 5분 거리에 덕현리 버스정류장이다.

불기산 총 4시간 17분 소요
상천역→60분→삼각점봉→37분→전망대→30분→불기산→45분→학생수련원→25분→가평휴게소

상천역에서 북쪽 250m 거리 46번 경춘 국도 횡단보도 건너 오른쪽 100m 거리에서 왼쪽 농로를 따라 8분을 가면 갈림길이다. 갈림길에서 오른쪽으로 3분을 올라가서 왼쪽 능선 산길로 오른다. 산길을 따라 10분을 올라가면 묘4기를 지나서 송전탑이 나온다. 송전탑을 지나 계속 지능선 급경사 등산로를 따라 28분을 오르면 주능선 삼거리에 닿는다. 삼거리에서 오른쪽으로 8분을 더 오르면 삼각점봉에 닿는다.

삼각점봉을 지나 북쪽으로 조금 내려서면 오른쪽으로 갈림길이 나오는데 왼쪽 주능선을 따라 내려가면 헬기장을 지나면서 16분을 가면 큰 바위가 있다. 큰 바위를 지나 26분을 가면 군사보호구역 팻말이 있는 전망대봉이 나온다.

여기서 13분 거리 갈림길에서 왼쪽으로 7분을 오르면 삼거리다. 삼거리에서 오른쪽으로 5분을 가면 삼거리를 통과하고 4분을 더 오르면 불기산 정상에 닿는다.

하산은 정상에서 북쪽으로 100m 거리 표지목 갈림길에서 오른쪽으로 23분을 내려가면 갈림길이다. 갈림길에서 왼쪽으로 5분을 가면 또 갈림길이 나오는데 왼쪽으로 5분 지나면 안부사거리다. 여기서 왼쪽으로 15분 내려가면 가평학생수련원에 닿고, 차도를 따라 25분을 가면 경춘가도 버스정류장에 닿는다.

여행 정보 Tourist Information

자가운전
46번 경춘 국도를 타고 조종교 삼거리에서 **청우산**은 좌회전⇨37번국도 4km 덕현리 주차.
불기산은 상천역 주차.
대금산은 에덴휴게소 지나 상생리 삼거리에서 좌회전⇨두밀리 종점 주차.

대중교통
경춘선 상봉역에서 춘천행 전철 이용, **불기산**은 상천역 하차.
대금산은 가평역 하차 후, 가평터미널에서 두밀리행(06:20 08:30 10:30 14:00(장날) 16:20 18:50 이용 종점 하차.
청우산 청량리역에서 상봉역-망우역-도농역-청평역 경유 현리행 1330-4번을 타고 덕현리 전 광성교회 하차.

식당
대금산
시골밥상(보리쌈밥전문)
가평읍 경춘로 1793
031-582-9802

청우산
동수정(갈비전문)
가평군 상면 청군로 446
031-584-9850

호반닭갈비(닭다리)
가평군 청평면 강변로 45-7
031-585-5921

불기산
상천리 봉녀수제비
가평군 청평면 경춘로 1462
031-581-3373

명소
조종천 일대
청평댐

깃대봉 909.3m   송이봉 810m   수리봉 550m

깃대봉 · 송이봉 · 수리봉   경기도 가평군 가평읍

깃대봉(909.3m) · 송이봉(810m) · 수리봉(550m)은 가평읍 두밀리 서쪽에 위치한 산들이다.

등산로 Mountain path

깃대봉-송이봉 종주 총 6시간 소요
새밀 버스종점→90분→810봉→40분→약수봉→50분→깃대봉→50분→송이봉→70분→새밀 버스종점

새밀 버스종점에서 서쪽으로 200m 가면 삼거리다. 삼거리에서 왼쪽으로 7분을 가면 언덕 밑에 다리가 나온다. 다리 건너기 전에 왼쪽 계곡 10m에서 오른쪽 능선으로 올라서면 지능선으로 산길이 이어진다. 지능선길은 잡목을 베어낸 상태이며 10분을 오르면 숲길로 변한다. 뚜렷한 길을 따라 40분을 오르면 길이 없어지는 지점이 나온다. 여기서부터 능선이 왼쪽능선과 합치는 지역으로 뚜렷한 능선이 없어지고 반반해진다. 여기서 직진 100m 정도 올라가서 오른편으로 50m 정도 길이 없는 능선으로 치고 오르면 능선은 왼쪽으로 휘어져 왼쪽 지능선과 합치면서 없어진다. 여기서 완만하게 보이는 왼쪽능선으로 13분을 치고 오르면 뚜렷한 지능선길을 만난다. 지능선에서 오른쪽 지능선을 따라 10분을 오르면 주능선 삼거리에 닿는다.

주능선 삼거리에서 오른쪽 주능선을 따라 40분을 오르면 표시가 없는 약수봉이다.

약수봉에서 북서쪽 주능선을 따라 50분을 가면 삼거리 깃대봉에 닿는다.

하산은 동쪽으로 50m 거리 삼거리에서 오른쪽 지능선을 타고 내려가면 김할머니집으로 하산길이고 왼쪽은 송이봉으로 가는 길이다. 왼쪽 송이봉을 향해 내려가면 바윗길을 몇 번 우회하면서 50분을 내려가면 나무에 표지판이 걸려있는 송이봉이다.

하산은 송이봉에서 동쪽 주능선으로 100m 가면 삼거리가 나온다. 삼거리에서 오른편 남쪽 지능선을 따라 15분을 내려가면 이정표가 나오고 15분을 내려가면 벌목지대 초지가 나오며 산판길이 나온다. 산판길에서 능선을 버리고 왼쪽으로 30m 내려서 오른쪽 산판길을 따라 내려가면 능선으로 이어지다가 왼쪽 계곡으로 꼬부라지면서 다시 계곡으로 하산길이 이어져 30분을 내려가면 하얀집이 나오고 10분 더 내려가면 새밀 버스종점이다.

수리봉 총 3시간 36분 소요
두밀교→40분→415.7봉→45분→수리봉→41분→안부→30분→새밀 버스종점

두밀교에서 오른편 대금사 절길을 따라 8분을 들어가면 대금사에 닿는다. 대금사 산성각과 요사채 사이 오른쪽으로 가면 계곡으로 등산로가 이어져 4분을 가면 갈림길이다. 갈림길에서 왼쪽으로 4분을 오르면 왼편 지능선에 묘 4기가 있다. 묘를 지나서 7분을 가면 작은 물통을 통과한 후, 10m 지나서 오른쪽 비탈길로 이어져 6분을 가면 왼쪽으로 산길이 이어진다. 왼쪽으로 올라가면 습지를 지나 11분을 오르면 주능선에 닿는다.

주능선에서 왼쪽으로 6분 거리 갈림길에서 오른쪽 주능선을 따라 3분을 가면 갈림길이 또 나온다. 갈림길에서 왼쪽으로 9분을 가면 안부에 닿고, 안부에서 22분을 오르면 삼거리 주능선에 닿는다. 여기서 왼쪽으로 1분을 더 오르면 수리봉이다.

하산은 올라왔던 삼거리로 다시 내려가서 왼편 북쪽으로 50m 가면 갈림길이다. 갈림길에서 왼쪽능선을 따라 16분을 가면 TV안테나 2개가 있고 3분 더 가면 갈림길이다. 갈림길에서 계속 오른쪽 주능선을 따라 14분을 가면 억새봉을 지나고 4분을 더 내려가면 사거리다. 이 사거리에서 왼쪽 길을 따라 4분을 내려가면 묘를 통과하고 산길은 남쪽 골을 따라 내려간다. 골을 따라 12분을 내려가면 묵밭이 나오고, 묵밭을 가로질러 6분을 내려가면 농가를 통과하여 4분 더 내려가면 새밀 버스종점이다.

여행 정보 Tourist Information

자가운전
가평 방면 46번 국도를 타고 상생1리에서 좌회전 ⇨ **수리봉**은 2km 두밀교 주차.
깃대봉-송이봉은 두밀교에서 직진 ⇨ 1.8km 거리 두밀분교터(폐) 삼거리에서 우회전 ⇨ 2.2km 새밀버스회차장.

대중교통
상봉역에서 경춘선 춘천행 전철 이용, 가평역 하차.
가평터미널에서 두밀리행 (06:20 09:00 10:30 14:00장날 16:20 18:50) 버스를 타고, **깃대봉과 송이봉**은 새밀버스회차장. **수리봉**은 두밀교 하차.

식당
불기산장(토종닭전문)
가평읍 태봉두밀로 237
031-581-3721

시골밥상(보리쌈밥전문)
가평읍 경춘로 1793
031-582-9809

전주비빔밥
가평군 청평면 경춘로 982
031-585-5854

춘천닭갈비
가평군 청평면 여울길 47
031-584-9861

명소
남이섬
가랑잎처럼 청평호수 위에 떠 있는 남이섬.
가평읍 달전리
안내 031-582-8092

자라섬

칼봉산 900m   매봉 929.2m

경반리계곡 상류 수락폭포

칼봉산 · 매봉 경기도 가평군 가평읍

매봉(929.2m)은 연인산에서 남쪽으로 이어진 산맥으로 약 6km 거리에 위치한 산이며, **칼봉산**(900m)은 매봉에서 동쪽 능선으로 약 2km 지점에 위치한 산이다.

등산로 Mountain path

칼봉산 총 6시간 40분 소요

천나드리교→60분→경반분교터→30분→공터→50분→능선삼거리→50분→칼봉산→35분→회목고개35분→경반사→20분→경반분교터→60분→천나드리교

경반리 천나드리교에서 서쪽으로 임도를 따라 약 4km 1시간 들어가면 오른쪽에 경반분교(폐)가 있고, 매봉 칼봉산 등산안내판이 있는 삼거리가 나온다.

삼거리에서 오른쪽으로 들어가면 바로 계곡 따라 등산로가 시작된다. 계곡길을 따라 30분을 올라가면 공터가 있는 삼거리에 닿는다.

삼거리에서 왼편 서쪽으로 임도를 따라 약 5분 산 능선을 돌아가면 건곡으로 갈림길이 있다. 여기서 북쪽 건곡으로 난 산길을 따라 올라가면 큰 굴바위를 지나고 급경사로 이어져 50분을 오르면 주능선 삼거리에 닿는다.

주능선에서 왼쪽 능선을 따라 30분을 가면 삼거리가 또 나온다. 이 삼거리에서 왼쪽 능선길로 20분을 더 오르면 삼거리 칼봉산 정상에 닿는다.

정상에서 북쪽은 얼음소 용추계곡 방면이고,

서쪽은 회목고개 매봉으로 가는 길이다.

하산은 서쪽 능선을 따라 35분을 내려가면 회목고개에 닿는다.

회목고개에서 남쪽 편 임도를 가로질러 하산길을 따라 15분을 내려가면 이정표가 있는 삼거리다. 왼쪽 계곡길은 폐쇄된 길이므로 오른쪽으로 간다. 지능선길을 따라 20분을 내려가면 경반사를 통과 임도에 닿는다.

경반사 아래 임도에서 왼쪽 임도를 따라 20분을 내려가면 경반분교터에 닿고 분교토에서 천나드리교까지는 4km이다.

매봉 총 7시간 소요

천나드리교→80분→경반사→60분→회목고개→50분→매봉→25분→852봉→65분→경반사→80분→천나드리교

천나드리교에서 4륜구동 차량만 겨우 들어갈 수 있는 임도를 따라 가면 휴양림, 경반분교 터를 통과 하면서 5.8km 거리에 이르면 경반사 입구 이정표에 닿는다. 경반사 입구에서 오른편 경반사 경내를 통과하여 능선을 따라 1시간을 오르면 회목고개에 닿는다.

회목고개에서 서쪽 언덕으로 올라 뚜렷한 산길을 따라 50분을 오르면 매봉 정상에 닿는다.

하산은 남쪽 주능선을 따라 25분을 내려가면 이정표가 있는 852봉에 닿는다.

여기서 주능선을 벗어나 왼편 동쪽 지능선으로 내려간다. 다소 희미한 지능선길을 따라 8분을 내려가면 두 아름 쯤 되는 참나무를 지나서 12분 더 내려가면 능선이 끝나고 합수곡이다. 여기서부터 계곡길을 따라 6분 내려가면 임도가 나온다. 임도에서 오른편 임도를 따라 24분 내려가면 수락폭포 입구가 나오고 10분을 더 내려가면 경반사가 나온다.

경반사에서 임도를 따라 1시간 20분 내려가면 경반분교터를 지나 천나드리교에 닿는다. (차량을 이용할 경우 4시간 20분 소요.)

여행 정보 Tourist Information

자가운전

가평 방면 46번 국도를 타고 가평읍에서 좌회전 ⇒ 가평군청 북쪽 천주교 가평성당 길을 따라 2.4km 천나들이교 삼거리에서 직진 ⇒ 2.3km 칼봉산휴양림. 여기서부터 4륜구동 소형차량만 통행 가능한 임도를 따라 2.8km 거리 경반분교 터이고 700m 더 가면 경반사이다.

대중교통

경춘선 상봉역에서 춘천행 전철을 타고 가평역 하차. 가평역에서 용수동행 시내 버스 (09:20 11:50) 이용, 경반리 천나드리교 부근 하차.

식당

송원막국수
가평읍 가화로 76-1
031-582-1408

한우명가
가평읍 구리고개안길 25
031-581-1592

용추골오리숯불구이
가평읍 가화로 186
031-581-5282

전주장작불곰탕
가평군 청평면 경춘로 982
031-585-5854

춘천닭갈비
가평군 청평면 여울길 47
031-584-9861

명소

수락폭포
경반사에서 왕복 20분 거리에 있다.

칼봉산휴양림
칼봉산 매봉 등산로 입구
031-582-9401

노적봉 858.8m   옥녀봉(玉女峰) 510m   바른골봉 795m

노적봉 · 옥녀봉 · 바른골봉 경기도 가평군 가평읍, 북면

옥녀봉(玉女峰 510m) · **노적봉**(858.8m) · **바른골봉**(795m)은 연인산에서부터 동쪽으로 뻗어내려온 능선이 장수봉 송학산 바른골봉 노적봉 옥녀봉을 이루고, 서쪽은 매봉 칼봉산으로 이어져 그 사이에 작은 계곡이 모여 용추계곡이다. 용추계곡은 8km 이상 되는 긴 계곡을 이루어 여름에는 피서계곡으로 유명하다.

등산로 Mountain path

옥녀봉-노적봉 총 7시간 8분 소요
용추산장→47분→옥녀봉→60분→751봉→34분→노적봉→19분→790봉삼거리→17분→바른골봉→70분→칼봉쉼터→60분→용추산장

용추계곡 (구)버스종점 용추산장 주차장에서 등산안내판 오른쪽으로 올라가면 묵밭 사이로 등산로가 있다. 등산로는 묵밭을 지나서 산으로 이어져 18분을 오르면 지능선에 닿는다.

지능선에서 왼쪽능선을 따라 6분을 오르면 왼쪽에서 올라오는 갈림길이다. 갈림길에서 계속 능선을 따라 가면 오른쪽은 산불로 나무가 죽은 능선을 지나게 되면서 14분을 오르면 갈림길이다. 갈림길에서 오른쪽으로 9분을 더 오르면 헬기장 옥녀봉 정상에 닿는다.

옥녀봉에서의 조망은 굽이굽이 용추계곡이 내려다보이고 건너 편 칼봉산 매봉 연인산이 가까이 보인다. 옥녀봉에서 북쪽 노적봉을 향해 주능선을 따라 가면 완만하게 이어지면서 1시간 거리에 이르면 751봉 삼거리 헬기장에 닿는다.

751봉 삼거리에서 오른쪽 능선을 따라 34분을 가면 표지석이 있는 노적봉에 닿는다.

노적봉에서 오른쪽으로 3분을 가면 노적봉과 같은 높이인 이정표가 있는 삼거리 봉우리다.

삼거리에서 서쪽 능선을 따라 19분을 내려가면 790봉 삼거리에 닿는다.

790봉 삼거리에서 남쪽 지능선을 따라 1시간을 내려가면 계곡에 닿고 10분 더 내려가면 칼봉쉼터에 닿는다. 칼봉쉼터에서 왼편 용추계곡으로 이어지는 소형차로를 따라 50분을 내려가면 버스 종점에 닿고 용추산장까지는 10분 거리다.

바른골봉 총 6시간 8분 소요
버스종점→60분→칼봉쉼터→90분→790봉→17분→바른골봉→37분→임도→44분→칼봉쉼터→60분→버스종점

버스종점(가래휴게소)에서 용추계곡으로 이어지는 소형차로를 따라 50분을 가면 칼봉쉼터(민박, 매점)가 나온다.

칼봉쉼터에서 용추계곡을 벗어나 북쪽으로 난 계곡길을 따라 8분을 가면 묵밭을 지나 3갈래 갈림길이 나온다. 갈림길에서 중간 능선길을 따라 2분을 오르면 아름드리 소나무 2그루를 통과하고 계속 5분을 가면 묘를 통과한다. 이후 계속 능선길을 따라 1시간 15분을 더 오르면 790봉 주능선 삼거리에 닿는다.

790봉에서 왼쪽으로 17분을 오르면 이정표가 있는 협소한 바른골봉 정상이다.

하산은 남쪽 능선을 탄다. 정상에서 남쪽으로 100m 정도 내려가면 능선이 갈라지는데 오른쪽 능선으로 간다. 정상에서 16분 거리에 이르면 갈림능선이 또 나오는데 왼쪽으로 간다. 왼쪽능선을 따라 9분을 내려가면 갈림능선이 나오는데 오른쪽능선을 따라 12분을 내려가면 임도를 만난다.

임도를 가로 질러 50m 거리 갈림 능선에서 오른쪽 능선을 따라 12분을 내려가면 갈림능선이다. 갈림능선에서 왼쪽 능선으로 간다. 능선길은 급경사에 바윗길이며 다소 조심을 해야 하며 12분을 내려가면 염소길 비탈길이 나온다. 여기서 왼쪽비탈길을 따라 5분을 가면 오른쪽 지능선으로 이어지며 5분 더 내려가면 염소막 소형차로에 닿고, 왼쪽으로 10분 거리에 이르면 칼봉쉼터에 닿는다.

칼봉쉼터에서 버스종점까지는 50분이 소요된다.

여행 정보 Tourist Information

자가운전
옥녀봉-노적봉 가평 방면 46번 경춘국도를 타고 가평읍에서 좌회전⇒75번 국도를 따라 가평읍을 벗어나자마자 계량교 건너 삼거리에서 좌회전⇒5km 거리 승안리 용추산장 (구)종점주차.
바른골봉은 약 4km 거리 칼봉쉼터 주차.

대중교통
경춘선 상봉역에서 춘천행 전동열차 이용, 가평역 하차.
옥녀봉-노적봉은 가평역에서 승안리행 시내버스 (09:20 11:50 14:15 15:35) 이용, (구)버스종점 용추산장 하차.
바른골봉은 종점 하차.

식당
송원막국수
가평읍 가화로 76-1
031-582-1408

용추골오리숯불구이
가평읍 가화로 186
031-851-5282

한우명가
가평읍 구리고개안길 25
031-581-1592

숙박
아리리스리조텔
가평읍 북한강변길 1027-11
031-581-0058

명소
용추폭포
남이섬

가평장날 5일 10일

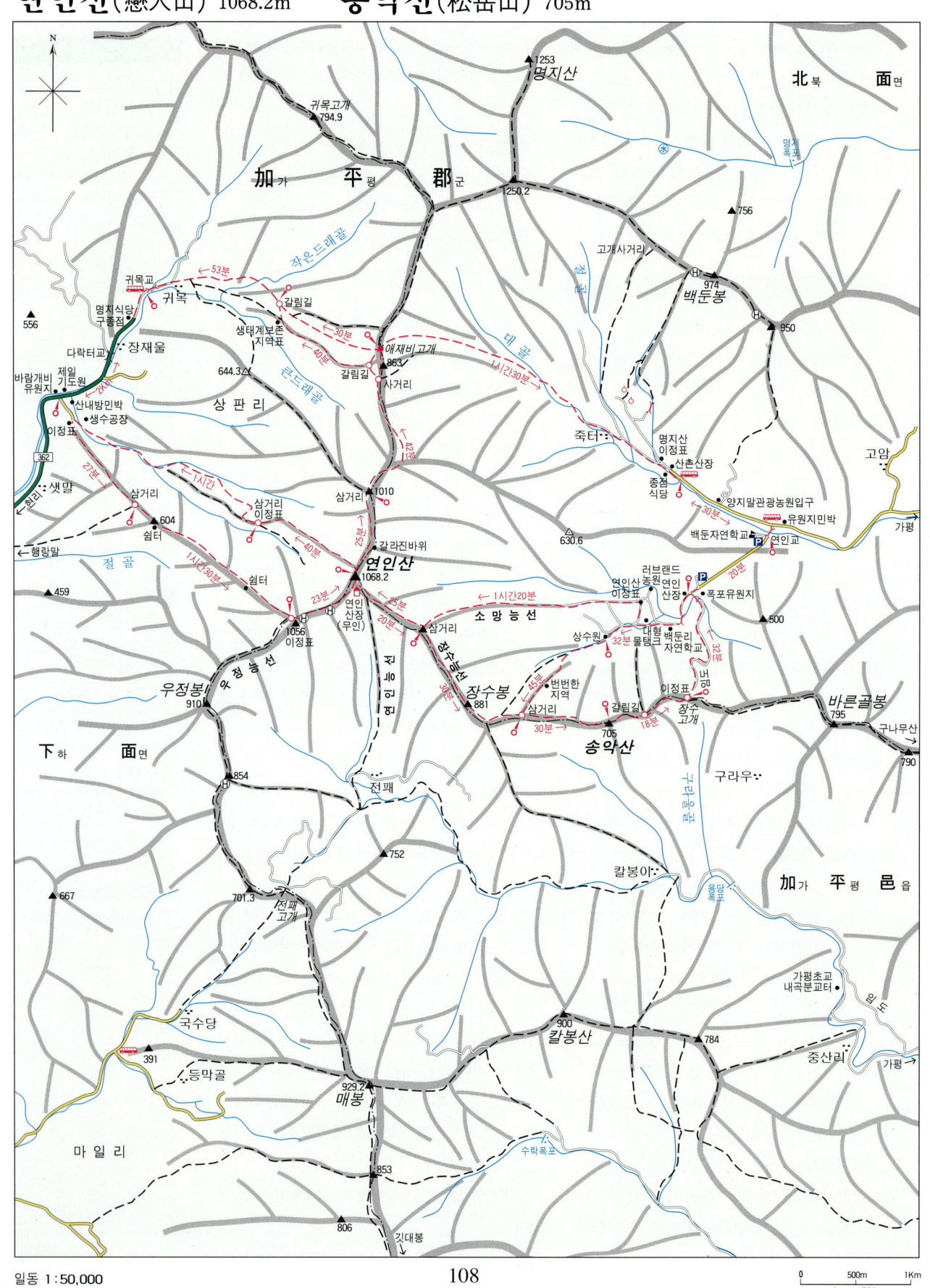

연인산 · 송악산
경기도 가평군 북면, 하면

등산로 Mountain path

연인산 주요 코스 총 6시간 소요

생수공장→27분→삼거리→90분→
1057봉→23분→연인산→25분→
1010봉→42분→애재비고개→40분→
계곡합길→53분→귀목종점

현리에서 362번 상판리 지방도를 따라 12km 들어가면 제일기도원 전 청산유원지 오른쪽으로 생수공장 소형차로가 있다. 여기서 오른쪽 소형차로를 따라 6분을 가면 생수공장 주차장 전에 이정표 갈림길이다. 갈림길에서 오른쪽 계곡을 건너 세능선으로 오른다. 무난한 세능선길을 따라 21분을 오르면 삼거리에 닿는다.

삼거리에서 직진 지능선을 따라 1시간을 올라가면 쉼터가 있다. 쉼터에서부터 급경사로 이어져 30분을 오르면 1056봉 주능선 삼거리에 닿는다.

삼거리에서 왼편 주능선을 따라 23분을 오르면 표지석이 있는 연인산 정상이다.

하산은 정상에서 북쪽으로 25m 거리 갈림길에서 왼쪽 지능선을 타고 간다. 급경사 지능선을 따라 40분을 내려가면 이정표삼거리가 나온다. 여기서 30m 내려간 갈림길에서 오른쪽으로 30m 더 내려가면 임도 갈림길이 또 나오는데 오른편 길로 간다. 이 후부터는 계곡길로 이어져 50분을 내려가면 외딴집을 통과하고, 계속 내려가면 생수공장 지나 도로에 닿는다.

* 애재비고개 코스는 정상에서 북쪽 주능선을 따라 25분을 가면 1010봉 삼거리다.

삼거리에서 직진 계속 북쪽 주능선을 따라 10분 정도 가면 오른쪽으로 돌아서 다시 왼쪽 주능선으로 이어지며 22분을 내려가면 사거리 안부다. 여기서 능선을 따라 10분을 더 가면 안테나와 이정표가 있는 애재비고개 사거리에 닿는다.

애재비고개에서 왼쪽은 상판리 귀목, 오른쪽은 백둔리다. 귀목 쪽은 왼쪽으로 5m 거리 갈림길에서 오른쪽은 계곡길이고, 왼쪽은 능선길이다. 어느 쪽으로 가도 40분 후에는 계곡에서 만나게 된다. 왼쪽 비탈길을 따라 4분을 가면 작은 능선을 넘어 갈림길이 나온다. 갈림길에서 오른쪽 지능선을 따라 30분을 내려가면 생태계보존지역 팻말이 나온다.

여기서 오른쪽 계곡을 향해 10분 내려가면 계곡 길과 합해진다. 여기서 조금 내려가면 계곡길은 오른편 비탈길로 이어져 53분을 내려가면 귀목 버스종점에 닿는다.

송악산 총 5시간 15분 소요

폭포유원지→20분→연인산 이정표→
80분→주능선삼거리→25분→연인산→
20분→주능선삼거리→30분→삼거리→
30분→송악산→18분→장수고개→32분
→폭포유원지

백둔리 연인교 삼거리에서 왼쪽 소형차로를 따라 1km 가면 폭포유원지 소형차로 삼거리다. 삼거리에서 오른쪽으로 4분을 가면 연인산장 삼거리가 나온다. 여기서 왼쪽 다리를 건너 5분을 가면 자연학교를 지나서 삼거리다. 여기서 오른쪽 농로를 따라 5분을 가면 삼거리에 연인산 이정표가 있다.

여기서부터 연인산 방면 이정표 지능선으로 이어지는 등산로를 따라 1시간 20분을 오르면 주능선 삼거리에 닿는다.

삼거리에서 왼편 동쪽 능선을 따라 14분을 내려가면 장수봉이고, 장수봉에서 계속 동쪽능선을 따라 5분을 내려가면 삼거리다. 삼거리에서 왼쪽 능선을 따라 7분을 가면 무명봉에 닿고, 무명봉에서 동쪽으로 이어진 능선을 따라 26분을 가면 삼각점이 있는 협소한 송악산 정상이다.

하산은 계속 동쪽 주능선을 따라 17분을 내려면 임도 4거리 장수고개에 닿는다. 임도에서 왼편 북쪽 임도를 따라 32분을 내려가면 폭포유원지 소형차로에 닿는다.

여행 정보 Tourist Information

자가운전
가평 방면 46번 국도를 타고 조종교 삼거리에서 좌회전⇨현리삼거리에서 우회전⇨362번 지방도를 타고 12km 상판리 청산유원지 부근 주차.

대중교통
1호선 청량리역 앞에서 상봉역 경유 30분 간격으로 운행하는 현리행 1330-4번 버스 이용, 현리 하차.

현리에서 상판리행 1일 9회 버스를 갈아타고 청산유원지 하차.

가평 쪽은 경춘선 상봉역에서 춘천행 전철을 타고 가평역 하차.

가평역에서 백둔리행 시내버스(06:20 08:10 10:20 10:40 11:00 14:30 15:30) 이용, 연인교 하차.

식당
현리
명지식당(토종닭전문)
가평군 하면 명지산로 615
031-585-0358

가평
송원막국수
가평읍 가화로 76-1
031-582-1408

명소
아침고요수목원
총 4,500여 종의 식물 보유.
가평군 상면 축령로45번길 49. 문의 1544-6703

예쁜 표지석이 세워진 연인산 정상

명지산(明智山) 1253m 백둔봉(栢屯峰) 974m

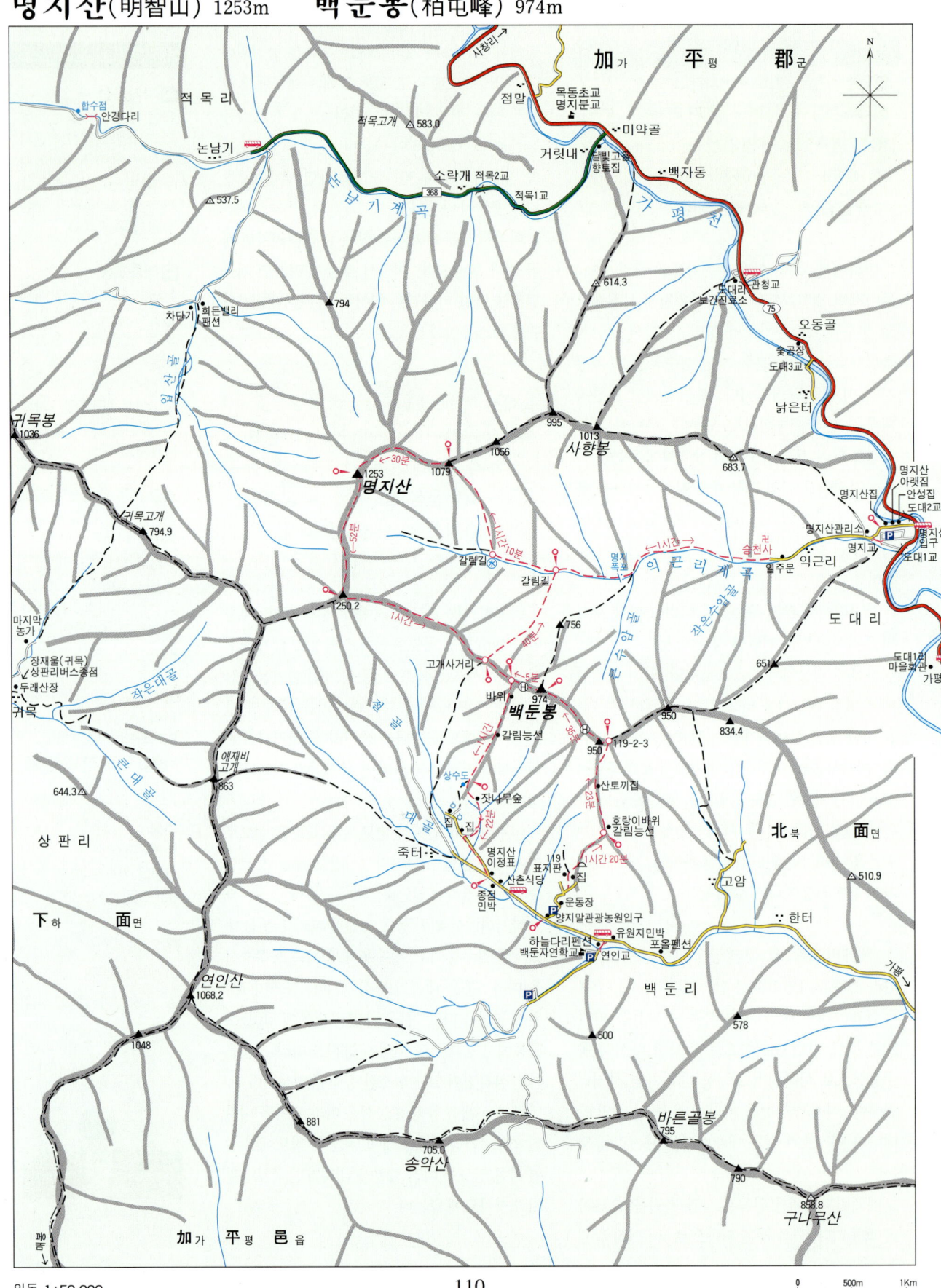

일동 1:50,000

명지산 정상부에서 바라본 익근리계곡 쪽 능선

명지산·백둔봉
경기도 가평군 북면

명지산(明智山. 1253m)은 경기도에서 화악산 다음으로 두 번째 높은 산이다. 동쪽 명지계곡에는 삼단폭포인 명지폭포가 있고, 승천사가 있으며 가을단풍이 아름답다.

백둔봉(974m)은 명지산 남봉 1250.2봉에서 동쪽 지능선으로 2km 지점에 위치하고 있다.

등산로 Mountain path

명지산 총 7시간 42분 소요
주차장→60분→갈림길→70분→
1,079봉→30분→명지산→52분→
1250.2봉→60분→안부사거리→
40분→계곡삼거리→60분-주차장

주차장 서쪽 초소를 통과하여 15분을 가면 승천사를 지나고, 25분을 가면 명지폭포를 지나며 10분을 더 가면 삼거리다. 삼거리에서 직진하여 10분을 더 가면 샘이 있는 두 번째 삼거리다.

삼거리에서 오른쪽으로 접어들면 가파른 길로 이어져 1시간을 오르면 1079봉에 닿는다.

여기서 왼쪽 주능선을 따라 15분을 오르면 1130봉이며 15분을 더 오르면 명지산 정상이다.

하산은 남쪽 주능선을 따라 52분 거리에 이르면 1250.2봉 삼거리다.

삼거리에서 왼편 동쪽 지능선을 따라 1시간을 내려가면 안부사거리에 닿는다.

안부사거리에서 왼편 북쪽 길을 따라 40분을 내려가면 익근리계곡 삼거리에 닿는다.

여기서부터 계곡을 따라 60분을 내려가면 승천사를 지나 주차장이다.

백둔봉 총 4시간 45분 소요
관광농원→80분→호랑이바위→23분→
950봉→35분→백둔봉→5분→
삼거리→82분→버스종점

백둔리 버스종점 500m 전 양지말관광농원 입구에서 농원길을 따라 약 300m 들어가면 건물 운동장을 지나 갈림길이 나온다. 갈림길에서 오른쪽으로 20m 가면 산 아래에 집이 있다. 집 닿기 전 왼쪽 산자락으로 가서 희미한 산길을 따라 15m 가면 길 왼편에 119표지판이 있다. 119표지판에서 계곡으로 가는 길을 벗어나 길이 없는 오른쪽 능선을 향해 50m 올라가서 묘 왼쪽으로 희미한 산길을 따라 오르면 첫 봉이다. 집 아래에서 9분 거리다. 첫 봉에서부터 산길이 뚜렷하게 능선으로 이어진다. 능선길을 따라 10분을 오르면 2번째 봉우리에 닿는다. 2번째 봉에서부터 급경사 능선으로 이어져 10분을 오르면 작은 바위 위에 서고, 계속 급경사로 이어져 38분을 오르면 호랑이바위 아래 쉼터에 선다.

여기서부터 초 급경사 능선을 따라 23분을 더 오르면 950봉주능선 삼거리에 닿는다.

주능선에서 왼쪽으로 10분을 가면 헬기장을 지나고 10분을 더 가면 바윗길을 통과하며 10분을 가면 전망봉을 지나고, 5분을 더 오르면 생태계표지목이 있는 백둔봉 정상에 닿는다.

하산은 서쪽 주능선으로 4분을 가면 헬기장이 나오고, 헬기장에서 60m 거리에 이르면 갈림길이다. 갈림길에서 왼쪽 지능선으로 간다. 지능선을 따라 20분을 내려가면 갈림길이 나온다. 갈림길에서 왼쪽 급경사 능선을 따라 18분을 내려가면 바위 위 갈림능선이 나온다. 여기서 오른쪽 숯가마 쪽으로 내려가다가 다시 왼쪽 본 능선으로 이어져 10분을 내려가면 잡목지대를 지나 왼쪽으로 내려서면 묵밭이다. 묵밭 왼쪽 잣나무 지역으로 5분을 내려가면 계곡에 닿고, 계곡길을 따라 23분을 더 내려가면 백둔리 버스종점이다.

여행 정보 Tourist Information

자가운전
가평 방면 46번 경춘 국도를 타고 가평읍에서 좌회전⇨75번 국도를 타고 약 12km 목동삼거리에서 좌회전⇨10km 익근리 명지산 입구 주차장

대중교통
경춘선 상봉역에서 춘천행 전철 이용, 가평역 하차.

명지산은 가평역에서 용수동행 시내버스(06:10 08:35 09:40 10:30 11:10 13:20 15:40 16:00 16:40 19:10) 이용, 명지산 입구 하차.

백둔봉은 가평역에서 백둔리행 시내버스(06:20 08:10 10:20 10:40 11:00 11:30 14:30 15:30 17:10 19:30) 이용, 백둔리 종점 하차.

식당
송원막국수
가평군 가평읍 가화로 76-1
031-582-1408

한우명가
가평읍 구리고개안길 25
031-581-1592-5

명소
명지폭포
삼단폭포인 명지폭포 명지계곡 상류.

승천사
명지계곡 입구

명지계곡 입구에 위치한 승천사

귀목봉 1036m 북귀목봉 898m

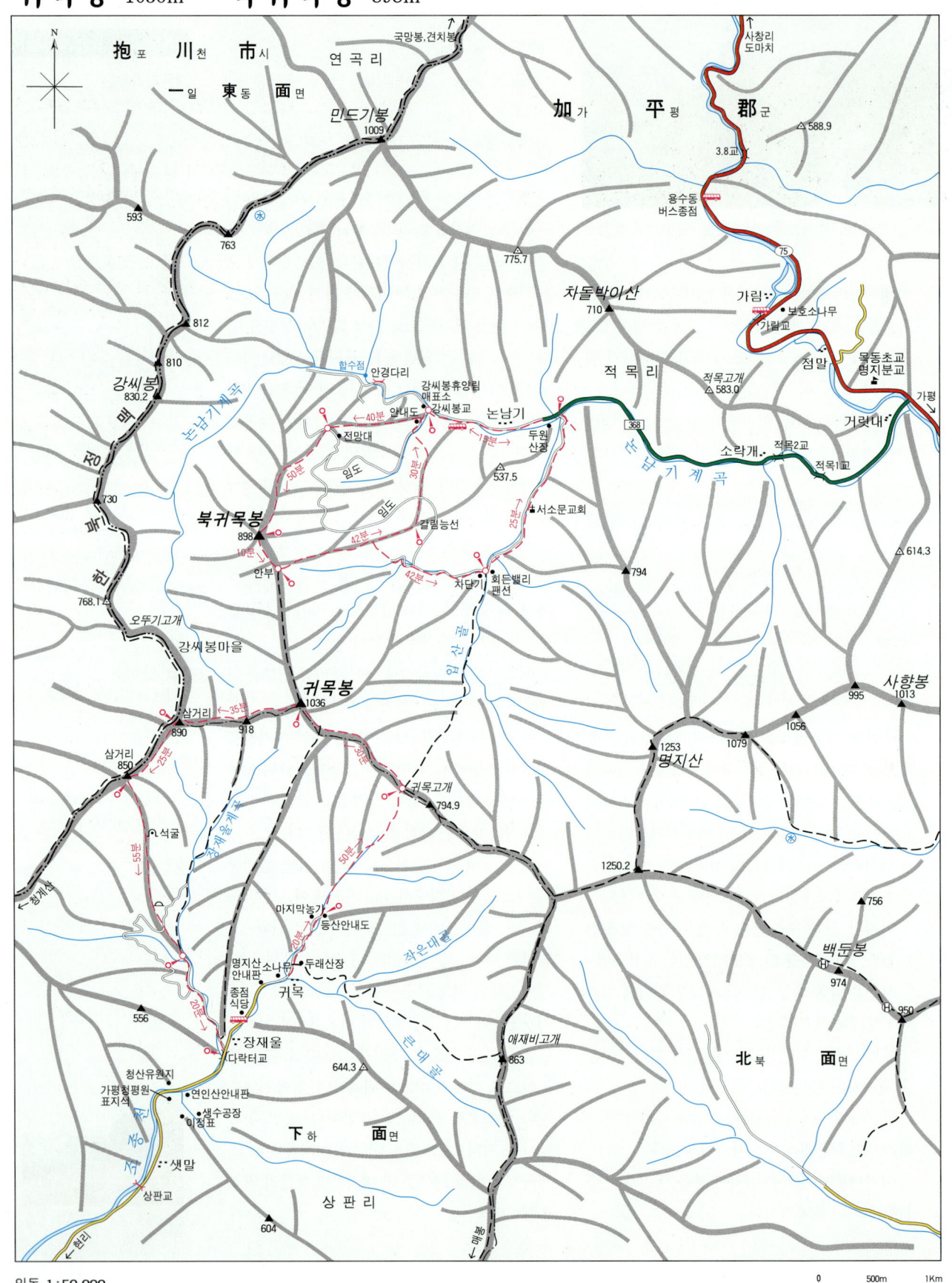

귀목봉 · 북귀목봉 경기도 가평군 하면, 북면

귀목봉(1036m)은 하면 상판리 북쪽 귀목고개를 사이에 두고 명지산과 동서로 마주하고 있는 산이다. 산행은 상판리 버스종점에서 귀목고개를 경유하여 정상에 오른 다음, 남릉을 타고 850봉을 경유하여 다시 버스종점으로 하산한다.

북귀목봉(898m)은 귀목봉에서 북쪽 능선으로 뻗어나간 능선으로 약 1.5km지점에 위치한 산이다. 산행은 북면 논남기 강씨봉 휴양림 매표소에서 지능선을 타고 정상에 오른 다음, 남쪽 안부에서 동북쪽 지능선 임도를 경유하여 다시 휴양림매표소 원점회귀 산행이다.

등산로 Mountain path

귀목봉 총 4시간 55분 소요
상판종점→70분→귀목고개→30분→귀목봉→60분→삼거리→55분→계곡→20분→종점

상판리 귀목 버스종점에서 오른쪽으로 5분을 가면 바로 큰 소나무가 있는 삼거리다. 삼거리에서 왼쪽 계곡을 향해 15분을 가면 마지막 둥지 민박집이 있다. 민박집을 지나서 계곡을 따라 15분을 가면 너덜지대를 지나 합수점이다. 합수점에서 계곡을 벗어나면 가파른 능선으로 이어져 35분을 오르면 귀목고개에 닿는다.

귀목고개에서 왼쪽 능선을 따라 30분을 오르면 협소하고 전망이 좋은 귀목봉 정상이다.

하산은 북쪽 5m 거리 갈림길에서 왼쪽으로 내려서 서쪽으로 이어지는 주능선을 따라 200m 내려가면 왼편으로 출입금지 갈림길이 나온다. 갈림길에서 계속 주능선을 따라 20분을 가면 갈림길이 또 나온다. 이 갈림길에서 계속 주능선으로 간다. 왼쪽 지능선으로 내려가도 장재울로 가는 하산길이다. 갈림길에서 주능선을 따라 15분을 더 내려가면 한북정맥 주능선삼거리에 닿는다. 삼거리에서 왼쪽 능선으로 25분을 더 가면 850봉 갈림길이 또 나온다.

이 갈림길에서 주능선을 버리고 왼쪽 지능선으로 간다. 왼쪽 지능선을 따라 내려가면 무난한 길로 이어져 40분을 내려가면 묘를 지나서 임도가 나온다. 임도를 가로질러 15분을 내려가면 다시 계곡으로 난 임도를 만난다.

임도를 따라 20분을 내려가면 상판리 종점이다.

북귀목봉 총 3시간 52분 소요
매표소→40분→임도→50분→북귀목봉→10분→안부→42분→갈림능선→30분→매표소

강씨봉 휴양림 매표소 삼거리에서 왼쪽 소형 차로를 따라 5분 거리에 이르면 강씨봉 안내도가 있는 삼거리다. 삼거리에서 안내도 오른편 등산로를 따라 35분을 오르면 임도가 나온다. 임도를 가로질러 바로 능선으로 오른다.

급경사 능선으로 오르면 등산로가 뚜렷하게 이어져 50분 거리에 이르면 북귀목봉 정상에 닿는다. 정상은 별 표지가 없다.

하산은 남쪽으로 10분을 내려서면 사거리안부가 나온다. 안부에서 남쪽으로 20m 가서 왼편지능선을 탄다. 처음에는 희미하지만 능선으로 하산길이 이어진다. 안부에서 17분을 내려가면 첫 번째 갈림능선이 나온다.

갈림능선에서 왼쪽 지능선을 따라가면 다시 오르막길로 이어지면서 20분을 거리에 이르면 큰 갈림능선이 나온다.

여기서 왼쪽능선을 탄다. 왼쪽능선으로 5분을 내려가면 임도를 만난다. 임도를 가로질러 계속이 어지는 능선을 따라 13분을 내려가면 또 갈림능선이다. 여기서도 왼쪽능선을 탄다. 왼쪽으로 2분을 내려가면 100m 정도 계곡이 보이는 지점에 절벽이 있다. 여기서 맨 왼쪽으로 길이 없는 골을 따라 5분을 내려가면 계곡 건너 임도에 닿는다. 임도를 따라 10분 내려가면 안내도를 지나서 매표소이다.

※ 강씨봉 자연휴양림 031-8008-6611

여행 정보 Tourist Information

자가운전
귀목봉 수도권에서 46번 국도를 타고 청평 조종교 삼거리에서 좌회전⇨현리에서 우회전⇨상판리 귀목 버스종점 주차.
북귀목봉 가평 방면 46번 국도를 타고 가평에서 75번 국도로 좌회전⇨목동에서 좌회전⇨적목리 명지분교에서 논남교로 좌회전⇨4km 강씨봉교 주차.

대중교통
귀목봉 청량리역에서 회기역-상봉역-망우역-도농역 경유 30분 간격으로 운행하는 1330-4번 현리행 버스 이용 후, 현리에서 1일 9회 상판리행 버스를 타고 귀목 종점 하차.
북귀목봉 경춘선 상봉역에서 춘천행 전동열차 이용, 가평역 하차. 가평역에서 논남기행 시내버스(06:10 08:35 09:40 10:30 11:10 13:20 15:40 16:00 16:40 19:10) 이용, 논남기 종점 하차.

식당
귀목봉
명지식당(토종닭)
하면 명지산로 615
031-585-0358

북귀목봉
단골집(일반식)
북면 논남기길 492-9
031-581-0075

송원식당(막국수)
가평읍 가화로 76-1
031-582-1408

명소
가평천 드라이브

현리장날 4일 9일
가평장날 5일 10일

석룡산(石龍山) 1147m 수덕바위봉 1115m

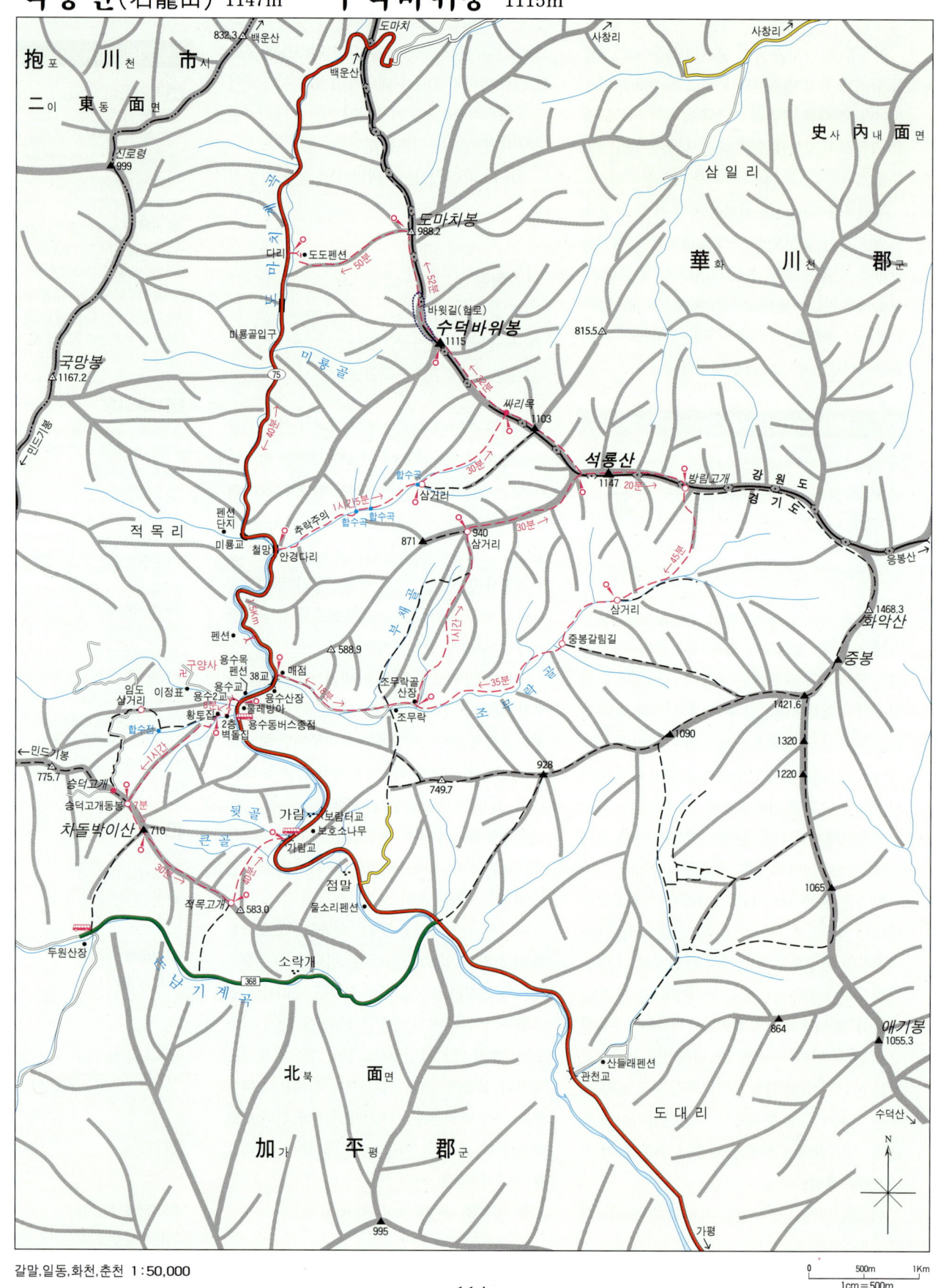

자연스러운 석룡산 계곡길

석룡산 · 수덕바위봉 경기도 가평군 북면

석룡산(石龍山, 1147m)은 한북정맥상인 도마치봉에서 남서쪽으로 가지를 쳐 화악산으로 이어지는 능선상에 위치한 산이다. 석룡산은 웅장한 산세에 비해 등산로가 완만하고 시종 청정계곡 조무락골 물소리를 들으며 내릴 수 있다. 골짜기마다 돌이 많다 하여 돌석(石)자와 소와 담에서 용이 꼬리를 틀며 승천했다 하여 용용(龍)자를 붙여 지은 이름이다. 특히 6km에 걸쳐 조무락골 계곡이 펼쳐져 있어 바캉스 시즌에 피서객이 많이 몰린다. 조무락골의 뜻은 늘 새들이 조잘(조무락)거린다고 해서 붙여진 이름이다.

수덕바위봉(1115m)은 석룡산에서 서북쪽능선으로 이어지는 능선으로 약 2km 지점에 위치한 산이다. 등산로가 이어지는 고새피골은 협곡이며 초입등산로는 추락 위험이 있으므로 주의를 해야 하고, 수덕바위봉에서 도마치봉으로 이어지는 능선길은 바윗길과 급경사로 이어지는 험로이다. 눈이 쌓이거나 얼은 상태와 비가 올 때는 매우 위험하므로 산행을 삼가야 한다.

등산로 Mountain path

석룡산 총 4시간 46분 소요
38교→18분→조무락골산장→60분→940봉→30분→석룡산→20분→방림고개→80분→조무락골산장→계곡→18분→38교

용수동 버스종점에서 북쪽으로 직진 500m 거리 38교에서 산행을 시작한다. 삼팔교에서 오른쪽 소형차로를 따라 13분을 가면 조무락 산장 뒤 삼거리다. 삼거리에서 오른쪽으로 300m 가면 차도 끝 조무락골 산장이 있고 바로 삼거리다.

삼거리에서 오른쪽은 조무락골 하산길이고 왼쪽 임도를 따라 70m 가면 삼거리다. 삼거리에 오른쪽 언덕길을 따라 가면 전나무 밭을 지나 바로 능선으로 이어진다. 완만한 능선길을 따라 1시간을 올라가면 940봉 능선삼거리에 닿는다.

삼거리에서 능선길을 따라 30분을 오르면 협소한 석룡산 정상에 닿는다.

하산은 동쪽 주능선을 따라 20분을 내려가면 방림고개에 닿는다.

방림고개에서 남쪽으로 45분을 내려가면 계곡 삼거리에 닿는다. 여기서부터 물이 많은 조무락골을 따라 35분을 내려가면 조무락골산장에 닿고 18분을 더 내려가면 38교이다.

수덕바위봉 4시간 49분 소요
고씨비골 입구(철망)→65분→삼거리→30분→싸리목→32분→수덕바위봉→52분→도마치봉→50분→도도펜션

삼팔교에서 북쪽으로 1.5km 거리 고새피골 입구 안경다리에서 철망을 통과, 10분을 가면 계곡을 건너 비탈길로 이어져 21분을 가면 계곡을 건너 합수곡을 2번 통과하면서 32분 거리에 이르면 합수곡 삼거리다. 삼거리 왼쪽으로 가면 반반한 골로 이어져 30분을 오르면 싸리목에 닿는다.

싸리목에서 왼쪽으로 14분을 오르면 첫봉에 닿고 계속 19분을 가면 수덕바위봉에 닿는다.

하산은 서북쪽 능선을 탄다. 정상을 출발해서 30분 정도 까지는 바윗길 험로(위험)를 통과하게 된다. 눈이 쌓이거나 얼은 상태는 매우 위험하므로 산행을 삼가야 하고 보조자일이 필요하다. 이후부터는 완만한 능선길로 이어져 22분을 더 가면 삼각점 도마치봉에 닿는다.

도마치봉에서 하산은 서쪽 지능선을 탄다. 지능선 길은 뚜렷하고 무난하게 이어져 50분을 내려가면 묵밭에 닿고 오른쪽으로 150m 정도 거리에 이르면 도도펜션으로 이어지는 다리 75번 국도에 닿는다.

여행 정보 Tourist Information

자가운전
가평 방면 46번 국도를 타고 가평에서 좌회전➡ 75번 국도를 타고 목동삼거리에서 좌회전➡21km
석룡산은 38교 주차.
수덕바위봉은 1.5km 고사피골 입구 주차.

대중교통
경춘선 상봉역에서 춘천행 전철을 타고 가평역 하차.
가평역에서 용수동행 시내 버스(06:10 08:35 09:40 10:30 11:10 13:20 15:40 16:00 16:40 19:10) 이용, 용수동 종점 하차.

식당
용수목산장(민박, 식당)
가평군 북면 가화로 3092
010-8585-8077

물래방아집(토종닭)
가평군 북면 가화로 3044
031-582-8701

조무락(민박, 식당)
가평군 북면 조무락길 104
031-582-6060

용추골오리숯불구이
가평읍 가화로 186
031-581-5282

숙박
토마토펜션
가평군 북면 가화로 3087-10
010-8717-3695

에코피아 펜션
가평군 북면 가화로 3010
031-581-8741

명소
적목리계곡

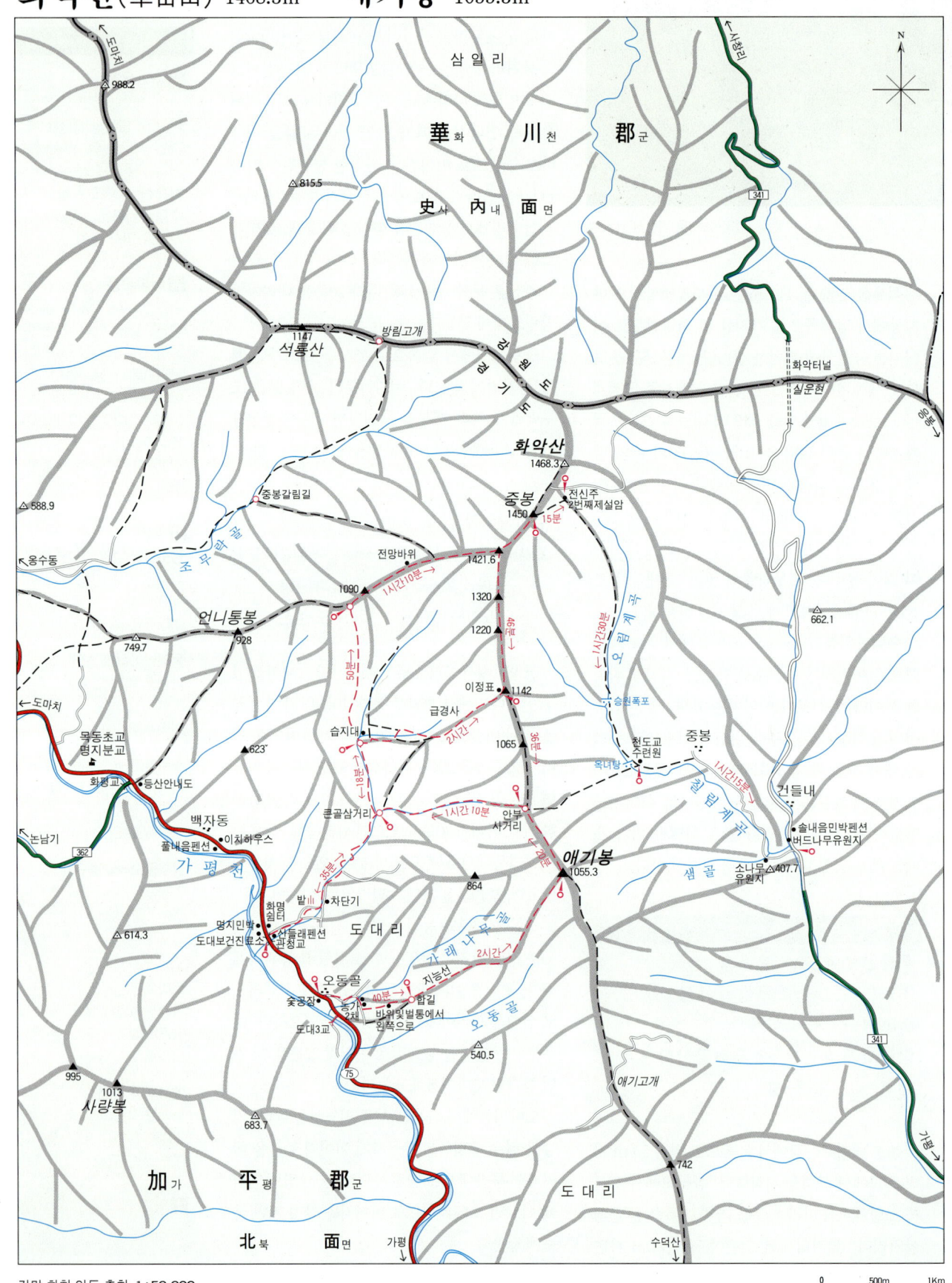

울창한 숲과 계곡이 어우러진 화악산 서쪽 조무락골

화악산(華岳山. 1468.3m)은 경기도에서 가장 높고 한반도의 중심에 위치하고 있으며, 운악산 송악산 감악산 관악산과 함께 경기 오대악산의 하나이다. 정상은 통제되어 중봉(中峰. 1450m) 까지만 오를 수 있다. 웅장한 산세이나 험로는 없다.

애기봉(1055.3m)은 화악산에서 남쪽 주능선상 약 3km 거리에 위치하고 있는 산이다.

등산로 Mountain path

화악산 총 7시간 소요
관청교→35분→큰골삼거리→68분→1090봉→70분→중봉→46분→1142봉→36분→사거리 안부→105분→관청교

관청마을 입구에서 동쪽 마을길을 따라 10분을 가면 시멘트포장길이 끝나고 마지막 농가가 나온다. 여기서 농가 오른편으로 난 밭길을 따라 가다가 계곡을 건너면 임도가 시작되는 철문이 나온다. 이 철문을 통과하여 임도를 따라 15분을 가면 계곡을 건너기 전에 갈림길이 나온다. 여기서 임도를 벗어나 왼쪽 계곡을 따라 50m 가면 오른쪽으로 다시 길이 이어지고, 조금 더 들어가면 다시 계곡을 건너 등산로가 이어지며 갈림길에서 10분 거리에 이르면 큰골삼거리가 나온다.

삼거리에서 왼쪽으로 17분을 가면 산판길 삼거리가 나온다. 삼거리에서 왼쪽으로 가면 계곡을 건너가서 급경사 능선으로 이어져 50분을 오르면 1090봉 전 삼거리 능선에 닿는다.

삼거리에서 오른쪽 능선을 따라 46분을 가면

화악산·애기봉
경기도 가평군 북면

전망바위를 지나서 갈림길이 나온다. 갈림길을 지나 18분을 가면 1421.6봉 삼거리다. 삼거리에서 왼쪽으로 6분을 가면 중봉에 닿는다.

하산은 6분 거리 삼거리로 되돌아온 다음 왼편 남쪽능선을 탄다. 남쪽능선을 따라 내려가면 1320봉, 1220봉을 거쳐 40분을 내려가면 1142봉 삼거리가 나온다. 삼거리에서 계속 직진 36분을 내려가면 사거리 안부에 닿는다.

안부에서 오른편 서쪽 세능선을 따라 20분을 내려가면 계곡을 만나고, 계곡 따라 50분을 내려가면 큰골삼거리다. 삼거리에서 왼쪽으로 35분 거리에 이르면 관청교 버스정류장에 닿는다.

애기봉 총 5시간 45분 소요
숯공장→40분→지능선→2시간→애기봉→20분→안부사거리→70분→큰골삼거리→35분→관청교

도대리 숯 공장에서 동쪽 마을길로 120m 가면 오동골 마을 다리 앞 삼거리다. 이 삼거리에서 오른쪽으로 다리를 건너 새집 오른편으로 40m 돌아가서 왼쪽으로 농가 2채가 있는 사이로 밭 두럭을 건너면 밭이 나온다. 밭에서 왼쪽으로 들어가면 계곡으로 길이 희미하게 나 있다. 이 계곡길을 따라가면 바위 밑에 벌통이 있는 지점이 나오고 길이 없어진다. 벌통에서 왼쪽 능선으로 조금 올라서면 능선길이 나오고, 능선만 따라 가면 지능선 합길을 만나게 된다. 숯공장에서 40분 거리다.

능선에서부터는 산길이 뚜렷하고 능선만을 따라가면 큰 어려움 없이 장장 2시간 거리에 이르면 삼거리 애기봉 정상에 닿는다.

하산은 북쪽 능선을 따라 20분을 가면 사거리 안부에 닿는다. 이 안부에서 왼쪽(서)으로 지 능선을 따라 20분을 내려가면 계곡을 만나고, 계곡을 따라 50분을 내려가면 큰골삼거리다. 여기서부터 35분을 내려가면 관청교 버스정류장에 닿는다.

여행 정보 Tourist Information

자가운전
가평 방명 46번 국도를 타고 가평읍에서 좌회전 ⇨ 75번 국도를 따라 12km 북면에서 좌회전 ⇨ 15km 관청마을 주차.

대중교통
경춘선 상봉역에서 춘천행 전철 이용, 가평역 하차.
가평역에서 용수동행 시내 버스(06:10 08:35 09:40 10:30 11:10 13:20 15:40 16:00 16:40 19:10) 이용, 화악산은 관청교 하차. 애기봉은 숯공장 하차.

식당
과천상회(식당)
가평읍 북면 가화로 2460
031-581-5521

송원막국수
가평읍 가화로 76-1
031-582-1408

용추골오리숯불구이
가평읍 가화로 186
031-581-5282

한우명가
가평읍 구리고개안길 25
031-581-1592-5

물래방아집(토종닭)
가평군 북면 가화로 3044
031-582-8701

숙박
명지산계곡펜션
가평군 북면 가화로 2459-1
011-212-8950

해바라기펜션(식당)
가평군 북면 가화로
031-581-1881

명소
적목리 계곡

수덕산(修德山) 794.2m 문바위봉 590m

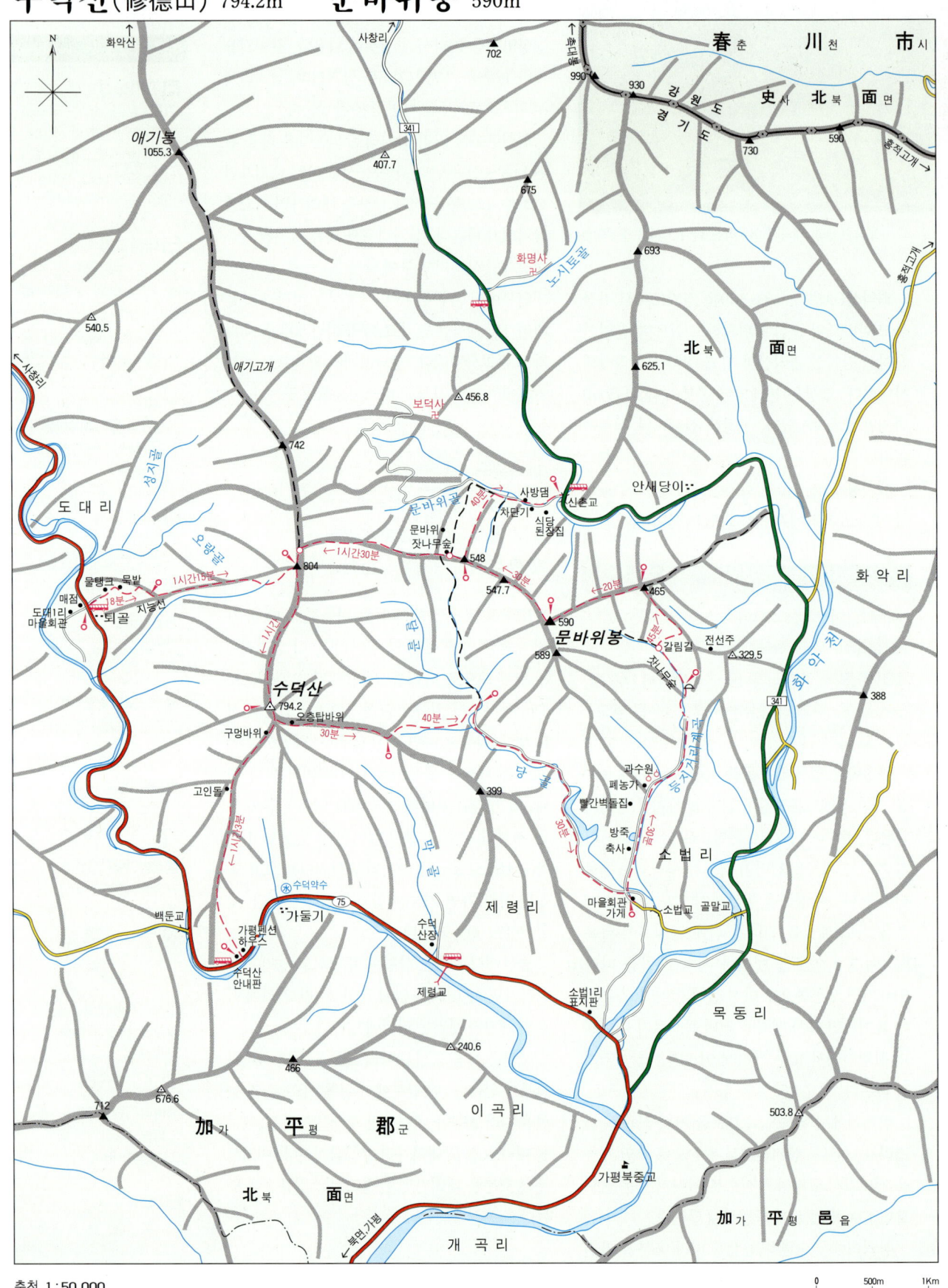

수덕산 남쪽의 전경

수덕산 · 문바위봉
경기도 가평군 북면

수덕산(修德山, 794.2m)은 경기 최북단 화악산에서 남쪽으로 이어진 주능선이 애기봉을 거쳐 마지막으로 솟은 산이 수덕산이다. 가평군 북면 수많은 산 중앙에 위치한 산이다.

산행은 서쪽 도대1리를 기점으로 동쪽 지능선을 타고 주능선삼거리를 경유하여 수덕산에 오른 뒤, 남쪽 가평펜션하우스로 하산한다.

문바위봉(590m)은 수덕산에서 화악산으로 이어지는 주능선 2km 지점에서 동쪽으로 뻗어나간 지능선으로 2.5km 지점에 위치한 산이다.

산행은 소법1리에서 지능선을 타고 470봉을 경유하여 문바위봉에 오른 다음, 북쪽 능선을 타고 548봉을 거쳐 화악리 신촌교로 하산한다.

등산로 Mountain path

수덕산 총 4시간 36분 소요
도대1리→93분→주능선→60분→수덕산→63분→가평펜션하우스

도대1리 수덕산 등산안내판에서 동쪽 마을길을 따라 2분을 올라가면 개울가 마을 끝집이 나온다. 끝집 마당 오른쪽으로 계곡을 따라 50m 가면 왼쪽에 물탱크가 있고, 5분 더 올라가면 묵밭삼거리가 나온다. 삼거리에서 오른쪽 산길로 들어 11분을 올라가면 묘를 지나서 왼쪽 지능선에 닿는다. 완만한 능선을 따라 12분을 가면 이정표가 있다. 여기서부터 급경사 능선을 따라 25분을 오르면 산길은 오른쪽 비탈길로 이어진다. 비탈길을 따라 5분을 가면 왼편 계곡으로 이어져 25분을 올라가면 지 능선에 닿고, 오른쪽 비탈길로 8분을 가면 주능선삼거리다.

삼거리에서 남쪽 주능선을 따라가면 바윗길로 이어져 35분을 가면 이정표가 있고, 바윗길을 우회하면서 25분을 더 오르면 삼각점이 있는 수덕산 정상이다.

하산은 남쪽으로 3분을 가면 삼거리가 나온다. 삼거리에서 오른쪽 뚜렷한 지능선길을 따라 40분을 내려가면 이정표를 2번 지나서 갈림능선이 나온다. 갈림능선에서 하산길은 오른쪽 지능선으로 이어지며, 12분 더 내려가면 왼쪽 계곡 쪽으로 이어진다. 왼쪽으로 내려서면 묘가 나오고 묘에서 넓은 길을 따라 8분 내려가면 가평펜션하우스 도로 버스정류장에 닿는다.

문바위봉 총 3시간 45분 소요
소법교→30분→묘→65분→문바위봉→30분→548봉→40분→신촌교

소법리 소법교사거리에서 직진 100m 거리에 이르면 또 사거리다. 여기서 오른편 다리를 건너 소형차로를 따라 가면 방죽을 지나 시멘트포장길이 끝나고 마지막 농가 앞이다. 여기서부터는 임도로 바뀌어 비포장 임도를 따라 계속 들어가면 오른편에 묘가 나온다. 소법교에서 30분 거리다.

묘에서 왼쪽으로 임도를 따라 15분을 가면 갈림길이 나온다. 갈림길에서 오른쪽 지능선으로 산길이 있다. 이 지능선길을 따라 30분을 오르면 470봉 삼거리에 닿는다. 470봉 삼거리에서 왼쪽으로 20분을 오르면 문바위봉 정상에 닿는다.

하산은 북쪽 주능선을 따라 30분을 가면 548봉 삼거리에 닿는다.

548봉에서 오른쪽 지능선으로 하산한다. 오른쪽 능선은 산길은 뚜렷하지 않지만 하산하는 데 큰 어려움은 없다. 오른쪽 능선을 따라 20분을 내려가면 계곡 임도에 닿는다. 임도에서는 오른쪽으로 임도를 따라 20분을 내려가면 민가를 지나서 신촌교 버스정류장에 닿는다.

여행 정보 Tourist Information

자가운전
수덕산 가평 방면 46번 국도를 타고 가평에서 좌회전⇒75번 국도를 타고 목동에서 좌회전⇒백둔교 삼거리에서 직진⇒3km 도대1리 마을회관 주차.

문바위봉 목동삼거리에서 좌회전⇒1km 목동교회 삼거리에서 1차선으로 우회전⇒소법교 사거리에서 직진⇒100m 사거리에서 우회전⇒소형차로 시멘트포장길 끝 마을에 주차.

대중교통
경춘선 상봉역에서 춘천행 전철 이용, 가평역 하차.
가평역에서 용수동행 시내 버스(06:10 08:35 09:40 10:30 11:10 13:20 15:40 16:00 16:40 19:10) 이용, **문바위봉**은 소법리 입구 하차. **수덕산**은 도대1리 하차.

식당
범바위식당(일반식)
가평군 북면 가화로 1058
031-582-9730

송원막국수
가평읍 가화로 76-1
031-582-1408

한우명가(한우전문)
가평읍 구리고개안길 25
031-581-1592

명소
자라섬
사계절 자연의 멋 테마공원.
가평읍 달전리
031-581-0228

촉대봉 (燭臺峰) 1125m

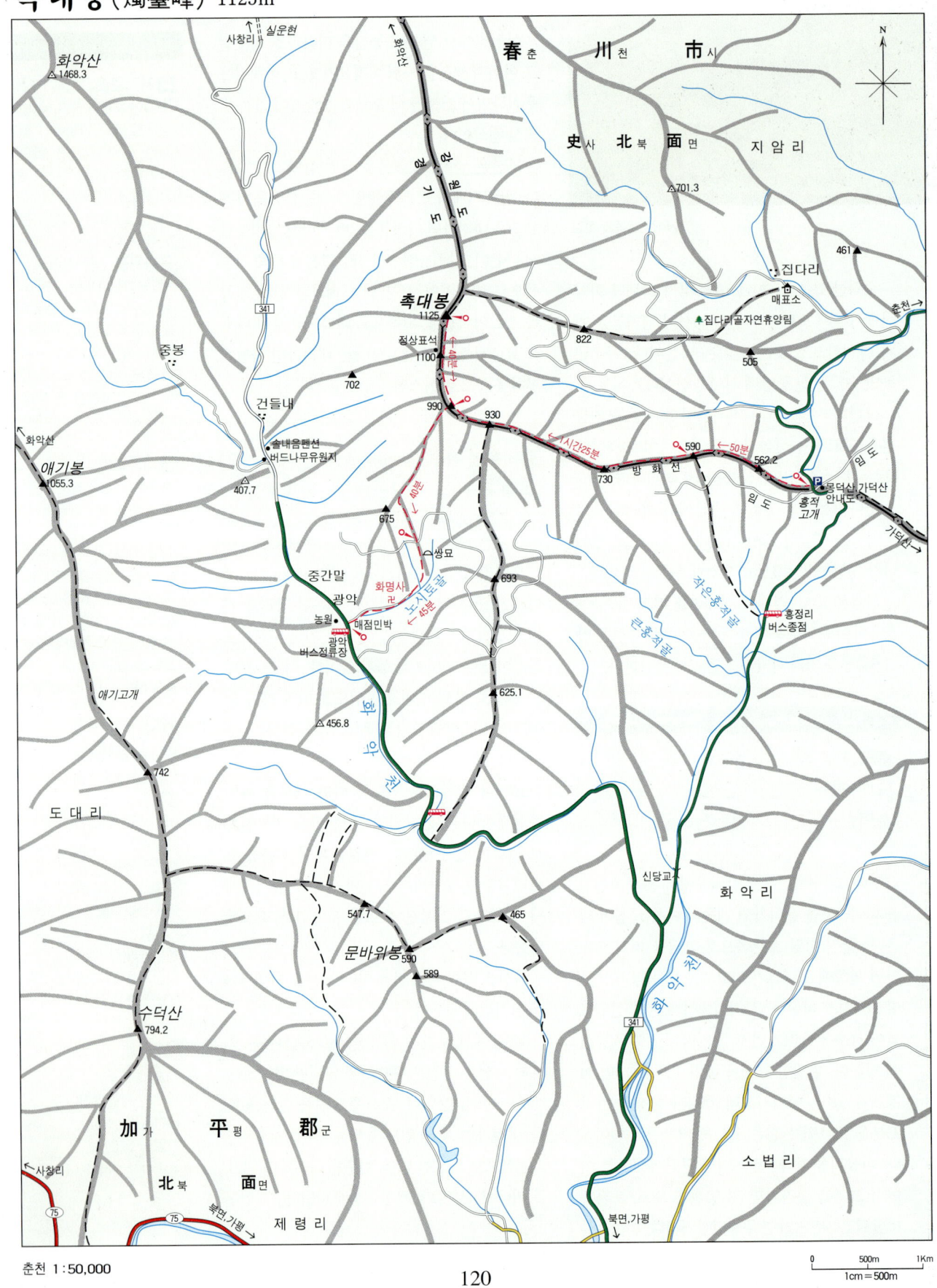

촉대봉

경기도 가평군 북면 · 강원도 춘천시 사북면

자연그대로인 촉대봉 하산길

촉대봉(燭臺峰, 1125m)은 화악산에서 동쪽으로 뻗어나간 능선이 응봉을 지나서 남쪽으로 이어져 촉대봉을 이루고 남진하다가 990봉에서 동진을 하여 몽덕산 가덕산 북배산 계관산으로 이어진다.

정상 주능선 대부분은 바위로 이루어져 있으나 위험하지는 않으며, 홍적고개에서 서쪽으로 이어지는 주능선은 730봉까지 폭 10m 안팎으로 방화선이다. 이 방화선에는 모두 억새밭이며 10월 중순을 전후한 시기에는 키를 넘는 억새밭으로 변해 장관을 이룬다.

산행은 홍적고개에서 억새밭 서쪽능선을 타고 990봉을 경유하여 정상에 오른 다음, 다시 990봉으로 되 돌아와서 남쪽 675봉을 경유하여 화악리 광악분교로 하산한다.

등산로 Mountain path

촉대봉 총 6시간 소요

홍적고개 →50분→ 590봉 →60분→ 930봉 →25분→ 990봉 →40분→ 촉대봉 →40분→ 990봉 →85분→ 광악분교

홍적고개에서 서쪽 급경사 나무계단을 따라 올라가면 넓은 방화선으로 이어져 10분 정도 오르면 고압철탑이 나온다. 철탑을 지나서 능선을 따라 10분 정도 오르면 이정표가 있는 첫봉에 닿는다. 여기서 촉대봉이 멀리 바라보인다. 첫봉에서 서쪽으로 이어진 능선을 따라가면 등산로 주변은 폭 5~10m 방화선으로 이어진다. 방화선은 봄부터 자란 억새가 가을이 지나면 다시 베어져 깨끗하고 넓은 길로 변하며 여름 가을은 억새로 등산로가 협소하게 된다. 다시 주능선을 따라 가면 평범한 능선으로 이어지다가 점점 경사가 급해지면서 30분을 오르면 왼편 윗홍적에서 오르는 590봉 삼거리에 닿는다.

이 삼거리에서 주능선을 따라 올라가면 잣나무 조림지역을 지나게 되며 계속 이어진 방화선을 따라 25분을 오르면 억새가 끝나는 730봉에 닿는다.

730봉에서 계속 서쪽으로 이어지는 주능선을 따라가면 큰 바위를 거쳐 오르게 되며 가파른 능선을 따라 35분을 오르면 930봉 갈림길에 닿고, 오른편 주능선을 따라 25분을 더 오르면 990봉 삼거리에 닿는다.

990봉 삼거리는 잘 기억을 해두고 가야 한다. 정상에서 다시 이곳으로 되돌아와서 남쪽 화악리로 하산을 해야 하기 때문이다. 990봉 삼거리에서 왼쪽 길은 하산길로 하고, 오른쪽 북쪽 주능선을 따라 가면 바윗길로 이어진다. 바위능선을 좌우로 우회하면서 25분을 올라가면 삼각점이 있는 1125봉에 닿는다. 1125봉에서 계속 북릉을 따라 15분을 더 올라가면 삼거리 촉대봉 정상이다.

정상에서 동쪽 능선으로 가는 길은 집다리골 휴양림으로 가는 길이다. 정상에서 하산은 올라 왔던 주능선을 따라 40분을 내려가면 990봉 삼거리까지 되돌아온다. 990봉 삼거리에서 오른편 남서쪽 지능선을 타고 내려간다. 남서쪽 지능선을 따라 내려가면 아기자기한 바윗길로 이어지면서 30분을 내려가면 675봉 전 갈림길이 나온다.

이 갈림길에서 왼쪽으로 세능선을 따라 10분을 내려서면 가파른 절개지를 타고 임도에 내려선다. 여기서는 임도를 건너 이어지는 능선길을 따라 15분을 내려가면 쌍묘를 지나면서 계곡에 닿는다. 계곡에서 10분 거리에 이르면 화명사에 닿는다. 화명사에서부터는 소형차로를 따라 20분을 더 내려가면 광악초교 터 입구 버스정류장에 닿는다.

여행 정보 Tourist Information

자가운전

가평 방면 46번 국도를 타고 가평에서 37번 국도로 좌회전⇒목동에서 우회전⇒화악리 입구 삼거리에서 우회전⇒흥적고개 주차.

대중교통

경춘선 상봉역에서 춘천행 전철 이용, 가평역 하차.
가평역에서 흥정리행 시내버스(06:30 09:00 13:10 16:30 19:55) 이용, 윗흥적마을 하차. 윗흥적마을에서 흥적고개까지는 1.5km 이다.

식당

범바위식당(일반식)
가평군 북면 가화로 1058
031-582-9730

북면한식전문
가평군 북면 화악산로 4
031-582-4768

송원막국수
가평읍 가화로 76-1
031-582-1408

용추골오리숯불구이
가평읍 가화로 186
031-581-5282

한우명가
가평읍 구리고개안길 25
031-581-1592-5

명소

남이섬
가평읍 북한강변로 1024
문의 031-580-8114

자라섬

남이섬

가덕산(加德山) 858.1m   몽덕산(蒙德山) 690m   삿갓봉 716.1m

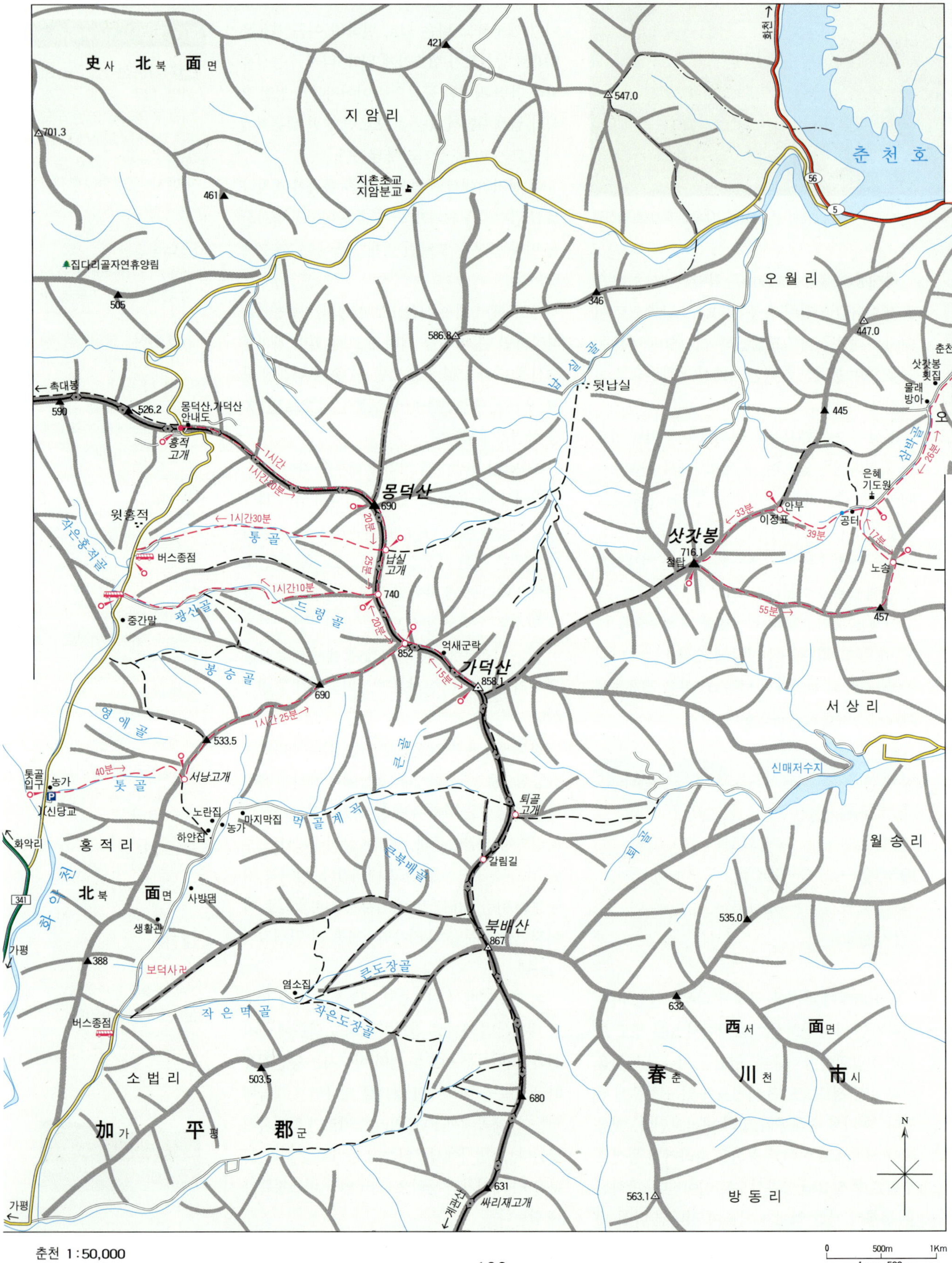

춘천 1 : 50,000

1cm = 500m

가덕산 서쪽 먹골계곡의 겨울

가덕산 · 몽덕산 · 삿갓봉
경기도 가평군 북면 · 강원도 춘천시

가덕산(加德山, 858.1m) · **몽덕산**(蒙德山, 690m)은 화악산에서 동남 방면으로 뻗어가는 능선이 응봉 촛대봉 홍적고개로 잠시 내렸다가 몽덕산 가덕산으로 이어진 산이다.

삿갓봉(716.1m)은 가덕산에서 동북쪽 능선으로 이어져 3km 지점에 위치한 산이다.

등산로 Mountain path

가덕산 총 5시간 5분 소요
톳골 입구→40분→서낭고개→100분→가덕산→35분→740봉→70분→중간말

홍적리 신당교 북쪽 50m 거리 톳골 입구에서 오른쪽 길을 따라 4분을 가면 합수곡이다. 여기서 왼쪽으로 10분을 가면 갈림길이다. 갈대가 무성한 갈림길에서 희미한 오른쪽 계곡길을 따라 16분을 들어가면 길이 없어지는 지점이 나온다. 여기서 오른편 비탈을 타고 오르다가 오른편 고개 쪽 비탈로 올라서면 서낭고개에 닿는다. 길이 없는 지점에서 10분 거리다.

서낭고개에서 뚜렷한 북쪽 지능선을 따라 1시간을 올라가면 690봉 삼거리다. 삼거리에서 직진 25분을 더 올라가면 852봉 주능선 삼거리다. 삼거리에서 오른쪽 억새밭길을 따라 15분을 오르면 삼거리 가덕산 정상이다.

하산은 올라왔던 15분 거리 825봉 삼거리까지 되 내려간 다음, 오른쪽 주능선을 따라 20분을 더 내려가면 740봉 삼거리다.

삼거리에서 왼쪽 지능선을 따라 20분을 내려가면 갈림길이다. 갈림길에서 왼쪽 세 능선을 따라 20분을 내려가면 계곡에 닿고 오른쪽 계곡을 따라 가면 광산길을 만나서 30분을 내려가면 중간말 버스정류장이다.

몽덕산 총 4시간 10분 소요
홍적고개→80분→몽덕산→20분→납실고개→90분→흥적마을 정류장

홍적고개에서 동쪽 임도를 따라 100m 간 공터에서 동북 방향으로 올라가다가 다시 동남 방향으로 산길이 이어진다. 방화선으로 난 산길을 따라 40분을 오르면 전망 좋은 쉼터에 닿는다. 여기서부터 40분을 더 오르면 목덕산 정상이다.

하산은 남쪽능선으로 20분 내려가면 납실고개에 닿는다. 납실고개에서 오른편 서쪽으로 내려간다. 서쪽으로 30분 내려가면 계곡에 닿고, 희미하게 이어지는 계곡길을 따라 1시간을 내려가면 윗홍적마을 입구 버스 정류장에 닿는다.

삿갓봉 총 4시간 16분 소요
춘천댐→26분→기도원→39분→안부→33분→삿갓봉→55분→안부→17분→기도원→26분→춘천댐

춘천댐 북단 삼박골 입구 삼거리에서 오른편 매운탕골 소형차로를 따라 26분을 가면 춘천은혜원(기도원)이다. 기도원에서 100m 거리 삼거리에서 오른쪽으로 조금 가서 왼쪽 철판다리를 건너고 묵밭을 지나면 계곡으로 산길이 이어진다. 계곡을 따라 기도원에서부터 25분을 가면 합수점이다. 합수점에서 오른쪽으로 휘어지는 계곡길을 따라 14분을 올라가면 안부삼거리에 닿는다.

안부에서 왼쪽 능선을 따라 33분을 올라가면 산불감시철탑이 있는 삼거리 삿갓봉 정상이다.

하산은 완만하고 뚜렷한 동쪽 지능선을 따라 55분을 내려가면 고개 삼거리에 닿는다. 고개삼거리에서 왼쪽 길을 따라 11분을 내려가면 계곡에 닿고 6분을 더 내려가면 은혜기도원이다. 여기서 춘천댐 버스정류장까지는 26분 거리다.

여행 정보 Tourist Information

자가운전
수도권에서 가평방면 46번 국도를 타고 가평에서 좌회전⇨목동에서 우회전⇨화악리 입구 삼거리에서 우회전 **가덕산**은 신당교 지나 50m 주차. **몽덕산**은 흥적고개 주차.

대중교통
경춘선 상봉역에서 춘천행 전철 이용, 가평역 하차. 가평역에서 흥정리행 시내버스(06:30 09:00 13:10 16:30 19:55) 이용, **가덕산**은 신당삼거리 하차. **몽덕산**은 윗흥적마을 하차 후, 흥적고개까지 30분 걸어야 한다. **삿갓봉**은 경춘선 상봉역에서 춘천행 전철 이용, 춘천역 하차 후 600m 거리 인성병원 앞에서 31번 38번 39번 92번 춘천댐 방면 버스 이용, 춘천댐 북단 하차.

식당
가덕산 · 몽덕산
북면한식전문
가평군 북면 화악산로 4
031-582-4768

송원막국수
가평읍 가화로 76-1
031-582-1408

용추골오리숯불구이
가평읍 가화로 186
031-581-5282

삿갓봉
춘천횟집
춘천시 서면 삿갓봉길 21
033-244-2348

명소
자라섬
031-580-2700

남이섬
031-580-8114

북배산(北培山) 867m 계관산(鷄冠山) 736m

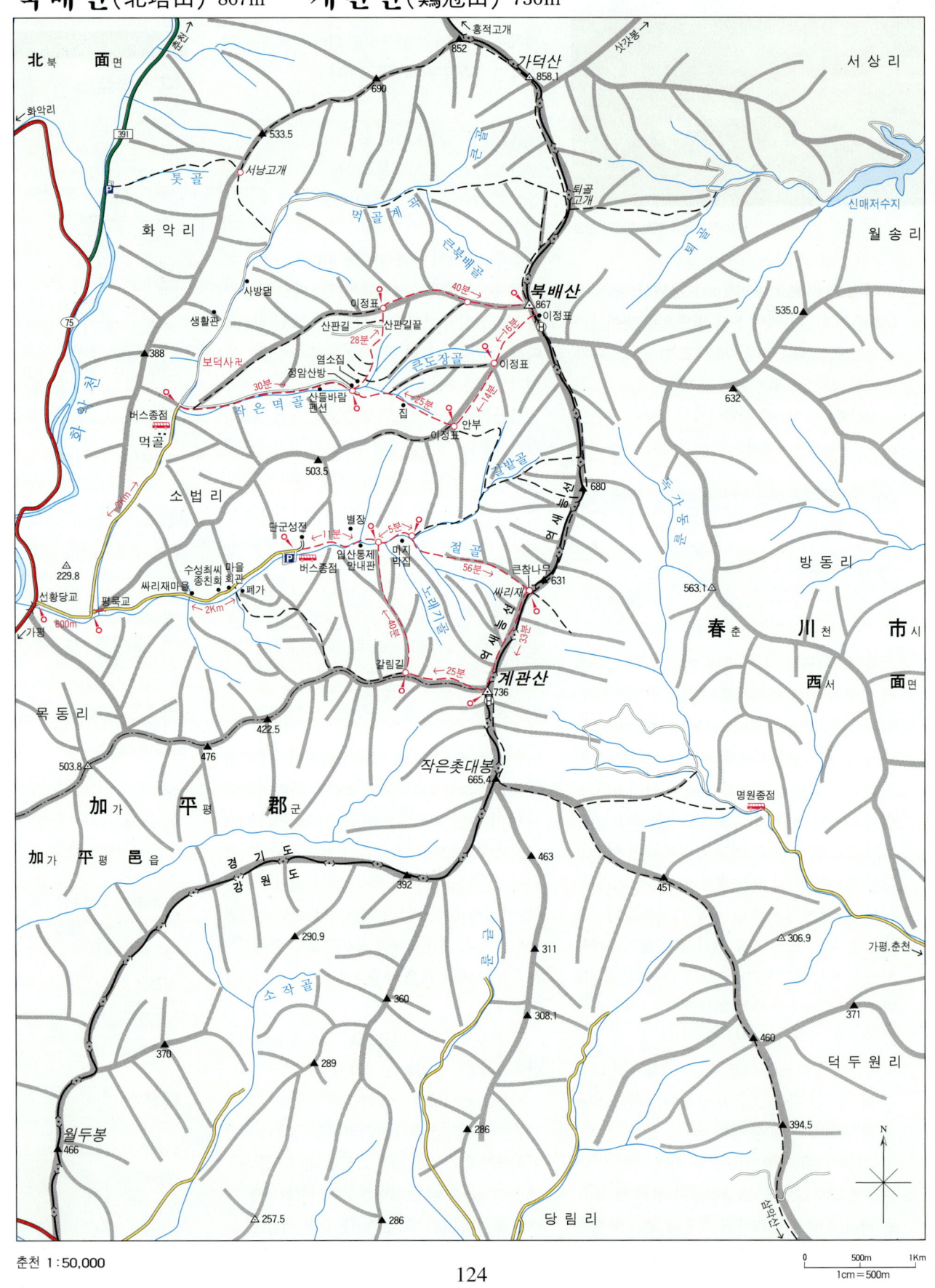

북배산 등릉의 아름다운 가을 단풍

북배산 · 계관산
경기도 가평군 북면 · 강원도 춘천시

북배산(北培山, 867m)과 **계관산**(鷄冠山, 736m)은 가덕산에서 남쪽으로 뻗은 능선이 북배산 계관산까지 이어지고 능선은 폭 10m 정도 방화선이며 억새밭으로 가을이면 장관이다.

등산로 Mountain path

북배산 총 4시간 3분 소요
버스종점→30분→삼거리→28분→
지능선→40분→북배산→30분→
안부→25분→삼거리→30분→버스종점

먹골 버스종점에서 북쪽 100m 거리 오른쪽 다리를 건너 소형차로를 따라 30분 거리에 이르면 먹골마을이다. 먹골마을 골목길을 통과하면 염소집 전 갈림길이 나온다.

갈림길에서 왼쪽 염소집을 지나서 5분을 가면 이정표 갈림길이다. 갈림길에서 직진하여 6분을 더 가면 갈림길이 또 나온다. 이 갈림길에서 오른쪽 희미한 산길로 간다. 산길은 계곡 왼쪽으로 희미하게 이어진다. 희미한 길을 따라 5분 정도 가면 산길은 없어진다. 여기서 길이 없는 골 왼쪽 편으로 정 북쪽을 향해 5분 정도만 따라 오르면 임도가 끝나는 지점이 나온다.

여기서 직진으로 뚜렷한 산길이 이어져 5분을 오르면 또 임도가 나온다. 여기서도 직진하여 2분을 더 오르면 이정표가 있는 지능선 삼거리에 닿는다. 이정표에서 뚜렷한 오른쪽 지능선을 따라 30분을 오르면 방화선 북배산 정상이다.

하산은 남쪽 30m 거리 삼거리에서 오른쪽 길을 따라 16분을 내려가면 갈림길이다. 오른쪽은 급경사 하산길, 왼쪽은 완만한 능선길로 이어져 염소집에서 만난다. 왼쪽으로 14분을 내려가면 삼거리 안부에 닿는다.

안부에서 오른쪽으로 20분을 내려가면 집을 지나고 5분 더 내려가면 삼거리 염소집 앞이며 30분 더 내려가면 먹골 버스종점이다.

계관산 총 4시간 1분 소요
싸리재마을종점→16분→갈림길→56분
→싸리재→33분→계관산→25분→
갈림길→51분→마을종점

싸리재마을 버스종점에서 동쪽 소형차로를 따라 11분을 들어가면 입산통제 안내판이 있고 갈림길이다. 여기서 오른쪽 계류를 건너 10m 가면 오른쪽 지능선으로 하산길이 있다.

여기서 차도를 따라 30m 거리에 이르면 갈림길이 또 나온다. 갈림길에서 왼쪽으로 계류를 건너 3분을 가면 마지막 외딴집이 나온다. 마지막집 왼쪽으로 계류를 건너서 2분을 가면 오른쪽으로 갈림길이 있다.

갈림길에서 오른쪽 산길로 간다. 오른쪽 산길로 접어들어 10분을 오르면 묘가 있다. 묘를 지나서 30분을 오르면 두 번째 묘가 나오고, 15분을 오르면 갈림길이 나오는데 왼쪽으로 1분을 가면 큰 참나무가 있는 싸리재에 닿는다.

싸리재에서 오른쪽 방화선을 따라 33분을 오르면 표지석이 있는 계관산 정상에 닿는다.

하산은 오른편 서쪽 능선을 탄다. 정상에서 급경사로 시작하여 2분 정도 내려가면 다소 완만한 지능선 길로 이어진다. 뚜렷한 지능선 길을 따라 23분을 내려가면 양 능선 갈림길이 나온다.

갈림길에서 오른쪽 길을 따라 내려가면 뚜렷한 지능선 길로 이어지며 15분을 내려가면 묘를 지나고, 계속 지능선길로 이어져 25분을 내려가면 입산금지 안내문이 있는 임도에 닿는다. 임도에서 30m 거리에 입산금지표시를 지나고 11분을 내려가면 버스종점이다.

여행 정보 Tourist Information

자가운전
가평 방면 46번 국도를 타고 가평에서 좌회전⇨75번 국도를 타고 북면삼거리에서 우회전⇨1.7km 성황당삼거리에서 우회전⇨600m 평묵교에서 **계관산**은 우회전⇨2km 싸리재마을 주차장. **북배산**은 좌회전⇨2km 삼거리에서 우회전⇨2km 염소집 앞 공터 주차.

대중교통
경춘선 상봉역에서 춘천행 전철 이용, 가평역 하차. 가평역에서 작은먹골행 시내버스(07:15 14:00 19:00) 이용, **북배산**은 먹골 종점 하차. **계관산**은 싸리재마을 하차

식당
북면한식전문
가평군 북면 화악산로 4
031-582-4768

송원막국수
가평읍 가화로 76-1
031-582-1408

용추골오리숯불구이
가평읍 가화로 186
031-581-5282

한우명가(한우)
가평군 구리고개안길 25
031-581-1592~5

명소
자라섬
사계절 자연의 멋을 그대로 느낄 수 있는 테마공원 캠핑 장소.
가평읍 자라섬로 60
031-580-2700

남이섬
031-580-8114

보납산(寶納山) 330m 월두봉(月頭峰) 466m

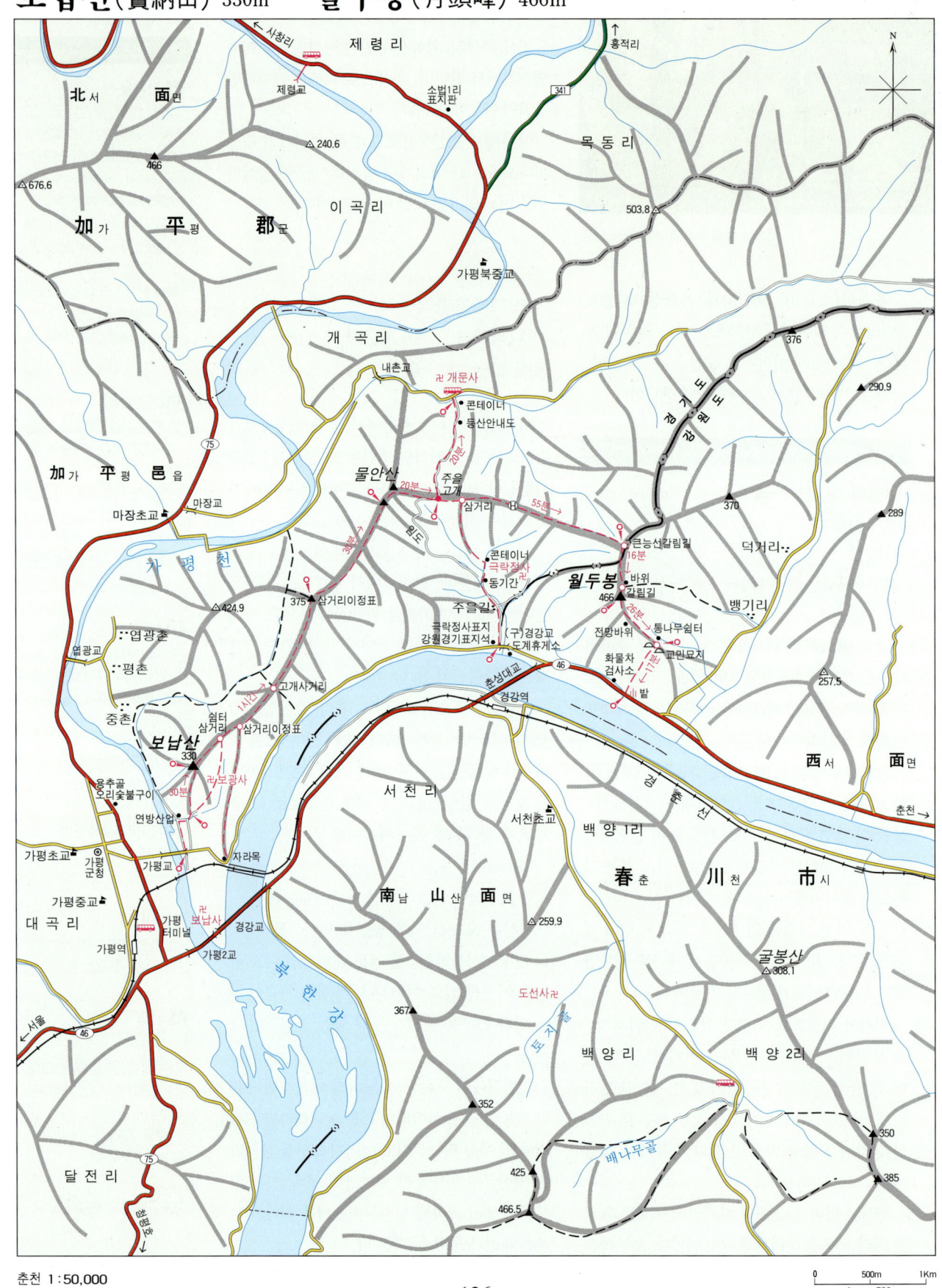

표지석이 세워진 보납산 정상

보납산 · 월두봉 경기도 가평읍 · 강원도 춘천시 서면

보납산(寶納山. 330m)은 가평읍 동북쪽에 솟은 나지막한 산이다. 조선 초기 가평군수 한석봉이 아끼던 벼룻돌과 보물을 묻어 두었다는 산이라 하여 보납산 이라는 설과, 가평읍 앞에 있는 산이라 하여 보납산 이라는 설이 있다.

월두봉(月頭峰. 466m)은 46번 국도 춘성대교 북쪽에 뾰쪽하게 솟은 산이다.

보납산 월두봉 산행은 함께 하는 것이 바람직하다. 가평교 건너 보광사 입구에서 보납산을 먼저 오른 후에, 간단한 산행은 보광사 또는 자라목으로 하산을 하거나, 물안산을 경유하여 임도에서 북쪽 개곡리로 하산한다.

월두봉은 임도에서 계속 주능선을 타고 월두봉에 이른 후 과적차량검문소로 하산한다.

 등산로 Mountain path

보납산-월두봉 총 5시간 14분 소요
보광사 입구→30분→보납산→60분→
삼거리→30분→물안산→20분→임도→
71분→월두봉→43분→과적검문소

가평읍에서 가평교를 건너 북쪽 둑방길을 따라 약 300m 가면 (주)연방목재 삼거리가 나온다. 삼거리에서 오른쪽으로 70m 가서 왼쪽으로 100m 가면 보납산 등산안내판이 나오고 30m 거리에 갈림길이 있다. 갈림길에서 왼쪽으로 오른다. 처음부터 급경사인 등산로를 따라 30분을 오르면 보납산 정상에 닿는다.

하산은 북동쪽으로 3분을 가면 갈림길이 나온다. 갈림길에서 오른쪽으로 급경사 길을 따라 12분을 내려가면 삼거리다. 삼거리에서 간단한 산행은 오른쪽 보광사 방면으로 하산하면 된다. 삼거리에서 직진으로 3분 거리에 이르면 다시 삼거리가 나온다. 이 삼거리에서 보납산 만의 산행은 오른쪽으로 30분 정도 내려가면 자라목이다. 삼거리에서 물안산 월두봉 방면은 왼편 북동쪽으로 간다. 평지와 같은 오솔길을 따라 13분을 가면 고개 사거리가 나온다. 고개에서 직진 5분을 오르면 이정표가 있는 능선이다. 이 정표에서 오른쪽으로 완만한 능선을 따라 24분을 오르면 돌밭길을 지나서 이정표 삼거리다.

삼거리에서 오른편 주능선을 따라 18분 거리에 이르면 벙커가 나오고, 12분을 더 가면 아기자기한 소나무가 있는 물안산 정상이다.

물안산에서 하산은 직진으로 5분을 가면 쉼터를 지나서 이정표 갈림길이다. 갈림길에서 오른쪽으로 15분을 내려가면 임도가 나온다.

임도에서 왼쪽으로 20분을 내려가면 개곡리 도로에 닿는다.

* 월두봉은 임도에서 오른쪽 10m 에서 왼쪽 주능선을 탄다. 처음에는 길이 다소 희미하지만 점차 뚜렷하게 이어진다. 임도에서 3분을 가면 고개에 갈림길이다. 갈림길에서 직진 주능선을 따라 18분을 오르면 헬기장이다. 헬기장을 지나 15분을 가면 안부를 지나고, 급경사 길을 따라 20분을 오르면 큰 능선 갈림길이다. 큰 능선에서 오른쪽으로 12분을 가면 안부를 지나서 바위가 있다. 바위를 왼쪽으로 돌아서 오르면 왼쪽으로 갈림길이다. 갈림길에서 직진 4분 거리에 이르면 나무표지판이 있는 월두봉 정상이다.

하산은 계속 직진 급경사 돌길을 따라 16분을 내려가면 교민묘 통나무 쉼터가 나온다. 통나무 쉼터에서 오른편 교민묘 중간으로 내려가면 하산길이 뚜렷하다. 뚜렷한 하산길을 따라 17분을 내려가면 과적단속표시가 있는 46번 구도에 닿는다.

여행 정보 Tourist Information

자가운전
보납산
수도권에서 46번 경춘국도를 타고 가평읍내 사거리에서 우회전⇒(구)가평교를 건너 바로 좌회전⇒(주)연방목재 삼거리 주차.

월두봉은 가평읍내 사거리에서 춘천 방면 (구)도로를 따라 주흘길리 입구 구경강교 오른쪽 주차.

대중교통
경춘선 상봉역에서 춘천행 전동열차 이용, 가평역 하차.

보납산은 가평역에서 가평버스터미널행 시내버스 이용, 터미널 하차.

월두봉은 가평에서 택시 이용, 주흘길리 마을 하차.

가평택시
031-581-0012, 2141

식당
송원막국수
가평읍 가화로 76-1
031-582-1408

한우명가(한우)
가평읍 구리고개안길 25
031-581-1592

용추골숯불오리구이
가평읍 가화로 186
031-581-5282

숙박
아이리스리조텔
가평읍 북한강변길 1027-11
031-581-0058

명소
남이섬
031-580-8114

자라섬
031-580-2700

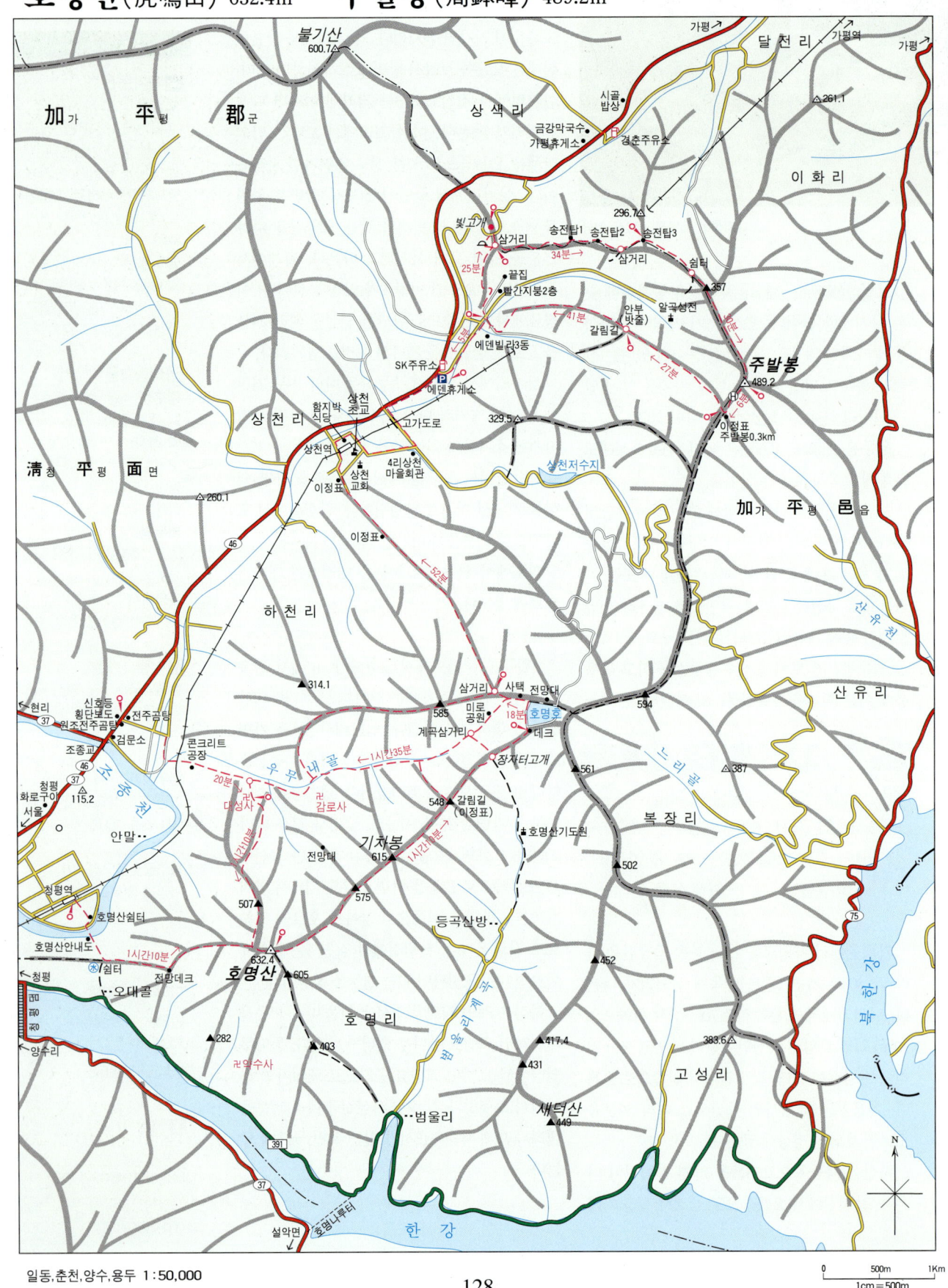
호명산(虎鳴山) 632.4m   주발봉(周鉢峰) 489.2m

산 정상에 담수된 호명호수

호명산 · 주발봉
경기도 가평군 청평면, 가평읍

둑을 따라 7분 거리 삼거리에서 왼쪽으로 11분을 가면 사택을 지나서 직진 봉우리 삼거리가 나온다. 삼거리에서 오른쪽 지능선을 따라 52분을 내려가면 상천역에 닿는다.

주발봉 총 3시간 43분 소요
에덴휴게소→25분→빛고개→34분→
3번째 송전탑→30분→주발봉→6분→
삼거리→27분→갈림길→41분→
에덴휴게소

에덴주유소와 SK주유소 사이 도로를 따라 3분을 가면 (구) 철도 밑을 통과하고, 2분 거리에 이르면 왼쪽으로 마을길이 나온다. 여기서 왼쪽 마을길을 따라 100m 가량 들어가면 빨간 기와 2층집이 있고 왼쪽에 농가가 있다. 여기서 농가 왼쪽으로 가면 밭이 나온다. 밭 초입에서 왼쪽 농기구 쪽으로 능선을 따라 간다. 왼쪽에 청망으로 난 능선길을 따라 오르면 길이 뚜렷해지면서 15분을 오르면 빛고개에서 오르는 삼거리에 닿는다.

삼거리에서 오른쪽 능선을 따라 17분을 가면 송전탑이 나오고, 여기서부터 임도 같은 길로 이어져 17분 거리에 이르면 세 번째 송전탑이 나온다.

여기서부터 산길로 이어지면서 10분을 가면 쉼터가 나오고 계속 능선을 따라 20분을 더 오르면 안테나가 있는 주발봉 정상에 닿는다.

하산은 남쪽으로 난 능선을 따라 6분을 내려가면 삼거리에 이정표가 있다. 여기서 오른편 서쪽 능선을 탄다. 뚜렷한 서쪽 능선을 따라 25분을 내려가면 안부가 나오고, 다시 급경사 에 밧줄을 잡고 2분을 오르면 갈림길이다.

갈림길에서 오른쪽 능선길을 따라 11분을 가면 또 갈림길이다. 여기서는 왼쪽으로 간다. 왼쪽으로 7분을 가면 송전탑을 통과하고 18분을 더 내려가면 에덴빌라 3동을 지나 다리에 닿는다. 여기서부터 올라왔던 그대로 5분 거리에 이르면 에덴휴게소다.

호명산(虎鳴山. 632.4m)은 청평호 북쪽에 위치한 산이다. 정상에 서면 청평호가 발 아래로 내려다보이고 북동쪽 산 정상에 유일한 호명호가 있다. 산행은 청평역에서 강을 건너 능선을 타고 정상에 오른 뒤, 북동릉을 타고 호명호를 경유하여 상천역으로 하산한다.

주발봉(周鉢峰. 489.2m)은 에덴휴게소 동쪽에 위치한 산이다. 산행은 에덴휴게소에서 빛고개에 올라 동릉을 타고 주발봉에 오른 뒤, 남쪽 능선 6분 거리에서 서쪽 지능선을 타고 다시 에덴휴게소로 원점회귀 산행이다.

등산로 Mountain path

호명산 총 4시간 30분 소요
청평역→70분→호명산→70분→
호명호→70분→상천역

청평역 남쪽 왼편에서 강 쪽으로 소로를 따라 5분을 가면 호명산쉼터가 나온다. 쉼터 동쪽 60m에서 돌다리를 건너면 호명산 안내도가 있다. 여기서부터 산행을 시작하여 9분을 오르면 능선 쉼터가 나온다. 쉼터에서 24분을 오르면 데크가 나오고, 30분을 더 오르면 호명산 정상이다.

정상에서 하산은 호명호를 향해 평범한 능선을 따라 30분을 가면 기차봉을 지나고, 23분 거리 갈림길에서 직진 8분을 내려가면 장자터고개에 닿는다. 여기서 9분을 더 오르면 호명호 데크가 있다.

대성사 방면 하산은 장자터고개에서 왼편으로 하산한다. 데크에서 상천역은 호명호 서쪽

여행 정보 Tourist Information

자가운전
호명산 수도권에서 46번 경춘국도를 타고 청평역 주차.
주발봉 46번 경춘국도를 타고 청평 조종교 삼거리 통과 에덴휴게소 주차.

대중교통
경춘선 상봉역에서 춘천행 전동열차 이용, **호명산**은 청평역 하차. **주발봉**은 상천역 하차. 에덴휴게소까지는 30분 소요.

식당
호반닭갈비
가평군 청평면 강변로 45-7
031-585-5921

춘천원조닭갈비
가평군 청평면 여울길 47
031-584-9861

전주장작불곰탕
가평군 청평면 경춘로 982
031-585-5854

황지박(순두부)
가평군 청평면 상천역로 19번길 14
031-584-9767

명소
청평호
자라섬

청평장날 2일 7일

대형 표지석이 세워진 호명산 정상

문안산(文安山) 533.1m 금남산(琴南山) 412m

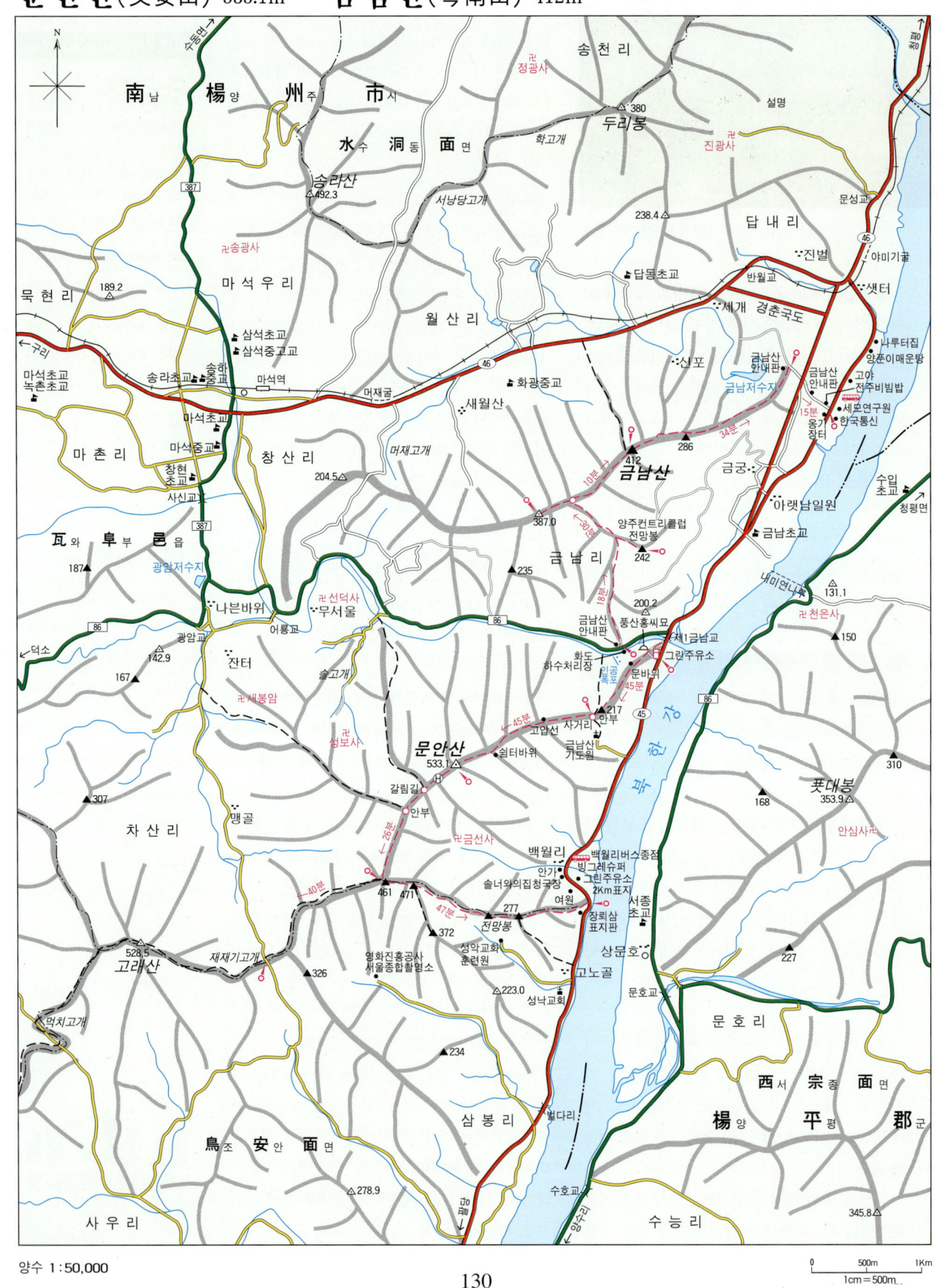

문안산 · 금남산 경기도 남양주시 화도읍

금남리에서 바라본 문안산

문안산(文案山. 533.1m)은 북한강변 운길산 북쪽에 위치한 산이다. 주능선길은 아기자기한 바윗길이나 위험한곳은 없는 무난한 산이다. 수도권에서 가까운 거리에 위치하고 무난한 산으로 주말 가족 산행지로 좋은 산이다.

금남산(琴南山. 412m)은 마석 동쪽 북한강변 서쪽에 위치한 나지막한 산이다. 문안산과 86번 군도를 사이에 두고 남쪽은 문안산, 북쪽은 금남산이다.

등산로 Mountain path

문안산 총 3시간 43분 소요
SK주유소 →45분→ 사거리 →45분→ 문안산 →26분→ 461봉 →47분→ 백월리

SK주유소 남쪽 문안산 이정표에서 2분을 올라가면 지능선에 닿고, 4분을 오르면 큰 바위가 앞을 가로막는다. 여기서 왼쪽으로 10m 내려가서 오른쪽 바위로 올라서면 다시 왼쪽 비탈길로 이어지며 10분을 가면 안부에 닿는다.(북쪽은 인공폭포) 계속 서쪽 능선을 따라 16분을 가면 바위봉이 나오고, 바위봉을 왼쪽으로 돌아 13분을 가면 안부사거리다.

안부에서 서능을 따라 17분을 가면 봉우리를 지나서 고압선이 나오고, 17분을 더 가면 쉼터바위가 나온다. 여기서 11분 거리에 이르면 공터에 삼각점이 있는 문안산 정상이다.

하산은 서남쪽 능선을 따라 8분을 가면 헬기장을 지나 삼거리다. 삼거리에서 왼쪽으로 6분을 가면 안부가 나오고, 다시 12분을 올라가면 461봉 삼거리가 나온다.

461봉 삼거리에서 왼편 동쪽으로 지능선을 따라 왼쪽 백월리 쪽으로 5분을 가면 477봉 삼거리다. 삼거리에서 왼쪽으로 14분을 가면 갈림길이다. 갈림길에서 직진하면 바로 전망바위가 나온다. 전망바위에서 계속 지능선을 따라 7분을 내려가면 안부에 닿고, 안부에서 13분을 더 가면 봉우리에 갈림길이다. 갈림길에서 왼쪽으로 8분을 내려가면 북한강변차도에 닿고 북쪽으로 200m 거리에 이르면 운길산~대성리역을 왕래하는 버스정류장이다.

금남산 총 2시간 57분 소요
하수처리장 →18분→ 전망봉 →30분→ 387봉 →20분→ 금남산 →34분→ 안내판 →15분→ 한국통신

SK주유소에서 100m 북쪽 제1금남교 북단에서 좌회전 500m 거리에 금남산 등산로 안내판이 있다. 안내판에서 북쪽으로 난 완만한 등산로를 따라 15분을 오르면 이정표 삼거리가 있고 여기서 오른편으로 3분 오르면 삼각점이 있는 전망봉이다.

다시 금남산을 향해 올라왔던 삼거리까지 다시 내려가서 북쪽으로 이어진 능선을 따라 조금 내려서면 오른쪽 골프장으로 내려가는 샛길이 있다. 여기서 직진으로 5분을 가면 사거리가 나오고 직진 능선으로 15분 오르면 주능선삼거리에 닿는다. 삼거리에서 왼쪽 왕복 10분 거리 387봉을 다녀와서 다시 동북 쪽 능선을 따라 10분을 가면 금남산 정상이다. 정상에 서면 북한강 마석 시가지가 시원스럽게 펼쳐진다.

하산은 북동쪽으로 8분을 가서 밧줄이 있는 경사길을 내려가면 고개사거리다. 사거리에서 직진 15분을 내려서면 오른쪽에 골프장이며, 직진하여 10분 내려가면 다시 사거리가 나오는데 오른쪽으로 1분을 가면 소형차로 삼거리다. 여기서 오른쪽 소형차로를 따라가 마을 앞 삼거리에서 왼쪽 도로 밑을 지나고 금남 3리 회관을 지나 KT 버스정류장이다.

여행 정보 Tourist Information

자가운전
문안산
양수리 방면 6번 국도를 타고 양수대교 전에 우회전 ⇨ 45번 국도를 타고 (구)양수교삼거리에서 좌회전 ⇨ 춘천 방면 15km 거리 금남1교 전 SK그린주유소 부근 주차.

금남산은 그린주유소에서 100m 금남제1교에서 좌회전 ⇨ 400m 거리 등산안내판 주차.

대중교통
중앙선 전철 이용, 운길산역 하차.
운길산역에서~대성리역을 40분 간격으로 운행하는 56번 버스 이용, SK그린주유소 하차.

식당
문안산
동치미국수
남양주시 조안면
북한강로 547
031-567-4070

빛촌(쌈밥전문)_
남양주시 화도읍
북한강로 1325
031-591-4613

금남산
양푼이매운탕
(민물매운탕)
남양주시 화도읍
북한강로1570번길 5
031-592-8383

나루터집(민물매운탕)
남양주시 화도읍
북한강로 1578-8
031-592-0835

명소
북한강변 드라이브

화야산(禾也山) 754.2m 뾰루봉 709.7m 고동산 602m

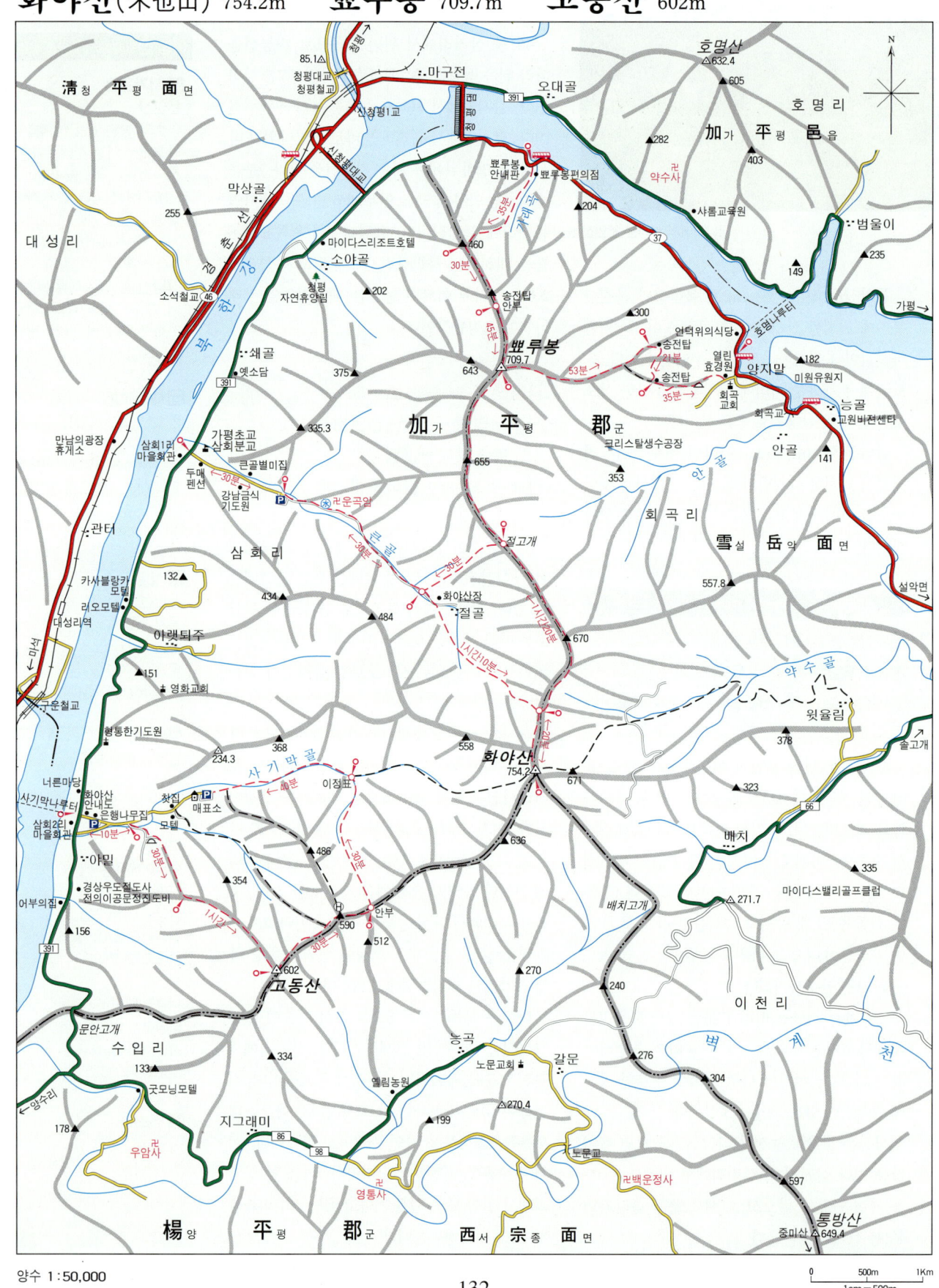

화야산 · 뽀루봉 · 고동산   경기도 가평군 청평면, 설악면

화야산(禾也山,754.2m) · **뽀루봉**(709.7m) · **고동산**(602m)은 대성리 동쪽 북한강변의 산이다.

등산로 Mountain path

화야산 총 5시간 40분 소요
주차장→30분→화야산장→90분→화야산→100분→절고개→60분→주차장

삼회1리 마을회관에서 동쪽 소형차로를 따라 2km 들어가면 주차장이다. 주차장에서 소형차로를 따라 30분을 가면 운곡암을 거쳐 화야산장 삼거리다.

삼거리에서 오른쪽으로 들어서면 계류를 건너서 묵밭을 지나며 계곡 길로 이어지다가 30분을 올라가면 갈림길이 나온다. 갈림길에서 왼쪽 뚜렷한 길을 따라 40분을 오르면 주능선삼거리에 닿는다. 여기서 오른쪽으로 20분을 더 가면 화야산 정상이다.

하산은 올라왔던 20분 거리 북쪽 삼거리로 되내려간 다음, 직진 주능선을 따라 1시간 20분을 가면 절고개 삼거리가 나온다.

절고개에서는 왼쪽 계곡을 따라 30분을 내려가면 삼거리에 닿고 주차장까지는 30분 거리다.

뽀루봉 총 4시간 39분 소요
뽀루편의점→35분→주능선→30분→송전탑→45분→뽀루봉→53분→갈림능선→21분→2송전탑→35분→양지말

뽀루편의점에서 계곡길을 따라 35분을 올라가면 계곡을 벗어나 119 표지판 주능선에 닿는다.

주능선에서 30분을 오르면 첫 봉을 지나 송전탑 안부에 닿는다.

송전탑에서 남쪽 주능선을 따라 오르면 바위 능선으로 이어져 12분을 가면 갈림길이 나온다. 갈림길에서 왼쪽 능선을 따라 33분을 오르면 삼거리 지나 뽀루봉 정상이다.

하산은 10m 거리 삼거리에서 동릉을 따라 32분을 내려가면 오른쪽 비탈길로 이어지고, 다시 8분을 가면 지능선으로 이어지며 13분을 더 내려가면 갈림능선이다. 갈림능선에서 오른편 세 능선으로 6분을 가면 갈림길이 나온다. 갈림길에서 오른쪽으로 2분을 가면 1송전탑삼거리가 나온다. 여기서 오른쪽 비탈길로 13분을 가면 2송전탑 위 삼거리다.

삼거리에서 송전탑 쪽 능선을 따라 7분을 가면 안부삼거리에 닿는다. 삼거리에서 오른쪽 비탈길을 따라 가면 다시 능선길로 이어져 22분을 내려가면 소형차로가 나온다. 여기서 6분을 내려가면 양지말 버스정류장이다.

고동산 총 4시간 30분 소요
마을회관→100분→고동산→30분→안부→30분→합수곡삼거리→50분→마을회관

삼회2리 마을회관에서 도로 건너 마을길을 따라 150m 가면 삼거리다. 삼거리에서 오른쪽으로 100m 가면 길이 끝난다. 여기서 오른쪽 계곡을 건너서 10m 가면 다리가 나온다. 다리 건너기 전에 왼쪽 등산로를 따라 가면 묘지를 지나서 오른쪽 능선으로 이어진다. 이 능선을 따라 30분을 올라가면 지능선삼거리에 닿는다. 여기서 왼쪽 능선을 따라 1시간을 올라가면 표지석이 있는 고동산 정상이다.

하산은 동쪽 주능선으로 25분을 가면 590봉 헬기장 삼거리이다. 헬기장에서 오른쪽으로 5분을 내려가면 안부삼거리다.

안부삼거리에서 왼쪽으로 가면 계곡으로 이어져 30분을 내려가면 합수곡 삼거리다.

합수곡 삼거리에서 50분을 내려가면 매표소를 지나 삼회2리 마을회관 버스정류장이다.

여행 정보 Tourist Information

자가운전
양평 방면 6번 국도를 타고 양수대교 통과하자마자 우회전⇒좌회전⇒양수리 삼거리에서 우회전⇒363번 강변도로를 타고 **고동산**은 삼회2리회관 주차.
화야산은 삼회2리회관에서 직진 4km 삼회1리회관에서 우회전⇒소형차로 2km 주차장.
뽀루봉은 삼회1리회관에서 계속 직진⇒청평댐을 지나서 500m 오른쪽 뽀루매점 입구 주차.

대중교통
경춘선 상봉역에서 춘천행 전철을 타고 청평역 하차. 청평버스터미널에서 삼회리행 버스(1일 6회) 이용, **화야산**은 삼회1리회관 하차.
고동산은 삼회2리회관 하차.
뽀루봉은 설악행 버스 이용, 청평댐 지나 500m 뽀루매점 하차.

식당
고동산
어부의집(민물매운탕)
가평군 청평면 북한강로 1577
031-584-3011

화야산
큰골별미집(일반식)
가평군 청평면 북한강로 2010번길 62
031-584-2032

뽀루봉
언덕위에식당(토종닭)
가평군 설악면 회곡가래골길 4
031-584-3364

명소
청평호수

중미산(仲美山) 833.6m 삼태봉 686m 통방산(通方山) 649.4m 곡달산(鵠達山) 630m

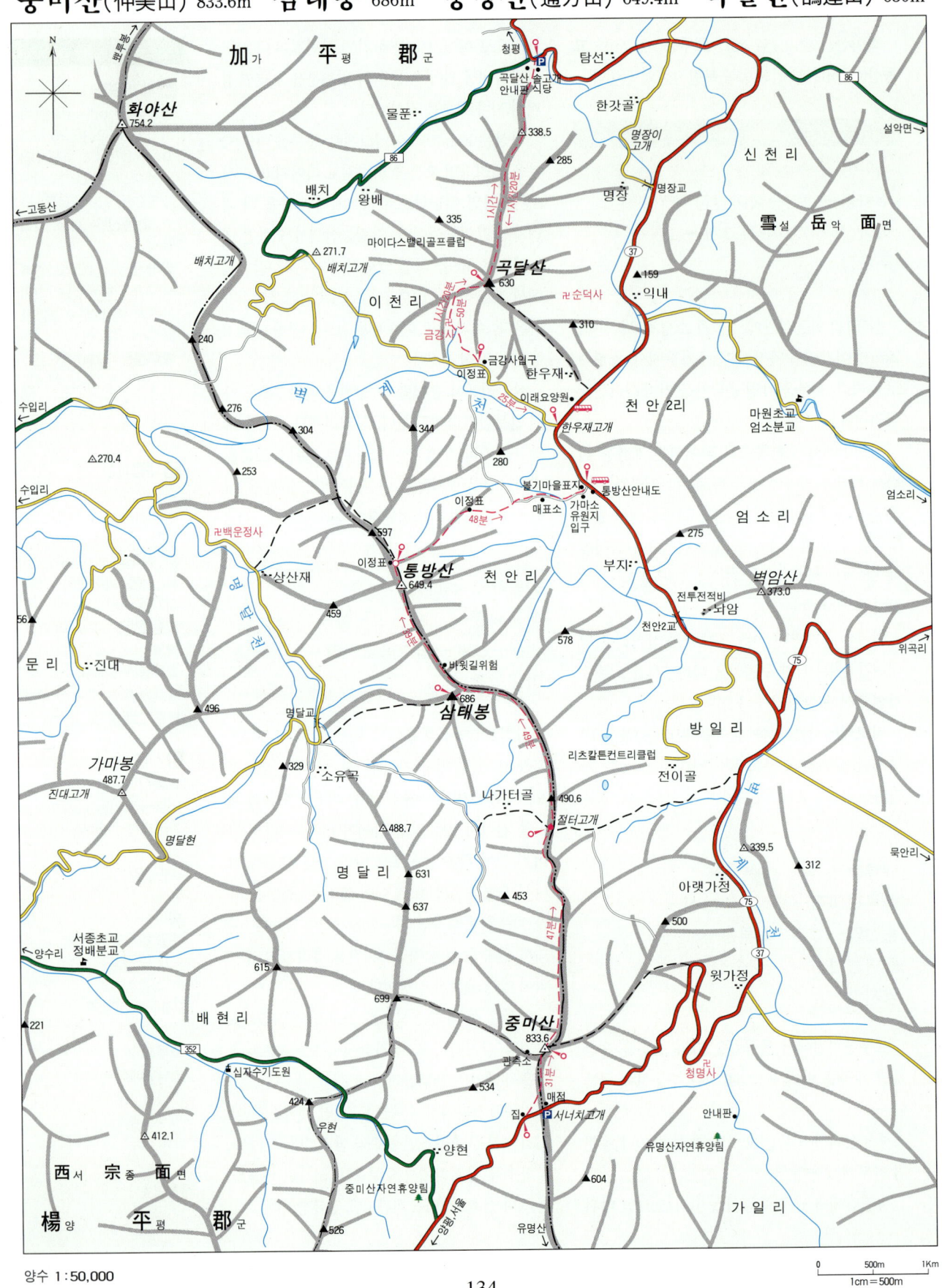

중미산 · 삼태봉 · 통방산 · 곡달산
경기도 양평군 서종면, 가평군 설악면

중미산(仲美山. 833.6m) · **삼태봉**(686m) · **통방산**(通方山. 649.4m)은 유명산에서 북쪽으로 서너치를 넘어 중미산 삼태봉 통방산으로 이어진다. 산행은 선어치에서 시작 중미산을 먼저 오른 다음, 북릉을 타고 삼태봉 통방산을 경유하여 동쪽 설악면 천안리로 하산한다.

곡달산(鵠達山. 630m)은 설악면 서쪽에 뾰쪽하게 보이는 산이다.

등산로 Mountain path

중미산-삼태봉-통방산 총 4시간 34분 소요
서너치고개→31분→중미산→47분→절터고개→49분→삼태봉→39분→통방산→48분→천안리

서너치고개에서 산행을 시작한다. 고개 서쪽 등산로 표시에서 능선을 따라 18분을 오르면 오른쪽에서 오르는 삼거리에 닿는다. 삼거리에서 계속된 능선길을 따라 8분을 더 오르면 관측소 삼거리다. 삼거리에서 왼쪽은 휴양림으로 가는 길이고, 오른쪽으로 5분을 더 가면 바위봉에 삼각점이 있는 중미산 정상이다.

하산은 북쪽 능선으로 2분을 내려서면 삼거리가 나온다. 오른쪽은 가일리 방면 하산길이고, 왼쪽은 절터고개 통방산 방면이다. 왼쪽 능선길을 따라 15분을 내려가면 평지와 같은 주능선으로 이어져, 30분을 더 내려가면 안부 절터고개 골프장 상단부에 닿는다.

안부에서 직진 6분을 가면 갈림능선이 나오는데 오른쪽으로 간다. 오른쪽으로 12분을 더 가면 다시 갈림길이 나오는데 왼쪽으로 간다. 평지와 같은 능선길로 10분 정도가면 급경사가 시작되며 다시 17분을 오르면 삼거리에 닿는다. 삼거리에서 서쪽으로 4분을 가면 삼태봉 정상이다. 정상은 표지판이 있고 수십 가지로 퍼진 소나무가 있다.

삼태봉에서 왼쪽(서)으로 능선을 따라 1시간 20분을 내려가면 명달분교로 하산한다.

삼태봉에서 통방산은 4분 거리 삼거리로 되돌아온 다음, 왼쪽(북)으로 주능선을 따라 5분을 가면 바위봉이 나온다. 북쪽으로 내려가는 길은 급경사 바윗길이므로 주의 지점이다. 눈비가 있을 때는 위험하며 밧줄이 필요하다. 급경사를 내려서면 순탄한 등산길로 이어져 30분을 가면 통방산 정상이다.

통방산 정상은 돌무더기가 있고 삼각점이 있으며 표지석이 있다. 통방산에서 북쪽으로 5분을 내려가면 삼거리가 나온다. 직진하면 노문리로 가는 길이고, 오른쪽은 천안리로 가는 길이다. 오른쪽으로 지능선을 따라 5분을 내려가면 갈림능선이 나오는데 오른쪽으로 간다. 오른쪽으로 10분을 내려가면 갈림능선길이 또 나온다. 여기서 왼쪽 능선을 따라 3분을 내려가면 이정표가 있는 갈림능선이 또 나온다. 여기서는 오른쪽 능선으로 내려간다. 오른쪽으로 4분을 내려가면 묘가 나오고 8분을 더 내려가면 임도에 닿는다. 임도에서는 오른쪽으로 5분을 가면 통방산 안내판이 있다. 안내판에서 차도 따라 8분을 가면 가마소 입구 버스정류장에 닿는다.

곡달산 총 3시간 35분 소요
솔고개→80분→곡달산→40분→금강사→10분→도로→25분→한우재

37번 국도 솔고개에서 솔고개식당 뒤 등산로를 따라 23분을 오르면 삼각점이 있는 338.5봉에 닿고, 진달래 바위지대를 따라 20분을 가면 555봉에 닿는다. 다시 안부로 내려갔다가 오르고 내리면서 37분을 가면 삼거리 곡달산 정상에 닿는다.

하산은 다시 솔고개로 하산하는 것이 가장 좋은 방법이며, 다른 하산길은 서쪽으로 1분 거리에 갈림길이 나온다. 갈림길에서 왼쪽은 능선을 타고 서낭당 하산길이고, 오른쪽 능선은 금강사 길이다. 오른쪽 길을 따라가면 바윗길로 이어져 38분을 내려가면 금강사에 닿는다.

금강사에서 동쪽으로 10분을 내려가면 차도에 닿고 차도 따라 25분을 가면 한우재이다.

여행 정보 Tourist Information

자가운전
중미산-삼태봉-통방산
수도권에서 양평 방면 6번 국도를 타고 옥천면에서 좌회전⇒37번 국도를 따라 가다가 농다치고개를 지나 선어치고개 주차.
곡달산 서울양양고속도로 설악IC에서 빠져나와 우회전⇒설악면에서 좌회전⇒솔고개 주차.

대중교통
중미산-삼태봉-통방산은 양평시외버스터미널에서 설악면행 시외버스(09:10 10:40 15:40 17:00) 이용, 서너치고개 하차.
곡달산은 청량리역 앞에서 1330-5번(1일 6회) 설악면행 좌석버스 이용, 솔고개 하차.

식당
다한우(한우)
설악면 신천중앙로 18
031-584-3370

연청국장
설악면 한서로 30
031-585-0182

평강막국수(곡달산)
설악면 유명로 1818-7
031-585-1898

숙박
펜션아로마
설악면 어비산길 105
031-584-7362

중미산자연휴양림
옥천면 중미산로 11
031-771-7166

명소
청평호

설악장날 1일 6일

보리산(나산) 627.3m 장락산(長樂山) 627.3m 왕터산 414m

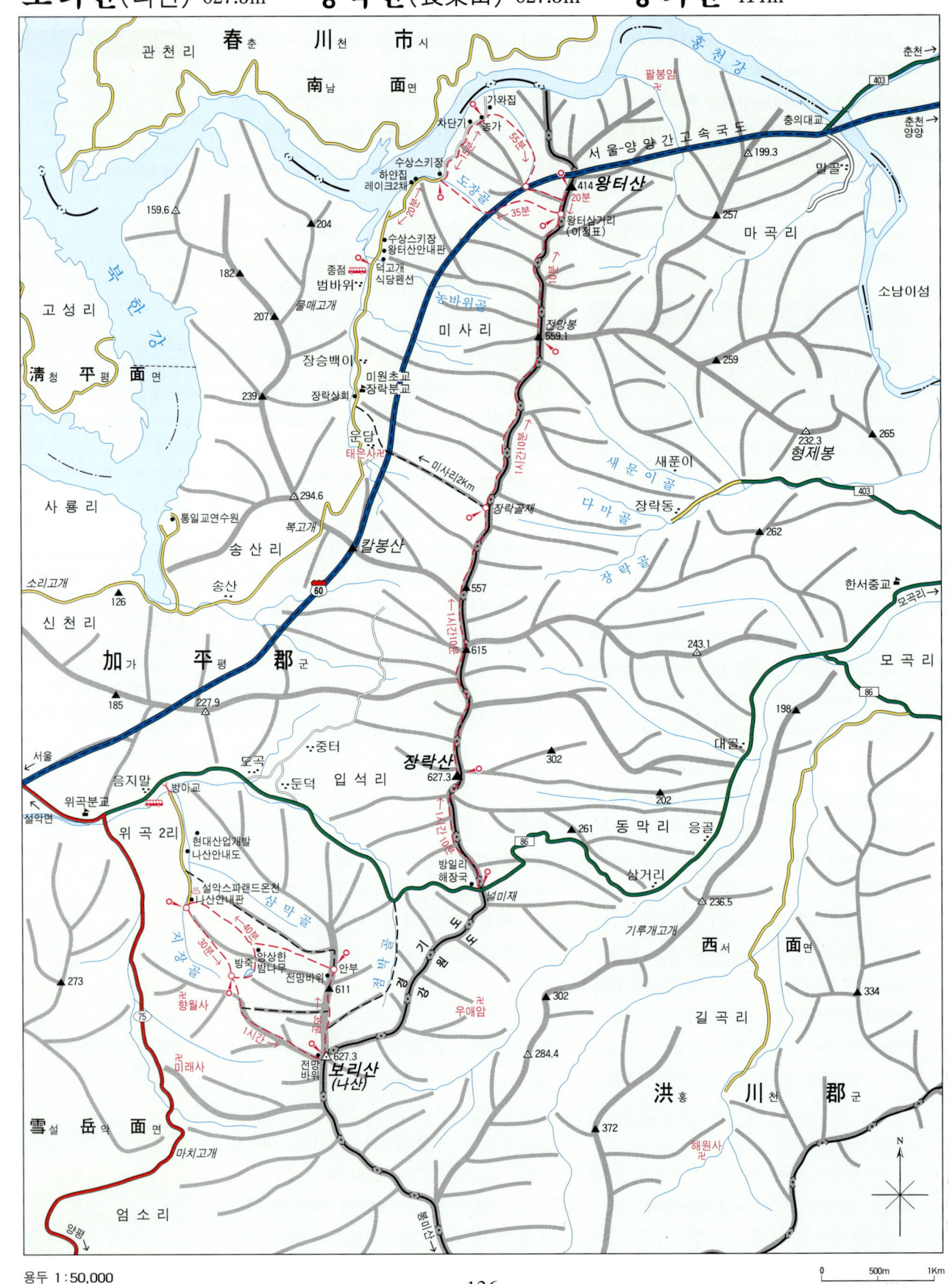

보리산 · 장락산 · 왕터산 경기도 가평군 설악면 · 강원도 홍천군

보리산(627.3m) · **장락산**(長樂山, 627.3m) · **왕터산**(414m)은 가평군 설악면과 홍천군 서면의 경계를 이루고 있는 산이다. 남북으로 이어진 긴 능선 서쪽은 청평호, 동쪽은 홍천강이다.

보리산은 설악스파랜드에서 오르고, 장락산과 왕터산은 널미재에서 북쪽 능선을 타고 왕터산을 경유하여 수상스키장으로 하산한다.

등산로 Mountain path

보리산 총 3시간 45분 소요
설악온천→30분→갈림길→60분→
보리산→35분→안부→40분→
설악온천

위곡초교삼거리에서 오른쪽 차도를 따라 2km 가면 설악스파랜드다. 온천 입구 보리산 등산안내판에서 오른쪽으로 난 등산로를 따라 10분을 가면 삼거리다. 이 삼거리에서 오른쪽 길을 따라 20분을 올라가면 삼거리가 또 나온다.

삼거리에서 오른쪽 계류를 건너면 능선으로 등산로가 이어진다. 급경사 등산로를 따라 1시간을 올라가면 삼각점이 있는 보리산 정상이다.

하산은 북릉을 따라 17분을 가면 갈림길이 나온다. 갈림길에서 계속 북쪽 주능선을 따라 18분을 내려가면 두 번째 전망바위를 지나서 30m 더 내려서면 안부삼거리다.

삼거리에서 왼편 서쪽으로 난 지능선을 따라 40분을 내려가면 스파랜드 온천에 닿는다.

장락산 총 5시간 35분 소요
널미재→70분→장락산→70분→
장락골재→80분→왕터삼거리→55분→
미사리 버스종점

설악면에서 동쪽 모곡리 방면으로 약 8km 거리에 이르면 널미재다. 널미재 서쪽 방일해장국집 위에서 북쪽으로 보면 장락산 등산안내판이 있다.

이 표지판을 따라 5분을 오르면 능선삼거리다. 삼거리에서 북릉을 따라 21분을 오르면 산돌이 많은 능선을 밟게 되고, 19분을 가면 삼각점이 있는 봉에 닿으며 30분을 더 오르면 장락산 정상이다.

하산은 북쪽 왕터산을 향해간다. 왕터산 쪽 북쪽 너덜지대를 지나면서 31분을 가면 암봉이 나온다. 암봉을 왼쪽으로 돌아서 다시 능선을 따라 26분을 지나면 615봉을 통과하며 13분을 내려가면 장락골재 삼거리다.

장락골재에서 북쪽 주능선을 따라 45분을 가면 504.3 암봉이다. 암봉에서 25분을 가면 559.1 전망봉에 닿는다. 전망봉에서 10분을 내려가면 안부 왕터삼거리에 닿는다. 여기서 왕터산 왕복은 50분 소요된다.

왕터삼거리에서 왼쪽으로 25분을 내려가면 빈집이 있는 갈림길이 나온다. 갈림길에서 오른쪽 길을 따라 내려서면 철망을 따라가다가 왼쪽 비탈길로 돌아가서 임도에 닿으며, 10분 내려가면 레이크힐 하얀 집 차도에 닿고, 왼편으로 15분 거리에 버스종점이다.

왕터산 총 3시간 45분 소요
버스종점→35분→차단기→55분→
왕터산→20분→삼거리→55분→
버스종점

미사2리 버스 종점에서 서쪽으로 비포장 소형차로를 따라 끝 까지 가면 왕터산 안내판과 차단기를 통과하고 기와집이 나온다.

기와집 전 오른쪽으로 난 뚜렷한 산길을 따라 25분을 오르면 지능선 사거리다. 사거리에서 왼쪽으로 15분을 오르면 갈림길이 있고, 직진하여 5분을 가면 주능선삼거리다. 삼거리에서 왼쪽으로 10분을 더 오르면 이정표가 있는 왕터산 정상이다.

하산은 북쪽 능선으로 20분을 내려가면 왕터삼거리다. 삼거리에서 뚜렷한 오른쪽 길을 따라 35분을 내려가면 하얀 집 차도에 닿고, 왼쪽으로 20분 거리에 이르면 버스종점이다.

여행 정보 Tourist Information

자가운전
서울-춘천 고속도로 설악IC에서 빠져나와 우회전⇒설악면 삼거리에서 **보리산**은 우회전⇒2km 위곡초교 지나서 우회전⇒1.5km 설악 온천 주차. **장락산**은 위곡초교에서 직진⇒모곡 방면 널미재 주차. **왕터산**은 설악면소재지 삼거리에서 좌회전⇒200m 미원초교에서 우회전⇒약 8km 미사리 버스종점에서 직진 하얀 집 부근 주차.

대중교통
잠실역 롯데월드 앞에서 7000번. 청량리역 앞에서 8005번 좌석버스 이용, 설악면 하차. 설악면에서 산행기점까지 모두 택시를 이용한다. **보리산**은 설악스파랜드 온천, **장락산**은 널미재, **왕터산**은 미사2리 하얀 집까지.

숙식
다하누(한우)
가평군 설악면 신천2중앙로 18
031-584-3370

연청국장
가평군 설악면 한서로 30
031-585-0182

덕고개(펜션, 식당)
가평군 설악면 미사리로 716-3
031-585-9755

명소
청평호

설악장날 1일 6일

유명산(有明山) 861m　　어비산(魚飛山) 826.7m

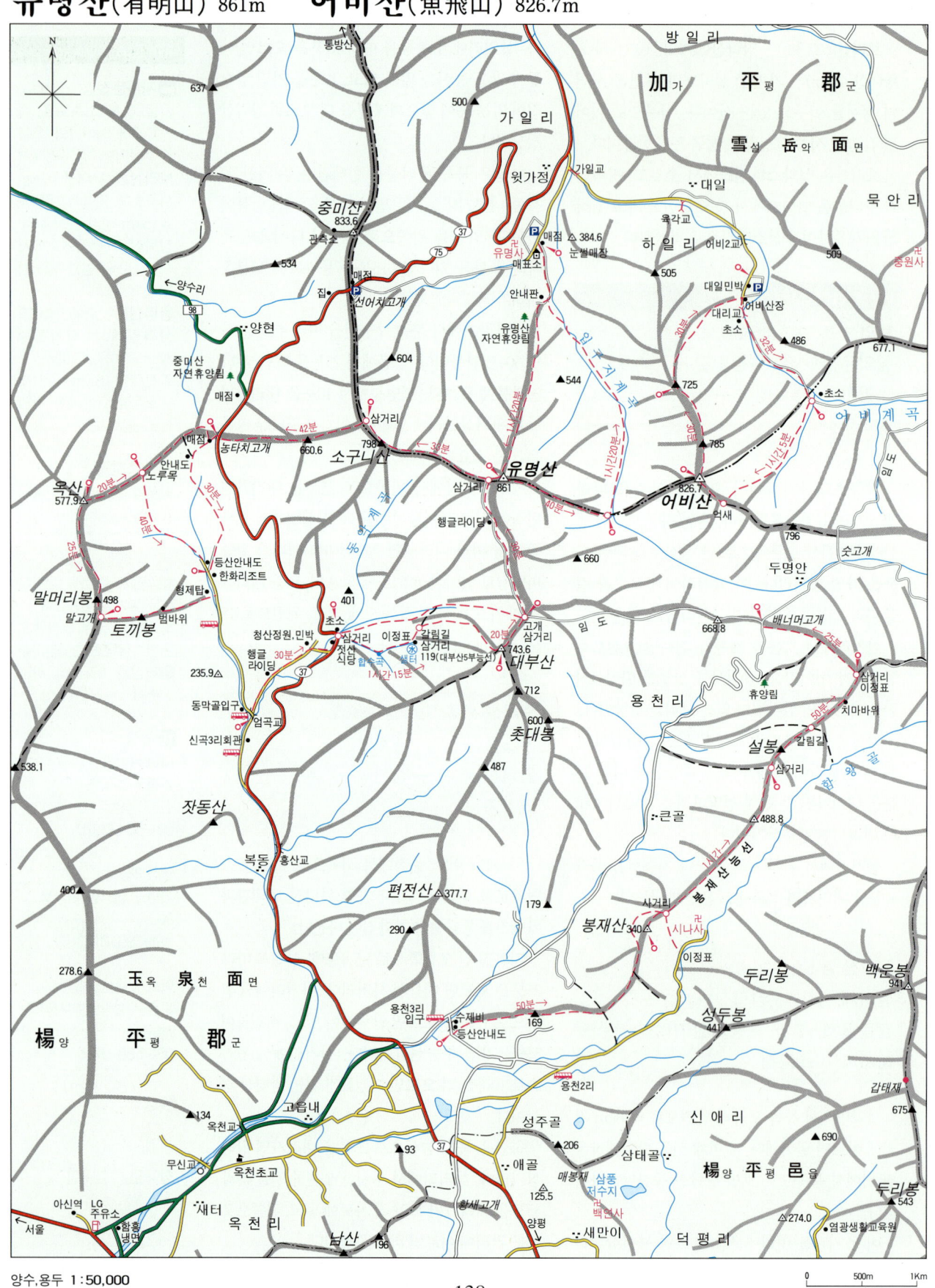

돌무더기가 있는 유명산 정상

유명산 · 어비산
경기도 가평군 설악면, 양평군 옥천면

유명산(有明山, 861m)은 북쪽은 중미산 동쪽은 어비산 남쪽은 대부산 서쪽은 옥산의 한 중심에 위치하고 있으며 설악면 일대에서 가장 높은 산이다. 동쪽 입구지계곡은 물이 많고 긴 계곡으로 여름 장마철에는 계곡산행이 어렵다.

산행은 버스종점을 기점으로 남쪽 능선을 타고 정상에 오른 후에, 동쪽 입구지계곡을 따라 다시 종점으로 원점회귀 산행이다.

어비산(魚飛山, 826.7m)은 입구지계곡을 사이에 두고 유명산과 동서로 마주하고 있는 산이다. 산세가 완만하고 험로가 없으며 주말 가족 산행지로 매우 좋은 산이다.

등산로 Mountain path

유명산 총 4시간 20분 소요
주차장→10분→삼거리→70분→유명산→40분→합수곡→80분→주차장

유명산 주차장에서 매표소를 통과하여 넓은 길을 따라가면 휴게소 매점이 있고 이어서 임도 삼거리가 나온다. 삼거리에서 오른쪽으로 들어서면 등산안내판이 있고 등산로가 있다. 매표소에서 10분 거리다. 잘 정비된 등산로를 따라 올라가면 정상까지 갈림길이 없고 1시간 10분을 오르면 정상이다. 정상은 나무가 없고 시야가 확 트여 사방이 막힘이 없다.

하산은 여러 갈래 길이 있다. 입구지계곡 서너치재 농다치재 대부산 방면이 있다. 원점회귀 산행인 동쪽 입구지계곡으로 하산하는 것이 일반적이다. 정상에서 입구지계곡을 향해 동쪽 능선으로 내려가면 바로 급경사지대다. 밧줄이 매여 있는 경사진 길을 타고 40분을 내려가면 합수곡이다.

합수곡에서 왼쪽으로 내려가면 계곡을 오른쪽으로 끼고 왼쪽 산 비탈길로 이어지다가 너덜지대를 지나면 합수곡 이기도 한 넓은 계곡을 만난다.

여기서 계곡을 건너서 하산길이 이어진다. 계곡길은 돌길이며 험한 길도 있다. 계곡을 수차례 넘나들면서 1시간 20분을 내려가면 유명산주차장에 닿는다.

어비산 총 3시간 37분 소요
주차장→32분→갈림길→65분→어비산→30분→갈림길→30분→주차장

유명산 입구 유신가든 삼거리에서 왼쪽 다리를 건너 2차선 도로를 따라 약 2km 거리에 이르면 예담소 대형주차장이 있고 바로 위에 어비산장이다. 어비산장에서 왼쪽 임도를 따라간다. 임도를 따라 25분을 가면 어비계곡(잠수교)를 건너고, 잠수교에서 7분을 가면 길 왼쪽에 어비산 이정표가 있으며 오른쪽에 입산금지 표지판이 있다.

여기서 임도를 벗어나 오른쪽 산길로 간다. 오른쪽 산길로 접어들면 왼쪽 계곡과 나란히 등산로가 이어진다. 등산로는 돌밭 계곡길로 이어지며 약 30분을 올라가면 계곡이 끝나고 등산로는 오른쪽 능선으로 이어진다. 매우 급경사인 지능선길을 따라 30분을 올라서면 잣나무지역인 주능선 안부에 닿는다. 이정표가 있는 능선에서 오른쪽으로 5분을 더 오르면 어비산 정상이다. 정상은 사거리에 표지석이 있고 삼각점이 있으며 나무를 베어내어 사방이 막힘이 없다.

하산은 북쪽 주능선을 탄다. 북쪽 주능선을 따라 5분을 내려가면 돌탑이 있고, 25분을 더 내려가면 갈림능선길이다.

갈림 능선에서 뚜렷한 오른쪽 능선길을 따라가면 완만한 능선으로 이어져 30분을 내려가면 산행기점 어비산장에 닿는다.

여행 정보 Tourist Information

자가운전
유명산
서울-양양고속도로 설악IC에서 빠져나와 좌회전 ⇨ 가일리 유명산 주차장.
어비산은 가일리 삼거리에서 좌회전-2km 2차선 끝나는 지점 주차.

대중교통
유명산은 잠실역 롯데월드 앞에서 7000번(1일 7회). 청량리역 앞에서 8005번 좌석버스 이용, 유명산 종점 하차.
어비산은 유명산 입구 삼거리 하차(어비교-어비산장 2km 25분).

식당
옹달샘식당(일반식)
가평군 설악면 유명산길 110 유명산 주차장
031-585-2274

유명가든(일반식)
가평군 설악면 어비산길 214-7
031-584-4320

숙박
옹달샘펜션
가평군 설악면 유명산길 110
010-8588-0645

펜션아로마
가평군 설악면 어비산길 105
031-584-7362

명소
입구지계곡

유명산자연휴양림
가평군 설악면 유명산길 79-53
031-589-5487

설악장날 1일 6일

대부산 743.6m   소구니산 798m   옥산 577.9m

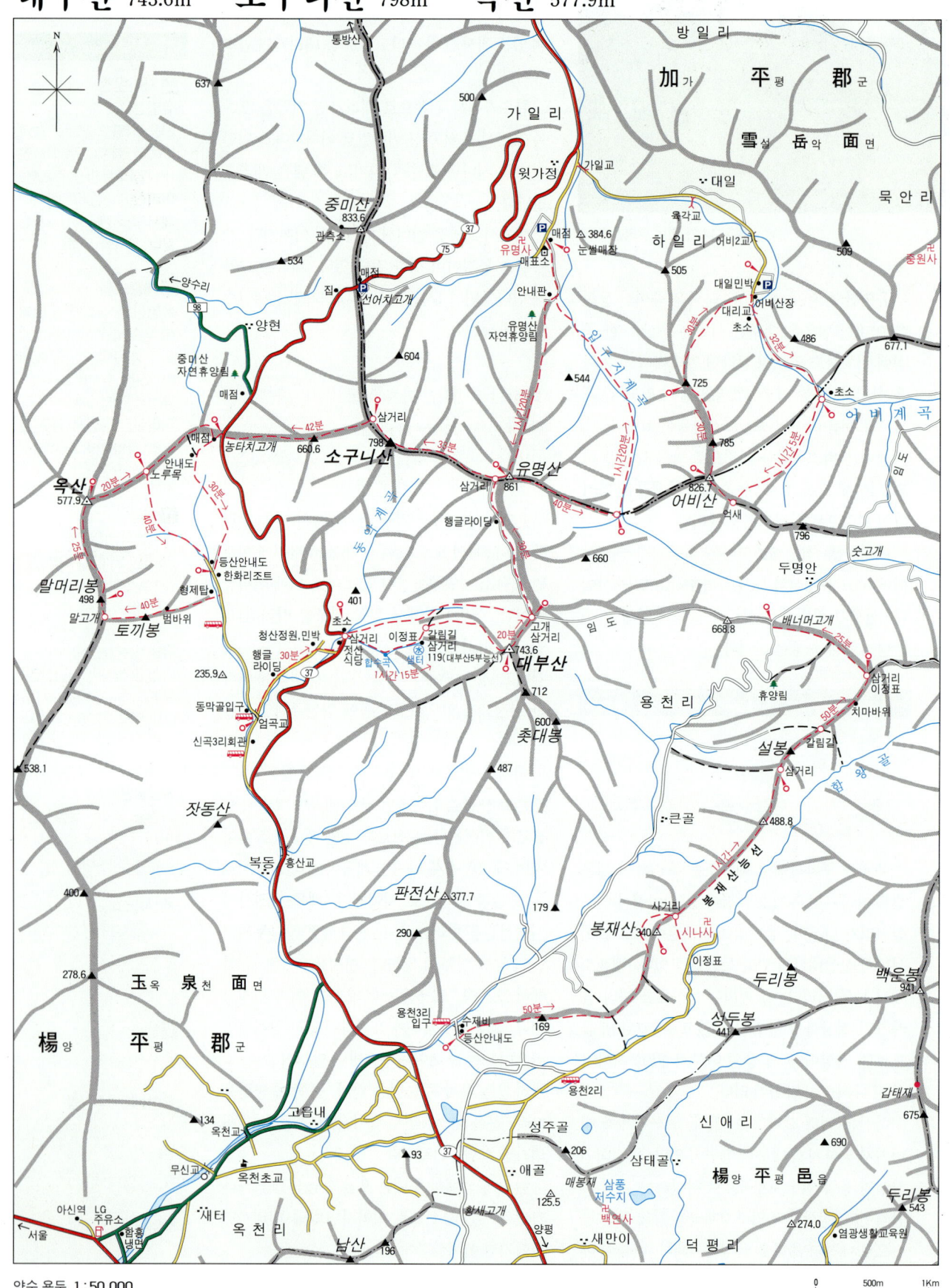

대부산 · 소구니산 · 옥산 경기도 양평군 옥천면

대부산(743.6m)과 **소구니산**(798m)은 유명산 주능선 남서쪽에 위치한 산이다.

옥산(玉山. 577.9m)은 농다치고개에서 서쪽으로 약 2km 거리에 솟은 산이다.

등산로 Mountain path

대부산→소구니산 총 5시간 20분 소요
동막골 입구→30분→초소→75분→
대부산→20분→고개→30분→
유명산→33분→소구니산→42분→
농다치고개→30분→한화리조트

옥천면 신복3리 동막골 입구 버스 정류장 갈림길에서 오른편 행글라이딩 쪽 소형차로를 따라 15분을 오르면 행글라이딩 광장을 지나서 다리 앞 갈림길이다. 다리 건너기 전에 오른쪽 경운기 길을 따라 10분을 오르면 37번 국도에 닿는다. 국도에서 왼쪽으로 5분을 가면 오른쪽에 초소가 있다.

여기서 차도를 벗어나 초소 왼쪽으로 20m 정도 가면 119표시가 있은 삼거리다.

삼거리에서 오른쪽으로 간다. 계곡으로 난 등산로를 따라 12분을 가면 합수곡이 나온다. 합수곡에서 왼쪽으로 16분을 가면 119표시 갈림길이 나오는데 왼쪽으로 간다. 갈림길에서 왼쪽 계곡을 건너 11분을 가면 능선에 갈림길이다. 갈림길에서 오른쪽 119 1-2(대부산5부능선)표시 쪽으로 지능선으로 간다. 능선길을 따라 37분을 가면 주능선에 닿고, 주능선에서 왼쪽으로 20m 가면 삼거리 표지석이 있고 삼각점이 있는 대부산 정상이다.

하산은 정상에서 바로 북쪽으로 간다. 다소 급경사에 숲이 우거진 하산길을 따라 20분을 내려가면 고개 삼거리에 닿는다.

삼거리에서 대부산만을 한다면 왼쪽으로 간다. 왼편 계곡길을 따라 1시간을 내려가면 올라왔던 초소 앞 37번 국도에 닿는다.

* 유명산~소구니산 종주산행은 고개 삼거리에서 계속 북쪽 능선으로 간다. 북쪽 능선j을 따라 1분을 가면 임도가 나온다. 임도에서 왼편 임도를 따라 27분을 오르면 행글라이딩 장소를 지나서 삼거리다. 삼거리에서 오른쪽으로 100 오르면 유명산 정상이다.

소구니산은 유명산에서 다시 삼거리로 내려온 다음 북서 방면으로 간다. 유명산 서쪽 삼거리에서 오른쪽 소구니산 농다치고개 이정표를 따라 30분을 가면 표지석이 있는 소구니산 정상이다.

소구니산에서 하산은 계속 북쪽으로 능선을 따라 7분을 가면 삼거리가 나온다. 삼거리에서 왼쪽으로 간다. 농다치고개 이정표를 따라 35분을 내려가면 헬기장을 지나서 농다치고개에 닿는다.

농다치고개에서 한화리조트로 가는 길은 도로를 벗어나 서쪽으로 30m 정도 가면 갈림길이 나온다. 갈림길에서 왼쪽 넓은 길을 따라 간다. 하산길은 옛 산판 길이었으나 등산객만이 사용하여 매우 호젓하고 편안한 하산길이며 30분을 내려가면 한화리조트에 닿고 5분 거리에 이르면 버스정류장이다.

옥산 총 3시간 5분 소요
한화리조트→40분→말머리봉→25분→
옥산→20분→노루목→40분→
한화리조트

한화리조트 중간 서쪽에서 다리를 건너면 등산로 이정표가 있다. 이정표에서 범바위 쪽 표시를 따라 25분을 오르면 범바위가 나오고, 15분을 더 오르면 말머리봉 삼거리에 닿는다.

말머리봉에서 오른편 능선으로 25분을 더 오르면 옥산 정상이다.

옥산 정상에서 하산은 오른편으로 능선을 따라 20분을 내려가면 노루목삼거리다.

삼거리에서 오른쪽 선녀탕 계곡길을 따라 25분을 내려가면 산책로가 나오고 5분 내려가면 한화리조트이다.

여행 정보 Tourist Information

자가운전
수도권에서 양평 방면 6번 국도를 타고 가다가 아신역 지나 바로 삼거리에서 좌회전⇒옥천면을 지나 삼거리에서 37번국도로 좌회전⇒한화리조트 삼거리에서 좌회전⇒신복3리 마을회관을 통과 동막골 입구 주차.

대중교통
중앙선 전철을 타고 아신역~양평역 하차.
양평역 300m 태강빌딩 앞 또는 아신역 동쪽 함흥냉면 앞에서 한화리조트로 가는 시내버스를 타고 신복3리 동막골 입구 하차.

식당
중미산막국수
옥천면 마유산로 584
031-773-1834

고읍냉면
옥천면 옥천길98번길 12
031-772-5302

소나무집
(참숯불화로구이)
옥천면 사나사길 3
031-772-6687

촌두부밥상
양평군 양서면 경강로 1012
031-774-4034

숙박
한화리조트
옥천면 신촌길 188
031-772-3811

청계산 656m 부용산 362.8m

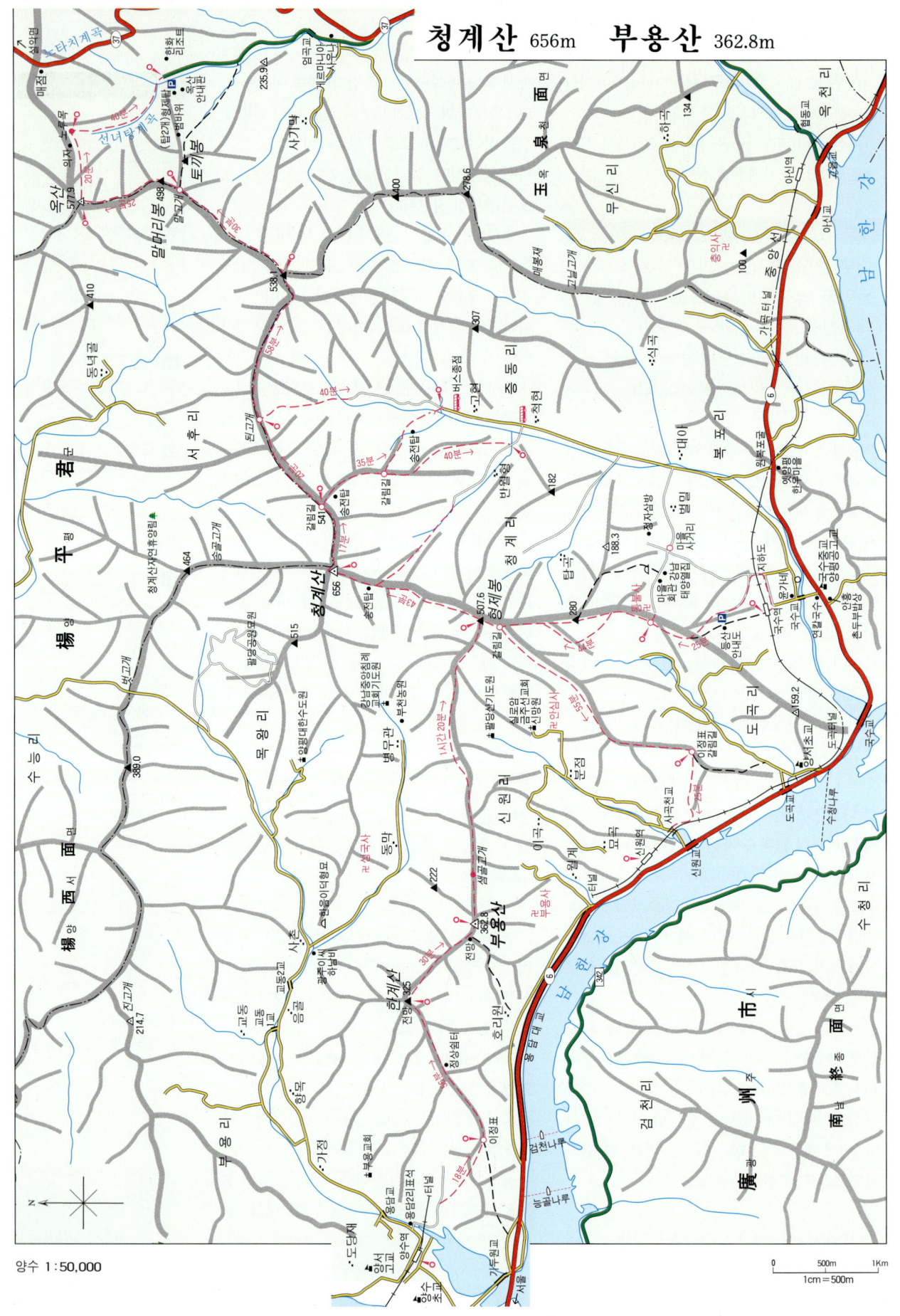

헬기장 부용산 정상

청계산 · 부용산
경기도 양평군 양서면, 서종면, 옥천면

청계산(淸溪山, 656m)은 유명산에서 서남쪽 소구니산 옥산으로 이어져 중앙선 국수역 북쪽에 위치한 육산이다.

부용산(芙蓉山 362.8m)은 양수리에서 국수리로 이어지는 팔당호 신원역 북쪽에 길게 이어진 나지막한 산이다.

등산로 Mountain path

청계산 총 4시간 9분 소요
국수역→69분→형제봉→43분→청계산→17분→송전탑→20분→된고개→40분→고현마을

중앙선 국수역에서 오른편 소형차로를 따라 5분을 가면 왼편 철로 밑을 통과하여 바로 갈림길이다. 갈림길에서 왼쪽 소형차로를 따라 7분을 가면 청계산안내도가 있는 주차장이다.

주차장에서 13분을 오르면 오른쪽으로 갈림길이 나오고 바로 두 번째 갈림길 나온다. 갈림길에서 왼편 비탈길을 따라 19분을 가면 오른편 주능선 삼거리에 닿는다. 삼거리에서 왼편 능선길을 따라 4분 거리 갈림길을 지나서 14분을 더 가면 도곡리 갈림길이다. 갈림길에서 계속 북쪽 주능선을 따라 7분을 오르면 형제봉에 닿는다.

형제봉에서 직진 주능선을 따라 20분을 가면 갈림길이다. 갈림길을 지나면 바로 송전탑을 통과하고 급경사로 이어져 23분을 더 오르면 청계산 정상에 닿는다.

정상에서 바라보면 사방이 막힘이 없고 양평 서쪽 일대가 시원하게 내려다보인다.

하산은 동쪽능선을 따라 17분을 내려가면 송전탑삼거리가 나온다. 삼거리에서 오른쪽 반월형으로 하산길이 있고, 동쪽 된고개로 하산길이 있다.

반월형 쪽은 남쪽으로 5분 내려가면 갈림길이 나온다. 갈림길에서 왼쪽으로 30분을 내려가면 고현 버스종점이다.

* 갈림길에서 오른쪽으로 40분 내려가면 반월형 버스정류장에 닿는다.

* 된고개 쪽은 주능선 철탑삼거리에서 동쪽으로 20분 거리에 이르면 된고개 삼거리다.

된고개에서 오른쪽으로 40분을 내려가면 고현마을 중동1리 경로당 앞 버스종점에 닿는다.

부용산 총 5시간 24분 소요
양수역→74분→한계산→30분→부용산→80분→형제봉→55분→갈림길→25분→신원역

양수역 앞 안내도에서 동쪽으로 4분을 가면 왼쪽으로 용담 2리 표석이 있다. 표석에서 다리를 건너 오른쪽으로 4분 정도 가면 용담약수가 있고 갈림길이 있다. 갈림길에서 오른쪽 희미한 등산로를 따라 10분을 오르면 지능선에 닿는다. 능선에서 동쪽으로 이어지는 지능선을 따라 23분을 오르면 평상쉼터가 나오고, 계속 33분을 더 오르면 데크가 있는 한계산이다.

한계산에서 계속 동쪽능선을 따라 30분을 가면 표지석이 있는 부용산 정상에 닿는다.

부용산에서 계속 동쪽 주능선을 따라 12분을 가면 사거리 샘골고개에 닿는다. 여기서 직진 오르막길로 이어져 1시간 8분 거리에 이르면 형제봉 삼거리에 닿는다.

형제봉에서 남쪽으로 5분 내려서면 갈림길이다. 갈림길에서 오른쪽 지능선으로 간다.

지능선을 따라 55분을 내려가면 갈림길이다. 갈림길에서 오른쪽으로 12분을 내려가면 철길이 나온다. 여기서 오른쪽으로 가서 다리를 건너 다시 왼쪽 굴다리를 통과 6번 국도에서 오른쪽으로 가면 신원역이다. 철길에서 13분 거리다.

여행 정보 Tourist Information

대중교통

청계산
중앙선 전철 이용, 국수역 하차.
하산지점 고현마을에서 양평행 버스 1일 3회 있고, 국수역까지는 약 5km 이다.

부용산
중앙선 전철 이용, 양수역 하차.
하산 후에는 신원역 또는 국수역 이용.

식당

청계산
윤가네(뼈다귀해장국)
양서면 국수길 24
031-774-3452

연칼국수
양서면 경강로 1025
031-774-2938

촌두부밥상
양서면 경강로 1012
031-774-4034

중미산막국수(잘 알려진 막국수 전문점)
옥천면 신북리 마유산로 584
031-773-1834

한강민물(장어)
남양주시 조안면 운길산로 9
031-577-6679

화심장어
남양주시 조안면 운길산로 9
031-577-8592

고읍냉면
옥천면 옥천길98번길 12
031-772-5302

추읍산 (趨揖山) 582.6m

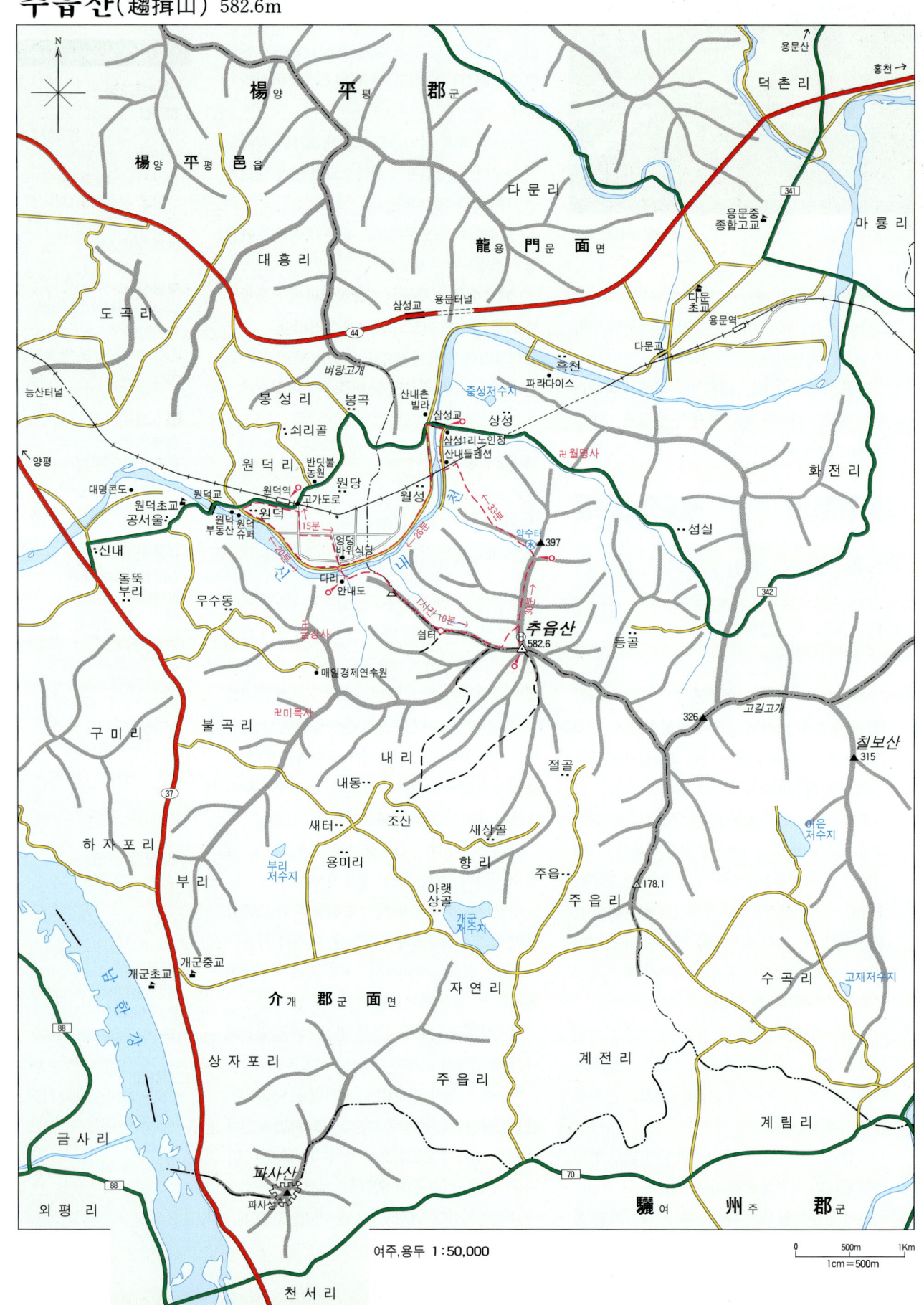

여주,용두 1:50,000
1cm = 500m

대나무처럼 자란 추읍산의 숲

추읍산   경기도 양평군 용문면, 개군면

추읍산(趨揖山. 582.6m)은 양평에서 용문으로 가는 중간 원덕역 동쪽에 위치한 산이다.

지제면, 용문면, 개군면에 속해 있으며 용문산을 바라보고 읍(揖)하고 있는 산이라 하여 추읍산이라 한다.

정상에서 보면 양근 지평 여주 이천 양주 광주 장호원의 칠읍이 보인다 하여 칠읍산이라고도 한다. 등산로는 오를 때 급경사나 험로가 없으며 누구나 오를 수 있는 산이다.

정상에는 삼각점 표지석 안내도 안테나 목제 평상이 있고 북쪽으로 헬기장이 있다.

평상에서 바라보면 동서남쪽으로 시원하게 내려다보이고, 북쪽 용문면이 바로 내려다보이며 양평 일대가 바라보인다. 서쪽 아래 내리와 주위 일대는 400~500년 수령 산수유나무 약 15,000주가 자생하고 있는 산수유마을이 있다.

원덕역에서 등하산길이 강변차도를 따라 가는 지루함이 있으나 전철산행지로 좋은 산이다.

산행은 원덕역에서 오른편 강변도 따라 다리 건너 왼쪽 지능선을 타고 정상에 오른다.

하산은 북쪽 능선 약수터를 경유하여 산성1리 마을 회관앞 다리건너 남쪽 강변차도를 따라 다시 원덕역으로 원점회귀 산행이다.

등산로 Mountain path

추읍산 총 4시간 19분 소요

원덕역→20분→다리→70분→
추읍산→30분→약수터→33분→
삼성1리 경로당→46분→원덕역

원덕역 남쪽 편에서 오른쪽 차도를 따라 2분 거리에 이르면 원덕1리 마을삼거리다.

삼거리에서 왼쪽으로 강변도로를 따라 18분을 가면 다리가 나온다. 다리를 건너면 갈림길에 이정표 안내도가 있다.

안내도에서 마을길을 벗어나 왼쪽 강변 샛길을 따라 2분을 가면 오른편 산으로 등산로가 이어진다. 능선으로 이어지는 등산로를 따라 12분을 오르면 묘를 통과하고, 다시 19분을 오르면 두 번째 묘가 나온다. 묘를 지나서 14분을 오르면 의자가 있고 전망이 좋은 쉼터가 있다. 쉼터 오른쪽 갈림길은 삼림욕장으로 가는 길이고 조금 더 오르면 왼쪽 갈림길이다. 계속 지능선을 따라 쉼터에서 6분 거리에 이르면 급경사 밧줄을 타고 오른 후에 왼쪽 비탈길로 이어지면서 14분 거리에 이르면 주능선 삼거리다. 삼거리에서 오른쪽으로 5분 거리에 이르면 헬기장을 지나서 추읍산 정상에 닿는다.

정상은 표지석 삼각점 안내도 안테나가 있고 쉼터 평상이 있다. 정상에 서면 사방이 막힘이 없고 특히 동서남쪽은 멀리까지 시원하게 내려다보인다.

하산은 북쪽 능선을 따라 간다. 북쪽으로 5분 거리 삼거리에서 직진 21분 거리에 이르면 갈림길이다. 갈림길에서 오른쪽 약수터 방향 이정표를 따라 4분을 내려가면 약수터가 나온다.

약수터에서 계속 이어지는 뚜렷한 하산길을 따라 13분을 내려가면 갈림길이다. 갈림길에서 오른쪽으로 내려서면 계곡으로 이어지면서 6분을 내려가면 철길 고가 밑을 통과하고 왼쪽으로 100m 정도 가면 삼거리가 나오고, 삼거리에서 오른쪽으로 12분을 가면 삼성1리 경로당이다.

경로당에서 왼쪽 다리를 건너면 신내골빌라가 있다. 여기서 왼쪽 강변 시골길을 따라 46분 거리에 이르면 원덕역에 닿는다.

여행 정보 Tourist Information

자가운전
수도권에서 양평-횡성 방면 6번 국도를 타고 용문IC에서 빠져나와 (구)6번 국도에서 우회전⇨양평 방향 5km 거리 원덕리에서 좌회전⇨원덕역 주차.

대중교통
중앙선 전철을 타고 양평 지나서 원덕역 하차. 30분 간격운행.

식당
농부밥상(일반식)
양평읍 원덕흑천길 107
031-775-1413

재성농장(매운탕)
양평읍 원덕길 14
011-9925-8793

제일식당(생고기)
용문면 용문로 346-2
031-773-3204

계경목장(생고기)
용문면 용문로371번길 7
031-774-0507

고읍냉면
옥천면 옥천길98번길 12
031-772-5302

홍일점(닭, 오리)
양평읍 경강로 2337-9
031-771-4127

명소
용문산관광지
용문면 신점리
문의 031-770-2592

백운봉(白雲峰) 941m 함왕봉 889.2m 봉재산 340m

백운봉 · 함왕봉 · 봉재산   경기도 양평군 용문면, 옥천면

등산로 Mountain path

백운봉 총 5시간 47분 소요

양평역→90분→새수골→53분→
주능선→43분→백운봉→20분→구름재
→51분→사나사→30분→용천2리

양평역 북쪽에서 서쪽으로 5분을 가면 현대아파트 삼거리다. 여기서 오른쪽으로 5분 거리 사거리에서 좌회전 양평중학교 전에 왼쪽으로 백운봉 등산로 표시가 이어지면서 7분을 가면 차도가 끝나는 지점에 백운봉 등산안내도가 있다.

안내도에서부터 산길을 따라 20분을 가면 도로 위 다리를 통과하고, 오른쪽 산길로 접어들어 조금 오르면 평지와 같은 등산로가 이어지면서 27분을 가면 갈림길이 나온다. 갈림길에서 왼쪽으로 가면 왼편으로 샛길이 나오는데 오른쪽으로만 8분을 가면 새수골 삼거리다.

삼거리에서 왼쪽으로 휴양림관리소를 지나 20분을 더 가면 합수곡 삼거리가 나오고, 삼거리 왼쪽 계곡으로 30분을 오르면 약수터를 지나 능선삼거리다.

삼거리에서 왼쪽으로 17분 거리 안부를 지나서 급경사를 올라가면 형제우물 갈림길이다. 여기서 직진 계단길을 따라 26분을 올라가면 백운봉 정상이다.

하산은 북쪽능선 바윗길 계단을 따라 12분을 내려가면 삼거리다. 삼거리에서 왼쪽은 사나사, 오른쪽은 연수리이다. 왼쪽으로 8분을 가면 구름재에 닿는다.

구름재에서 왼쪽으로 43분을 내려가면 합수곡에 닿고 8분을 더 가면 사나사에 닿으며 30분을 더 내려 가면 용천2리 버스정류장이다.

함왕봉 총 5시간 8분 소요

용천2리 정류장→40분→삼거리→
60분→주능선→23분→함왕봉→58분→
함왕골→67분→버스정류장

용천2리 버스정류장에서 28분을 가면 사나사가 나오고 12분을 더 가면 삼거리다.

삼거리에서 오른쪽 계곡을 건너면 바로 갈림길이다. 갈림길에서 왼쪽 능선길을 따라 30분을 오르면 함왕성지가 나오고, 15분을 더 가면 고삼약수를 통과하며 15분을 더 오르면 주능선 안부에 닿는다.

안부에서 왼쪽으로 6분을 가면 바위봉을 지나고 17분을 더 가면 삼거리 함왕봉이다.

하산은 북쪽으로 직진 10분을 가면 삼각점 삼거리봉이다. 삼거리봉에서 서쪽 지능선으로 간다. 급경사 바윗길로 이어지면서 18분을 내려가면 바위 왼쪽으로 돌아 15분을 내려가면 계곡으로 이어지며 15분을 내려가면 함왕골 삼거리에 닿는다. 여기서 왼쪽으로 37분을 내려가면 사나사에 닿고 30분을 더 내려가면 버스정류장이다.

봉재산 총 5시간 14분 소요

용천3리 입구→52분→봉재산→60분→
삼거리→50분→주능선→25분→
배넘이고개

용천3리 입구 삼거리 버스정류장에서 다리건너 수제비집 오른쪽에 봉재산 안내도가 있다.

안내도에서 왼쪽 녹색 울타리를 따라 19분을 오르면 사거리 이정표가 있다. 여기서 직진 3분 거리 사거리에서 직진하여 10분 거리 갈림길에서 왼쪽 비탈길을 따라 15분을 오르면 사거리 안부가 나오고, 오른쪽으로 5분을 더 오르면 봉재산이다.

하산은 사거리로 되돌아가서 오른쪽으로 15분 내려가면 사나사 입구에 닿는다.

* 설봉 배너미고개 코스는 사거리에서 봉재산 주능선을 따라 47분 거리에 이르면 삼거리가 나온다. 삼거리에서 오른쪽 능선을 따라 5분을 가면 설봉이고 13분을 더 가면 삼거리에 닿는다.

삼거리에서 계속 주능선을 따라 32분을 더 오르면 주능선 삼거리에 닿는다. 삼거리에서 왼쪽 능선을 따라 30분을 가면 배너미고개에 닿고, 왼쪽으로 1시간 내려가면 버스회차장이다.

여행 정보 Tourist Information

대중교통

중앙선 용문행 전철 이용, **백운봉**은 양평역 하차.

봉재산과 **함왕봉**은 양평역 하차 후 태강빌딩 앞 또는 아신역 하차 후, 함흥냉면 앞에서 사나사행 버스를 타고 **봉재산**은 용천3리 입구 하차.

함왕봉은 사나사 입구 하차.

식당

중미산막국수
옥천면 마유산로 584
031-773-1834

고읍냉면
옥천면 옥천길98번길 12
031-772-5302

소나무집
(참숯불화로구이)
옥천면 사나사길 3
031-772-6687

촌두부밥상
양서면 경강로 1012
031-774-4035

연칼국수
양서면 경강로 1025
031-774-2938

숙박

한화리조트
옥천면 신촌길 188
031-772-3811

명소

사나사

용문산 (龍門山) 1157m

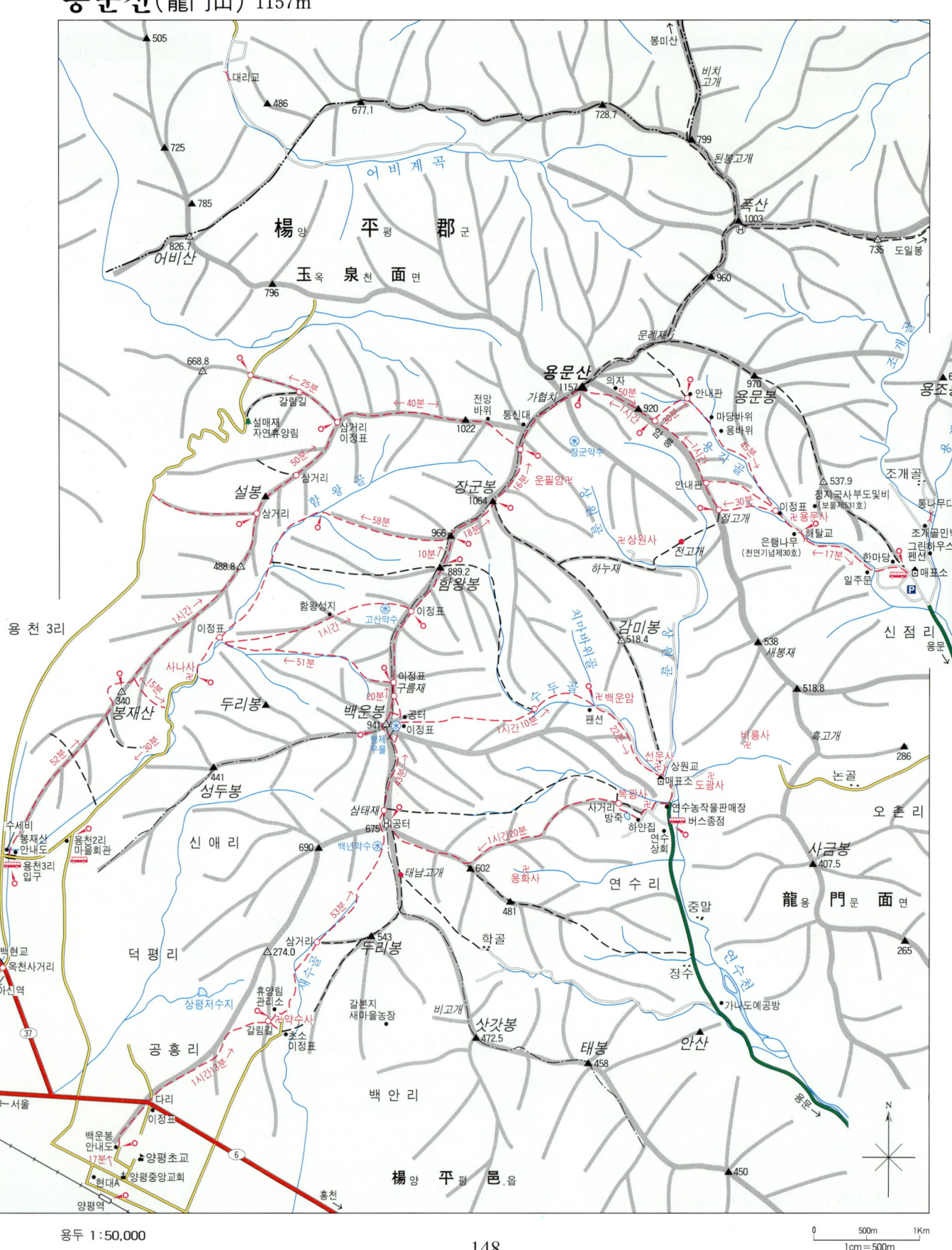

용문산
경기도 양평군 용문면, 옥천면

용문사 앞 1100년된 은행나무

용문산(龍門山, 1157m)은 경기도에서 화악산 명지산에 이어 세 번째로 높은 산이다. 남쪽 산록에는 천년고찰 용문사가 있고, 1100년 된 은행나무가 있으며 용문사와 더불어 국민관광지로 지정되었다. 용문사는 신라 선덕여왕 2년(913) 대경대사가 청건 하였다고 전하며 일설에는 경순왕(927~935재위)이 친히 행차하여 창사 하였다고 한다.

용문사 은행나무(천연기념물 제30호)는 신라 마지막 왕인 경순왕의 세자 마의태자가 망국의 한을 품고 금강산으로 가던 길에 심은 것이라고도 하고, 신라의 고승 의상대사가 짚고 다니던 지팡이를 꽂아놓은 것이 뿌리가 내려 이처럼 성장한 것이라고도 한다. 거듭되는 병화와 전란 속에서도 불타지 않고 살아남았던 나무라하여 천왕목이라고도 불렀고, 조선 세종 때에는 정3품 이상의 벼슬인 당상직첩을 하사받기도 한 명목이다.

수령이 약 1100 여년으로 추정되며 높이 41m 줄기의 둘레가 11m 넘어 동양에서 유실수로는 가장 큰 은행나무이다. 고종이 승하 하셨을 때는 큰 가지가 부러지는 등 나라의 변고가 있을 때마다 미리 알려주는 영험함이 있는 것으로 알려져 있다.

일제 때에는 일본군이 은행나무를 자르려고 했던 도끼자국이 아직까지 남아 있다. 신라 경순왕이 창건했다는 설을 근거로 하여 은행나무 수령을 천년이 넘은 것으로 추정한다. 큰 삼거리에서 정상까지는 암릉길이며 눈이 오거나 비가 올 때는 산행을 삼가야 한다. 하산길 계곡은 협곡으로 구름이 낄 때는 음침하다. 산행은 매표소에서 용문사 절고개를 경유하여 북릉을 타고 삼거리를 지나 정상에 오른 다음, 다시 삼거리로 되돌아와서 왼쪽 협곡을 따라 용문사 매표소로 하산한다.

등산로 Mountain path

용문산 총 6시간 9분 소요

매표소→47분→절고개→60분→큰 삼거리→60분→용문산→50분→큰 삼거리→30분→합수곡→62분→매표소

용문사 버스종점에서 북쪽 상가지역을 지나 매표소를 통과하고, 용문사 이정표를 따라가면 일주문을 통과하여 17분을 가면 용문사 입구에 1100년 된 은행나무가 있고 바로 용문사이다. 용문사에서 왼쪽으로 난 등산로를 따라 8분을 가면 계곡을 건너서 삼거리가 나온다.

삼거리에서 왼쪽으로 22분을 올라가면 절고개 사거리에 닿는다.

절고개에서 오른쪽 능선을 따라 20분을 가면 갈림길이다. 갈림길에서 왼쪽 능선을 따라 올라가면 바윗길이 나오기 시작하고, 40분을 올라가면 이정표 큰 삼거리에 닿는다.

큰 삼거리에서 오른쪽은 하산길이며 왼쪽 능선을 따라 올라가면 바윗길이 연속 이어지다가 50분을 올라가면 의자가 있는 쉼터가 나오고, 이어서 급경사를 따라 10분을 올라서면 용문산 정상이다. 정상은 정상표지판이 있고 시설물이 있으며 사방이 막힘이 없다.

하산은 올라왔던 암릉길을 따라 50분을 내려가면 이정표가 있는 큰 삼거리에 닿는다.

큰 삼거리에서 왼편 계곡 쪽을 향해 30분을 내려가면 나무다리가 있는 합수곡에 닿는다. 여기서부터는 협곡을 따라 내려간다. 협곡을 따라 10분 내려가면 마당바위가 나오고, 10분 더 내려가면 다리를 지나서 용바위가 나온다. 계속 협곡을 따라 25분 거리에 이르면 용문사에 닿는다. 용문사에서 17분을 더 내려가면 주차장에 닿는다.

여행 정보 Tourist Information

자가운전
수도권에서 홍천 방면 6번 국도를 타고 용문사IC에서 빠져나와 좌회전⇨331번 지방도를 타고 용문사 주차장.

대중교통
중앙선 전철을 타고 용문역 하차 후, 용문버스터미널에서 30분 간격으로 운행하는 용문사행 버스를 타고 용문사 종점 하차.

식당
서정(일반식)
용문면 용문사로 234
031-775-1444

마당(곤드레밥)
용문면 용문사로 239
031-775-0311

한마당(일반식)
용문면 용문사로63번길 14
031-773-5678

제일식당(생고기)
용문면 용문로 346-2
031-773-3204

춘천식당(한식)
용문면 용문로 358-1
031-773-3219

나해(한정식)
용문면 다문중앙2길 13
031-774-2279

명소
용문사
신라 선덕여왕(913년) 대경대사가 창건하였다고 전하며, 1100년 된 은행나무.

중원산(中元山) 800.4m   용조봉(龍鳥峰) 635m

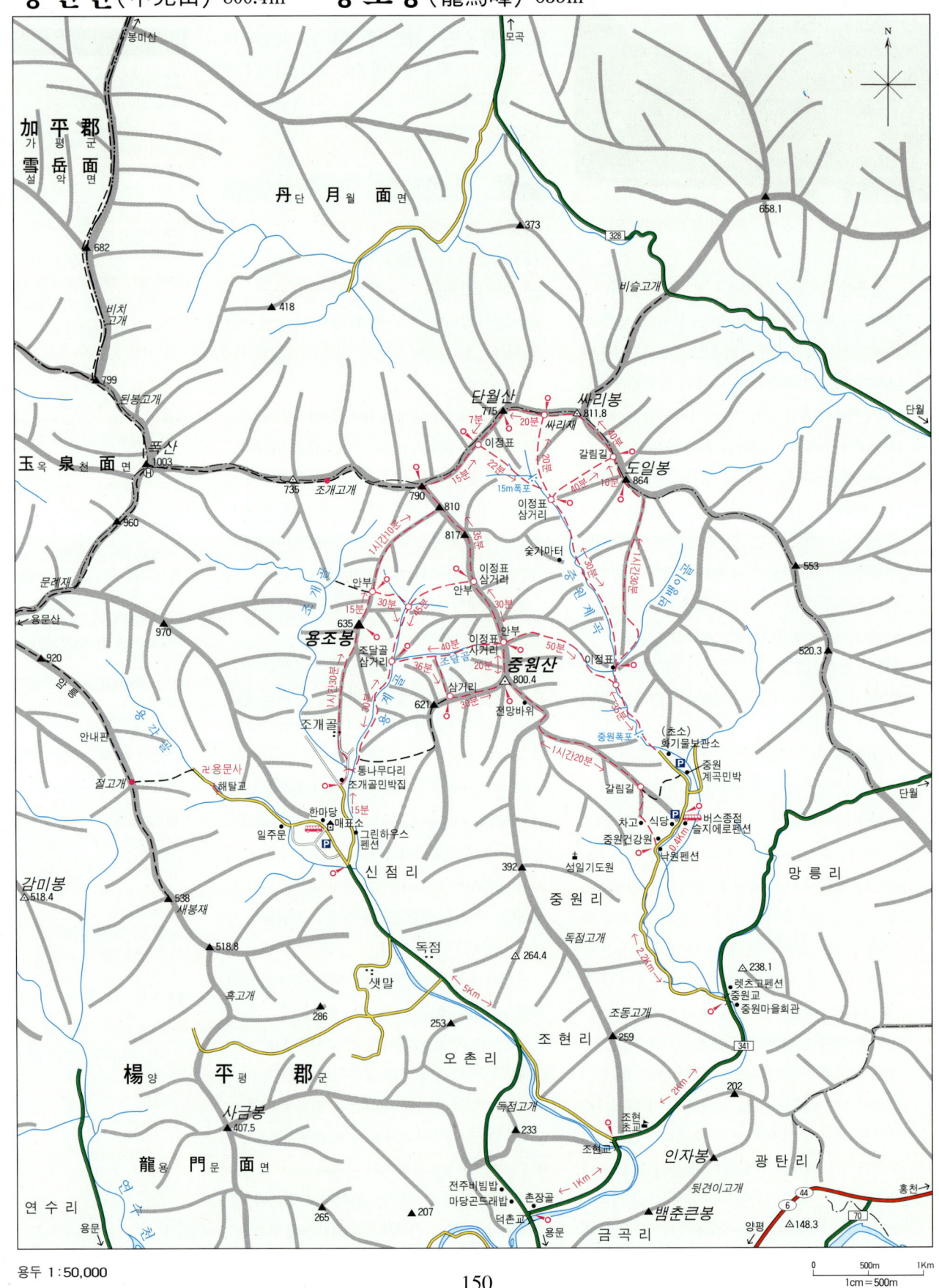

중원산 · 용조봉
경기도 양평군 용문면

표지석이 세워진 중원산 정상

중원산(中元山, 800.4m)은 중원계곡을 사이에 두고 도일봉과 마주하고 있고, 용조봉을 사이에 두고 용문산과 마주하고 있다. 정상 북쪽 주능선은 바윗길이며 눈비가 올 때는 주의를 해야 한다.

용조봉(635m)은 용문산과 중원산 사이에 암릉으로 이루어진 산이다. 봄가을 산행은 매우 스릴이 있는 코스이나 눈비가 올 때는 산행을 삼가야 한다.

등산로 Mountain path

중원산 총 4시간 5분 소요
중원리 버스종점→80분→중원산→20분→사거리→50분→중원계곡→35분→버스종점

중원리 버스종점에서 용문면 쪽으로 300m 되돌아가면 건강원 왼쪽으로 중원산입구 팻말이 있다. 이 팻말을 따라가면 마을길로 이어져 6분을 가면 산길이 시작된다. 여기서부터 산길을 따라 7분을 오르면 능선삼거리에 닿는다. 삼거리에서 왼쪽 능선을 따라 42분을 오르면 안부가 나오고, 안부에서부터 급경사 능선을 따라 25분을 오르면 중원산 정상에 닿는다.

하산은 북릉을 탄다. 북쪽 암릉 길을 따라 20분을 가면 안부사거리가 나온다. 사거리에서 오른쪽으로 간다. 중원계곡을 향해 50분을 내려가면 중원계곡 삼거리에 닿는다. 삼거리에서 오른편으로 35분을 내려가면 중원폭포를 지나 버스종점이다.

(용문사 쪽 코스) 용문사 주차장 전 오른쪽 소형차로를 따라 700m 거리에 이르면 조개골 삼거리다. 삼거리에서 오른쪽으로 가면 바로 다리를 건너 삼거리다. 삼거리에서 왼쪽으로 이어지는 길을 따라 30분을 가면 조달골 삼거리다. 삼거리에서 오른쪽으로 14분을 가면 갈림길이 나온다. 갈림길에서 오른쪽 세능선을 따라 22분을 가면 주능선에 닿는다. 조달골삼거리에서 35분 거리다. 주능선에서 왼쪽능선을 따라 30분을 오르면 중원산 정상에 닿는다.

하산은 북쪽 주능선 암릉을 따라 20분을 가면 안부 사거리다. 사거리에서 직진 북쪽 능선을 따라 30분을 가면 안부 삼거리다. 삼거리에서 왼쪽으로 45분을 내려가면 조달골 삼거리를 통과하고 45분을 더 내려가면 용문사 주차장에 닿는다.

용조봉 총 4시간 30분 소요
용문사 주차장→15분→삼거리→90분→용조봉→15분→안부→30분→조달골→45분→삼거리→15분→용문산 주차장

용문사 주차매표소 전 오른쪽 소형차로를 따라 700m 거리에 이르면 조개골 삼거리가 나온다. 삼거리에서 오른쪽 골목길로 조금 가면 통나무다리를 건너간 다음, 비탈길로 100m 가면 갈림길이 나온다.

갈림길에서 왼쪽 능선으로 간다. 왼쪽 능선을 따라 오르면 바윗길이 시작되어 정상까지 이어진다. 아기자기한 바윗길을 좌우로 우회하면서 오르게 된다. 날씨가 좋을 때는 크게 위험하지는 않으며 아기자기한 스릴 있는 코스이나, 눈비가 올 때는 매우 위험한 코스이다. 능선 초입에서 용조봉 정상까지 1시간 30분 소요된다.

정상에서 하산은 일단 북쪽 능선을 따라 15분을 가면 550m봉 안부사거리다. 안부에서는 오른쪽으로 15분을 내려가면 용계골 삼거리다. 삼거리에서 오른쪽으로 용계골을 따라 1시간을 내려가면 용문산 버스종점에 닿는다.

여행 정보 Tourist Information

자가운전
중원산은 수도권에서 홍천 방면 6번 국도를 타고 용문사IC에서 빠져나와 좌회전⇒331번 지방도를 타고 덕촌교삼거리에서 우회전⇒중원리 버스종점 주차장.

용조봉은 용문사 IC에서 빠져나와 좌회전⇒331번 지방도를 타고 용문사 주차장.

대중교통
중앙선 전철 이용, 용문 하차. 용문버스터미널에서 **중원산**은 중원리행 1시간 간격 버스 이용, 중원리 종점 하차.
용조봉은 7-4번 용문사행 30분 간격 버스 이용, 용문사 종점 하차.

식당
솔수펑이(펜션, 식당)
양평군 용문면 중원산로 600
010-2314-3435

서정(맛있는 냉면집)
양평군 용문면 용문산로 234
031-775-1444

마당(곤드레밥)
양평군 용문면 용문산로 239
031-775-0311

춘천식당(한식)
용문면 용문로 358-1
031-773-3219

제일식당(생고기)
양평군 용문면 용문로 346-2
031-773-3204

명소
중원폭포
용문사

도일봉(道―峰) 864m 단월산(丹月山) 775m

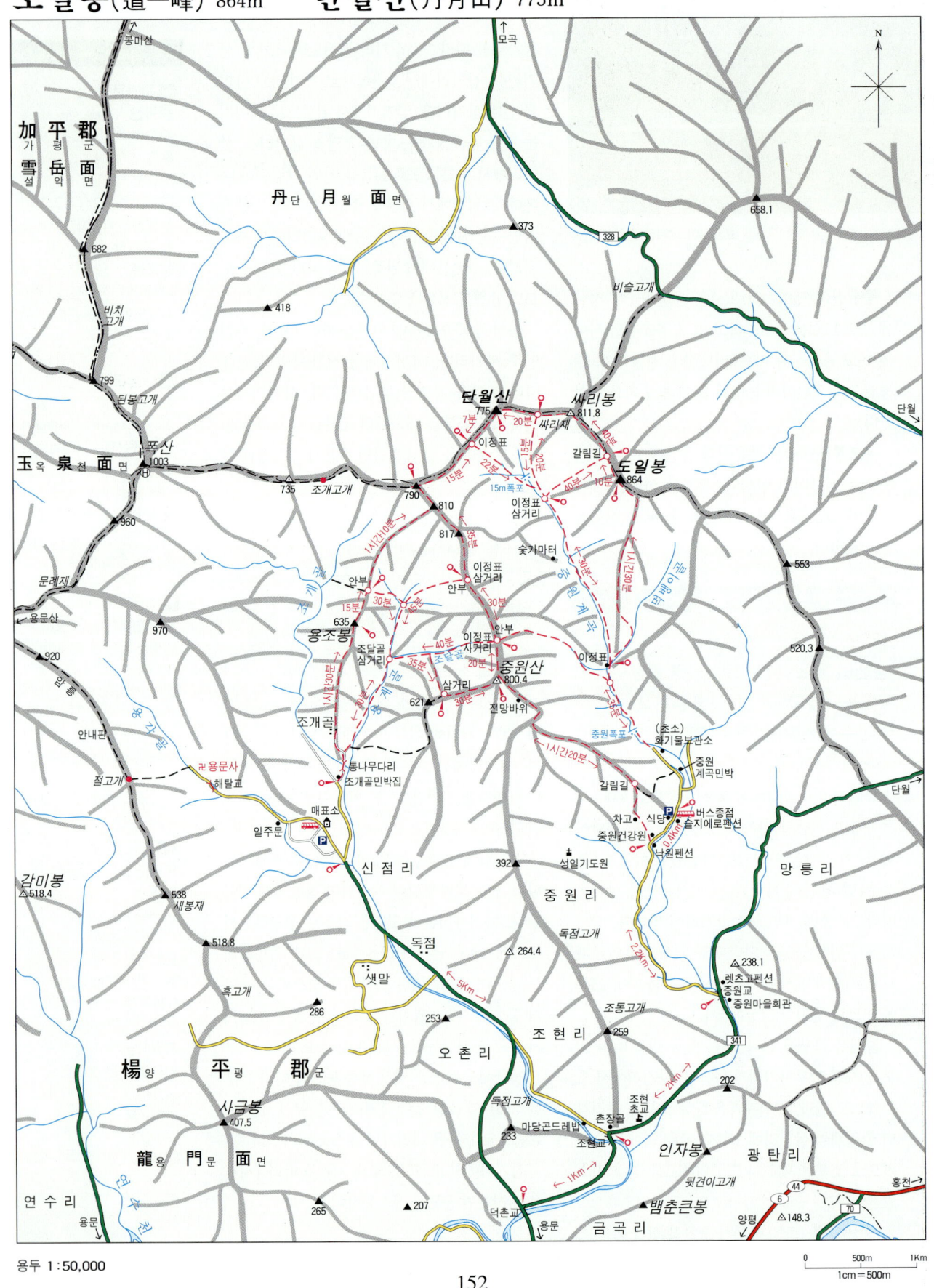

도일봉·단월산 경기도 양평군 용문면, 단월

사방이 탁 트인 도일봉 정상

도일봉(道一峰. 864m)과 **단월산**(丹月山. 775m)은 모산인 용문산에서 북쪽능선으로 이어지다가 폭산에서 동쪽으로 갈라져 790봉에서 남쪽은 중원산, 동쪽은 단월산 도일봉으로 이어지면서 ㄷ자형으로 산 형태를 이루고, 그 사이로 흐르는 계곡이 유명한 중원계곡이다.

등산로 Mountain path

도일봉 총 5시간 15분 소요
버스종점→35분→합수점→90분→도일봉→50분→싸리재→80분→버스종점

중원리 버스종점에서 북쪽 소형차로를 따라 7분 거리에 이르면 초소가 있다. 초소 왼편으로 난 등산로를 따라 3분을 가면 예쁜 나무다리를 건너고, 넓은 길을 따라 5분 거리에 이르면 중원폭포가 나온다. 계곡으로 이어지는 길을 따라 20분 거리에 이르면 갈림길을 지나서 합수곡 큰 삼거리다.

삼거리에서 오른쪽으로 간다. 오른쪽으로 조금 들어가면 등산로는 계곡을 벗어나 왼쪽으로 오른다. 가파른 능선길을 따라 1시간을 오르면 쉬어가기에 좋은 전망바위 능선에 닿는다. 여기서부터는 바윗길이 이어지는 길이므로 다소 주의를 해서 가야한다. 바윗길을 따라 30분을 오르면 도일봉 정상에 닿는다. 정상은 공터이며 막힘이 없이 양평일대가 조망된다.

하산은 북릉을 따라 10분을 내려가면 왼쪽으로 갈림길이다. 왼쪽 하산길은 중원계곡으로 쉽게 하산하는 길이며 계곡 삼거리까지 40분 거리다. 갈림길에서 오른쪽으로 주능선을 따라 25분을 가면 싸리봉 삼거리다. 싸리봉 삼거리에서 왼편 서쪽 주능선으로 15분을 내려가면 싸리재 삼거리에 닿는다.

싸리재에서 왼편 남쪽 길을 따라 15분을 내려가면 합수곡 삼거리에 닿는다. 삼거리에서 30분을 더 내려가면 합수곡 큰 삼거리에 닿고, 여기서부터 올라왔던 코스 그대로 35분을 내려가면 중원폭포를 지나 버스종점이다.

단월산 총 4시간 19분 소요
버스종점→85분→싸리재→20분→단월산→7분→안부삼거리→22분→삼거리→65분→버스종점

중원리 버스종점에서 소형차로를 따라 7분 거리에 이르면 화기물보관소 초소가 있다. 초소를 지나서 8분을 가면 중원폭포가 나온다. 폭포를 지나서 넓은 중원계곡을 따라 20분을 가면 합수곡 큰삼거리다.

삼거리에서 왼쪽 중원계곡길을 따라 30분을 올라가면 삼거리가 나온다. 왼쪽은 하산길이다. 오른편 길을 따라 20분을 올라가면 싸리재에 닿는다.

싸리재에서 왼쪽능선을 따라 20분을 오르면 단월산 정상이다. 정상은 표시도 없고 특징도 없다. 왕소나무가 많은 가장 높은 곳을 정상으로 본다. 정상 10m 서쪽에 북쪽으로 전망이 있는 쉼터가 있다.

하산은 서쪽 능선을 따라 7분을 내려가면 이정표가 있는 안부 삼거리가 나온다.

삼거리에서 왼편 남쪽 길로 간다. 희미한 길을 따라 10분을 내려가면 물이 있는 계곡을 건너간다. 계곡을 건너 12분을 내려가면 싸리재에서 내려오는 삼거리에 닿는다.

삼거리에서 오른쪽 넓은 길을 따라 30분을 내려가면 도일봉삼거리가 나오고, 30분 더 내려가면 초소에 닿으며 7분을 더 내려가면 중원리 버스종점에 닿는다.

여행 정보 Tourist Information

자가운전
수도권에서 홍천 방면 6번 국도를 타고 용문산IC에서 빠져나와 좌회전⇒1.6km 덕촌교에서 우회전⇒3km에서 좌회전⇒2.6km 주차장.

대중교통
중앙선 전철 이용, 용문역 하차. 용문버스터미널에서 중원리 행 (07:10 09:10 10:00(토, 일) 11:00 12:30 14:10 17:00 18:30) 버스 이용, 중원리 종점 하차.

식당
서정(일반식))
양평군 용문면 용문산로 234
031-775-1444

마당(곤드레밥)
양평군 용문면 용문산로 239
031-775-0311

도일봉먹거리(일반식)
양평군 용문면 중원산로 562. 버스종점 뒤
031-773-3998

솔수펑이(펜션, 식당)
양평군 용문면 중원산로 600
010-2314-3435

제일식당(생고기)
용문면 용문로 346-2
031-773-3204

명소
중원폭포

용문사 수령이 약 1100여 년 된 은행나무.

소리산(小理山) 480m 송이재봉 666m 종자산(種子山) 580.4m

소리산 · 송이재봉 · 종자산
경기도 양평군 단월면 · 강원도 홍천군

등산로 Mountain path

소리산 총 3시간 25분 소요
민박집 → 45분 → 임도 → 55분 → 소리산 → 25분 → 삼거리 → 20분 → 소리산유원지

소금강(민박집)에서 협곡 안으로 5분을 들어가면 합수점이다. 합수점에서 왼쪽 계곡을 따라 15분을 오르면 고개 삼거리에 닿는다. 삼거리에서 왼쪽 능선으로 가도 정상으로 이어진다. 오른편 북동쪽 계곡길을 따라 가면 초원지대 계단식 묵밭을 지나서 25분을 가면 능선사거리 임도가 나온다.

임도에서 왼편 북서 방면 능선을 따라 30분을 오르면 417봉 삼거리에 닿는다. 삼거리에서는 오른쪽으로 주능선을 따라 25분을 오르면 삼각점이 있는 소리산 정상이다.

하산은 북동쪽 능선을 따라 5분 내려서면 갈림길이 나온다. 여기서 왼쪽으로 20분을 내려가면 삼거리가 또 나오는데 왼쪽으로 20분을 더 내려가면 소리산유원지 입구에 닿는다.

송이재봉 총 4시간 3분 소요
축사 → 37분 → 첫 임도 → 38분 → 알당고개 → 30분 → 송이재봉 → 48분 → 임도 → 30분 → 축사

향소목장 앞 도로에서 왼편 농가 오른쪽 농로를 따라 8분을 가면 계곡을 건너서 묵은 논을 지나 갈림길이 나온다. 갈림길에서 왼쪽으로 13분을 가면 오른쪽으로 송전탑이 보이는 지점이다. 여기서부터 협곡으로 변하면서 7분을 가면 너덜지대를 통과하고 5분을 가면 첫 임도가 보이면서 길이 없어진다. 여기서 계곡만 따라 50m 가면 첫 임도가 나온다.

임도를 가로질러 다시 계곡길을 따라 8분을 올라가면 3합수곡이 나온다. 여기서 중간 계곡을 따라 5분을 가면 임도가 보이면서 길이 없어진다. 여기서 50m 거리 가까운 오른쪽 임도로 올라선 다음, 왼쪽으로 50m 가서 다시 오른쪽

계곡 길을 따라 5분을 가면 산길이 없어지고 여러 계곡으로 갈라지며 북쪽으로 안부가 보이는 반반한 지점이 나온다. 여기서 정 북쪽 방향 주능선이 폭 패인 안부 쪽으로 낮은 지능선을 따라 19분을 올라가면 알당고개에 닿는다.

알당고개에서 오른쪽 능선을 따라 23분을 오르면 갈림능선에 닿고, 다시 오른쪽으로 7분을 가면 삼거리 작은 바위가 있는 송이재봉이다.

하산은 오른쪽 남릉을 타고 8분을 내려가면 송전탑 밑을 통과하며 주능선을 따라 15분을 내려가면 아름드리 큰 참나무를 지나고, 뚜렷한 능선길 따라 25분을 가면 임도에 닿는다.

임도에서 오른편으로 50m 거리에서 왼쪽 지능선을 따라 4분을 내려간 묘에서 왼쪽 지능선을 따라 25분을 내려가면 향소목장 앞이다.

종자산 총 3시간 30분 소요
중방대리 → 30분 → 250봉 → 60분 → 종자산 → 30분 → 상귀량 → 30분 → 상귀량차도

중방대리 느티나무 버스정류장에서 왼쪽 마을길을 따라 가면 마을 입구에 삼거리가 나온다. 삼거리에서 오른쪽으로 50m 거리 갈림길에서 왼쪽 등산로를 따라 30분을 올라가면 250봉 삼거리다.

삼거리에서 무난한 동쪽 능선을 따라 50분을 올라가면 헬기장에 닿는다. 헬기장에서 다시 10분 거리에 이르면 두 번째 헬기장을 지나서 50m 거리에 산불초소가 있고 바로 정상이다.

하산은 두 번째 헬기장과 산불초소 사이에서 오른편 동쪽 능선을 따라 내려가는 길이 있고, 산불초소에서 계곡으로 내려가는 길이 있다. 어디로 가도 다시 만나게 된다. 능선을 따라 15분을 내려간 갈림길에서 오른쪽으로 능선을 벗어나서 내려가면 계곡길과 만난다. 여기서 15분을 더 내려가면 윗귀량 마을에 닿는다. 마을에서는 오른편 남쪽 소형차로를 따라 30분을 내려가면 외딴집을 지나 차도에 닿는다.

여행 정보 Tourist Information

자가운전
송이재봉은 6번 국도 단월면에서 좌회전 ⇨ 345번 지방도 2km 삼거리에서 좌회전 ⇨ 3km 향소1리 마을회관을 지나 1km 향소목장 부근 주차.
소리산은 향소리에서 계속 345번 지방도 소금강 부근 주차.
종자산은 산음초교 삼거리에서 좌회전⇨1km거리 중방대리 느티나무 주차.

대중교통
중앙선 전동열차 이용, 용문 하차. 용문에서 1일 3회(08:50 14:00 18:10) 운행하는 비슬고개 경유 석산리행 버스 이용,
송이재봉은 향소1리 마을회관 지나서 1km 거리 향소목장 하차.
소리산은 소리산2교를 지나 소리산민박집 하차.
종자산은 중방대리 느티나무 하차.

식당
송이재봉
단월해장국
단월면 보산정길 3
031-771-8651

소리산
소리산소금강(식당, 민박)
단월면 석산로 1206
031-771-0482

숙박
소리산 산촌마을펜션
단월면 석산로 1402
031-774-9993

산음자연휴양림(소리산)
단월면 고북길 347
031-774-8133

명소
용문사
용문장날 5일 10일

폭산(천사봉) 1003m 봉미산(鳳尾山) 855.6m

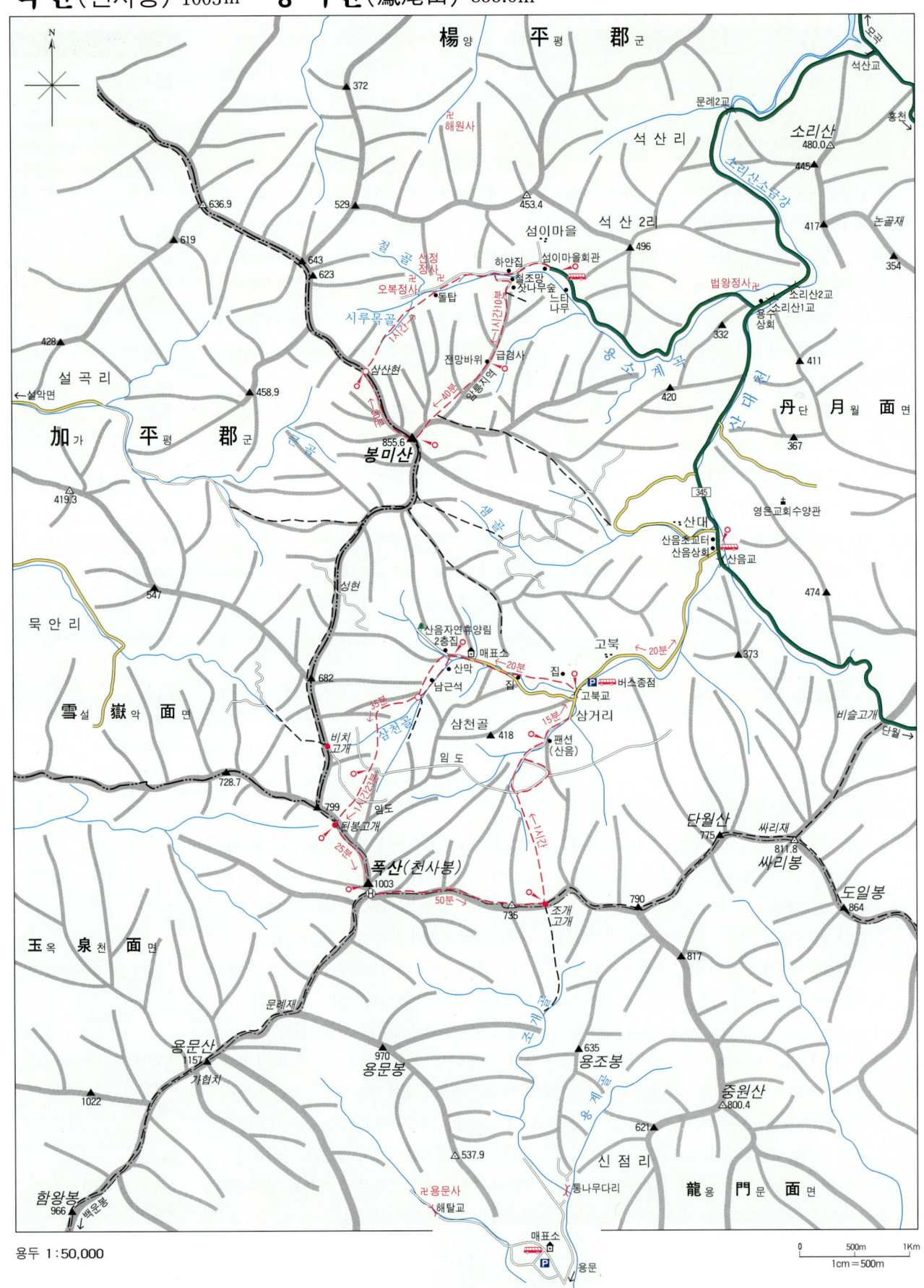

폭산 · 봉미산
경기도 양평군 단월면, 가평군 설악면

폭산(1003m)은 용문산에서 북서쪽 능선상 약 2.5km 거리에 위치한 산이다. 북쪽 등산기점에는 산음자연휴양림이 있어 휴식을 겸한 산행지로 적합한 산이다.

봉미산(鳳尾山. 855.6m)은 폭산에서 북쪽 능선으로 이어져 약 5km 지점에 위치한 산이다. 능선은 바윗길로 이어져 아기자기한 산행이다.

등산로 Mountain path

폭산 총 5시간 48분 소요
고복교→20분→매표소삼거리→35분→첫 임도→83분→된봉고개→25분→폭산→50분→조개고개→75분→고복교

산음 버스종점에서 50m 거리 고복교 삼거리에서 오른쪽 농로를 따라 15분을 가면 왼쪽 계곡을 건너게 되고 3분을 가면 휴양림매표소가 나온다. 매표소에서 100m 거리 다리 건너기 전 삼거리에서 왼쪽으로 100m 가면 산막 2채가 있고, 3분을 더 가면 남근석을 지나 1분을 더 가면 오른쪽에서 오는 길과 만나서 왼쪽으로 20m 가면 이정표가 있는 삼거리다.

삼거리 오른쪽 10m 거리 사거리에서 왼쪽 길을 따라 5분을 가면 갈림길이다. 갈림길에서 오른쪽으로 5분을 가면 문필봉(폭산) 이정표가 있다. 이정표를 지나면 길은 왼쪽으로 휘어지다가 오른쪽으로 진행하여 15분을 올라가면 임도를 만난다.

임도를 가로 질러 지능선으로 올라서면 가파른 길로 이어져 45분을 올라가면 두 번째 임도를 만난다. 두 번째 임도에서 오른쪽으로 50m 가면 왼쪽능선으로 오르는 길이 보인다. 이 길을 따라 능선으로 오르면 급경사로 이어져 38분을 올라가면 된봉고개 삼거리에 닿는다.

된봉고개에서 왼쪽 능선을 따라 25분을 오르면 표지석이 있는 폭산 정상이다.

하산은 동쪽능선으로 3분 거리에 이르면 헬기장삼거리다. 삼거리에서 왼쪽 동쪽으로 이어지는 능선을 따라 39분을 내려가면 735봉에 닿고, 8분을 더 내려가면 조개고개 사거리에 닿는다.

조개고개에서 왼편 북쪽 계곡을 따라 간다. 길은 희미하지만 계곡만 따라 가면 큰 어려움 없이 34분을 내려가면 임도에 닿는다. 임도에서 오른쪽 임도를 따라 3분을 가면 임도삼거리다. 임도삼거리에서 왼쪽 임도를 따라 23분을 내려가면 산음펜션이다. 여기서부터 도로를 따라 15분을 내려가면 고복교 버스종점이다.

봉미산 총 4시간 20분 소요
마을회관→70분→전망바위→40분→봉미산→30분→삼산현→60분→마을회관

석산2리 섬이마을회관에서 서쪽으로 난 소형차로를 따라 5분을 가면 오른쪽에 하얀 집이 있고 왼쪽에 다리가 있다. 이 다리를 건너 왼쪽으로 가면 지능선 초입에 철망이 있고 오른쪽으로 산판길이 보인다. 이 산판길을 따라 100m 가면 삼거리다. 삼거리에서 오른쪽 계류를 건너 12분을 가면 묘가 나오고, 15분을 더 오르면 너덜지대가 나온다. 너덜지대를 통과 급경사로 이어지는 능선을 따라 35분을 오르면 전망바위가 나온다.

전망바위에서 능선길이 이어지는데 오른편은 절벽이다. 계속 능선길을 따라 가면 종종 바윗길이 이어지는데 우회하면서 35분을 오르면 주능선삼거리에 닿는다. 삼거리에서 오른쪽으로 5분 올라서면 헬기장인 봉미산 정상이다.

하산은 북릉을 따라 조금 내려가면 삼거리다. 삼거리에서 오른쪽 주능선 급경사로 내려서 바위 오른쪽 밑으로 돌아 내려서면 능선길로 이어진다. 여기서부터 완만한 능선을 따라 내려가게 되며 정상에서 30분 거리에 이르면 삼산현고개에 닿는다.

고개에서 오른쪽 길로 내려서면 비탈길로 이어지다가 동쪽 계곡으로 이어지면서 40분을 내려가면 선정정사 입구에 닿고, 소형차로를 따라 20분을 내려가면 섬이마을에 닿는다.

여행 정보 Tourist Information

자가운전
폭산은 홍천 방면 6번 국도를 타고 단월면에서 좌회전⇨2km 에서 좌회전⇨345번 지방도 비슬고개 넘어 산음교에서 좌회전⇨소형차로 2km 거리 고복교 버스종점 주차.

봉미산은 산음교에서 계속 345번 도로를 따라 2km 용수상회에서 좌회전⇨3km 석산2리 섬이마을회관 주차.

대중교통
중앙선 전철 이용, 용문 하차.
용문에서 1일 3회(08:50 14:00 18:00) 석산1리-2리까지 운행하는 버스 이용, **폭산**은 산음1리 고복교 종점 하차.
봉미산은 석산2리 섬이마을 하차.

식당
소리산소금강(민물매운탕)
양평군 단월면 석산로 1206
031-771-0482

숙박
고북벨리펜션(폭산)
단월면 고북길 1-4
031-775-5788

소리산 산촌마을식당펜션(매운탕)
단월면 석산로 1402
031-774-9993

명소
산음자연휴양림
양평군 단월면 고북길 347
031-774-8133

용문장날 5일 10일

갈기산(葛基山) 684.9m

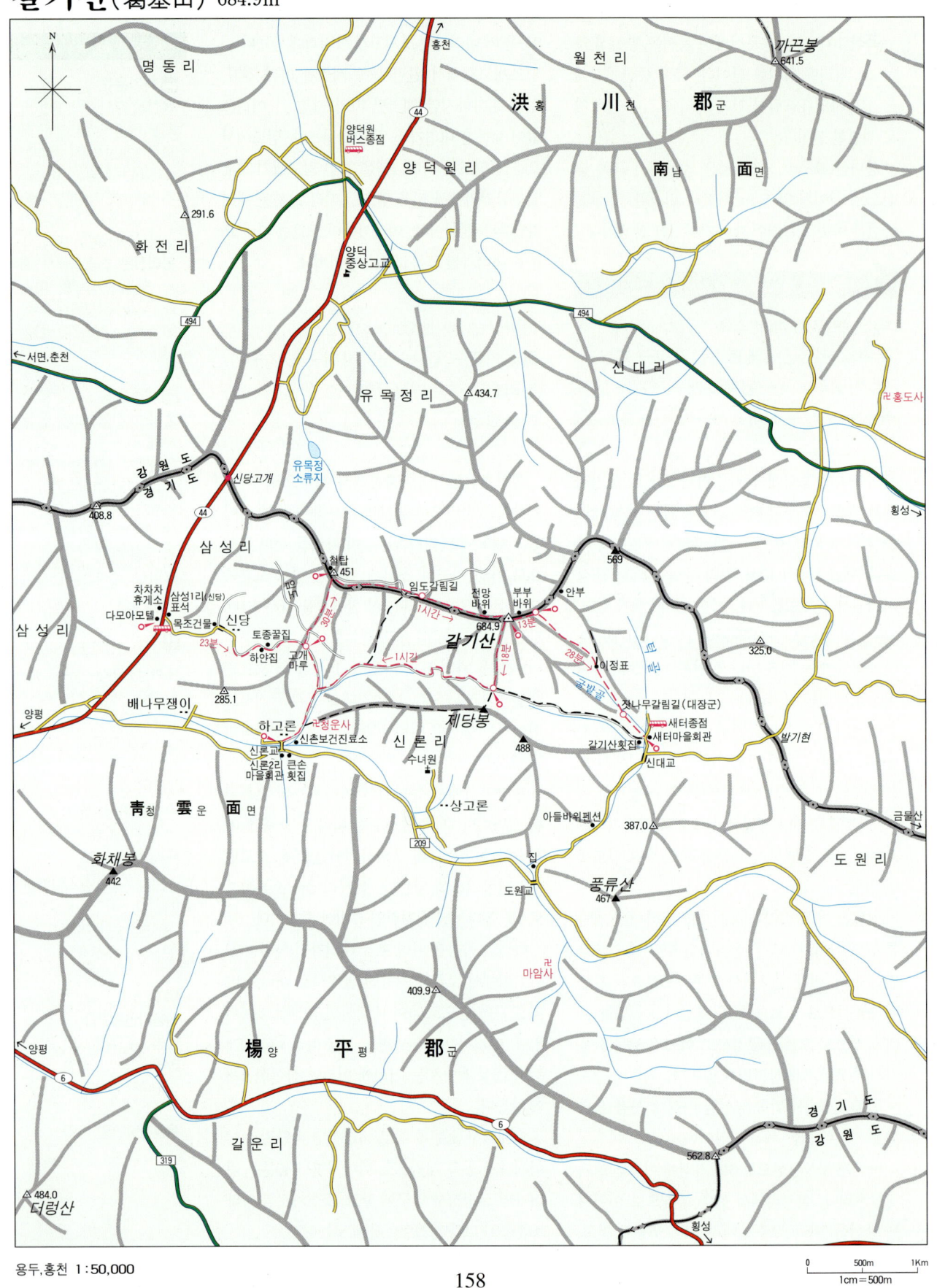

돌탑이 쌓여진 갈기산 정상

갈기산   경기도 양평군 청운면 · 강원도 홍천군 남면

갈기산(葛基山. 684.9.m)은 양평군 용두리에서 홍천군 남면으로 이어지는 44번 국도 신당고개 동쪽에 위치한 산이다. 옛 이름에는 감물악(甘勿岳)이라고 하였으며 전체적인 산세는 무난한 편이나 정상 주변은 바위 절벽으로 이루어져 있다.

산행은 교통이 좋은 차차차휴게소에서 시작하여 고개마루 송전탑 갈기산 정상 동남릉 새터로 하산 한다.

* 간단한 산행은 새터 버스종점에서 굴밭골 지능선 갈기산정상 남릉 임도 새터 종점으로 원점회귀산행이다.

등산로 Mountain path

갈기산 총 3시간 34분 소요

차차차휴게소 →23분→ 고개마루 →30분→ 송전탑 →60분→ 갈기산 →13분→ 갈림길 →28분→ 새터마을

양평에서 홍천으로 넘어가는 44번 국도 신당고개 전 차차차휴게소 삼성1리(신당) 버스정류장에서 홍천 방면으로 50m 거리 횡단보도 오른쪽 신당마을로 가는 소형차로를 따라 8분을 들어가면 목조건물이 있는 마을 삼거리다. 삼거리에서 오른쪽 작은 다리를 건너 시멘트 포장길을 따라 10분을 더 들어가면 하얀집과 토종꿀집이 나오고 포장길이 끝난다. 여기서부터 비포장 경운기 길을 따라 5분 거리에 이르면 계곡을 지나서 동쪽 하고론으로 넘어가는 고개마루 삼거리에 닿는다.

고개마루에서 농로를 벗어나 왼편 북쪽으로 난 산길을 따라 가면 묘를 지나면서 4분을 오르면 임도가 나온다. 임도에서부터 지능선 봉우리까지 약 5분 거리는 뚜렷한 길이 없으나 오르는데 큰 어려움은 없다.

임도에서 왼쪽으로 20m 가서 길이 없는 오른쪽 작은 골을 따라 오른다. 뚜렷한 길이 없는 골을 따라 5분 정도 올라가면 능선으로 이어지면서 희미하게 길이 나타난다. 낙엽이 쌓인 희미한 지능선길을 따라 16분을 더 올라가면 왼편으로 송전탑이 있고 신당고개에서 오르는 주능선 뚜렷한 등산로가 나타난다.

여기서부터 오른쪽 주능선을 따라 9분을 가면 이정표가 있는 임도가 나온다. 임도에서 10m 전방 오른쪽으로 난 등산로를 따라 올라가면 급경사로 이어지면서 19분을 오르면 이정표가 있다. 이정표에서 평지와 같은 능선을 따라 17분을 거리에 이르면 절벽아래 이정표가 있다. 여기서부터 절벽 왼쪽으로 급경사를 따라 8분을 오르면 전망이 좋은 전망바위에 선다. 여기서 7분을 더 오르면 삼거리를 지나서 갈기산 정상에 닿는다.

정상은 표지석이 있고 삼각점 안내도가 있으며 돌탑이 있다. 쉼터로도 좋으나 숲이 우거져 조망은 별로이다.

하산은 동남쪽 능선을 탄다. 동쪽 주능선을 따라 5분 정도 내려가면 왼쪽으로 거대한 부부바위가 있다. 부부바위에서 다시 8분을 더 내려가면 이정표가 있는 삼거리다.

삼거리에서 오른쪽 동남 편 지능선으로 간다. 동남쪽 지능선길은 급경사에 바윗길이 연속 이어진다. 하지만 위험하지는 않으며 12분 정도 내려가면 이정표가 있는 계곡에 닿는다.

여기서부터 계곡을 따라 3분을 내려가면 장승이 있는 밭이다. 여기서부터 마을길을 따라 13분을 더 내려가면 새터 버스종점에 닿는다.

여행 정보 Tourist Information

자가운전

수도권에서 홍천 방면 6번 44번 국도를 이어 타고, 신론리 삼거리를 지나 차차차휴게소 주차. 새터 코스는 다대휴게소 지나 1km에서 우회전⇨ 5.5km 도원교삼거리에서 좌회전⇨ 1.8km 새터 버스종점 주차.

대중교통

중앙선 전철을 타고 용문 하차. 용문시내버스 터미널에서 홍천행(07:45 08:45 11:45) 시내버스 이용, 삼성1리(신당) 버스정류장 하차. 새터에서 용두리행 (09:50 14:50 18:20).

식당

갈기산횟집
양평군 청운면
새터회미골길 3
031-773-9727

고향두부촌
양평군 청운면 신론로 33
031-773-1339

차차차휴게소(일반식)
양평군 청운면 설악로 475
031-771-6931

용두막국수
양평군 청운면
용두민속장터길 1
031-774-4752

숙박

아들바위산장
양평군 청운면
신론새터길 95
031-771-5024

명소

용문사

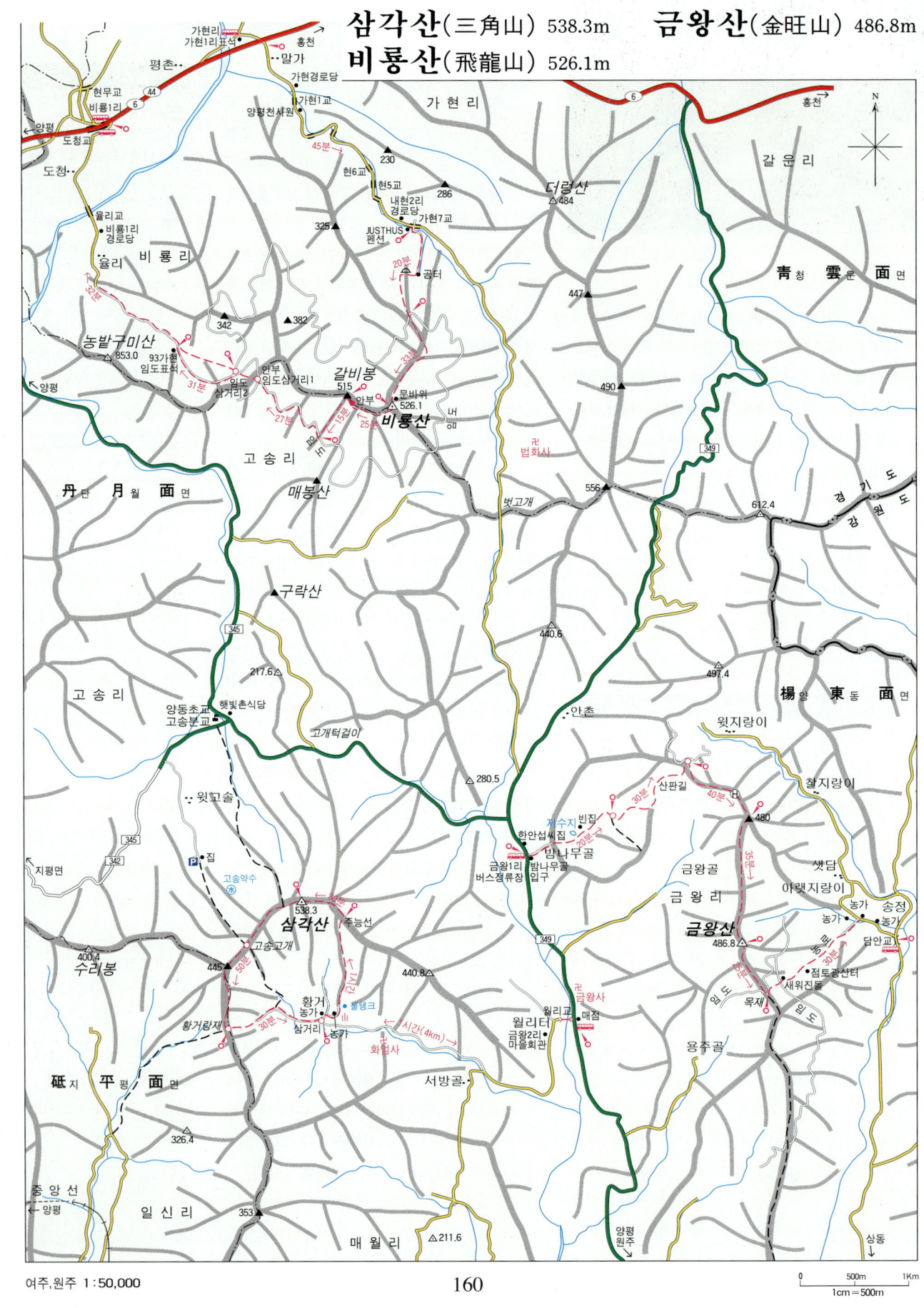

삼각산 · 금왕산 · 비룡산

경기도 양평군 양동면, 청운면

등산로 Mountain path

삼각산 총 3시간 50분 소요
황거마을→60분→주능선→30분→
삼각산→50분→황거랑재→30분→
황거마을

황거마을 삼거리에서 오른쪽으로 60m 들어가면 오른쪽 계곡 건너 농가 한 채가 있다. 농가 마당 오른쪽으로 계곡을 건너서면 산 아래 물탱크가 있다. 물탱크 뒤 왼쪽 능선으로 희미한 산길이 있다. 이 산길을 따라 올라서면 바로 묘가 있고, 5분 지나면 세능선이 합하여 지능선으로 접어든다. 지능선을 따라 올라가면 주능선에 닿는다. 황거마을에서 1시간 거리다.

주능선에서는 서북 방향의 능선을 따라 30분을 오르면 삼각산 정상이다.

하산은 서쪽 주능선을 따라 내려가면 갈림길이 수차례 나오는데 언제나 주능선으로 직진 50분 거리에 이르면 황거랑재에 닿는다.

황거랑재에서 왼쪽으로 35분을 내려가면 황거마을삼거리에 닿는다.

금왕산 총 4시간 소요
밤나무골 입구→50분→임도→40분→
480봉→35분→금왕산→25분→
목재→30분→버스정류소

금왕 2리 버스정류장 밤나무골 입구에서 동쪽 농로를 따라 15분을 가면 저수지가 있고 외딴집이 있다. 외딴집에서 계속 농로를 따라 5분을 가면 계곡을 벗어나 왼쪽 언덕으로 산길이 이어진다. 언덕에 올라서면 동쪽으로 이어져 15분을 올라가면, 산길은 왼쪽 산비탈 산판길로 이어지고 15분을 오르면 안부 임도에 닿는다.

임도 안부에서 오른쪽 능선을 따라 20분을 오르면 헬기장이 있고 계속 20분을 오르면 480봉이다. 여기서 15분을 내려가면 안부에 닿고 다시 20분을 오르면 금왕산 정상이다.

하산은 남쪽 능선을 따라 5분 거리에서 왼쪽으로 20분을 내려가면 임도 목재에 닿는다.

목재에서는 왼쪽 임도 50m 거리 오른 편 임도 아래에 묘가 있다. 묘로 내려서 묘 왼쪽으로 길이 없는 능선으로 3분을 치고 내려가면 밭이 있는 임도에 닿는다. 임도에서는 왼쪽 20m 거리 큰 바위 왼쪽으로 난 농로를 따라 5분을 내려가면 점토공장 터가 나오고, 20분을 더 내려가면 버스정류장 담안교 도로에 닿는다.

비룡산 총 4시간 48분 소요
가현1리→45분→가현7교→53분→
비룡산→25분→갈비봉→42분→
2 임도삼거리→31분→93표석→32분→
비룡1리

가현1리 버스정류장에서 가현1리 표석방면으로 소형차로를 따라 45분을 가면 가현 4교를 지나서 오른편에 가현7교가 나온다. 여기서 가현7교를 건너 TUSTHUS 펜션 앞을 통과, 바로 오른쪽 골을 향해 5분 올라가면 공터 낙엽송 지역이다. 여기서 오른편 희미한 산길로 4분을 올라가면 묘를 지나면 지능선에 닿는다. 지능선에서 왼쪽 능선길을 따라 11분을 가면 임도를 만난다. 임도를 가로질러 능선을 따라 21분을 가면 거대한 바위가 나타난다. 바위를 보고 왼쪽으로 돌아서 12분을 오르면 안부를 지나 삼각점 비룡산 정상이다.

비룡산에서 하산은 남서쪽 능선을 따라 25분을 가면 삼각점 안부를 지나서 갈비봉이다. 갈비봉에서 남서쪽 지능선 희미한 돌밭길을 따라 15분을 내려가면 임도를 만난다.

여기서 오른쪽 임도를 따라 27분을 가면 임도삼거리다. 임도삼거리에서 오른쪽 임도를 따라 8분을 가면 두 번째 임도삼거리다. 여기서 왼쪽 임도를 따라 23분을 가면 93임도 표석이다. 삼거리에서 왼쪽 소형차로를 따라 2분 거리 삼거리에서 오른쪽으로 9분을 가면 윤리 경로당이다. 경로당에서 직진 차로를 따라 21분을 가면 비룡1리 버스정류장이다.

여행 정보 Tourist Information

자가운전

금왕산은 수도권에서 홍천 방면 6번 국도를 타고 단월면 닿기 전 삼거리에서 328번 지방도로 우회전⇒금왕1리 삼거리에서 우회전⇒300m 금왕1리 주차.

삼각산은 금왕1리에서 양동 방면 약 3km 금왕2리 버스정류장에서 우회전⇒월리교 건너 황거마을길 소형차로를 따라 3km 황거마을 주차.

비룡산은 단월면 통과 약 2km에서 용두리 방면으로 좌회전⇒가현1리 표석에서 우회전⇒4km 내현2리 주차.

대중교통

중앙선 무궁화열차 이용, 양동역 하차.
양동역에서 고송리. 금왕리행 버스 이용, **삼각산**은 금왕2리 월리교 하차 (황거마을까지 3km).
금왕산은 금왕1리 하차.
비룡산은 중앙선 전동열차를 타고 용문 하차. 용문 시내버스 터미널에서 용두리 방면 시내버스를 타고 청운면 가현리 입구 하차.

식당

가족식당(일반식)
양평군 양동면
양동시장길 6-6
031-771-8481

제일식당(생고기)
용문면 용문로 346-2
031-773-3204

햇빛촌(생고기)
양평군 양동면 양동로 729
031-774-2553

고래산 542.5m   우두산(牛頭山) 480m

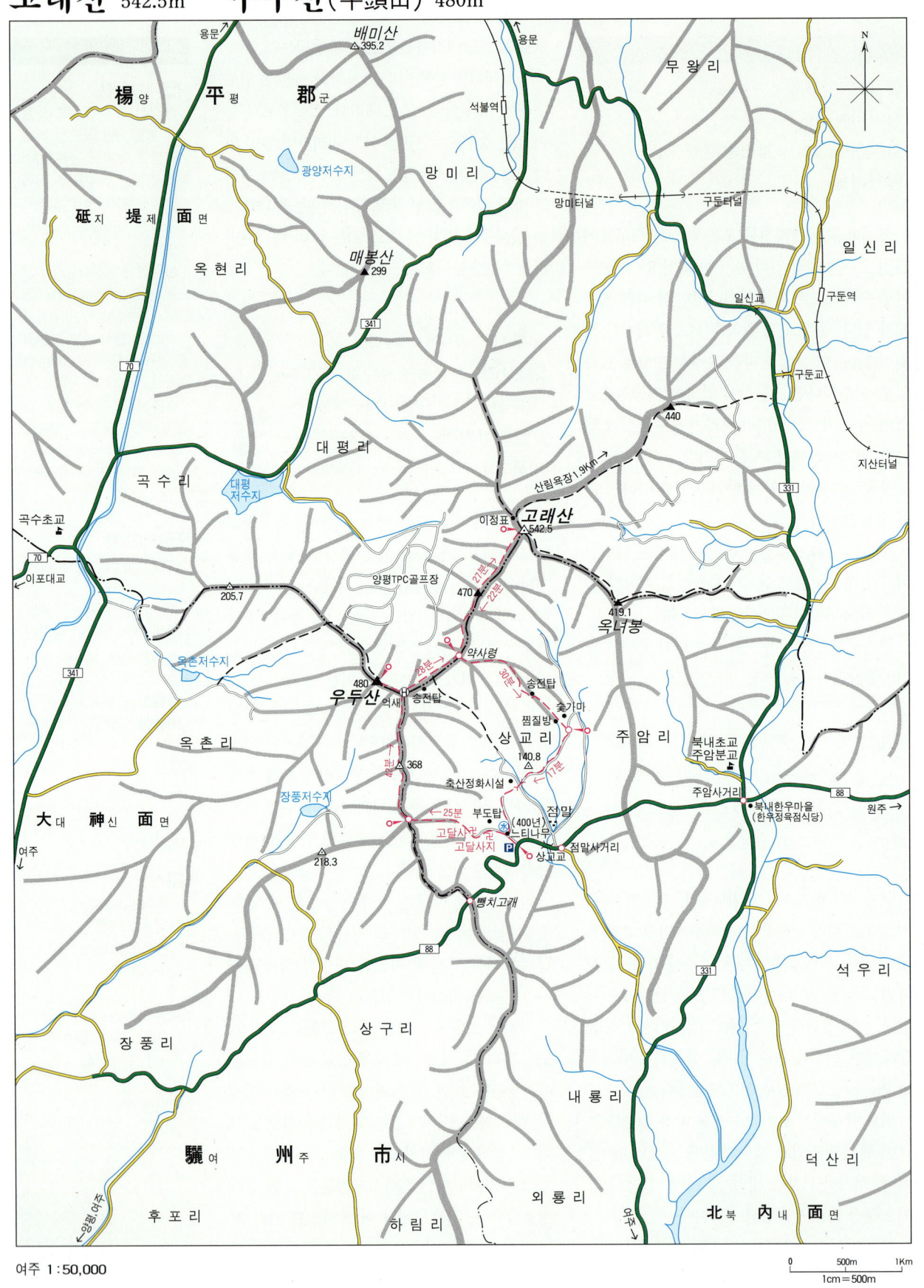

고래산 · 우두산
경기도 여주시 북내면, 양평군 지제면

신라 고찰 고래산 고달사지

우두산(牛頭山. 480m)은 혜목산(慧目山)으로 불리기도 한다. 우두산 남쪽 산록에는 신라 고찰 고달사지(高達寺址)가 있다. 고달사지에는 국보4호 곡달사지 부도가 있고, 보물(寶物) 6호, 7, 8호가 있으며 고달사지 위에는 작은 절 고달사(高達寺)가 자리하고 있다.

고래산(542.5m)은 우두산에서 북쪽 능선으로 이어져 2km 거리에 위치하고 있는 산이다. 우두산과 고래산 등산로는 따로 되어있지 않고 함께 오르고 내리게 되어있으며 등산로가 단순하다. 우두산-고래산을 종주하여도 4시간 정도이며 주말 가족 산행지로 좋은 산이다.

산행은 고달사지를 출발하여 우두산을 먼저 오른다음 주능선을 타고 약사령을 경유하여 고래산에 오른다. 하산은 약사령으로 되돌아 온 다음 숯가마터를 경유하여 다시 고달사지로 원점회귀 산행이다.

또는 고래산 정상에서 북서 방면 일신리 구둔역 쪽으로도 하산길도 있다. 대중교통은 매우 불편하여 반드시 승용차를 이용해야 한다.

등산로 Mountain path

우두산-고래산 총 4시간 11분 소요

주차장→25분→능선삼거리→42분→
우두산→28분→약사령→27분→
고래산→22분→약사령→30분→
찜질방→17분→주차장

고달사주차장에서 고달사지 울타리 오른쪽으로 난 소형차로를 따라 7분을 가면 고달사가 있다. 고달사 건물 왼쪽 뚜렷한 등산로를 따라 오르면 지능선으로 등산로가 이어진다.

외길인 완만한 능선 길을 따라 18분을 올라가면 주능선삼거리에 닿는다.

삼거리에서 북쪽 능선을 따라 3분 정도 오르면 평지와 같은 능선길로 이어지다가 10분 정도 오르면 봉우리에 오른다. 봉우리에서 잠시 내려가다가 다시 경사진 길로 이어지면서 25분을 오르면 헬기장(억새밭)삼거리다. 삼거리에서 왼편(서)로 4분 거리에 이르면 소나무로 둘러싸여 있는 우두산 정상이다. 정상은 특징이 없고 우두산악회에서 새운 표지석이 있다. 점심장소 휴식장소로는 헬기장 억새밭 삼거리가 좋다.

정상에서 하산은 헬기장 삼거리로 되돌아온 다음, 북동쪽 능선을 따라 간다. 북동쪽 능선을 따라 급경사 길로 8분을 내려가면 송전탑 능선이다. 송전탑에서 6분을 내려가면 사거리안부다. 안부에서 왼쪽 30m 거리에 골프장이고 희미한 오른쪽 길은 목장방면이다. 다시 북동쪽 능선을 따라 10분을 오르면 약사령 삼거리다. 오른쪽 길은 하산 길이므로 기억을 해두고 왼쪽 능선을 따라 간다. 북동쪽 능선을 따라 가면 작은 봉우리를 오르고 내리면서 27분 거리에 이르면 고래산 정상이다. 정상은 10여 평 공터에 삼각점이 있고 삼거리다.

정상에서 북쪽으로 200m 거리에 이르면 갈림길에 이정표가 있으며 오른쪽으로 가면 삼림욕장 1.9m라고 쓰여 있고 일신리 구둔역 방면이다. 동쪽 길은 물방아 금동교 쪽이다.

정상에서 하산은 올라왔던 27분 거리 약사령까지 되돌아간다.

약사령에서 오른쪽 동남쪽 뚜렷한 능선길을 따라 2분을 내려가면 갈림길이 나온다. 갈림길에서 왼쪽 길로 간다. 왼쪽 급경사 내리막길로 9분을 내려가면 급경사가 끝나고 완만한 지능선으로 이어져 5분을 내려가면 송전탑을 통과하고 12분을 내려가면 묘지를 통과하여 2분을 더 내려가면 찜질방 주차장에 닿는다.

여기서부터 소형차로를 따라 9분 거리 사거리에서 직진 8분을 가면 고달사 주차장이다.

여행 정보 Tourist Information

🚗 자가운전
수도권에서 홍천 방면 6번 국도를 타고 용문IC에서 빠져나와 좌회전⇒용문종합고교 앞 삼거리에서 우회전⇒341번 지방도를 타고 지평면에서 직진⇒3km 거리 망미초교 삼거리에서 좌회전⇒345번 지방도를 타고 북내면 주암리 사거리에서 우회전⇒88번 지방도를 타고 2km 거리 고달사 주차장.
또는 여주에서 345번 지방도를 타고 북내면을 통과 주암리 사거리에서 좌회전⇒2km 거리 고달사 주차장.

🚌 대중교통
강남, 동서울터미널에서 수시로 운행하는 여주행 버스를 이용한 다음, 여주에서 택시를 이용한다.

🍴 식당
북내한우마을(한우전문)
여주시 북내면 여양3로 10 주암사거리
031-883-4113

단골집(찌개전문)
여주시 대신면 대신2로
031-882-7607

제일식당(생고기)
양평군 용문면 용문로 346-2
031-773-3204

🏛 명소
고달사지

대신장날 4일 9일
용문장날 5일 10일

정암산(正巖山) 402.8m 해협산(海峽山) 527.7m

정암산 · 해협산 경기도 광주시 남종면, 퇴촌면

　정암산(正巖山. 402.8m)과 해협산(海峽山. 527.7m)은 팔당호 남쪽에 위치한 나지막한 산이며 남북으로 동일한 능선으로 이어져 북쪽은 정암산 남쪽은 해협산이 약 3km 거리에 위치하고 있다. 서북쪽으로 팔당호에 둘러싸여 있어 주변 경관이 좋은 산이다. 산세가 완만하고 수도권에서 1시간 거리에 위치하고 있어 주말 가족 산행지로 좋은 산이다.

　산행은 귀여리 마을회관에서 귀여교회 뒤 지능선을 타고 정암산에 오른 다음, 동쪽 주능선을 타고 410봉을 경유하여 사거리안부에 이른다. 안부에서 서쪽 큰골을 따라 귀여리로 원점회귀 산행이다.

　해협산까지 종주산행은 사거리안부에서 계속 남릉을 따라 해협산에 오른 다음, 해협산에서 하산은 서쪽 능선을 타고 30분 거리 삼거리에서 오른쪽 북서쪽 능선을 타고 다시 귀여리로 원점회귀 산행이다. 주력이 있는 한 정암산과 해협산은 종주산행이 바람직하다.

등산로 Mountain path

정암산 총 5시간 15분 소요
귀여리 마을회관→80분→정암산→70분→404봉→30분→큰사거리안부→75분→귀여리 마을회관

　귀여리 버스정류장에서 마을길을 따라 50m 거리에 이르면 귀여리 마을회관이 있다. 마을회관 앞 삼거리에서 왼쪽으로 마을길을 따라 골목으로 50m 들어가면, 왼쪽에 빨간지붕 오른쪽에 귀여리교회 중간 산지능선으로 산길이 있다. 이 산길을 따라 오르면 동북 방향으로 능선이 이어지며 비교적 완만한 능선길을 따라 1시간 20분을 올라가면 정암산 정상에 닿는다.

　정상에서 조망은 팔당호가 바로 앞에 보이고 해협산이 건너다보인다.

　하산은 동쪽 주능선을 타고 간다. 동쪽으로 15분을 내려가면 사거리안부에 닿는다. 안부에서 계속 동쪽 주능선을 따라 30분을 올라가면 340봉 삼거리에 닿는다. 340봉을 지나 계속 주능선을 따라 30분을 가면 404봉이다.

　404봉에서는 남쪽 주능선을 따라 30분을 내려가면 안부 큰사거리에 닿는다.

　큰 사거리에서 오른쪽으로 내려가면 계곡길로 이어져 25분을 내려가면 물탱크가 나온다. 여기서부터 농로를 따라 50분을 내려가면 귀여리 마을회관이다.

해협산 총 4시간 48분 소요
마을회관→50분→물탱크→30분→안부→40분→해협산→30분→삼거리→60분→농로→18분→마을회관

　귀여리 마을회관에서 오른쪽 농로를 따라 20분을 가면 농로가 둘로 갈라진다. 여기서 왼쪽 농로를 따라 20분을 가면 물탱크를 지나 산길이 시작된다. 이지점에서 남쪽 계곡으로 난 산길을 따라 30분을 오르면 큰사거리 안부에 닿는다.

　사거리에서 오른쪽으로 주능선을 따라 40분을 오르면 삼거리 해협산 정상에 닿는다.

　하산은 서쪽 능선을 탄다. 오른편 서쪽 능선을 따라 25분을 가면 고개삼거리에 닿는다.

　고개삼거리에서 오른편 북쪽으로 내려가면 계곡길로 이어져 귀여리 마을회관으로 가는 길이다. 삼거리에서 계속 서쪽 주능선길을 따라 5분을 올라가면 능선삼거리에 닿는다.

　능선삼거리에서 왼편 남쪽은 금사리, 오른편은 귀여리로 하산길이다.

　귀여리 방면 오른쪽 길을 따라 10분을 내려가면 372봉 갈림길이다. 왼쪽으로 10분을 내려가면 다시 갈림 능선이다. 여기서는 오른쪽 능선을 따라 40분을 내려가면 비닐하우스가 있는 계곡길 농로에 닿는다.

　여기서 왼쪽 농로를 따라 18분을 가면 귀여리 마을회관이다.

여행 정보 Tourist Information

자가운전
수도권에서 중부고속도로 또는 3번 국도 이용, 광주 IC에서 45번 국도를 타고 퇴촌 방면으로 2km 도마리 삼거리에서 우회전→광동교를 건너 퇴촌면 사거리에서 좌회전→남종면을 지나 귀여리 마을회관 주차.

대중교통
강변역 시내버스정류장에서 퇴촌행 좌석버스 이용, 퇴촌 하차. 퇴촌에서 수청리행 시내버스 이용, 귀여1리 하차.

식당
나루터(붕어찜)
광주시 남종면 산수로 1642
031-767-2131

딸부자집(붕어찜)
광주시 남종면 산수로 1638
031-766-1262

한마당(순두부)
광주시 남종면 산수로 1615
031-767-9070

바베큐나라
광주시 퇴촌면 천진암로 10814
031-761-1238

숙박
CAFRI모텔
광주시 남종면 산수로 1600
031-767-2087-8

명소
팔당호
천진암

태화산(泰華山) 641.6m   노고봉(老姑峰) 528.2m   백마산(白馬山) 503.2m

이천 1:50,000

1cm = 500m

태화산 · 노고봉 · 백마산

경기도 광주시 초월면, 도척면

등산로 Mountain path

태화산 총 3시간 22분 소요
은곡사 입구 →25분→ 약수터 →47분→
태화산 →20분→ 시어고개 →50분→
은곡사 입구

도척저수지 상류 은곡사 입구에서 은곡사 길을 따라 4분을 가면 갈림길이다. 갈림길에서 왼쪽으로 60m 가면 태화산주차장이다. 주차장에서 등산로를 따라 20을 올라가면 약수터 갈림길이다.

갈림길에서 왼쪽으로 7분을 가면 병풍바위가 있고 밧줄 계단길로 이어져 7분을 오르면 능선에 선다. 여기서 능선길을 따라 18분을 가면 쉼터봉 삼거리다. 삼거리에서 오른쪽으로 내려가면 공터에 태화산 표지석 시설물을 통과하면서 10분을 오르면 정상이다. 정상에서 오른편으로 5분을 내려서면 태화산 대형표지석이 있는 삼거리다.

하산은 표지석 오른편 비탈길로 내려서 능선을 따라 20분을 내려가면 시어고개가 나온다.

시어고개에서 오른쪽으로 25분을 내려가면 약수터이고 25분을 더 내려가면 도로에 닿는다.

백마산 총 3시간 25분 소요
도곡초교 입구 →50분→ 안부 →25분→
백마산 →20분→ 465봉 →20분→
삼거리 →30분→ 사슴농장

도곡초교 정문에서 왼쪽으로 가다가 대도빌라삼거리에서 우회전 빨간, 벽돌집을 통과하여 15분을 가면 삼거리 산불초소가 있다. 초소 왼쪽길을 따라 10분을 가면 갈림길이다. 갈림길에서 오른쪽으로 가면 백련암 앞을 지나 마을 시멘트 소형차로가 끝나는 지점이다. 여기서부터 산길을 가다보면 갈림길이 나오는데 왼편 고개쪽으로 20분을 올라서면 고개에 닿는다.

고개에서는 왼쪽으로 25분을 오르면 표지석이 있는 백마산 정상이다.

하산은 남쪽 주능선을 따라 내려서면 안부를 지나서 삼거리가 나온다. 삼거리에서 왼쪽으로 1분을 오르면 465봉 삼거리에 선다.

465봉 삼거리에서 왼쪽 능선을 따라 가면 전망대를 지나 20분 거리에 삼거리가 나온다.

이 삼거리에서 오른쪽은 산이리 왼쪽은 도곡초교이다. 왼쪽 지능선을 따라 30분을 내려가면 사슴목장이고 20분 더 내려가면 도곡초교에 닿는다.

태화산-노고봉-백마산 총 7시간 36분 소요
은곡사 입구 →72분→ 태화산 →38분→
마구산 →91분→ 노고봉 →64분→
발리봉삼거리 →40분→ 백마산 →61분→
도곡초교

태화산 정상에서 동북쪽 백마산 방향 주능선을 따라 38분을 가면 추곡리 삼거리를 지나서 마구산(595m) 표지석에 닿는다.

마구산에서 정 북쪽 주능선을 따라 20분을 내려가면 사거리 안부를 통과하고 12분을 오르면 474.7봉이다. 여기서 계속 정 북쪽 주능선만을 따라 49분을 가면 사거리안부를 2번 지나서 표지석이 있는 정광산이고 10분을 더 가면 삼거리 노고봉에 닿는다.

노고봉에서 왼편 동북 방향으로 주능선을 따라 20분을 내려가면 스키장 사거리를 통과하고, 44분을 가면 발리봉으로 가는 삼거리다.

삼거리에서 왼쪽 길을 따라 13분을 내려가면 곤지암으로 하산하는 사거리다. 계속 북쪽능선을 따라 16분을 가면 시설물을 지나 삼거리가 나온다. 삼거리에서 왼쪽으로 11분을 더 오르면 표지석이 있는 백마산이다.

백마산에서 16분을 내려가면 안부사거리다. 안부에서 오른쪽으로 25분을 내려가면 백련암을 지나고, 소형차로를 따라 25분을 내려가면 도곡초교이다. 안부에서 계속 북쪽 주능선길은 뚜렷하고 광주IC교까지 2시간 정도 소요된다.

여행 정보 Tourist Information

자가운전
태화산 수도권에서 3번 국도 이용 곤지암에 진입 후, 곤지암에서 남쪽 도척 방면 98번 지방도를 따라 도척면에서 우회전 ⇨ 98번 지방도를 따라 추곡1리 은곡사 입구 주차.

백마산 3번 국도 광주 지나서 초월면 쌍동리 도곡초교 입구에서 우회전 ⇨ 마을 주차.

대중교통
태화산 강변역에서 1113-1번 곤지암행 이용, 곤지암에서 추곡리행 1시간 간격 버스 이용, 추곡1리 은곡사 입구 작은 만남의 집 하차.

백마산 강변역에서 1113-1번 잠실역에서 500-1번 500-2번 동원대 행 버스 이용, 초월면 쌍동리 도곡초교 입구 하차.

식당
황토바지락칼국수
광주시 초월읍 경충대로 1286
031-766-4363

미가 (일반식)
광주시 초월읍 경충대로 1010-2
031-768-0392

청국장과 보리밥
광주시 곤지암읍 경충대로 581
031-761-3313

배연정소머리국밥
광주시 곤지암읍 경충대로 633
031-763-8030

우렁쌈고을
광주시 도척면 도척길 539
031-769-3367

무갑산(武甲山) 581.7m   관산(冠山) 555m

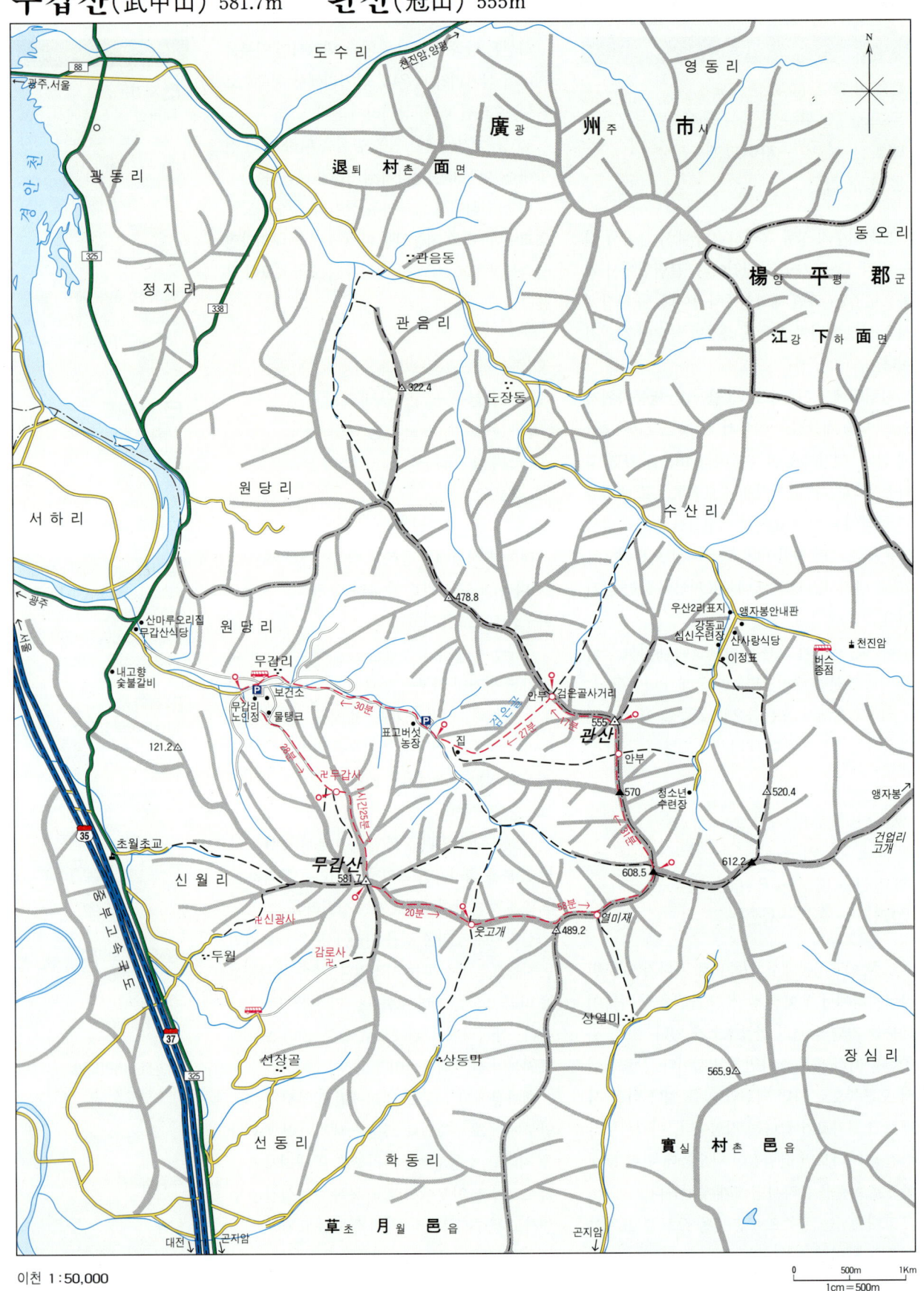

무갑산 · 관산 경기도 광주시 초월면, 퇴촌면

돌탑이 쌓여진 무갑산 정상

무갑산(武甲山. 581.7m)과 **관산**(冠山. 555.m)은 무갑리를 사이에 두고 동서로 마주하고 있는 산이다. 두산은 능선으로 이어져 있으며 앵자봉 양자산 까지 연결되어 있다.

무갑산 정상은 돌탑이 있고 전망이 좋으며, 중부고속도로의 차량 행렬이 아름답게 내려다 보인다.

등산로 Mountain path

무갑산-관산 총 5시간 56분 소요
무갑리 종점→28분→계곡갈림길→85분→무갑산→20분→웃고개→58분→608.5봉→31분→관산→17분→검은골사거리→27분→무갑천삼거리→30분→무갑리 종점

무갑리 버스종점에서 보건소 왼편 서쪽으로 소형차로를 따라가면 보건소 뒤로 이어져 삼거리다. 삼거리에서 오른쪽 밭 사이로 난 길을 따라가면 하얀 물탱크를 지나 무갑사로 가는 소형차로를 만나서 무갑사길을 따라 24분을 가면 무갑사가 나온다. 무갑사 오른쪽 뚜렷한 계곡길을 따라 2분을 가면 희미한 갈림길이 있는데 왼쪽으로 간다. 왼쪽 길을 따라 2분 거리에 이르면 뚜렷한 삼거리가 또 나온다.

이 삼거리에서 왼쪽 능선길로 올라간다. 오른쪽 계곡길은 정상 부근에서 길이 없어진다.

왼쪽으로 15분을 올라가면 지능선에 닿는다. 지능선에서 오른쪽 능선길을 따라 1시간을 올라가면 통신안테나가 있는 삼거리에 닿는다. 삼거리에서 왼쪽으로 10분을 가면 무갑산 정상이다.

정상에서 남쪽 길은 감로사 탄동 하산길이며, 동쪽 주능선은 관산 앵자봉 길이다.

동쪽 주능선을 따라 8분을 가면 갈림길이다. 갈림길에서 왼쪽으로 가면 급경사에 밧줄이 설치되어 있고, 이어서 내려서면 헬기장이 나오고 갈림길이다. 갈림길에서 왼쪽으로 6분을 가면 웃고개 사거리가 나온다. 정상에서 20분 거리다.

오른편 남쪽 길은 동막 선동리 길이고, 왼편 북쪽은 무갑리로 가는 길이다.

관산은 동쪽 주능선을 탄다. 동쪽 주능선을 따라 9분 거리에 이르면 갈림길이 나오는데 왼쪽으로 간다. 왼쪽으로 19분을 가면 489.2봉에 닿고, 계속 왼쪽 능선을 따라 30분을 가면 608.5봉 삼거리에 닿는다.

삼거리에서 오른쪽길은 앵자봉으로 가는 길이며, 관산은 왼편 북쪽으로 간다. 왼쪽으로 50m 거리에 이르면 삼거리가 나온다. 이 삼거리에서 왼쪽으로 내려가면 무갑천을 경유하여 무갑리로 가는 길이고, 관산은 오른편 북쪽 주능선으로 간다. 관산을 향해 21분을 가면 관산 전 큰 삼거리에 닿는다. 오른쪽은 천진암 방면으로 가는 길이고 왼쪽은 무갑리로 가는 길이다. 다시 북쪽 급경사 길을 따라 10분을 올라가면 삼거리 관산 정상이다.

하산은 삼거리에서 왼쪽 경사진 길을 따라 17분을 내려서면 검은골 안부사거리다.

안부에서 오른쪽은 우산리 방면이고, 왼쪽으로 17분을 내려가면 계곡삼거리다. 삼거리에서 오른쪽으로 내려가는 길을 따라 10분을 내려서면 2층집이 나오고 이어서 계곡을 건너 무갑천 삼거리에 닿는다.

여기서부터 소형차로를 따라 내려가면 주차장 표고버섯농장 건대연습림 무갑3교 느티나무 무갑2교를 건너 30분 거리에 이르면 버스종점이다.

여행 정보 Tourist Information

자가운전
중부고속도로로 광주IC에서 빠져나와 광주시내로 진입하거나 수도권에서 국도를 이용, 성남이나 신장에서 광주시내에 진입한 다음, 광주시내 중심가에서 서하리를 지나는 389번 지방도를 타고 무갑리 방면 서하교를 건너 사거리에서 직진 갈림길에서 우회전⇒약 1km 무갑리 말을회관 종점 주차.

대중교통
서울 강변역 동편에서 광주행 좌석버스(13번 1113번 1113-1번)를 이용, 광주 종점하차. 광주에서 무갑리행 버스(1일 10회)이용, 무갑리 종점 하차.

식당
무갑산(오리, 백반)
광주시 초월읍 산수로 752
031-764-3807

산마루오리집
광주시 초월읍 산수로 1642
031-762-2375

내고향숯불갈비
광주시 초월읍 산수로 709-102
031-762-2121

명소
천진암

앵자봉(鶯子峰) 670.2m   양자산(楊子山) 704.4m

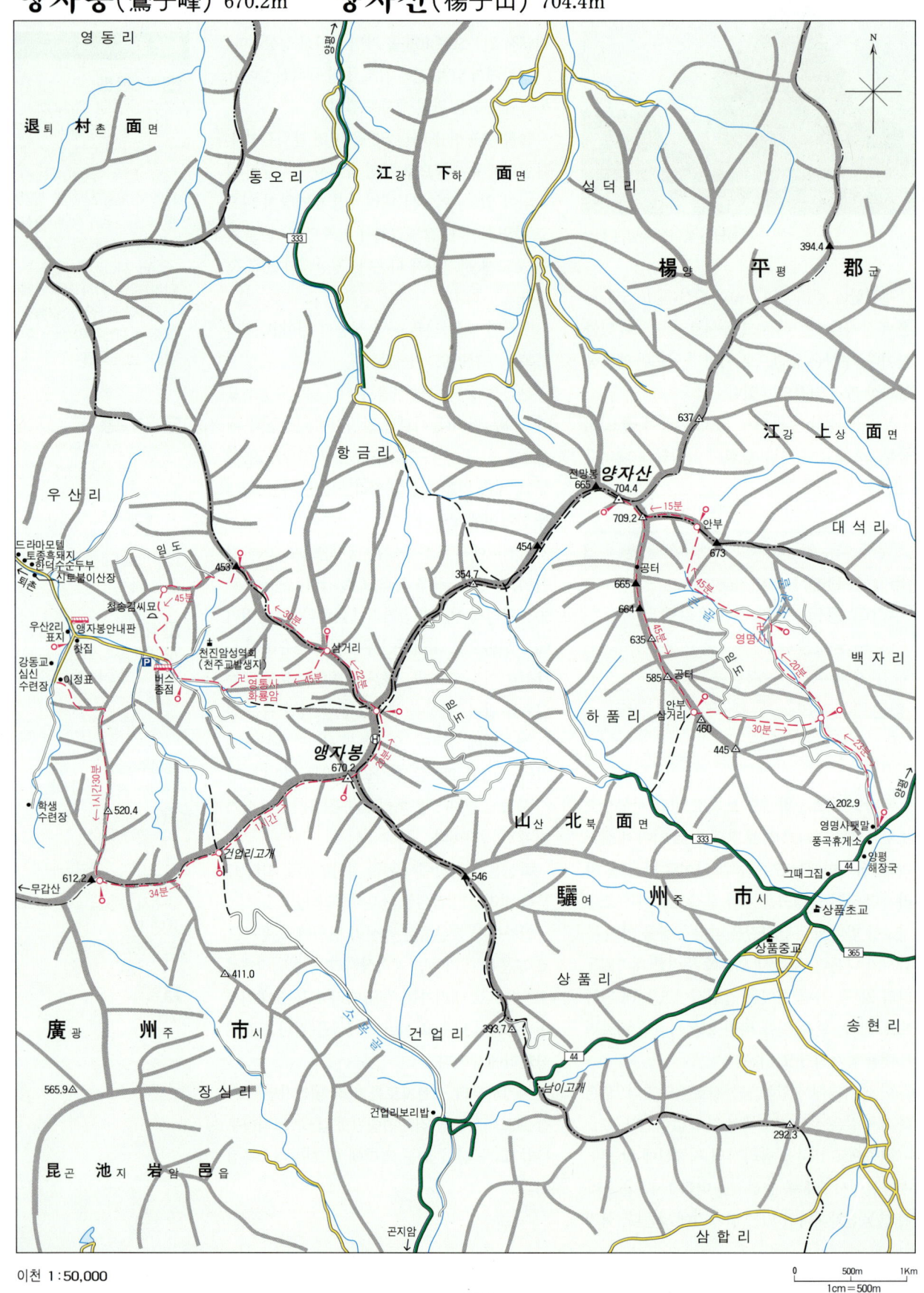

앵자봉 · 양자산 경기도 광주시 퇴촌면, 여주시, 양평군

앵자봉(鶯子峰. 670.2m)은 퇴촌면 천주교 발생지 천진암 동쪽에 위치한 산이다. 앵자봉 정상을 기준으로 동쪽으로 양자산이 있고, 서쪽에 관산 무갑산이 있다. 산세는 무난한 편이며 주말 가족산행지로 좋은 산이다.

산행은 강동고교 학생수련장 왼쪽 능선을 타고 612.2봉을 경유하여 앵자봉에 오른 다음, 삼거리 천진암으로 하산한다.

양자산(楊子山. 704.4m)은 앵자봉 동북쪽 능선상 4km 지점에 위치한 산이다. 양자산 남쪽 산록에는 영명사가 있다.

산행은 여주군시 산북면 하품1리에서 영명사를 경유하여 정상에 이른 다음, 남쪽 능선을 타고 다시 하품1리로 원점회귀 산행이다.

등산로 Mountain path

앵자봉 총 6시간 1분 소요

우산2리→90분→612.2봉→34분→고개→60분→앵자봉→20분→삼거리→52분→453봉→45분→버스종점

퇴촌면 우산2리 강동교수련원 삼거리에서 강동교 쪽으로 300m 가면 앵자봉 등산안내판이 있다. 여기서 왼쪽 등산로를 따라 14분을 오르면 세능선에 닿고, 16분을 더 오르면 지능선 삼거리에 닿는다. 지능선에서 오른쪽 지능선을 따라 1시간을 오르면 612.2봉 전 삼거리에 닿는다.

여기서 왼편 동북쪽으로 주능선을 따라 34분을 내려가면 사거리안부에 닿는다.

안부에서 동쪽 주능선을 따라 1시간 오르면 공터이며 전망이 빼어난 앵자봉 정상이다.

하산은 북쪽으로 15분을 가면 헬기장 갈림길이다. 갈림길에서 왼쪽으로 가면 천진암 계곡으로 가는 길이고, 오른편 능선으로 5분을 더 가면 주능선 양자산으로 가는 삼거리다.

삼거리에서 왼편 북쪽으로 간다. 왼쪽 능선을 따라 22분을 내려가면 갈림길이 나온다. 갈림길에서 왼쪽 비탈길로 내려가면 천진암 계곡으로 이어져 45분을 내려가면 천진암 주차장 버스종점이다.

*종주산행은 갈림길에서 오른편 북쪽 주능선을 탄다. 주능선을 따라 30분을 내려가면 453봉 이르기 전에 왼편 서쪽 비탈길로 이어진다.

왼쪽 비탈길을 지나서 17분을 내려가면 임도에 닿는다. 임도를 따라 50m 가면 고개가 나오고 고개에서는 임도를 버리고 왼쪽 지능선 솔밭길로 간다. 왼쪽길로 들어가 10분을 내려가면 청송 심씨 묘가 나온다. 묘에서 왼쪽으로 내려가다가 오른쪽으로 꼬부라져 다시 왼쪽으로 18분을 내려가면 천진암 버스종점에 닿는다.

양자산 총 4시간 21분 소요

영명사 팻말→43분→영명사→60분→양자산→45분→안부→53분→하품교

산북면 44번 군도 영명사입구 팻말에서 영명사를 향해 소형차로를 따라 23분을 가면 갈림길 안두렁이 마을이고, 마을에서 비포장 절길로 20분을 더 올라가면 영명사에 닿는다.

영명사 차고 왼쪽으로 난 등산로를 따라 45분을 올라가면 능선 안부에 닿는다.

안부에서 왼쪽 능선으로 10분을 오르면 능선 삼거리다. 삼거리에서 오른편으로 5분 거리에 이르면 양자산 정상이다. 정상 전 삼거리에서 서쪽 전망바위를 보고 다시 정상으로 돌아오면 20분 소요된다.

정상에서 하산은 남쪽 지능선을 탄다. 정상에서 5분 거리 709.2봉으로 되돌아온 다음, 남동쪽으로 휘어지는 지능선을 따라 40분을 내려가면 안부삼거리에 닿는다.

안부삼거리에서 왼쪽으로 내려가면 홋가마골을 경유하여 30분을 내려가면 안두렁이 황토집 아래에 닿는다. 황토집에서 소형차로를 따라 23분을 더 내려가면 영명사 입구 하품교에 닿는다.

여행 정보 Tourist Information

자가운전

앵자봉 중부고속도로 또는 국도를 이용 광주 IC에서 좌회전⇨도마리삼거리에서 우회전⇨퇴촌면을 통과하여 천진암 1km전 삼거리 부근 주차.

양자산 중부고속도로 곤지암 IC에서 빠져나와 3번 국도를 타고 이천 쪽 곤지암사거리에서 좌회전⇨98번 지방도로를 타고 산북면 상풍리 풍곡휴게소 주차.

대중교통

앵자봉 강변역에서 40분 간격으로 운행하는 퇴촌행 13-2번 버스 이용, 퇴촌 관음2리 종점 하차 후, 퇴촌에서 우산리행 버스 이용, 우산2리 강동고교 심신수련장 입구 하차.

양자산 동서울터미널에서 곤지암 경유 양평 행 버스(1일 7회)이용, 하품1리 하차.

식당

앵자봉
바베큐나라
광주시 퇴촌면 천진암로 10814
031-761-1238

신토불이(닭, 오리)
퇴촌면 천진암로 1094-4
031-762-9649

양자산
양자산가든(한식)
산북면 주어로 184
031-881-1357

건업보리밥
곤지암읍 광여로 841
031-761-8148

원적산(천덕봉) 634.1m   정개산(鼎盖山) 407m

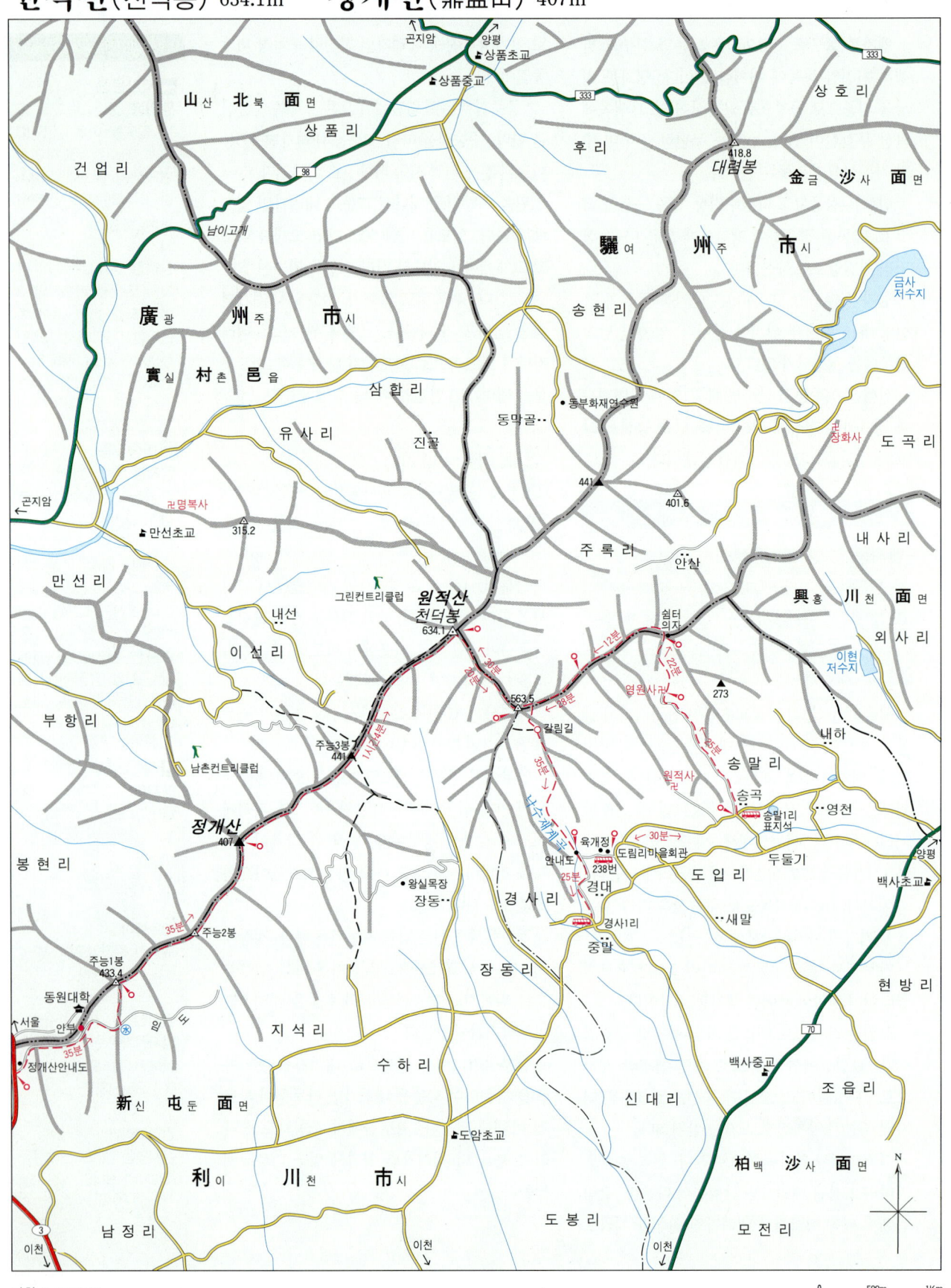

원적산(천덕봉) · 정개산 경기도 이천시 백사면

천덕봉(天德峰 634.1m) · **원적산**(圓寂山 563.5m) · **정개산**(鼎蓋山 407m)은 이천시 북쪽에 위치한 산이다. 소나무가 많고 산세는 완만하며 주능선 북쪽은 골프장이 있고 남쪽은 군사격 훈련장이다. 원적산 동쪽 등산로 입구에는 천년고찰 영원사(靈源寺)가 자리하고 있고 영원사에 500년 된 느티나무도 있다.

산행은 동원대 입구에서 시작하여 북동쪽 주능선을 타고 정개산에 먼저 오른 뒤, 천덕봉 원적산을 오른 다음 영원사나 경사1리로 하산한다.

간단한 산행은 백사면 송말1리에서 영원사를 경유하여 능선을 타고 원적산에 오른 다음, 천덕봉을 다녀와서 경사1리 도림나 다시 송말1리로 하산한다.

등산로 Mountain path

정개산–천덕봉–원적산 총 4시간 34분 소요
동원대 입구→35분→주능1봉→35분→정개산→64분→천덕봉→20분→원적산→60분→경사1리

동원대학교 입구 버스정류장에서 이천 쪽으로 7분 거리에 이르면 정개산 등산로 입구에 정개산 원적산 안내도가 있다. 안내도에서 산행을 시작하여 임도를 따라 23분을 가면 범바우약수터가 있다. 약수터에서 임도를 벗어나 왼쪽 등산로를 따라 12분을 오르면 주능1봉에 닿는다.

주능1봉에서 오른쪽 능선길을 따라 15분을 가면 주능2봉에 닿고, 다시 20분을 더 가면 안부와 송전탑을 지나서 바위봉 정개산 정상에 닿는다. 정개산에서 바라보면 이천 여주까지 넓은 들판이 시원하게 내려다보이고 천덕봉 원적산이 가까이 보인다.

다시 천덕봉을 향해 10분 내려가면 안부에 닿고 다시 오르막길로 이어져 54분을 오르면 원적산(천덕봉)에 닿는다. 넓은 잔디밭에 쉼터로도 매우 좋다. 이천 여주 곤지암 일대가 막힘이 없다.

하산은 남동쪽 원적산을 향해 능선을 따라 20분을 가면 헬기장 원적산이다.

원적산에서 하산은 동북쪽으로 100m 2분을 내려가면 삼거리가 나온다. 삼거리에서 영원사 송말1리는 왼쪽, 경사리 도림리는 오른쪽 비탈길이다. 삼거리에서 오른편 동남쪽 방향으로 3분 정도 가면 갈림길이 또 나온다. 갈림길에서 뚜렷한 왼쪽 하산길을 따라 15분을 내려가면 갈림길이다. 갈림길에서 오른쪽 계곡길로 내려간다. 여기서부터 무난한 계곡길을 따라 15분을 내려가면 폭포 위를 지나서 종합안내도가 있는 소형차로에 닿는다. 여기서부터 소형차로를 따라 3분 정도 가면 갈림길이다. 갈림길에서 왼쪽은 도림리 직진은 경사1리이다. 오른쪽으로 포장된 소형차로를 따라 22분을 내려가면 경사1리 버스정류장이다.

영원사–원적산 총 4시간 17분 소요
송말1리→25분→영원사→22분→주능선→40분→원적산→30분→천덕봉→20분→원적산→35분→계곡→25분→도림1리

송말1리 버스정류장에서 영원사 이정표를 따라 25분을 가면 영원사에 닿는다.

영원사 주차장 오른쪽 차단기를 통과하여 계곡길을 따라 22분을 올라가면 주능선에 닿는다. 주능선에서 서남쪽 방향 왼쪽 완만한 능선길을 따라 12분을 가면 안부사거리에 닿고 직진하여 14분을 오르면 사거리가 또 나온다. 사거리에서 직진하여 4분을 더 오르면 원적산이다.

원적산에서 천덕봉은 북서쪽으로 30분을 오르면 원적산(천덕봉)이다.

천덕봉에서 하산은 원적산으로 되돌아와서 정개산 원적산 하산길 안내대로 32분을 내려가면 안내도가 있는 소형차로이다. 소형차로를 따라 3분 거리 삼거리에서 왼쪽은 도림리마을회관 버스정류장이고 직진은 경사1리 버스정류장이다.

여행 정보 Tourist Information

자가운전
중부고속도로 서이천IC에서 빠져나와 좌회전⇨약 4km 3번 국도에서 우회전⇨이천시내로 진입한 다음 70번 백사면 방면 지방도를 타고 약 8km 거리 백사면에서 좌회전⇨원적산(영원사)방면 이정표를 따라 약 2km 송말1리 마을에 주차. 또는 영원사에 주차.

대중교통
이천에서 1일 6회 운행하는 백사면행 버스 이용, 송말1리 정류장 하차. 백사면에서 송말1리까지 약 2km 거리 걸어서 간다.

식당
토야외식뷔페(한식)
이천시 신둔면 경충대로 3360-8
031-633-4747

이천쌀밥집
이천시 신둔면 경충대로 정개산 입구
031-634-4813

옛날쌀밥집
이천시 경충대로 3066 (사음동)
031-633-3010

전주장작불곰탕
이천시 경충대로
031-237-1030

숙박
리노모텔
이천시 사음동 564-8
031-638-0006

온천
이천온천
이천시 중리천로115번길 45
031-633-2001

명소
세종대왕릉 신륵사

설봉산(雪峰山) 392.7m   도드람산(猪鳴山) 349m

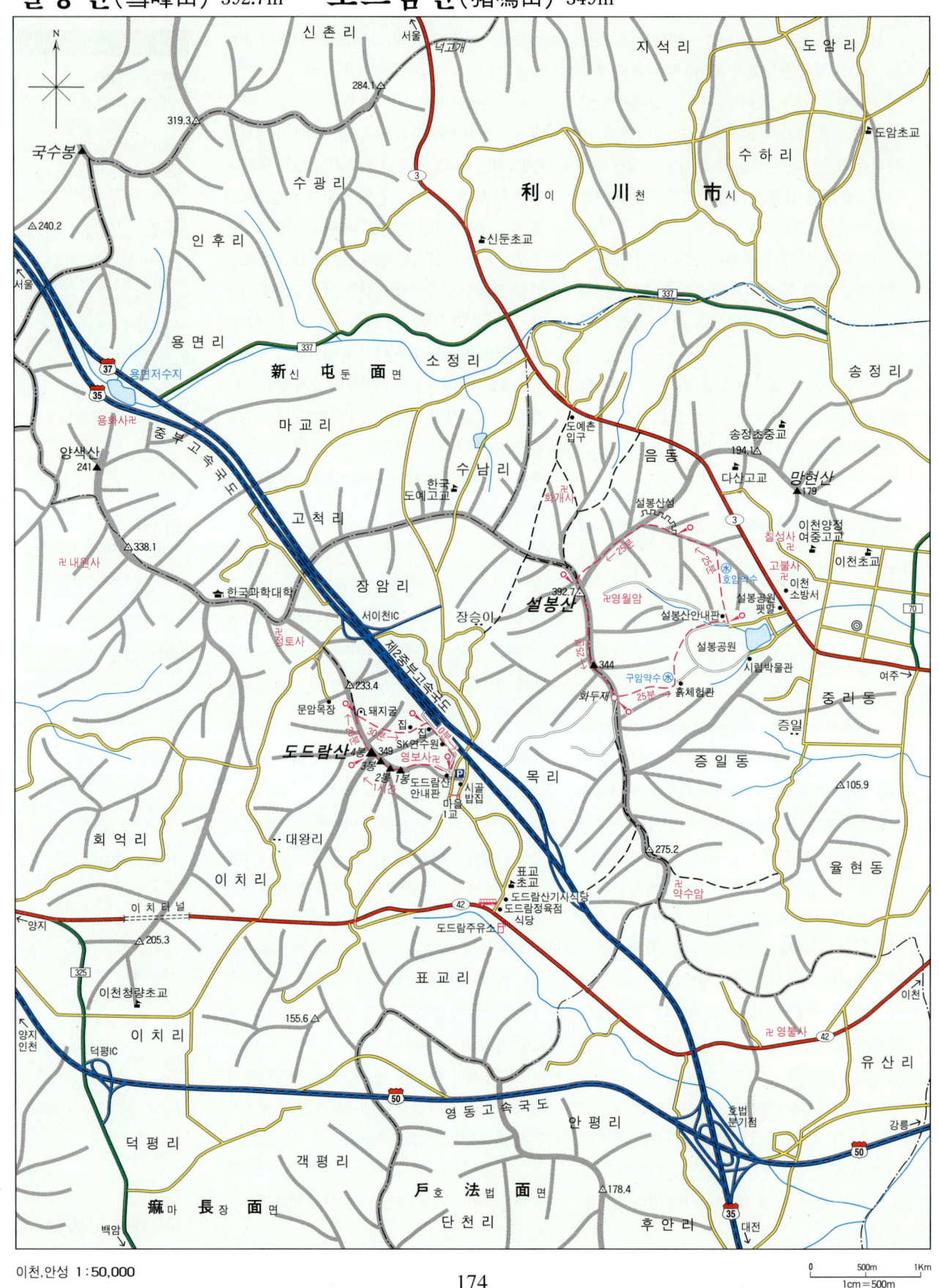

말잔등 같은 도드람산 전경

설봉산・도드람산 경기도 이천시, 마장면

도드람산(猪鳴山). 349m)은 서이천 휴게소 서쪽에 위치한 산이다. 중부고속도로를 사이에 두고 설봉산과 동서로 마주하고 있는 말잔등처럼 생긴 바위산이다.

한자로는 저명산(猪鳴山)으로 불리는 도드람산의 유래는 병든 홀어머니를 극진히 모시는 효자가 있었는데 어머니의 병을 고치기 위해 가진 노력을 다해도 효험이 없어 시름에 잠긴 효자를 어느 스님이 찾아와서 '도드람산에서 나는 석이버섯을 먹으면 병이 나을 수 있다' 고 하였다. 효자가 석이버섯을 따기 위해 도드람산 바위 절벽 위에 밧줄을 매고 석이버섯을 따고 있을 때 멧돼지 울음소리가 나서 올라가 보니 줄이 거의 끊어져 있었다고 한다. 효자를 신령님이 멧돼지를 보내 살게 하였다는 전설이 있는 산이다.

설봉산(雪峰山. 392.7m)은 이천시내 서쪽에 위치한 산이다.

등산로 Mountain path

설봉산 총 2시간 40분 소요
설봉공원→25분→설봉산성→25분→설봉산→25분→화두재→25분→설봉공원

이천시내 서쪽 설봉공원 내 등산안내판에서 공원 오른쪽으로 설봉산 안내판을 따라 12분을 가면 호암약수가 나온다. 약수에서 등산로를 따라 13분을 올라가면 설봉산성에 닿는다. 산성과 장대(將臺)를 돌아보고 성 왼쪽으로 난 등산로를 따라 25분을 오르면 설봉산 정상이다.

하산은 남쪽으로 4분 내려서면 왼쪽에 영월암 갈림길이 나온다. 갈림길에서 오른쪽으로 5분을 가면 누각이 있으며, 2분을 더 내려가면 갈림길이다. 갈림길에서 왼쪽으로 나무계단을 내려서면 5분 거리에 화두재사거리에 닿는다.

화두재에서 왼쪽으로 5분을 내려가면 갈림길이 나온다. 여기서도 왼쪽으로 내려서면 바로 구암약수터에 닿는다. 약수터에서 계곡길을 따라 10분 내려가면 명심교가 나오고, 이어서 내려가면 설봉공원주차장에 닿는다.

도드람산 총 3시간소요
주차장→20분→영보사→40분→도드람산→20분→돼지굴→40분→주차장

42번 국도 변 표교초교 입구에서 북쪽 도로를 따라 12분을 가면 도드람슈퍼 삼거리다. 삼거리에서 왼편으로 다리를 건너면 큰 도로에 닿기 전에 오른쪽에 주차장이 있고, 왼쪽 30m 거리 지하도를 통과하면 바로 도드람산 안내판이 있는 등산기점이다.

여기서부터 산행을 시작 안내판대로 정상을 향해 오르면 샘터가 나오고 갈림길이다. 갈림길에서 오른쪽으로 가면 영보사가 나온다.

영보사에서 능선길을 따라 올라가면 암릉길이 이어지는데 우회하여 오르면 안전하며 40분을 올라가면 도드람산 정상이다. 정상에 서면 사방이 막힘없다.

하산은 북쪽 능선을 타고 20분을 가면 돼지굴이다.

돼지굴을 돌아보고 나오면 갈림길이다. 갈림길에서 동쪽 길로 내려가면 갈림길이 또 나오는데 갈림길이 나올 때마다 계속 오른쪽으로만 간다. 하산길 중간쯤에 약수터가 있으며 돼지굴에서 30분을 내려가면 외딴집 전 삼거리에 닿는다. 삼거리에서 오른쪽으로 50m 가면 민가를 지나고 SK텔레콤 건물을 지나면서 10분을 가면 등산로 입구 지하도에 닿는다.

여행 정보 Tourist Information

자가운전
도드람산은 중부고속도로 서이천IC에서 빠져나와 우회전⇨약 2km거리 도드람산 입구에서 좌회전⇨계곡주차장.
설봉산은 서이천IC에서 빠져나와 좌회전⇨약 3km 거리 사거리에서 우회전⇨약 4km 거리에서 설봉공원으로 우회전⇨설봉공원주차장.

대중교통
동서울터미널에서 수시로 운행하는 이천행 버스 이용한 다음, 도드람산은 이천~용인 간 40분 간격 버스 이용, 마장면 표교초교 앞 하차. 등산로 입구까지 1km 이다.
설봉산은 이천 버스터미널에서 도보로 가거나 택시를 이용한다.

식당
옛날쌀밥집
이천시 경충대로 3066(사음동)
031-633-3010

도드람식당(찌개전문)
이천시 마장면 중부대로 645
031-636-8942

도드람정육점식당
이천시 마장면 중부대로 609번길 10
031-637-9670

온천
이천온천
이천시 중리천로115번길 45(안흥동)
031-633-2001

명소
실록사

이천장날 2일 7일

마감산(馬甘山) 382m 보금산(寶金山) 364m

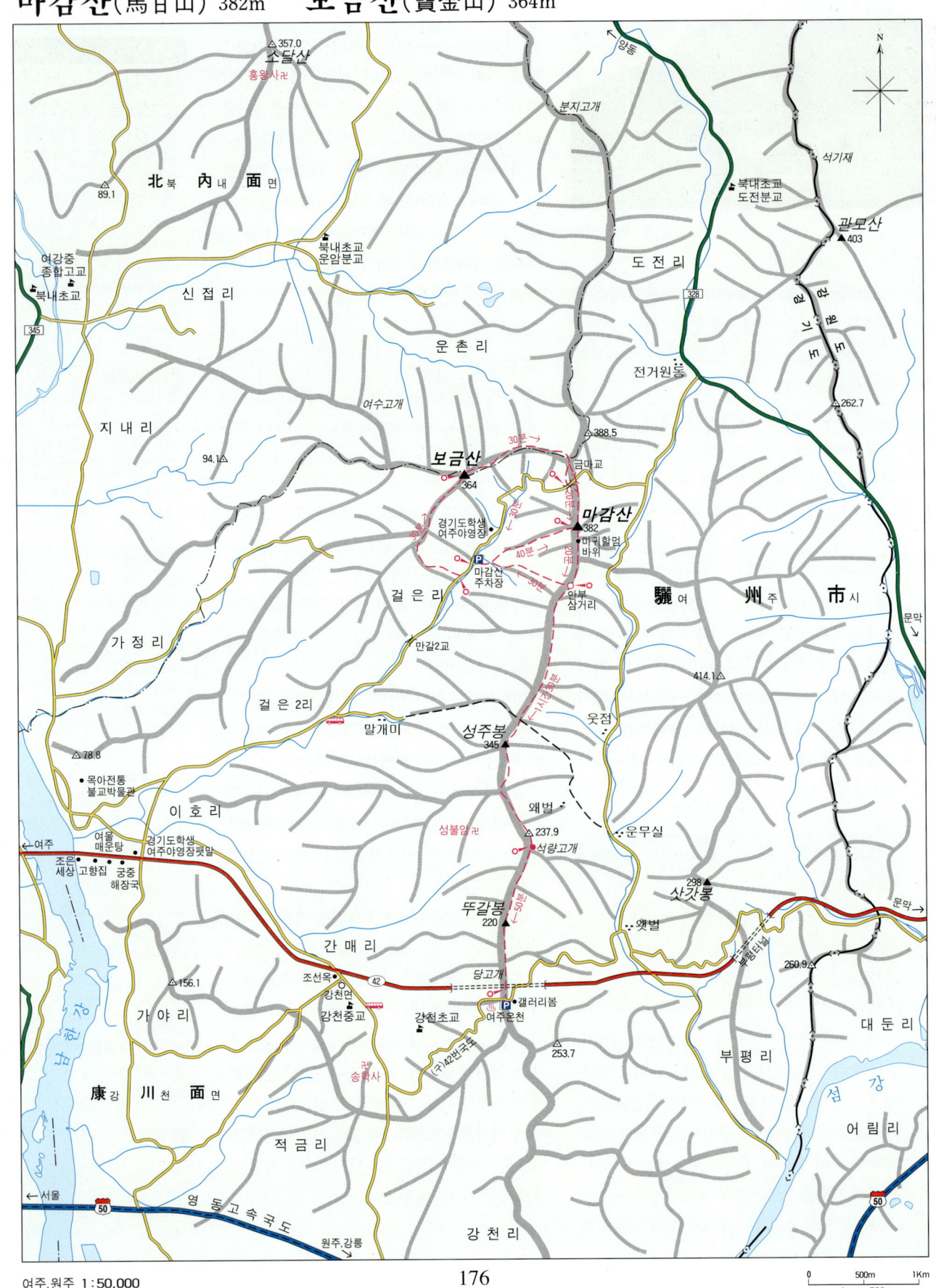

마감산 · 보금산 경기도 여주시 강천면

보금산에서 마감산으로 이어지는 철다리

마감산(馬甘山. 382m)은 여주 남한강 동쪽에 위치한 나지막하고 완만한 산이다. 마감산 정상에서 여주온천까지는 평지와 같은 소나무 능선길이며 사색을 하면서 산행을 할 수 있는 산길이다. 산세도 완만하며 3~4시간이면 여주온천에 도착하게 된다.

산행은 마감산주차장에서 능선을 타고 팔각정 정상에 오른 후에, 남쪽 긴 능선을 타고 여주온천으로 하산한다.

보금산(寶金山. 364m)은 마감산에서 북서쪽으로 연결된 능선에 위치한 산이다. 산행은 마감산주차장에서 도로 건너 북쪽 능선을 타고 보금산에 오른 후에, 동쪽 고개로 하산하여 도로를 따라 다시 마감산주차장으로 원점회귀 산행이다.

종주산행은 하산지점 금마교를 건너서 다시 동쪽 능선을 타고 마감산 팔각정에 오른 후에 마감산 코스대로 한다.

등산로 Mountain path

마감산 총 4시간 20분 소요
주차장→40분→마감산→20분→
고개삼거리→90분→석량고개→50분→
여주온천

여주에서 북쪽 남한강다리를 건너 우회전 문막 방면 (구)42번 국도를 따라 목아박물관을 지나 1km 가면 경기도학생 여주야영장 삼거리다. 이 삼거리에서 좌회전하여 4km 가면 오른쪽으로 마감산 작은 주차장이 나온다.

주차장에서 오른쪽으로 보면 등산로가 보인다. 이 등산로를 따라 가면 바로 계곡이 나오고 계곡을 건너면 삼거리 갈림길이다. 여기서 오른쪽으로 가면 고개로 가는 길이고 왼쪽으로 가면 능선길로 이어져 정상으로 이어진다.

왼쪽 능선길을 따라 오르면 급경사길로 이어지며 40분을 오르면 정상에 닿는다. 정상은 8각정이 있으며 여주 일대가 바라보인다.

하산은 여주온천 방향 남쪽 주능선을 탄다. 남쪽 능선길로 접어들면 바윗길과 우회길이 있다. 아기자기한 바윗길을 통과하여 20분을 내려가면 의자가 있는 안부삼거리다.

삼거리에서 오른쪽으로 내려가면 등산기점 주차장이며 30분 소요된다.

안부삼거리에서 남쪽으로 능선을 따라 가면 거의 평지와 같은 솔밭길로 이어진다. 소나무 군락지인 능선길을 따라 1시간 거리에 이르면 성주봉에 닿고, 성주봉에서 30분을 더 내려가면 석량고개에 닿는다.

석량고개에서 계속 30분을 내려가면 고압선을 두 번 지나서 안부가 나온다. 안부에서 오른편 서쪽으로 난 길을 따라 20분을 내려가면 여주온천에 닿는다.

종주산행은 보금산을 먼저 오른 다음 금마교를 건너 능선을 타고 마감산 정상에 오른다. 마감산에서부터는 마감산 등산로를 따라간다.

보금산 총 2시간 30분 소요
주차장→30분→보금산→30분→
고개도로→30분→주차장

마감산 주차장에서 여주 쪽으로 100m 거리 오른편으로 보금산 등산로가 있다. 보금산 등산로는 소나무 지역으로 이어지면서 30분을 오르면 넓은 공터 보금산 정상이다. 정상은 의자가 있으며 여주 방면 일대가 펼쳐 보인다.

하산은 동쪽 소나무가 많은 능선을 따라 30분을 내려가면 고개 오른쪽 편 도로에 닿는다.

도로 건너 왼쪽 산책로를 따라 30분을 내려가면 마감산 주차장이다.

여행 정보 Tourist Information

자가운전
중부고속도로 여주IC에서 빠져나와 여주시내를 거쳐 북쪽 남한강다리를 건너 바로 삼거리에서 우회전➪(구)42번 국도를 타고 약 10km 거리 경기도학생 여주야영장 삼거리에서 좌회전➪4km 거리 우측 마감산 주차장 주차.

대중교통
동서울터미널에서 여주행 고속버스 이용, 여주에서 등산기점까지는 대중교통이 없어 택시를 이용해야 한다.

식당
갤러리봄(일반식)
여주시 강천면 강문로 864
031-886-5793

양평해장국
여주시 세종로 489
031-883-6669

고향집(한식)
여주군 강천면 마감산 입구
031-886-7776

조선옥(한정식)
여주군 강천면 강문로 582
031-883-3939

궁중해장국
여주군 강천면 강문로
031-884-6902

온천
여주온천
여주시 강천면 강문로 864
031-885-4800

칠장산(七長山) 491.2m 　칠현산(七賢山) 515.7m 　덕성산(德城山) 506m

안성, 진천 1:50,000

칠장산 · 칠현산 · 덕성산

경기도 안성시 죽산면, 삼죽면

칠장산(七長山. 491.2m) · **칠현산**(七賢山. 515.7m)은 안성시 남쪽에 위치한 산이며 북쪽으로 한남정맥 남쪽으로는 금북정맥, 동쪽으로는 한남금북정맥으로 이어진다. 칠장산 기슭에는 칠장사가 있다. 자연환경이 좋은 남쪽 칠장사 쪽에서 산행을 하는 것이 좋다.

산행은 칠장사를 기점으로 칠장산에 오른 후에 칠현산을 거쳐 명적암으로 하산한다. 건각들이라면 칠현산에서 왕복 2시간 거리 덕성산을 거쳐 다시 칠현산으로 되돌아오는 산행도 가능하다.

덕성산(德城山. 506m)은 칠현산에서 남쪽 능선으로 이어져 약 2km 거리에 위치하고 있으며 정상에서면 주변 일대가 막힘이 없다. 산행은 덕성산만을 오를 수도 있지만 칠현산을 오른 다음, 왕복 2시간 거리 덕성산을 다녀오는 산행이 좋다. 칠현산에서 덕성산까지 등산로는 뚜렷하고 평지와 같은 능선길이다.

등산로 Mountain path

칠장산-칠현산-덕성산 종주
총 5시간 14분 소요
칠장사→32분→칠장산→68분→
칠현산→60분→덕성산→60분→
칠현산→34분→명적암 입구

칠장사 버스종점에서 칠장사 마당을 경유하여 사찰 왼쪽으로 들어가면 갈림길이 나온다. 갈림길에서 어느 길로 가도 길이 합해져서 계곡으로 오르게 된다. 계곡으로 오르다가 오른쪽 능선으로 등산로가 이어지고, 다시 오른쪽 비탈길로 등산로가 이어져 능선으로 올라서게 되며 지능선으로 오른다.

주차장에서 20분을 오르면 주능선 이정표삼거리에 닿는다. 왼쪽은 칠현산 방면이며, 칠장산은 오른쪽으로 12분 거리에 있다. 오른쪽으로 100m 가면 오른쪽봉에 한남, 한북, 한남금북 정맥표지판이 있으며 왼쪽으로 가면 헬기장이 나온다. 헬기장에서 60m 더 가면 칠장산 정상이다.

정상은 삼각점이 있고 정상 표지판이 있으며 삼거리이다. 정상 같은 헬기장이 잔디밭으로 휴식처로 매우 좋아 점심 장소로 좋고 조망도 좋다.

하산은 8분 거리 올라왔던 주능선삼거리로 되돌아가서 오른편 서쪽 칠현산으로 간다.

오른쪽 길을 따라 15분을 가면 헬기장이 나오고, 20분을 지나면 칠순부부탑이 나오며 25분을 더 가면 칠현산 정상이다. 정상은 삼거리이며 시야도 가려져 있고 별 특징이 없다.

칠현산에서 하산은 동쪽 지능선을 따라 명적암을 거쳐 간다. 왼쪽으로 지능선을 따라 8분을 내려가면 바위가 있는 삼거리다. 이 삼거리에서 지능선을 버리고 왼쪽으로 능선을 넘어선다. 능선에서 비탈길로 산길이 이어지고, 2분을 가면 다시 능선으로 이어져 8분을 내려가면 안부가 나온다. 안부에서 왼쪽으로 가면 세능선으로 하산길이 이어진다. 세능선을 따라 6분을 내려가면 명적암에 닿는다. 명적암에서부터는 절 길을 따라 10분을 내려가면 명적암 입구 물레방아순두부집 도로에 닿는다.

덕성산은 칠현산 정상에서 서쪽 주능선을 따라 간다. 서쪽 주능선을 벗어나지 말고 계속주능선을 따라 1시간 거리에 이르면 이정표가 있는 주능선 삼거리에 닿는다. 이 삼거리에서 오른쪽(남)길로 (2.2km)가면 광혜원면 무술마을로 가는 길이고, 왼쪽(동)으로 50m가면 덕성산 정상이다. 동쪽으로 (3.5km) 하산하면 광혜원면 병무관으로 하산한다. 정상은 표지판이 있고 등산안내도와 의자가 있으며 광혜원면 일대가 시야에 들어온다.

덕성산 정상에서 하산은 올라왔던 코스 그대로 칠현산까지 되돌아간다. 정상에서 삼거리로 되 돌아와서 오른쪽 주능선을 타고 1시간을 가면 칠현산 정상에 닿는다.

칠현산에서부터는 칠현산 하산로인 동쪽 능선을 따라 내려가면 명적암에 닿는다.

여행 정보 Tourist Information

자가운전
중부고속도로 일죽 IC에서 빠져나와 죽산에서 진천 방면으로 17번 국도를 타고 4.6km 지점 과적차량검문소 지나 50m 거리에서 우회전⇨4.7km 지점 칠장사 주차장.

대중교통
서울남부터미널에서 20분 간격으로 있는 진천행 버스를 타고 죽산 하차. 죽산에서 1일 4회(06:40 09:30 13:00 18:30)를 타고 칠장사 종점 하차.

식당
물레방아손두부
안성시 죽산면 칠장로 333
031-673-1399

숲거리가든(일반식)
안성시 죽산면 칠장로 384
031-674-9565

칠장사기사식당
안성시 죽산면 걸미로 422
031-674-2533

숙박
아비송모텔
안성시 죽산면 칠장로 10-3
031-674-8415

명소
칠장사

죽산장날 5일 10일

칠장산 입구에 자리한 칠장사

서운산 (瑞雲山) 547.7m

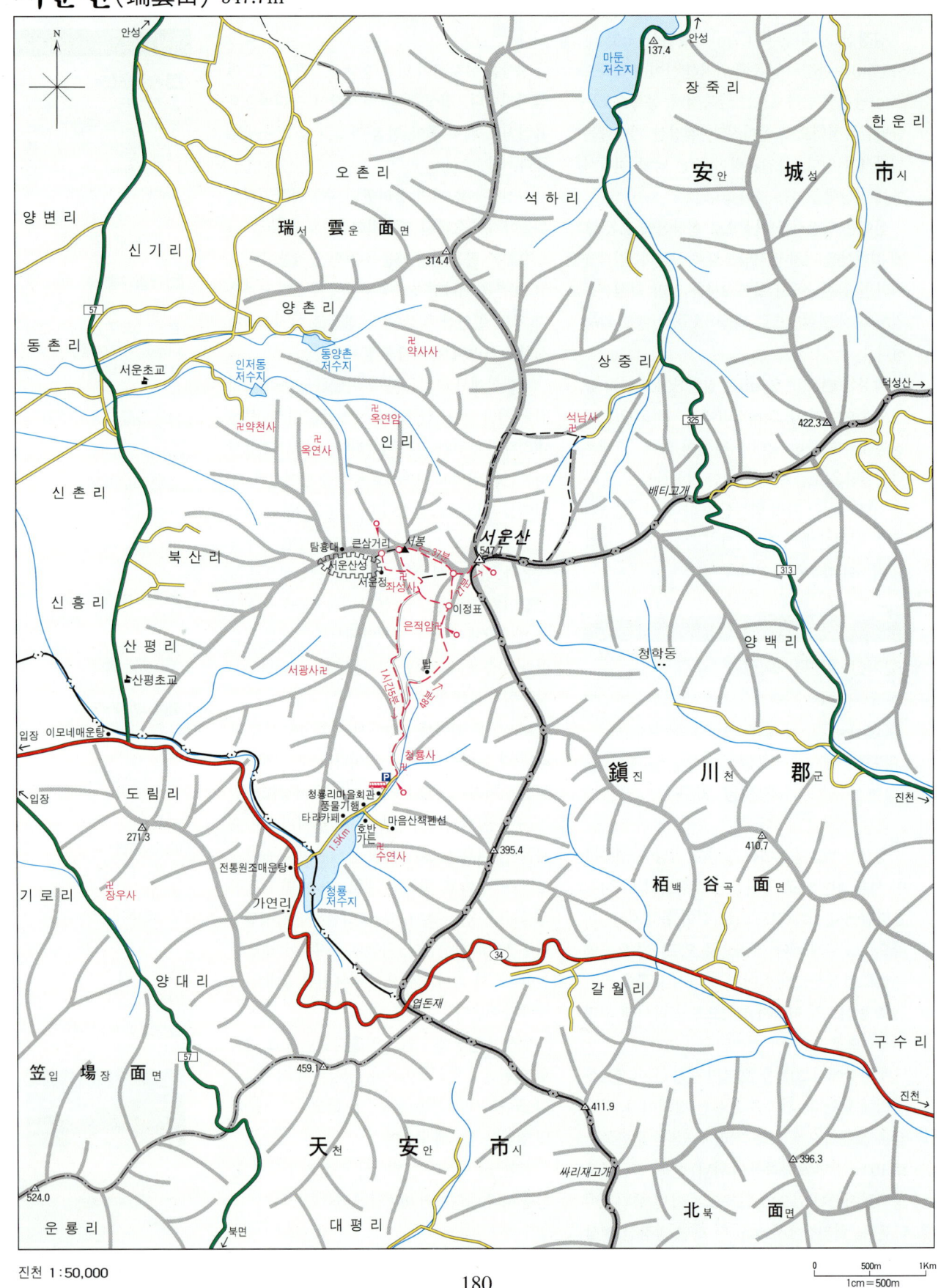

서운산 등산로 입구에 위치한 청룡사

서운산 경기 안성군 서운면, 금광면 · 충북 백곡면

서운산(瑞雲山. 547.7m)은 안성 일대에서 가장 높은 산이며 평야지대에 우뚝 솟은 산으로 옛날 군사요충지였으며 정상에는 산성(토성)이 남아 있고, 주변에는 절과 암자가 유난히 많으며 마애불상등 문화재와 명소가 많은 산이다. 정상에서 약 2km 서쪽으로 이어진 주능선에는 서운산성(瑞雲山城) 토성이 있고, 산성 동쪽에는 좌성사가 자리하고 있다. 남쪽에는 은적암 서광사 고찰 청룡사가 자리하고 있다. 청룡사는 고려 원종 6년(1265)에 창건 되었다고 전해오는 고찰이다.

산행은 청룡사에서 은적암을 경유하여 정상에 오른다. 하산은 서쪽 능선을 타고 서운산성 좌성사를 경유하여 청룡사로 하산한다. 서운산 등산로는 갈림길이 많은 편이나 이정표가 요소에 있으므로 이정표를 확인하면서 산행을 하면 길 잃을 염려는 없다.

등산로 Mountain path

서운산 총 3시간 57분 소요

청룡사 → 48분 → 은적암 → 27분 →
서운산 → 37분 → 큰삼거리 → 10분 →
좌성사 → 55분 → 청룡사주차장

서운면 청룡리 34번 국도변 청룡저수지에서 북쪽으로 저수지 둑으로 이어진 도로를 따라 1.5km 들어가면, 청룡리 버스종점을 지나서 마을회관 삼거리다. 삼거리에서 왼쪽으로 가면 바로 청룡사 주차장이 있고 오른쪽에 청룡사이다.

주차장에서 100m 가면 오른쪽 계곡에 음식점이 있고 왼쪽으로 소형차로(절길)가 이어진다. 소형차로를 따라 100m 거리에 이르면 이정표 삼거리가 나온다. 이 삼거리에서 오른쪽 길은 은적암, 왼쪽길은 좌성사로 가는 길이다. 왼쪽은 하산길로 하고 오른쪽으로 간다. 오른쪽 소형차로를 따라 5분 거리 다리를 지나면 바로 소형차로가 끝나고, 밭이 나오며 이정표가 있고 숲길이 시작된다. 이 숲길을 따라가면 시작부터 많은 돌탑길로 이어진다. 돌탑길은 계속 이어지면서 20분 거리에 이르면 돌탑 길이 끝나고 삼거리가 나온다. 삼거리에서 왼쪽 길을 따라 20분을 올라가면 은적암이다.

은적암에서 10분을 더 올라가면 이정표가 있는 사거리다. 사거리에서 오른쪽 능선을 따라간다. 오른쪽능선을 따라 10분을 올라가면 주능선삼거리다. 이 삼거리는 확인을 해두어야 한다. 정상에서 되돌아와 서쪽길로 하산을 해야 하기 때문이다.

갈림길에서 오른쪽으로 올라가면 헬기장이 나온다. 헬기장을 지나서 오른쪽으로 가면 갈림길이 연속 3번 나오는데 언제나 왼쪽으로만 가면 7분 거리에 서운산 정상이다.

정상은 바위가 있고 표지판이 있으며 안성 일대가 시원하게 내려다보인다.

하산은 올라왔던 7분 거리 이정표 삼거리까지 되 내려간 다음, 오른편 서쪽으로 주능선을 따라 간다. 삼거리에서 오른쪽 주능선을 따라 7분가량 내려가면 사거리안부가 나온다. 안부에서 계속 이어지는 서쪽 주능선을 따라 내려가면 삼거리다. 삼거리에서도 계속 직진하여 가면 안부에 왼쪽으로 큰 삼거리가 또 나온다. 정상에서 37분 거리다.

큰 삼거리에서 왼쪽으로 8분을 내려가면 서운산성안내판이 있고 서운정이 있으며 유적안내판이 있다. 안내판에서 왼쪽으로 2분 내려가면 좌성사에 닿는다. 주능선 (큰 삼거리에서 서쪽능선으로 오르면 서봉 탐홍대로 오른다) 좌성사에서부터는 소형차로를 따라 55분을 내려가면 청룡사주차장에 닿는다.

여행 정보 Tourist Information

자가운전
평택-제천 간 고속도로 남안성IC에서 빠져나와 57번 군도로 진입 우회전 ⇨ 서운 방면 57번 군도 ⇨ 서운면 ⇨ 34번 국도에서 좌회전 ⇨ 진천 방면 2km 청룡사 쪽으로 좌회전 ⇨ 1.5km 거리 청룡사 주차장.
중부고속도로에서는 일죽IC에서 빠져나와 38번 국도를 타고 안성군 서운면 청룡저수지에서 우회전 ⇨ 청룡사 주차장.

대중교통
강남고속터미널, 남부터미널에서 수시로 운행하는 안성행 버스를 이용 후, 안성에서 20번(청룡사행) 1일 11 회 버스를 타고 청룡사 종점 하차.

식당
풍물기행(일반식)
안성시 서운면 청룡길 101
031-677-5282

청룡원조매운탕
천안시 서북구 입장면 성진로 1400
041-585-5598

호반가든, 민박(매운탕)
안성시 서운면 청룡길 90-8
031-672-9090

숙박
마음산책
안성시 서운면 청룡길 90-29
031-674-6176

명소
청룡사

안성장날 2일 7일

복계산(福桂山) 1054m

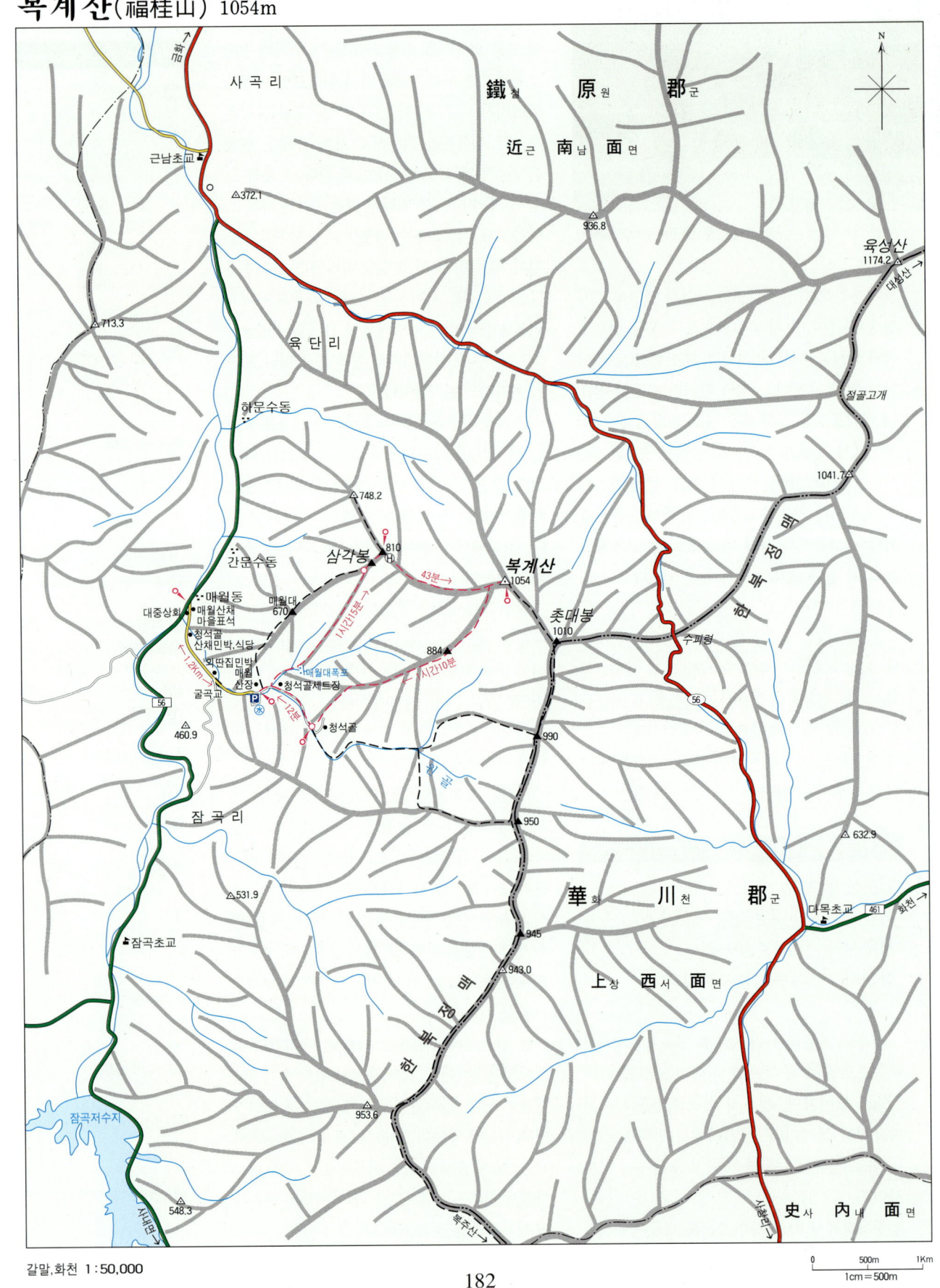

복계산 매월대 영화촬영소

복계산
강원도 철원군 근남면, 화천군 상서면

복계산(福桂山. 1054m)은 중서부전선 남한의 최북단 한북정맥에 속한 산이다. 대성산에서 남쪽으로 수피령을 넘어 복계산 촛대봉을 거쳐 복주산으로 이어지는 중간 지점에 위치하고 있다. 등산할 수 있는 산으로는 서부전선에서 최북단에 위치한 유일한 산이다.

복계산 서쪽 기슭에는 조선시대 단종(端宗)의 폐위에 반대하여 낙향한 생육신의 한 분인 매월당(梅月堂) 김시습(金時習)이 은거하였다는 매월대(梅月臺)라는 높이 40m의 깎아 세운 듯 한 층층절벽이 있는데 전설에 의하면 김시습 등 8의사가 매월대에 바둑판을 새겨놓고 바둑을 두며 단종 복귀를 도모했다고 전해진다. 맞은편의 매월대폭포라고도 불리는 선암폭포는 철원 8경의 하나로 복계산 심곡에서 흐르는 수정같은 맑은 물이 기암절벽 사이로 떨어지는데 눈꽃이 날리는 것과 같은 기경(奇景)을 이룬다.

복계산은 중 서부전선에서 가장 가까운 산으로서 등산로가 개방 된지 얼마 안 된 산이며 등산로는 험로가 없고 뚜렷한 편이다. 등산로 입구에는 계곡 주변에 옛날 초가집들이 여러 채가 있다. 영화촬영장으로 매우 이색적이다.

산행은 잠곡1리 매월대산장에서 매월대폭포와 삼각봉을 경유 정상에 오른 뒤, 남쪽 884봉을 경유하여 매월대산장으로 원점회귀 산행이다.

근남면 소재지에서 남쪽으로 56번 지방도를 따라 4km 거리에 이르면 잠곡1리 대중상회 매월동 삼거리가 나온다. 삼거리에서 우회전 동쪽으로 1.2km 거리에 이르면 매월산장이 있고 복계산 주차장이 나온다. 주차장 초소에 복계산 등산안내판이 있고 등 하산 갈림길이다.

갈림길에서 오른쪽 길은 하산길로 기억해 두고 왼쪽 매월대폭포 방면 등산로를 따라 15분 거리에 이르면 매월대폭포가 나온다. 폭포 왼편 아래에서 왼쪽으로 난 등산로를 오르면 밧줄이 매여져 있고, 급경사로 이어져 10분 정도 오르면 폭포 위로 올라서게 된다. 폭포위에서부터는 지능선으로 등산로가 이어진다. 지능선길을 따라 38분을 오르면 주능선삼거리에 닿는다. 왼쪽은 매월대능선을 따라 오르는 길이다. 삼거리에서 오른쪽으로 5분을 올라서면 삼각봉이다. 삼각봉에서 완만한 능선을 따라 7분 거리에 이르면 810봉 억새밭 헬기장이 나온다.

헬기장에서 등산로는 동쪽으로 휘어져 완만한 능선으로 이어진다. 완만한 능선을 따라 33분 거리에 이르면 하산길 삼거리가 나온다. 삼거리에서 오른쪽은 하산 길이므로 잘 기억을 해 두고 왼편 능선을 타고 10분을 더 오르면 복계산 정상이다.

정상은 협소하므로 정상에서 동쪽으로 50m 거리에 이르면 넓은 헬기장이며 조망이 매우 좋은 곳이 있다. 헬기장에서 바라보면 사방이 막힘이 없고 확 트인다. 웅장한 한북정맥이 펼쳐 보이고 대성산 화악산 복주산 광덕산이 시야에 들어온다. 특히 북쪽의 대성산이 웅장한 모습으로 바라보인다. 대성산을 넘어서면 북한 지역이다.

하산은 올라왔던 10분 거리 삼거리로 되 내려간다. 이정표가 있는 삼거리에서 왼쪽길로 하산한다. 왼쪽길은 비탈길로 이어지다가 능선길로 이어져 1시간을 능선을 따라 내려가면 청석골에 닿는다. 청석골에서 7분을 내려가면 세트장 촬영소가 나오고 5분 더 내려가면 주차장에 닿는다.

여행 정보 Tourist Information

자가운전
이동 방면 47번 국도를 타고 이동면 도평리 자등현 통과 서면에서 우회전 ⇨ 56번 지방도를 따라 4km 잠곡초교에서 좌회전 ⇨ 5km 매월동(대중상회)삼거리에서 우회전 ⇨ 1.2km 복계산 주차장.

대중교통
동서울터미널에서 와수리행 버스 이용, 와수리 하차.
와수리에서 잠곡리행 버스 이용, 매월대 입구 대중상회 앞 하차(등산로 입구까지 1.2km).

식당
매월산장(일반식)
철원군 근남면 매월동길 125
033-458-6719

창암가든(일반식)
철원군 근남면 곰배산1길
033-458-6070

숙박
매월폭포민박
철원군 근남면
033-458-7444

매봉산장(식당, 펜션)
철원군 근남면 샛말1길 79
033-458-8254

명소
산정호수

와수리장날 1일 6일
이동장날 3일 8일

등산로 Mountain path

복계산 총 4시간 20분 소요
매월대산장→75분→810봉→43분→
복계산→70분→청속골합길→12분→
매월대산장

광덕산(廣德山) 1046.3m　상해봉(上海峰) 1024m

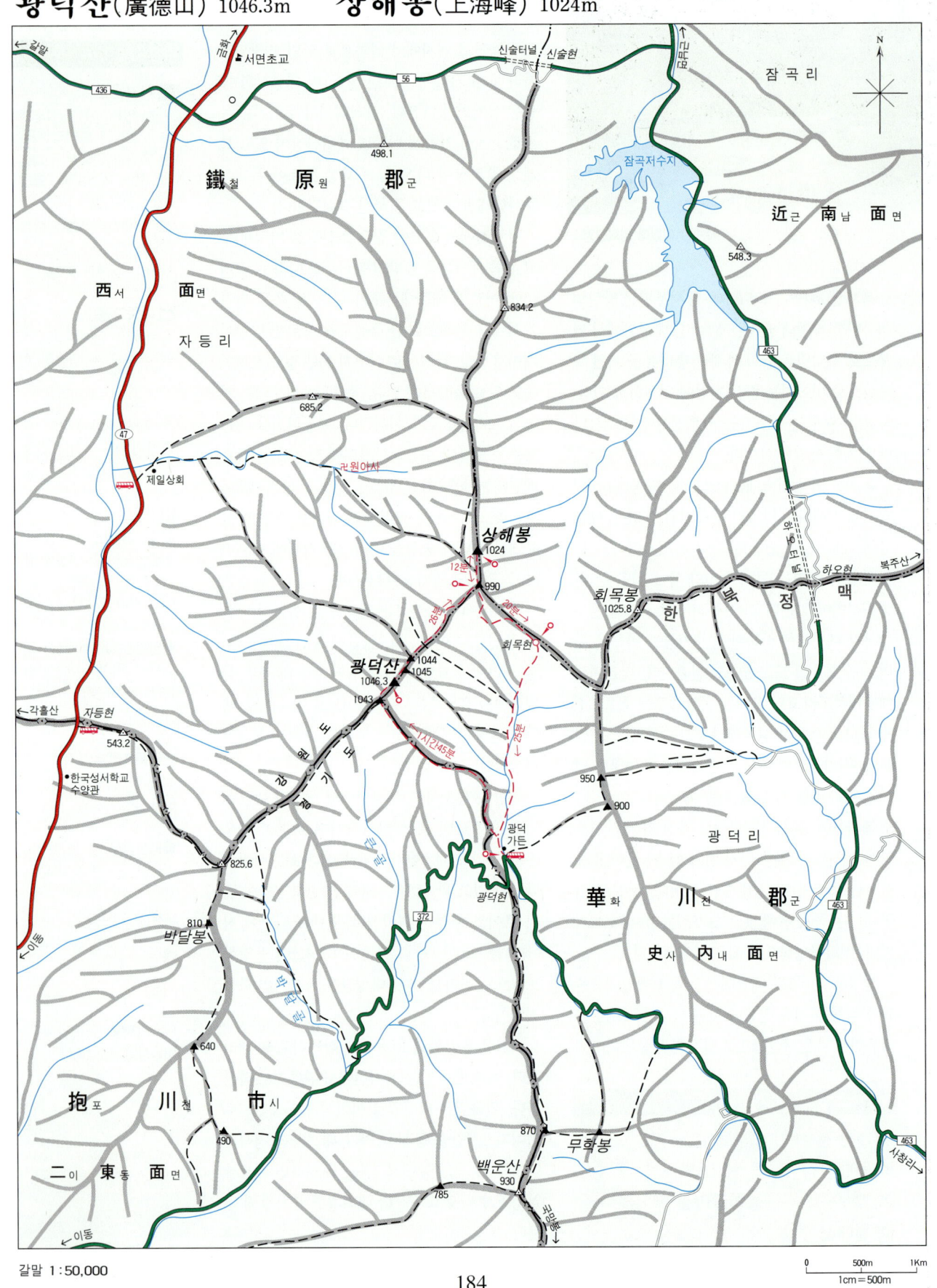

광덕산 · 상해봉
강원도 화천군 사내면, 철원군 서면

광덕산(廣德山. 1046.3m)은 한북정맥으로서 북쪽으로는 회목봉 복주산 복계산 대성산으로 이어지고, 남쪽으로는 백운산 국망봉 청계산으로 이어지는 중간지점에 위치하고 있다.

산행은 동남쪽 광덕가든에서 북쪽 주능선 한북정맥을 타고 정상에 오른 뒤, 북쪽 상해봉을 경유하여 회목현으로 내려와 남쪽 계곡을 따라 다시 광덕산가든으로 원점회귀 산행이다.

상해봉(上海峰. 1024m)은 광덕산 북쪽 990봉에서 한북정맥을 벗어나 북쪽으로 약 500m 거리에 위치한 산이다. 정상은 두 개의 바위봉으로 이루어져 있고, 북쪽으로 내려다보면 모두 산뿐이며 빼어난 경치를 이루고 있다.

등산로 Mountain path

광덕산-상해봉 총 4시간 20분 소요
광덕가든→105분→광덕산→38분→
상해봉→12분→990봉→20분→
회목현→25분→광덕가든

경기도 강원도 경계인 광덕고개 북쪽 광덕리 입구 광덕산가든이 산행기점이다. 광덕산가든에서 왼쪽 소형차로를 따라 3분 거리에 이르면 왼쪽 밭 끝 지점에 왼편 산으로 오르는 등산로가 있다. 이 등산로를 따라 12분을 오르면 광덕고개로 이어지는 한북정맥 능선삼거리에 닿는다.

능선삼거리에서 북쪽 능선을 따라 오른다. 오른편 북쪽 능선을 따라 올라가면 완만한 능선길로 이어진다. 등산로가 뚜렷하고 갈림길이 없어 매우 편안하게 이어지는 한북정맥 등산로를 따라 올라가면 주변이 매우 깨끗하고 자연스러운 능선길로 이어진다. 울창한 숲과 완만하게 이어지는 능선을 따라 1시간 20분을 올라가면 1043봉 삼거리에 닿는다.

1043봉 삼거리 왼쪽에서 오르는 길은 자등현 박달봉 쪽에서 오르는 길이다. 삼거리에서 오른편 북동릉을 따라가면 평지와 같은 등산로가 이어져 10분 거리에 이르면 광덕산 정상에 닿는다.

정상에 서면 한북정맥이 늠름하게 펼쳐 보이고, 철원평야가 발 아래로 평화롭게 내려다보인다. 동쪽으로는 경기도에서 제일 높은 화악산이 백운산 너머로 바라보인다. 남쪽으로는 포천군 일대가 내려다보이고 특히 이동면이 좁은 골짜기에 훤히 내려다보인다.

하산은 일단 북릉을 탄다. 북쪽 주능선을 따라 5분을 내려가면 1045봉 갈림길이 나온다. 이 갈림길에서 직진하여 8분을 더 가면 고개사거리이다. 왼쪽은 자등리 방면 하산길이고 오른쪽은 광덕동 방면 하산길이다. 이 사거리에서 직진하여 13분을 가면 삼거리가 나온다. 삼거리에서 오른쪽 하산길을 잘 기억해두고 가야한다. 상해봉을 다녀온 후에 이 길을 따라 하산해야 하기 때문이다. 갈림길에서 조금 더 오르면 990봉에 닿는다.

990봉에서 상해봉을 향해 왼편 북쪽 능선길을 따라 가면 평지와 같은 능선길로 이어지며 10분 거리에 이르면 상해봉 암봉 아래에 닿는다.

암봉 아래는 바윗길이므로 조심하여 바윗길을 오르면 양쪽으로 암봉이 갈린다. 두 암봉 사이에서 오른쪽 봉이 정상이다.

정상은 좁은 바위봉이며 북쪽으로의 자연적인 경치가 빼어나고 이상적이다. 잔잔한 산세에 건축물이 전혀 보이지 않는다.

하산은 올라왔던 바윗길로 되 내려가서 10분 거리 990봉을 지난 삼거리에 도착한 다음 왼편 동쪽 넓은 길로 하산한다.

990봉 아래 삼거리에서 왼쪽으로 뚜렷한 하산길을 따라 20분을 내려가면 회목고개 사거리에 닿는다.

회목고개에서 오른쪽으로 10분을 내려가면 계곡 갈림길에 닿는다. 갈림길에서 계곡길을 따라 15분을 내려가면 광덕동 마을을 지나 광덕산가든 등산기점에 닿는다.

여행 정보 Tourist Information

자가운전
내부, 외부수환도로 구리 IC에서 이동 방면 47번 국도로 진입 47번 국도를 타고 이동면 도평리로 빠져나와 도평리삼거리에서 좌회전⇨316번 지방도를 타고 광덕고개 통과 광덕가든 뒤 주차장.

대중교통
동서울터미널에서 이동 경유 사창리행 버스 이용 광덕가든 하차.

식당
포천한우타운
포천시 이동면 화동로 2405-1
031-535-2219

파주골순두부
포천시 영중면 성장로 179
031-532-6590

김미자할머니집(갈비)
포천시 이동면 화동로 2087
031-531-4459

느티나무갈비
포천시 이동면 성장로 1289번길 57
031-532-4454

숙박
조선비치모텔
포천시 이동면 화동로 2311
031-531-6526

온천
일동제일유황온천
포천시 일동면 화동로 1210
031-536-6000

명소
산정호수

이동장날 3일 8일

용화산(龍華山) 878.4m　　수불무산 698.1m

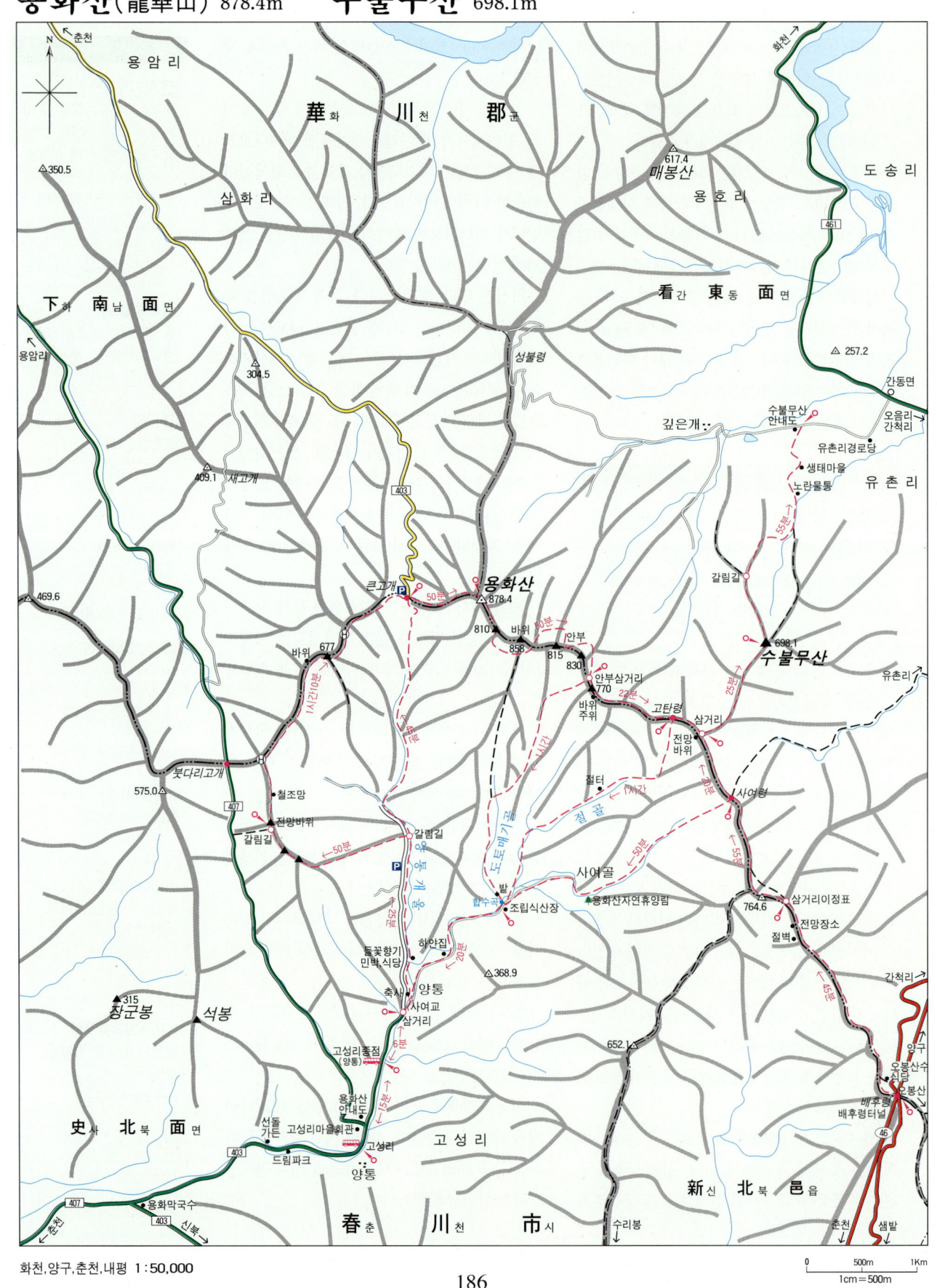

용화산 · 수불무산

강원도 춘천시 사북면, 화천군 간동면

용화산(龍華山. 878.4m)은 병풍처럼 아기자기한 바위능선으로 이루어져 있어 작은 금강산으로 불린다. 6.25 전쟁 때는 격전의 현장으로 유서 깊은 산이다. 주능선 남쪽 면은 절벽지대이며 가을 단풍이 아름답다. 주능선 대부분은 암릉길이며 험로에는 안전설치가 되어있다. 비 가오거나 눈이 있을 때는 매우 위험하며 날씨가 좋을 때도 노약자는 산행이 불가하다.

수불무산(698.1m)은 용화산에서 배후령으로 이어지는 능선 전망바위봉에서 북동쪽 능선 상 약 1.7km 거리에 위치한 산이며 무난한 산세에 등산로도 뚜렷하다. 대중교통이 매우 불편하므로 참고를 해야 한다.

등산로 Mountain path

용화산 총 6시간 25분 소요
사여교 →25분→ 갈림길 →50분→
전망대 →70분→ 큰고개 →50분→
용화산 →50분→ 안부삼거리 →60분→
합수곡 →20분→ 사여교

고성리 양통 버스종점에서 직진 도로를 따라 6분을 가면 사여교 삼거리다. 사여교에서 왼쪽 소형차로를 따라 20분을 가면 소형차로가 끝나는 지점이다. 여기서 직진 5분을 더 가면 갈림길이다. 갈림길에서 직진 산판길을 따라 45분을 오르면 큰 고개 도로에 닿는다.

*장거리 코스는 소형차로가 끝나는 갈림길에서 왼편 서쪽 지능선길을 따라 32분을 오르면 첫 봉에 닿고, 18분을 더 오르면 봉우리 3번을 지나서 갈림길이 나오며 바로 전망바위다.

전망바위에서 북동 주능선을 따라 45분을 가면 바위를 통과하고 바로 677봉이다. 여기서 25분을 내려가면 2차선 도로 큰 고개에 닿는다.

큰 고개 북쪽 50m 지점에 용화산 안내도가 있다. 큰 고개에서 정상까지는 급경사에 암릉길이다. 험로에는 밧줄 계단 등 안전설치가 되어 있으나 주의해야 하며 50분을 오르면 용화산 정상에 닿는다.

하산은 동쪽 주능선을 따라 9분을 내려가면 정면에 바위가 나오고 갈림길이다.

*갈림길에서 고탄령 배후령 동남방향 주능선으로 간다. 직진 하여 바위 오른편 비탈길을 따라 10분을 가면 오른편 지능선으로 갈림길이다. 여기서 왼쪽으로 다시 100 정도 올라가면 주능선 안부가 나온다. 안부에서 북쪽 편으로 우회하여 50m 정도 내려가면 갈림길이다. 갈림길에서 오른편 우회길을 따라 23분을 가면 삼거리 안부에 닿는다.

삼거리에서 오른쪽 양통 방면 하산길을 따라 15분을 내려서면 계곡삼거리다. 삼거리에서 왼쪽으로 이어지는 계곡길을 따라 45분을 내려가면 휴양림으로 가는 도로에 닿는다.

여기서부터 소형차로를 따라 20분을 더 내려가면 사여교에 닿고 6분 거리에 버스종점이다.

수불무산 총 4시간 20분 소요
배후령 →45분→ 삼거리 →55분→
시여령 →20분→ 삼거리 →25분→
수불무산 →55분→ 유촌리

배후령 오봉산수식당에서 왼쪽으로 5분을 오르면 주능선이다. 여기서 오른쪽 주능선길을 따라 9분을 오르면 헬기장을 통과하고 계속 능선길을 따라 31분을 가면 760봉 삼거리다.

삼거리에서 오른편 용화산 쪽으로 37분을 가면 공터 봉우리에 닿고 계속 20분을 내려가면 사거리 사여령이다. 사거리에서 직진 20분을 오르면 바위길을 지나면서 삼거리에 닿는다.

삼거리에서 수불무산은 오른쪽이다. 오른쪽 능선길을 따라 25분을 가면 수불무산이다.

하산은 정상에서 20m 거리 삼거리에서 왼쪽으로 간다. 뚜렷한 지능선길을 따라 20분을 내려가면 갈림길이다. 갈림길에서 오른쪽으로 22분을 내려가면 노란 물통이 나오고, 이어서 생태마을 비닐하우스를 지나 13분을 내려가면 수불무산 안내도 도로에 닿는다.

여행 정보 Tourist Information

자가운전
용화산 춘천 방면 46번 국도를 타고 춘천(동내면 사거리)에서 좌회전⇒화천 방면 5번 국도를 타고 춘천댐 2km 전 삼거리에서 우회전⇒407번 지방도를 타고 약 7km 삼거리에서 좌회전⇒약 2km 고성리 입구 삼거리에서 우회전⇒약 1km 사여교 주차.

수불무산 46번 국도 소양댐 전 샘밭 사거리에서 배후령 (구)길을 따라 배후령 오봉산수식당 주차.

대중교통
용화산 경춘선 전철 이용 춘천역 하차. 춘천역에서 600m 거리 인성병원 앞에서 고탄리(양통) 37번 시내버스(06:06) (08:03) (09:18) 이용 고성2리(양통) 종점 하차.

수불무산 춘천역에서 소양댐행 12번 11번 시내버스를 타고 샘밭 사거리 하차 후, 배후령까지는 택시를 이용 한다.
하산지점 간동면에서 춘천행 시내, 시외버스 타는 곳(간척사거리)까지 약 5km는 대중교통이 없음.

식당
용화산
용화산들꽃향기(식당, 민박)
춘천시 사북면 용화사로 168-6
033-244-9948

선돌가든(일반식)
춘천시 사북면 춘화로 681
033-243-2400

수불무산
유촌식당(막국수, 한식)
화천군 간동면 느릅길
033-442-5062

오봉산 779m   마적산 605.2m   부용산 882m   봉화산 735m

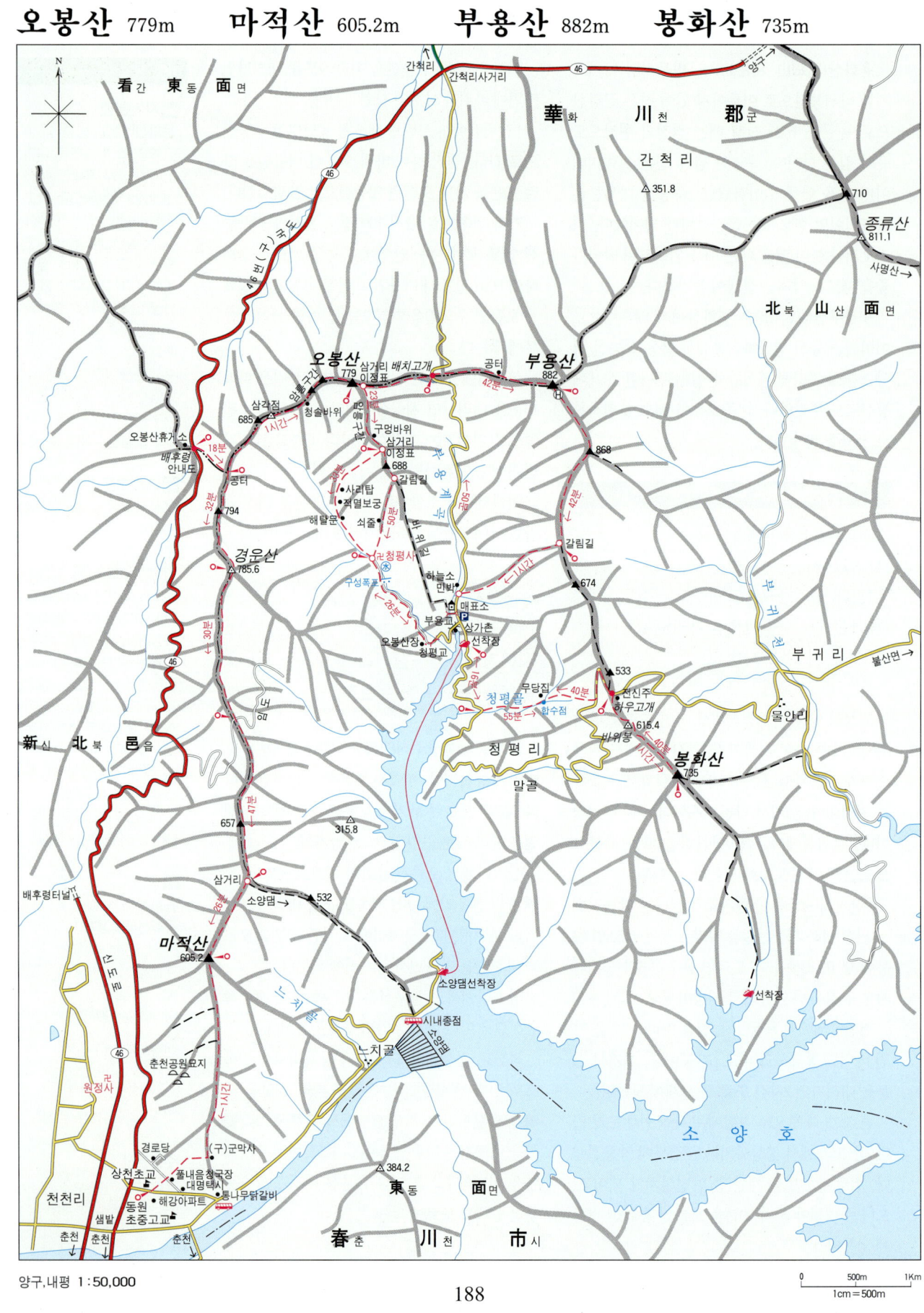

오봉산 · 마적산 · 부용산 · 봉화산

강원도 춘천시 북산면

등산로 Mountain path

오봉산 총 3시간 40분 소요
배후령→18분→삼거리→60분→
오봉산→23분→갈림길→33분→
청평사→26분→선착장

배후령에서 등산안내표시가 있는 동쪽 등산로를 따라 18분을 오르면 능선 삼거리다.

능선삼거리에서 북동 방향으로 이어지는 능선길을 따라 가면 1, 2, 3, 4봉을 거쳐 1시간 거리에 이르면 오봉산 정상에 닿는다.

하산은 동쪽으로 100m 거리 삼거리에서 오른쪽 능선을 따라 15분 내려가면 구멍바위를 통과하고, 다시 바윗길을 따라 6분을 내려가면 안부 삼거리가 나온다.

삼거리에서 오른쪽으로 15분을 내려가면 사리탑이 나오고 8분을 더 내려가면 합수곡이 나온다. 합수곡에서 10분 내려가면 해탈문을 지나 청평사에 닿는다.

청평사에서 절길을 따라 21분을 내려가면 삼거리가 나오고 오른쪽으로 5분 거리에 이르면 선착장에 닿는다.

마적산 총 4시간 33분 소요
배후령→18분→주능선→32분→
경운산→30분→임도→47분→
삼거리→26분→마적산→60분→천천리

배후령에서 동쪽 등산로를 따라 18분을 오르면 능선 삼거리다.

능선삼거리에서 오른쪽 비탈길을 따라 3분 정도 가면 왼편절벽 바윗길을 통과하고 이후부터는 끝까지 토산으로 이어진다. 바윗길을 지나서 29분을 가면 삼각점 경운산 삼거리에 닿는다.

경운산에서 직진으로 주능선을 따라 30분을 내려가면 임도사거리다. 임도를 가로질러 47분을 가면 삼거리가 나온다. 삼거리에서 직진으로 26분을 가면 마적산 정상이다.

하산을 계속 남쪽 능선만을 따라 58분을 내려가면 도로에 닿고 왼쪽으로 7분 거리에 이르면 버스정류장이다.

부용산 총 4시간 14분 소요
주차장→50분→배치고개→42분→
부용산→42분→갈림길→60분→주차장

선착장에서 50분 거리 배치고개에서 동쪽능선을 따라 22분을 오르면 공터가 나오고 20분을 더 오르면 헬기장 부용산 정상이다.

하산은 남릉을 따라 22분을 내려가면 868봉 삼거리이고 삼거리에서 오른쪽으로 20분을 내려가면 갈림길이 나온다. 갈림길에서 오른쪽 길을 따라 1시간을 내려가면 주차장에 닿는다.

봉화산 총 4시간 15분 소요
청평골 입구→55분→하우고개→
60분→봉화산→40분→하우고개→
40분→청평골 입구

청평사 주차장에서 남쪽 강변도로를 따라 15분 거리 넓은 커브 왼쪽 청평골 입구에서 삼판길을 따라 12분을 가면 삼거리가 나온다. 삼거리에서 오른쪽 샛길로 60m 지나 갈림길에서 오른쪽 계곡을 건너면 바로 또 갈림길이다. 왼쪽은 무당집이고 직진하여 50m 가면 오른쪽 계곡 초입 왼쪽 지능선으로 산길이 이어진다. 지능선을 따라 15분을 오르면 희미한 갈림길이 나온다. 여기서 오른쪽 비탈길로 60m 가다가 왼쪽으로 꺾어져 60m 오르면 갈림길이 있는데 오른쪽으로 올라가면 묘를 지나 도로이다. 왼쪽 도로를 따라 3분을 가면 하우고개에 닿는다.

하우고개에서 오른쪽 능선길을 따라 40분을 오르면 바위가 나온다. 바위 왼쪽으로 올라가서 15분을 더 오르면 돌탑이 쌓여 있는 봉화산 정상이다.

하산은 올라왔던 그대로 하우고개를 거쳐 청평골을 따라 다시 선착장으로 원점회귀 산행이다.

여행 정보 Tourist Information

자가운전

오봉산 · 마적산 양구 방면 46번 국도를 타고 춘천 통과 배후령터널 전 샘밭사거리에서 배후령(구)도로를 타고 약 5km 배후령 서면 오봉산휴게소 주차.

봉화산 · 부용산 46번 국도를 타고 오음리 사거리에서 우회전⇨청평사 주차장.

대중교통

오봉산 · 마적산 경춘선 상봉역에서 춘천행 전철 이용, 춘천역 하차. 춘천역 건너편에서 12번 12-1번 11번 소양댐행 버스를 타고 샘밭사거리 하차 후, 배후령까지는 택시 이용.

봉화산 · 부용산 춘천역 건너편에서 12번 12-1번 11번 버스를 타고 소양강 종점 하차 후, 30분 간격 청평사행 배를 타고 청평사 하선.

식당

통나무닭갈비
춘천시 신북읍 신샘밭로 763
033-241-5999

샘밭막국수
춘천시 신북읍 신샘밭로 640
033-242-1702

소양댐펜션
춘천시 신북읍 신샘밭로 769
033-241-1232

명소

소양강

대룡산(大龍山) 899.3m   수리봉(守里峰) 644.9m   명봉 635m

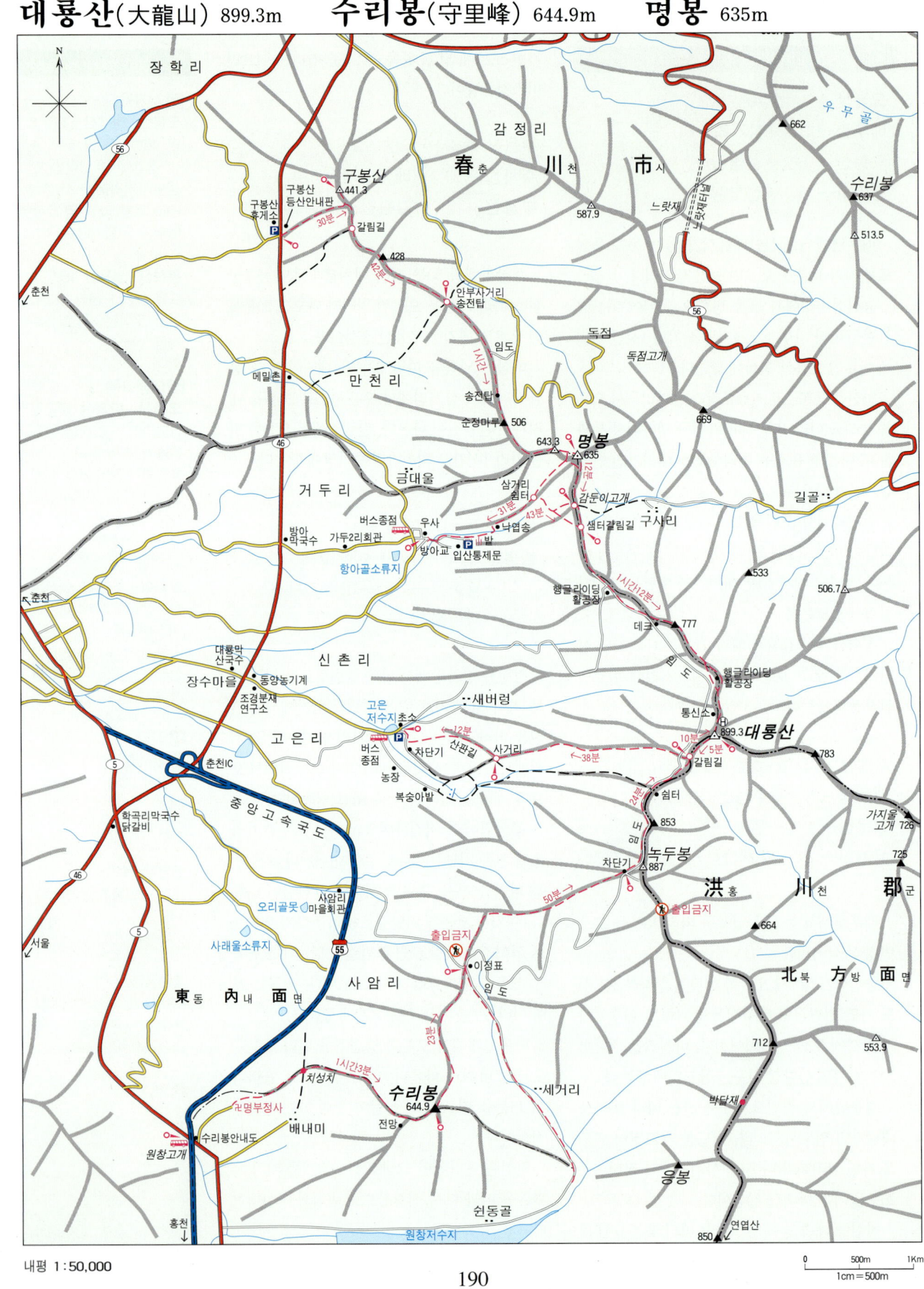

대룡산 · 수리봉 · 명봉   강원도 춘천시 동내면, 동면

등산로 Mountain path

대룡산 총 3시간 50분 소요
거두2리 버스종점→43분→
샘터갈림길→72분→대룡산→5분→
삼거리→50분→주차장

거두2리 버스정류장 사거리에서 산 쪽 100m 거리 방아교 건너 삼거리에서 왼쪽 마을길을 따라 5분을 가면 갈림길이다. 갈림길에서 오른쪽으로 2분을 가면 산불초소가 있고 4분을 더 가면 왼쪽으로 뚜렷한 등산로가 나온다. 여기서부터 등산로를 따라 22분을 오르면 공터 삼거리를 지나서 삼거리 샘터가 나온다. 샘터에서 오른쪽으로 9분을 가면 갑둔이고개에 닿는다.

갑둔이고개에서 오른쪽으로 16분 거리 임도를 가로질러 9분을 오르면 다시 임도를 건너 데크가 있다. 데크를 지나서 14분을 오르면 헬기장을 통과하고 다시 4분 거리 갈림길에서 오른쪽 비탈길을 따라 11분을 가면 고은리 갈림길을 지나고 다시 16분을 더 오르면 송전탑을 지나서 2분을 더 오르면 대룡산 정상이다.

하산은 올라왔던 반대편 서남쪽 능선길을 따라 5분을 내려가면 갈림길이다. 여기서 오른쪽 뚜렷한 서쪽 능선길을 따라 3분을 내려가면 임도를 만난다. 임도를 가로질러 능선을 따라 29분을 내려가면 갈림길이 나오는데 왼쪽으로 6분을 내려가면 큰 길이 나온다. 여기서 오른쪽으로 12분을 더 내려가면 고은리 버스종점이다.

수리봉 총 4시간 45분 소요
원창고개→63분→수리봉→23분→
임도→50분→임도(차단기)→34분→
대룡산→55분→고은리주차장

원창고개 버스정류장에서 북쪽으로 난 소형차로를 따라 12분을 가면 명부정사 입구 이정표가 있다. 여기서 왼쪽 등산로를 따라 18분을 가면 치성대 사거리가 나온다. 여기서 직진 능선을 따라 24분을 올라가면 삼거리다. 삼거리에서 왼쪽으로 9분을 가면 데크 수리봉이다.

수리봉에서 하산은 북쪽으로 20m 거리 갈림길에서 왼쪽으로 15분을 가면 조림지 표지석이 있다. 표지석에서 왼쪽 임도를 따라 8분을 가면 소형차로 삼거리다. 여기서 도로를 벗어나 북쪽으로 난 등산로를 따라 가면 완만한 길로 이어지면서 50분을 오르면 임도가 나온다.

임도에서 왼쪽 임도를 따라 14분을 가면 왼쪽 고은리 이정표가 나오고, 임도를 따라 10분을 더 가면 고은리 대룡산 갈림길이 나온다. 여기서 왼쪽 지능선을 따라 43분을 내려가면 이정표 삼거리다. 여기서 오른쪽 길을 따라 12분을 내려가면 고은리 버스종점이다.

구봉산-명봉 총 3시간 57분 소요
구봉산전망대→30분→구봉산→42분→
안부사거리→60분→명봉→45분→
거두2리

구봉산전망대휴게소에서 도로 건너 구봉산 이정표를 따라 30분을 오르면 구봉산 정상이다.

구봉산에서 명봉으로 가는 길은 정상에서 100m 거리 삼거리로 되돌아온 다음, 왼편 동남쪽 능선을 따라 20분을 가면 갈림길이 나온다. 갈림길에서 직진 능선을 따라 7분을 올라가면 428봉이다. 여기서 계속 이어지는 능선을 따라 15분을 내려가면 안부 사거리다.

사거리에서 직진 능선을 따라 17분 거리에 이르면 안부 왼편으로 임도가 나온다. 임도에서 계속 능선을 따라 23분을 오르면 수정마루 전망대가 있다. 전망대를 지나 갈림길에서 계속 능선을 따라 20분 거리에 이르면 삼각점이 있는 명봉이다.

하산은 동남쪽 능선으로 2분 거리 갈림길에서 오른쪽으로 12분을 내려가면 갑둔이고개에 닿는다. 갑둔이고개에서 오른편 하산길을 따라 6분을 내려가면 샘터 삼거리다. 삼거리에서 오른쪽으로 25분을 내려가면 거두2리 마을을 지나서 버스정류장이다.

여행 정보 Tourist Information

자가운전
춘천 양구 방면 46번 국도를 타고 춘천 외각도로 동내면 사거리에서 **대룡산**은 직진⇨4km 거두리에서 우회전⇨1km 거두2리 버스종점 주차.

수리봉은 동내면 사거리에서 우회전⇨원창고개 주차.

구봉산-명봉은 동내면 사거리에서 북쪽으로 직진⇨46번 국도를 따라 약 6km 구봉산 휴게소 주차.

대중교통
경춘선 전철 이용 남춘천역 하차 후, 남부시장 버스정류장에서 **대룡산**은 거두2리행 26번, 24번 버스를 타고 거두2리 종점 하차.

수리봉은 43번 41번을 타고 원창고개 수리봉 입구 하차.

구봉산-명봉은 대중교통이 없으므로 남춘천역에서 택시 이용.

식당
대룡산메밀싹막국수
춘천시 동내면 동내로 181
033-261-1421

학곡리닭갈비(막국수)
춘천시 동내면 영서로 1801
033-261-5775

대룡산 가는 길(토속음식)
춘천시 동내면 동내로 346
033-262-4488

방아골막국수
춘천시 동내면 거두길 179-1
033-263-2262

명소
소양댐

금병산(錦屏山) 652.2m   드름산 357.4m

춘천, 내평 1:50,000

금병산 · 드름산
강원도 춘천시 신동면, 동내면, 동산면

금병산(金屛山, 652.2m)은 춘천시 남쪽에 위치한 순수한 육산이다. 산세가 완만하고 전철역에서 원점회귀 산행이 가능하여 주말 가족 산행지로 적합한 산이다.

산행기점인 김유정역은 65년 동안 신남역으로 불리어 오다가 2004년 12월 1일부터 소설가 이름을 딴 김유정 역으로 바뀌었다.

김유정(金裕貞 1908~1937)은 춘천시 신동면 신례마을에서 태어나 30여 편의 탁월한 체취의 단편소설을 남김으로써 1930년대 한국문학사에 새로운 지평을 열었던 인물이다. 역 주변에는 김유정 생가. 전시관 금병의숙 실내마을 등이 있다.

드름산(357.4m)은 춘천시 남쪽 의암댐 동쪽에 위치한 산이다. 북쪽으로는 춘천시가지와 의함호가 있고 동쪽으로는 의암댐을 사이에 두고 삼악산과 마주하고 있다.

등산로 Mountain path

금병산 총 3시간 44분 소요
김유정역 →38분→ 안부삼거리 →50분→ 금병산 →30분→ 함몰삼거리 →46분→ 김유정역

김유정역 앞에서 오른편 도로를 따라 70m 정도 가면 신동면사무소 오른쪽으로 사거리가 나온다. 사거리 도로를 건너 직진 5분 정도 가면 왼쪽에 금병의숙 복지관을 지나서 갈림길이 나온다. 갈림길에서 오른쪽 언덕길을 따라 10분 정도 가면 이정표 삼거리가 나온다.

삼거리에서 오른쪽 산길을 따라 40m 정도 오르면 임도 갈림길이 나온다. 임도 갈림길에서 오른쪽으로 100m 정도 거리에 이르면 오른쪽으로 희미한 샛길을 지나서 이정표가 세워진 뚜렷한 삼거리가 나온다.

삼거리에서 오른쪽 산길로 간다. 여기서부터 산길을 따라 오르면 완만한 길로 이어지다가 급경사가 나오면서 20분 거리에 이르면 쉼터가 있는 주능선 안부 삼거리에 닿는다.

삼거리에서 무난한 왼쪽 주능선을 따라 34분 거리에 이르면 왼쪽에서 오르는 삼거리가 나온다. 삼거리에서 직진 16분을 더 오르면 데크가 있는 금병산 정상에 닿는다.

정상 데크에서 바라보면 호반의 도시 춘천시가지가 아름답게 내려다보인다.

하산은 서쪽능선을 탄다. 서쪽으로 이어지는 능선을 따라 30분 거리에 이르면 함몰지 안부 삼거리가 나온다.

삼거리에서 직진 오른쪽 모두 김유정역으로 하산길이다. 오른쪽으로 9분을 내려가면 계곡길로 이어지면서 8분을 내려가면 삼거리 운동시설이 있다. 여기서부터 넓은 산책길을 따라 10분 거리에 이르면 초소 지나서 바로 갈림길이 나온다. 갈림길에서 오른쪽으로 9분을 내려가면 김유정문학촌이 나오고 여기서 김유정역까지는 10분 거리다.

드름산 총 2시간 43분 소요
대우아파트 고개 →43분→ 드름산 →45분→ 전망데크 →15분→ 의암댐

대우아파트 동쪽 70번 지방도 고개에서 시작 나지막한 능선을 따라 34분을 오르면 사거리 정자가 나온다. 정자에서 오른쪽 능선을 따라 6분을 오르면 쉼터가 있는 봉우리에 닿고 3분을 더 가면 표지석이 있는 드름산 정상이다.

하산은 동쪽 능선을 따라 31분을 가면 벙커가 있었던 봉우리가 나온다. 여기서 2분을 가면 의암리로 가는 갈림길이 나온다. 갈림길에서 직진 주능선을 따라 5분을 가면 평상이 나오고, 7분을 더 가면 돌탑이 있는 전망 데크가 나온다. 데크에서 바라보면 의암호가 시원하게 펼쳐 보이고 삼악산이 바로 건너다보인다.

하산은 동쪽 방향 하산길을 따라 15분을 내려가면 안내도가 있는 의암댐 옆 도로에 닿는다.

여행 정보 Tourist Information

자가운전
금병산 춘천 방면 46번 국도를 타고 의암교 의암터널 통과 후, 1km 첫 번째 갈림길에서 우회전⇒철로 건너 삼거리에서 좌회전⇒다시 삼거리에서 좌회전⇒김유정역.

드름산 춘천 방면 46번 국도를 타고 의암교 건너 의암터널 통과 후, 약 2km에서 좌회전⇒3km 거리에서 좌회전⇒1km 거리 신남초교 주변 주차.

대중교통
금병산 경춘선 상봉역에서 20분 간격 춘천행 전철 이용, 김유정역 하차

드름산 경춘선 상봉역에서 20분 간격 춘천행 전철 이용, 남춘천역 하차 후 택시를 이용, 대우아파트 동면 고개까지 간다.

식당
유정마을(닭갈비)
춘천시 신동면 실레길 33
033-262-0361

소낙비기사식당
춘천시 신동면 김유정로 1427
033-261-4815

가마솥보리밥
춘천시 신동면 김유정로 1418
033-261-0528

명소
김유정문화촌

금병산 서쪽 산자락 실레마을 김유정 생가

삼악산(三岳山) 654m　　등선봉(登仙峰) 636.3m

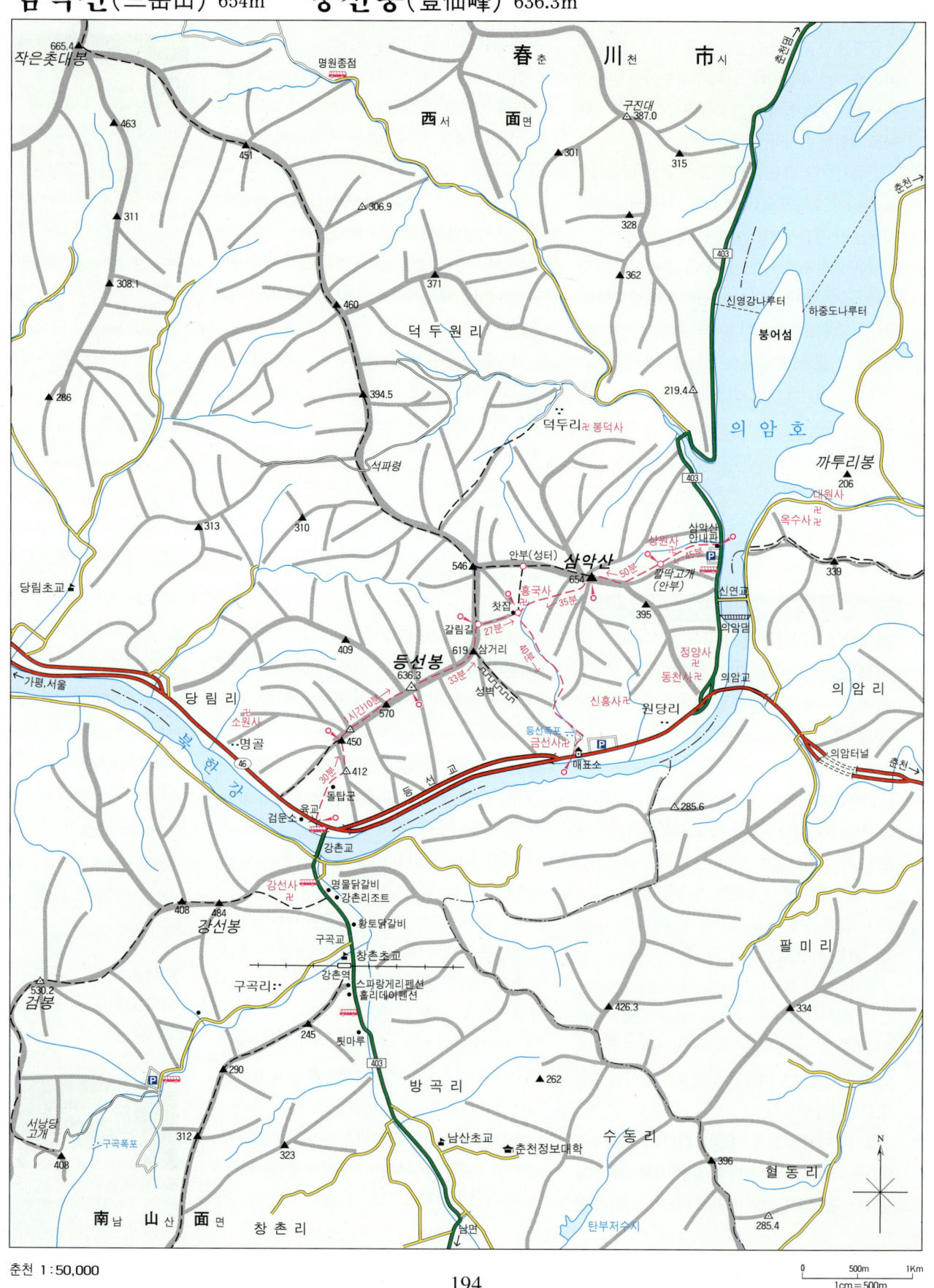

신연교에서 바라본 삼악산

삼악산・등선봉
강원도 춘천시 서면

삼악산(三岳山. 654m)은 의암호 서쪽에 위치한 산이다. 산 전체가 바위산으로 이루어져 있으며 등산로 대부분도 바윗길이다. 일기가 좋을 때는 아기자기한 등산로이지만 눈 비바람일 때는 위험한 악산이다. 산록 협곡에 유명한 등선폭포가 있다.

등선봉(登仙峰. 636.3m)은 삼악산에서 남서쪽 능선으로 연결되어 약 3km 거리에 위치하고 있는 바위산이다. 산행기점 강촌교에서 407봉 첫 봉까지는 급경사이고, 407봉에서 등선봉 정상까지는 양면이 급경사이며 대부분 바윗길이다. 위험한 바윗길은 대부분 동쪽으로 우회길이 있지만 주의가 필요하며 눈비가 올 때는 산행을 삼가야 한다.

등산로 Mountain path

삼악산 총 3시간 50분 소요
의암댐→45분→깔딱고개→50분→삼악산→35분→흥국사→40분→등선폭포

의암댐 서쪽 편에서 북쪽으로 300m 거리에 상원사 입구에 주차장이 있고 매표소가 있다. 매표소를 통과하여 오르면 바윗길이 시작되어 8분 거리에 산장이 있고 15분을 더 오르면 상원사가 나온다. 상원사 왼쪽으로 오르면 급경사 비탈길로 이어져 22분을 오르면 깔딱고개에 닿고, 깔딱고개에서 능선 바윗길을 따라 38분을 오르면 전망봉에 닿는다. 여기서 12분을 더 오르면 삼악산정상에 닿는다.

하산은 남쪽 길로 33분을 내려가면 흥국사에 닿고 다시 2분 거리에 찻집 앞 삼거리가 나온다. 계속 남쪽 계곡을 따라 40분을 내려가면 등선폭포를 지나서 경춘 국도 버스정류장에 닿는다.

등선봉 총 4시간 20분 소요
강촌교→30분→450봉→46분→570봉→24분→등선봉→60분→찻집→40분→매표소

강촌교 북단 육교가 산행기점이다. 육교에서 급경사를 따라 20분을 올라가면 돌탑 군을 지나고 10분을 더 오르면 450봉 첫 봉에 닿는다.

첫 봉을 내려서면 큰 바위가 나온다. 바위를 왼쪽으로 돌아가면 다시 능선으로 이어지고 10분 거리에 이르면 바윗길이 나온다. 여기서 우회 길을 따라 10분을 올라가면 능선을 넘고 1분 거리에서 다시 오른쪽으로 능선을 넘어와 바위지역을 통과하게 된다. 바위지역은 여러 갈래로 바윗길이 나 있는데 리본이 가장 많이 매달린 방면으로 가는 것이 가장 안전하다. 바윗길을 조심하여 통과하면 작은 안부가 나오고 다시 바윗길이 시작된다. 험한 바윗길은 반드시 우회길이 있으므로 안전하게 우회 길을 따라 오르면 바윗길을 타고 오르는 길과 만나서 조금 더 오르면 570봉에 닿는다. 450봉에서 46분 거리다.

570봉에서 4분을 내려가면 안부가 나오고 다시 바위 능선길이 시작된다. 바위 능선길 혹은 우회길을 따라 20분을 더 오르면 등선봉 정상이다.

하산은 북쪽 능선을 따라 4분을 내려가면 성터가 나오고, 7분을 지나면 성벽길로 이어져 8분을 더 가면 삼거리 619봉에 닿는다. 619봉에서 왼편 북쪽 능선을 따라 14분을 내려가면 이정표가 있는 갈림길이 나온다.

갈림길에서 오른쪽 지능선을 따라 27분을 내려가면 찻집 삼거리가 나온다. 삼거리에서 오른쪽으로 이어지는 계곡길을 따라 40분 내려가면 등선폭포 지나 국도 버스정류장에 닿는다.

여행 정보 Tourist Information

자가운전
춘천 방면 46번 국도를 타고 가평-강촌검문소를 통과하여 의암교에서 오른편으로 빠져나가 좌회전⇨**삼악산**은 403번 지방도를 따라 1.3km 삼악산(상원사)주차장.
등선봉은 등선폭포 입구 주차장.

대중교통
경춘선 상봉역에서 춘천행 전철 이용, 강촌역 하차 후, 강촌역-춘천시청 방면 시내버스 3번 5번 50번 50-1번 55번 56번 56번을 타고 **등선봉**은 강촌교 하차.
삼악산은 의암댐(신연교) 서쪽 하차.

식당
강촌토정닭갈비
춘천시 남산면 강촌로 97
033-261-5949

강촌황토닭갈비
춘천시 남산면 강촌로 88
033-262-6188

명소
등선폭포
삼악산 하산지점 협곡 속에 있는 높이 10m의 대표적인 폭포이다.

삼악산 남쪽 협곡에 위치한 등선폭포

검봉산(劍峰山) 530.2m   봉화산(烽火山) 515m

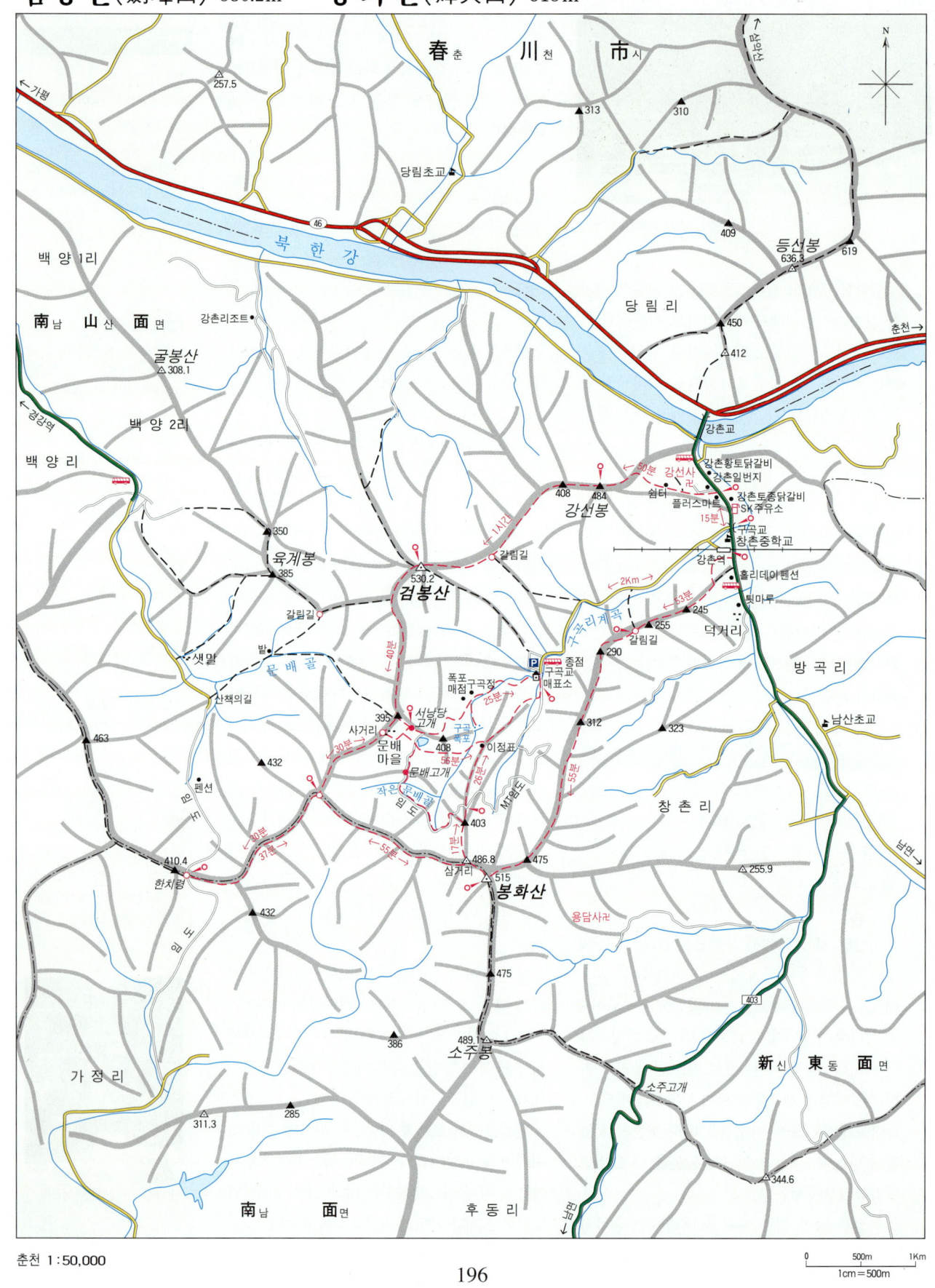

춘천 1:50,000

검봉산 · 봉화산
강원도 춘천시 남산면, 남면

구곡폭포의 이른 봄

검봉산(劍峰山. 530.2m)은 강촌리 서쪽에 위치한 산이며 칼을 세워놓은 것처럼 생겼다고 하여 칼봉 또는 검봉이라고 부른다. 등산로 주변에는 문배마을과 구곡폭포가 있다.

산행은 강선사 강선봉을 경유 검봉산에 오른 후 문배마을 구곡폭포 주차장으로 하산한다.

봉화산(烽火山. 515m)은 조선시대에 외적의 침입을 알리는 봉수대가 있어 봉화산으로 부른다. 산세가 완만하고 험로가 없어 가족 산행지로 좋은 산이다.

산행은 강촌역에서 시작 능선을 타고 봉화산에 오른 후 북쪽능선을 타고 주차장으로 하산한다.

등산로 Mountain path

검봉산 총 3시간 55분 소요
플러스마트→50분→강선봉→60분→검봉산→40분→서낭고개→25분→매표소

강촌역 북쪽 50m 삼거리에서 좌회전 15분 거리에 이르면 플러스마트 지나서 바로 검봉산 등산로가 있다. 검봉산 등산로를 따라 5분을 가면 강선사 삼거리가 나온다. 삼거리에서 왼쪽으로 7분을 오르면 쉼터가 나온다. 여기서부터 급경사가 시작되어 21분을 오르면 바위 위 쉼터가 나오고 11분을 더 오르면 강선봉이다.

강선봉에서 조금 내려서 오른쪽능선 등산로를 따라 1시간 거리에 이르면 검봉산 정상이다.

하산은 남쪽 능선으로 조금 내려서면 갈림길이다. 갈림길에서 왼쪽 문배마을길을 따라 12분을 가면 사거리가 나온다. 사거리에서 직진 18분을 가면 갈림길이 또 나온다. 갈림길에서 왼쪽 능선으로 5분을 오르면 삼거리 봉이 나온다. 여기서 왼쪽으로 5분을 내려가면 서낭고개가 나온다.

서낭고개에서 오른쪽 문배마을을 돌아본 다음, 다시 서낭고개로 되돌아와서 13분을 내려가면 구곡폭포 입구에 닿는다. 여기서 오른쪽으로 100m 거리 구곡폭포를 돌아보고 와서 넓은 길을 따라 12분을 내려가면 버스종점이다.

봉화산 총 3시간 31분 소요
강촌역→53분→갈림길→55분→봉화산→43분→주차장

강촌역 동쪽 50m 삼거리에서 오른쪽 20m 거리에 봉화산 등산로 이정표가 있다. 여기서 오른쪽으로 50m 가서 왼쪽 능선으로 오른다. 경사진 등산로를 따라 17분을 오르면 능선이 나오고 오른쪽으로 5분을 더 오르면 첫 봉에 닿는다. 첫 봉에서부터 계속 동남쪽으로 이어지는 능선을 따라 38분을 가면 오른쪽 갈림길이 나온다.

갈림길에서 계속 동남쪽 능선을 따라 55분을 오르면 표지석이 새워진 봉화산 정상이다.

하산은 남쪽 5m 거리 삼거리에서 오른편 서쪽 비탈길을 따라 5분을 가면 이정표 삼거리가 나온다. 삼거리에서 오른편 지능선길을 따라 10분을 내려가면 왼편으로 임도가 보이는 지점이 나온다. 여기서 오른쪽 산길로 1분 내려가면 임도가 나온다. 임도에서 왼쪽으로 10m 가서 오른쪽으로 간다. 임도를 벗어나 산길로 들어가 1분을 내려가면 3번째 임도가 나온다. 이 지점에서 임도를 가로질러 산길로 내려가면 하산길이 뚜렷하다.

이 길을 따라 6분을 내려가면 삼거리가 나온다. 삼거리에서 오른편 계곡길을 따라 14분을 내려가면 임도에 닿고 왼편 임도를 따라 5분을 내려가면 구곡폭포 주차장이다.

여행 정보 Tourist Information

자가운전
수도권에서 46번 춘천 방면 경춘 국도를 타고 가평 통과 강촌교삼거리에서 우회전⇨1km 거리 강촌역 주차.

대중교통
경춘선 상봉역에서 20분 간격으로 운행하는 춘천행 전철 이용, 강촌역 하차.

식당
강촌토정닭갈비
춘천시 남산면 강촌로 97
033-261-5949

강촌황토닭갈비
춘천시 남산면 강촌로 89
033-262-6188

문배마을이씨네집(토종닭)
춘천시 남산면 강촌문배길 514
033-261-3403

명소
구곡폭포
여름에는 폭포, 겨울에는 빙벽으로 장관이다. 강촌역에서 30분 거리에 있다.

문배마을
강촌역에서 50분 거리에 있다.

문배마을

굴봉산(屈峰山) 395m   육계봉 385m

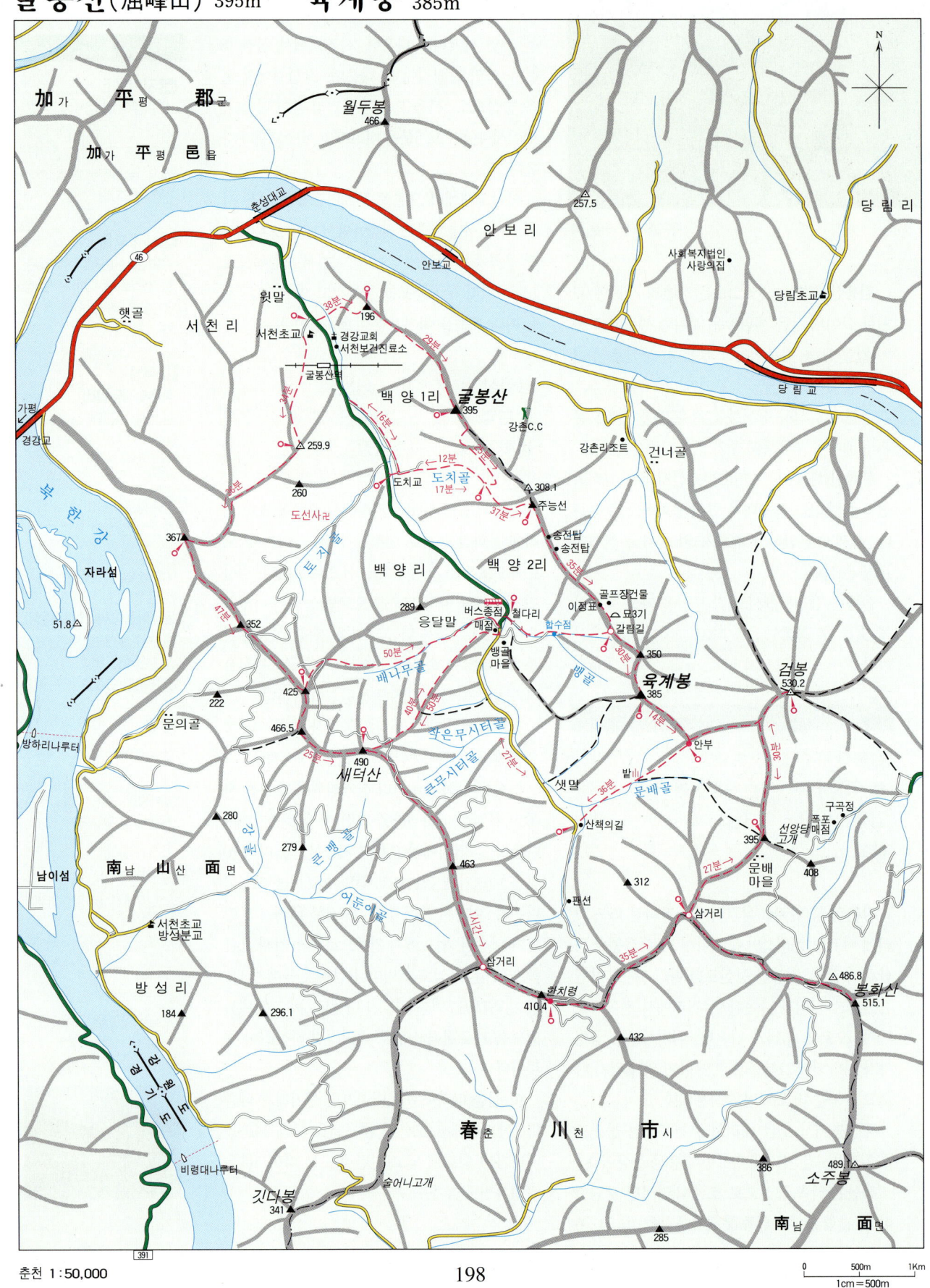

표시가 없고 밋밋한 굴봉산 정상

굴봉산 · 육계봉 강원도 춘천시 남산면

굴봉산(屈峰山. 395m)은 정상부근 여러 곳에 바위굴이 있어 굴봉산이라 부른 것으로 추정이 된다. 대체적으로 완만한 등산로이나 정상 일대는 급경사에 바윗길로 이루어져 있어 눈비가 올 때는 매우 위험하고 평소에도 주의가 요구되는 산이다.

산행은 굴봉산역 서천초교에서 시작 계곡을 건너 주능선을 타고 굴봉산에 오른 뒤, 하산은 도치골을 따라 다시 굴봉산역으로 원점회귀 산행이다.

육계봉(385m)은 굴봉산에서 남쪽 주능선으로 이어져 3.9km에 위치한 순수한 육산이다.

산행은 굴봉산역 오른편 1.1km 거리 도치교에서 도치골 주능선을 경유 육계봉에 오른다음, 동쪽 14분 거리 갈림길에서 오른쪽 지능선을 타고 문배골 황토집을 경유하여 백양2리 버스 종점으로 하산 한다

등산로 Mountain path

굴봉산 총 3시간 소요

굴봉산역→38분→주능선→29분→굴봉산→37분→도치교→16분→굴봉산역

굴봉산역 앞에서 왼쪽으로 8분을 가면 산촌초교 정문이다. 정문에서 오른쪽 마을길을 따라 2분 거리 개울을 건너 28분을 올라가면 주능선 삼거리에 닿는다. 주능선 등산로는 완만하게 이어지고 기분 좋은 능선길이다.

주능선에서 오른쪽 능선길을 따라 15분 정도 거리에 이르면 봉우리를 지나서 안부에 닿는다. 안부에서부터 급경사길을 따라 14분을 오르면 바윗길이 나오면서 굴봉산 정상에 닿는다.

하산은 북쪽으로 4분 내려가면 이정표가 나온다. 이정표에서 오른쪽으로 내려가면 급경사에 밧줄이 설치된 하산길이다. 급경사를 내려서면 골을 따라 내려가게 되며 이정표에서 21분을 내려가면 곧 삼거리다. 삼거리에서 오른쪽으로 12분을 내려가면 도치교에 닿는다.

도치교에서 다리를 건너지 말고 오른쪽 둑길을 따라 13분을 가면 굴봉역 닿기 전에 돌다리를 건너서 3분 거리에 이르면 굴봉산역이다.

육계봉 총 4시간 32분 소요

굴봉산역→70분→주능선→65분→육계봉→14분→갈림길→36분→황토집(도로)→27분→버스종점

굴봉산역 앞 도로에서 오른쪽 도로를 따라 16분을 가면 도치교가 나온다. 여기서 도치교를 건너 직진 17분을 가면 굴봉산에서 내려오는 삼거리에 닿는다. 삼거리에서 오른쪽으로 37분을 더 오르면 주능선 삼거리에 닿는다.

주능선에서 오른쪽 주능선만을 따라 35분을 가면 상석 묘 3기를 지나 갈림길이 나온다. 갈림길에서 직진 15분을 오르면 삼거리 봉에 닿고 오른쪽으로 15분을 더 오르면 육계봉이다.

하산은 남동 방향 능선으로 14분을 내려가면 갈림길이 나온다.

갈림길에서 오른쪽 지능선길을 따라 16분을 내려가면 집이 있는 계곡에 닿는다. 여기서부터 농로를 따라 16분을 내려가면 황토집 도로에 닿는다.

황토집 도로에서 백양리 버스종점은 27분 거리다.

여행 정보 Tourist Information

자가운전
수도권에서 46번 경춘 국도를 타고 경강교 통과 약 3km 춘성대교 건너기 전에 우회전⇨2km 서천초교 주차.

대중교통
상봉역에서 20분 간격으로 운행하는 춘천행 전철을 타고 굴봉산역 하차.

식당
정호닭갈비
춘천시 남산면 서백길
033-213-2823

다리골막국수
춘천시 남산면 서백길 39
033-263-2634

무공해식당(일반식)
춘천시 남면 가정리 875-4
033-263-1965

경강식당(일반식)
춘천시 남산면 서백길 86-4
033-261-2338

송원막국수
가평읍 가화로 76-1
031-582-1408

한우명가
가평읍 달전로 19
031-581-1592-5

명소
자라섬
사계절 자연의 멋을 그대로 느낄 수 있는 자연생태공원.
031-581-0228

강촌교에서 바라본 북한강 전경

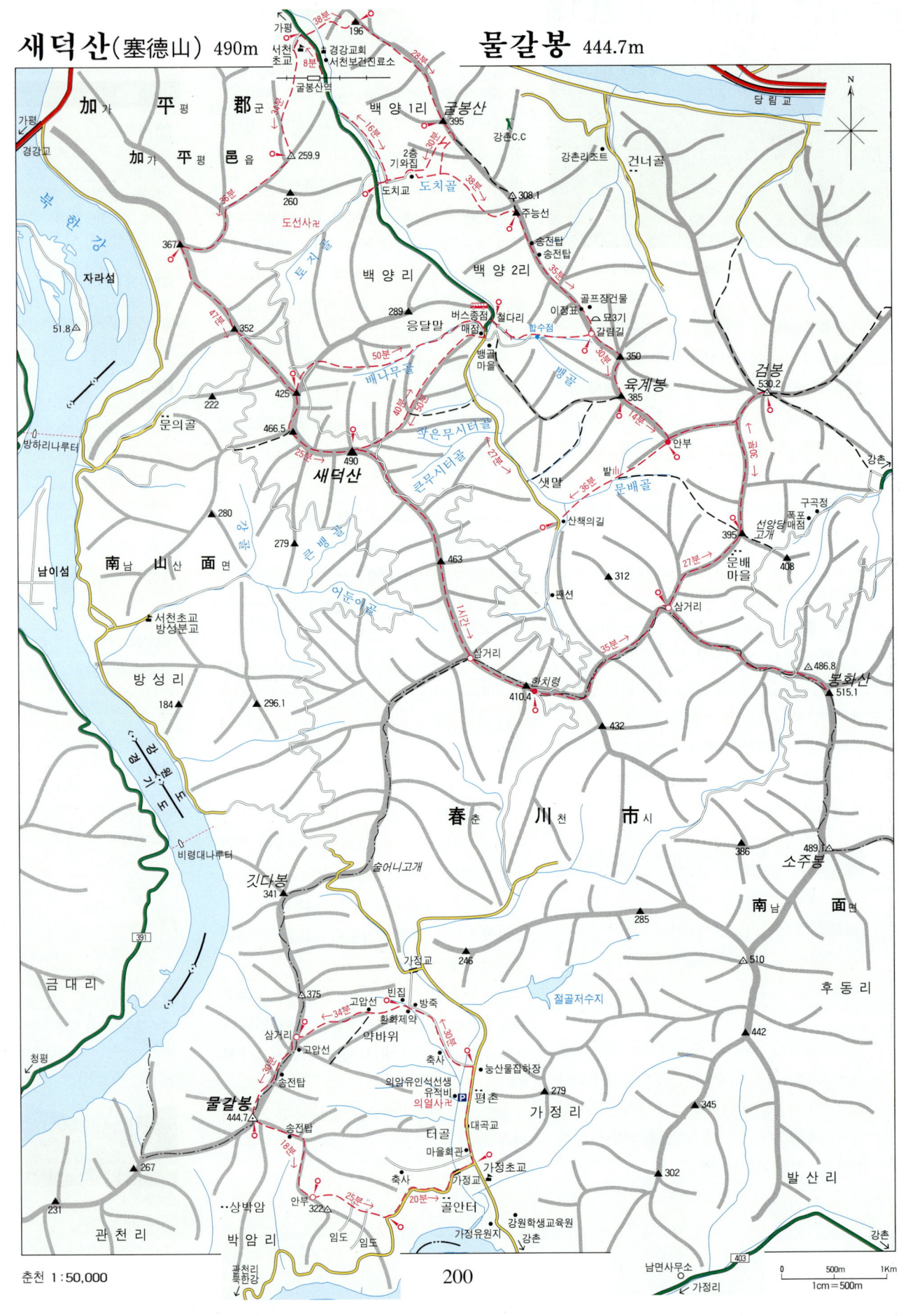

새덕산 · 물갈봉
강원도 춘천시 남산면, 남면

　새덕산(塞德山, 490m)은 자라섬과 남이섬 동쪽으로 길게 이어진 산이다. 모산인 검봉에서 남쪽으로 주능선이 이어져 한치령을 지나 서북쪽으로 뻗어 나가면서 새덕산을 이루고, 계속 북쪽으로 이어지는 능선은 북한강에 가라앉는다.

　물갈봉(444.7m)은 북한강 청평호와 남이섬 중간 동쪽에 솟은 산이다. 서쪽은 북한강이 흐르고 남쪽으로는 홍천강이 청평호로 합류되는 지점 북동쪽에 위치한 산이다.

등산로 Mountain path

새덕산 총 4시간 10분 소요
굴봉산역→42분→259.9봉→36분→367봉→47분→425봉→25분→새덕산→40분→백양2리 종점

　굴봉산역에서 북쪽으로 8분을 가면 학교를 지나 사랑채민박 입구 갈림길이다. 여기서 학교 뒤마을길을 따라 4분을 가면 왼쪽 다리를 건너 농가 2채 뒤로 등산로가 있다. 여기서 지능선으로 오르는 등산로를 따라 30분을 오르면 259.9봉 갈림길이다.

　갈림길에서 계속 이어지는 능선길을 따라 12분을 가면 송전탑을 통과하고 8분을 가면 390봉 갈림길이다. 갈림길에서 왼쪽 비탈길을 따라 가면 능선으로 이어져 16분을 가면 367봉 갈림길이다.

　갈림길에서 왼편 남서쪽 주능선을 따라 23분을 가면 안부를 지나서 352봉에 오르고 4분을 내려서면 임도가 나온다. 임도 오른편 10m에서 다시 능선으로 올라서 20분을 올라가면 425봉 갈림길이다.

　갈림길에서 오른쪽 주능선을 따라 12분 거리에 이르면 삼각점봉을 통과하고 13분을 더 오르면 새덕산 정상이다. 정상은 별 특징이 없고 넓은 공터이다.

　하산은 동쪽으로 7m 거리에 왼쪽으로 희미한 하산길이 있다. 이 길을 따라 내려가면 등선으로 이어져 10분을 내려가면 임도가 나온다. 임도를 가로질러 15분을 내려가면 묘를 지나고 지능선으로 이어지는 하산길을 따라 15분을 내려가면 백양리 버스종점에 닿는다.

　* 장거리 코스는 새덕산 정상에서 남동쪽 주능선을 따라 45분 거리에 이르면 삼거리가 나온다. 삼거리에서 왼편 동북쪽 주능선을 타고 15분을 가면 한치령 임도에 닿는다.

　* 한치령에서 굴봉산역은 왼편 북쪽 임도-차도로 이어지며 2시간 거리다.

물갈봉 총 3시간 37분 소요
주차장→30분→한화제약→34분→주능선삼거리→30분→물갈봉→18분→갈림길→45분→주차장

　유인석 선생 기념비 주차장에서 북쪽 도로 5분 거리에 농산물집하장이다. 여기서 왼쪽 암교를 건너 15분을 가면 한화제약건물이 나온다.

　건물 끝에서 왼쪽 농로를 따라 6분을 가면 묘가 있다. 묘 뒤 세능선으로 희미한 산길을 따라 6분을 오르면 지능선에 평묘에 닿는다. 여기서부터 지능선을 따라 22분을 오르면 주능선삼거리에 닿는다.

　삼거리에서 왼쪽 임도를 따라 10분을 가면 송전탑이 나오고, 계속 임도를 따라 14분을 더 가면 임도를 벗어나 산길로 접어 들어 5분을 오르면 삼각점이 있는 물갈봉이다.

　하산은 왼편 동쪽 능선을 따라 6분을 내려가면 송전탑을 지나고 8분을 내려가면 갈림능선이 나온다. 여기서 왼쪽능선으로 10m 정도 가다가 하산길은 오른쪽 비탈길로 이어져 4분을 가면 갈림능선이 또 나온다.

　여기서는 왼쪽능선으로 간다. 여기서 지능선을 따라 7분을 내려가면 안부가 나온다. 안부에서 왼쪽으로 4분을 내려가면 임도가 나온다. 여기서 왼쪽 임도를 따라 5분을 가면 임도사거리다. 사거리에서 직진 임도를 따라 9분을 내려가면 1차선 차도가 나온다. 여기서 왼쪽 차도를 따라 20분을 가면 가정교 건너 도로 삼거리다.

여행 정보 Tourist Information

자가운전
새덕산 46번 경춘 국도를 타고 경강교를 통과 약 3km 춘성대교 건너기 전에 우회전⇒2km 서천초교 주차.
물갈봉 서울-춘천 간 고속도로 강촌IC에서 빠져나와 남면사거리에서 좌회전⇒4km 다리에서 우회전⇒2km 가정리 주차장.

대중교통
새덕산 경춘선 상봉역에서 춘천행 전철을 타고 굴봉산역 하차.
물갈봉 강촌에서 가정리행(1일 5회) 시내버스 이용, 가정리 종점 하차.

식당
정호닭갈비
춘천시 남산면 서백길
033-263-2823

다리골막국수
춘천시 남산면 서백길 39
033-263-2634

무공해식당(일반식)
춘천시 남면 충효로 1350
033-263-1965

강촌황토닭갈비
춘천시 남산면 강촌로 89
033-262-6188

숙박
스파랑게리펜션
춘천시 남산면 강촌로 174-8
011-211-5960

명소
남이섬
유인석선생유적지

좌방산(座防山) 580m   소주봉 489.1m

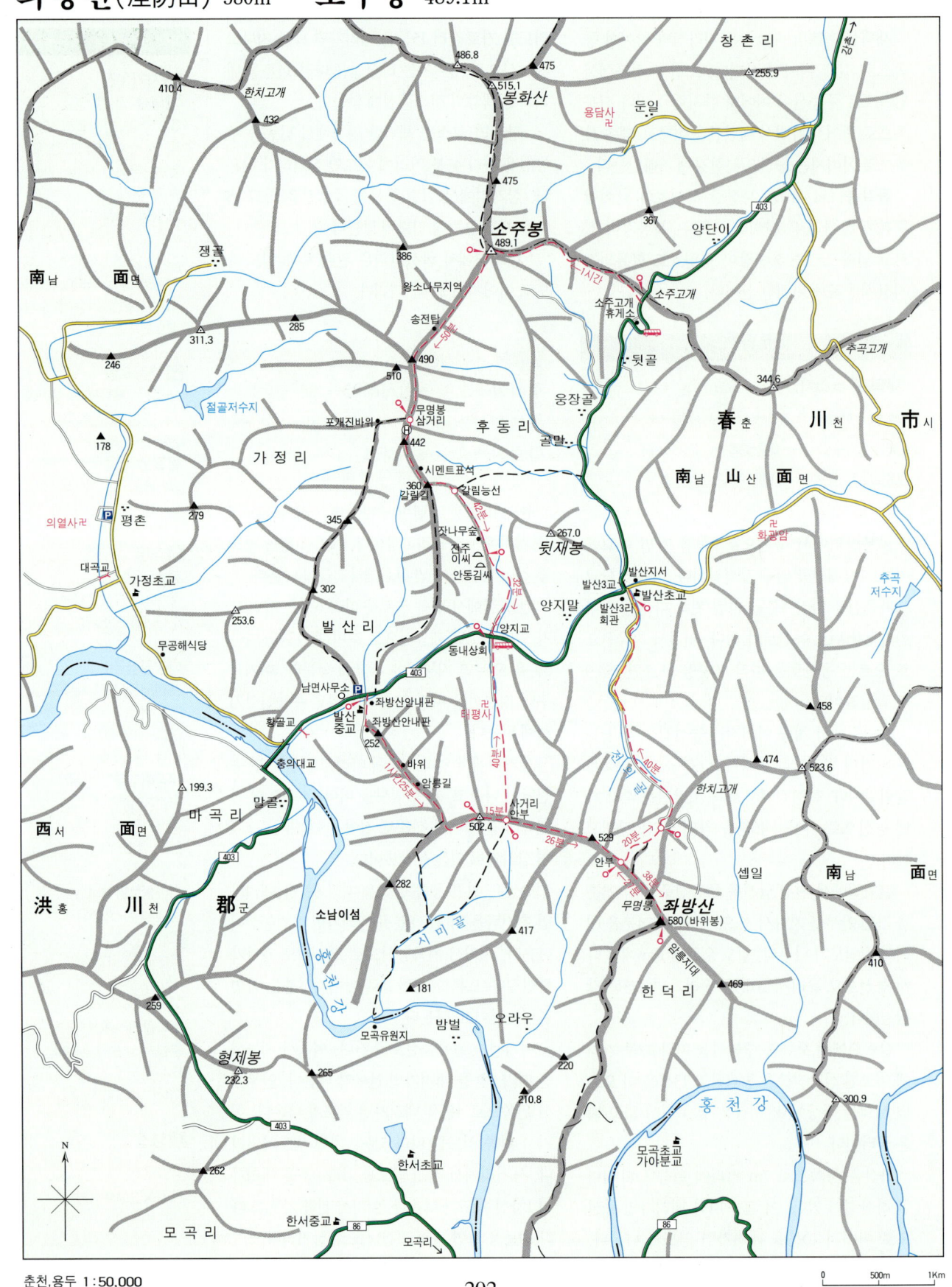

좌방산 · 소주봉 강원도 춘천시 남면, 남산면

좌방산(座防山, 580m)은 춘천시 남면 모곡유원지 홍천강 북쪽에 위치한 바위산이다. 서쪽의 502.4봉(표지석)과 동쪽의 580봉이 있다. 더 높은 봉을 정상으로 본다.

소주봉(489.1m)은 봉화산에서 남쪽으로 이어진 능선상 약 2km 지점에 위치한 산이다.

등산로 Mountain path

좌방산 총 5시간 11분 소요
발사중교→85분→502.4봉→79분→좌방산→27분→안부→60분→발산지서

발산중학교 서쪽 담 옆 안내판이 있는 골목길을 따라 100m 가면 왼쪽에 좌방산 등산안내 이정표가 있다. 여기서 등산로를 따라 25분을 오르면 첫 봉우리에 닿는다. 첫 봉우리에서 계속 능선을 따라 25분 오르면 두 번째 봉에 닿는다. 여기서부터는 평지와 같은 길로 15분을 가면 바위가 나온다. 바위를 우회하여 올라서면 등산로는 정상까지 암릉으로 이어진다. 암릉 오른쪽 사면으로 등산로가 이어지는데, 왼쪽은 석벽이고 오른쪽은 급경사이므로 매우 주의를 해서 올라가야 한다. 20분 동안 올라가면 능선에 닿는다. 능선에서 왼쪽으로 바윗길을 다시 오른다. 밧줄이 있으나 매우 위험하므로 조심해서 바위를 오르면 삼각점 좌방산 표지석이 있는 502.4봉이다.

하산은 동쪽 안부사거리로 내려선 다음, 왼쪽으로 40분을 내려가면 태평사를 거쳐 발산리다.

안부에서 계속 동쪽 능선을 따라 26분을 가면 529봉을 지나 안부가 나온다.

안부에서 25분을 더 가면 무명봉에 닿는다. 무명봉에서 남쪽 능선으로 13분을 가면 바위봉 좌방산 정상에 닿는다.

하산은 13분 거리 무명봉으로 되돌아 간 다음, 계속 능선을 따라 20분 거리 529봉 전 안부까지 되돌아가서 오른쪽 계곡을 향해 내려간다. 길이 없으나 10m 내려서면 계곡으로 길이 있다.

계곡으로 난 길을 따라서 20분을 내려가면 소형차로가 나온다. 여기서부터 차도를 따라 40분을 내려가면 발산초교 앞이다.

소주봉 총 4시간 4분 소요
소주고개→60분→소주봉→50분→무명봉→42분→전주이씨 묘→32분→양지교

소주고개에서 북쪽 편으로 보면 왼쪽에 산길이 보인다. 이 산길을 따라 7분을 오르면 능선에 닿고 서북쪽으로 난 능선을 따라 10분을 오르면 첫 봉우리에 닿는다. 여기서부터는 평지와 같은 능선이 이어진다. 주능선을 벗어나지 말고 26분을 오르면 경사가 시작되어 16분을 오르면 삼거리가 나오고 오른쪽으로 30m 가면 소주봉이다.

정상은 삼거리이며 삼각점이 있고 잡초가 우거져 있으며 조망이 터지지 않는다. 봉화산 일부만 보일 뿐이다.

하산은 올라왔던 30m 거리 삼거리로 되돌아와 오른편 서남쪽으로 난 희미한 능선을 탄다.

서남쪽 능선길을 따라 가면 내리막길로 이어져 13분을 가면 왕소나무 5~6그루가 있는 봉에 닿고 계속 17분을 더 가면 송전탑이 나온다. 송전탑에서 직진하여 10분을 가면 490봉에 닿고 10분을 더 가면 무명봉 삼거리에 닿는다.

무명봉 삼거리에서 왼편 남쪽 능선으로 3분을 가면 헬기장이 나오고 8분을 더 가면 363봉이다. 여기서 왼쪽으로 13분을 가면 시멘트말뚝 표지석을 지나고 7분 거리에 이르면 갈림능선이 나온다. 갈림능선에서 오른편 남쪽 능선을 따라 6분을 가면 잣나무 숲을 만나고 3분을 지나면 평묘 같은 봉우리다. 여기서 오른쪽으로 2분을 내려가면 전주이씨 묘가 나온다.

묘에서 왼쪽 능선을 따라 가면 왼쪽 비탈길로 가는 갈림길이 나온다. 갈림길에서 왼쪽 비탈길로 내려가면 계곡으로 이어져 농가를 지나 양지교를 건너 동래상회 버스정류장이다.

여행 정보 Tourist Information

자가운전
서울-춘천고속도로 강촌IC에서 빠져나와 **좌방산**은 좌회전⇒발산리 발산중학교 앞 주차.
소주봉은 강촌IC에서 빠져나와 발산초교 사거리에서 직진 소주고개휴게소 주차.

대중교통
춘천행 전철 이용, 강촌역 하차.
춘천에서는 강촌역 경유 가정리행 5번 버스 이용, **소주봉**은 소주고개 하차하고, **좌방산**은 발산중학교 하차.

식당
무공해식당(일반식)
춘천시 남면 충효로 1350
033-263-1965

강촌황토닭갈비
춘천시 남산면 강촌로 89
033-262-6188

강촌토정닭갈비
춘천시 남산면 강촌로 97
033-261-5949

숙박
스파랑게리펜션
춘천시 남산면 강촌로 174-8
011-211-5960

명소
홍천강

가평장날 5일 10일

연엽산(蓮嘩山) 850.1m 구절산(九節山) 750.2m

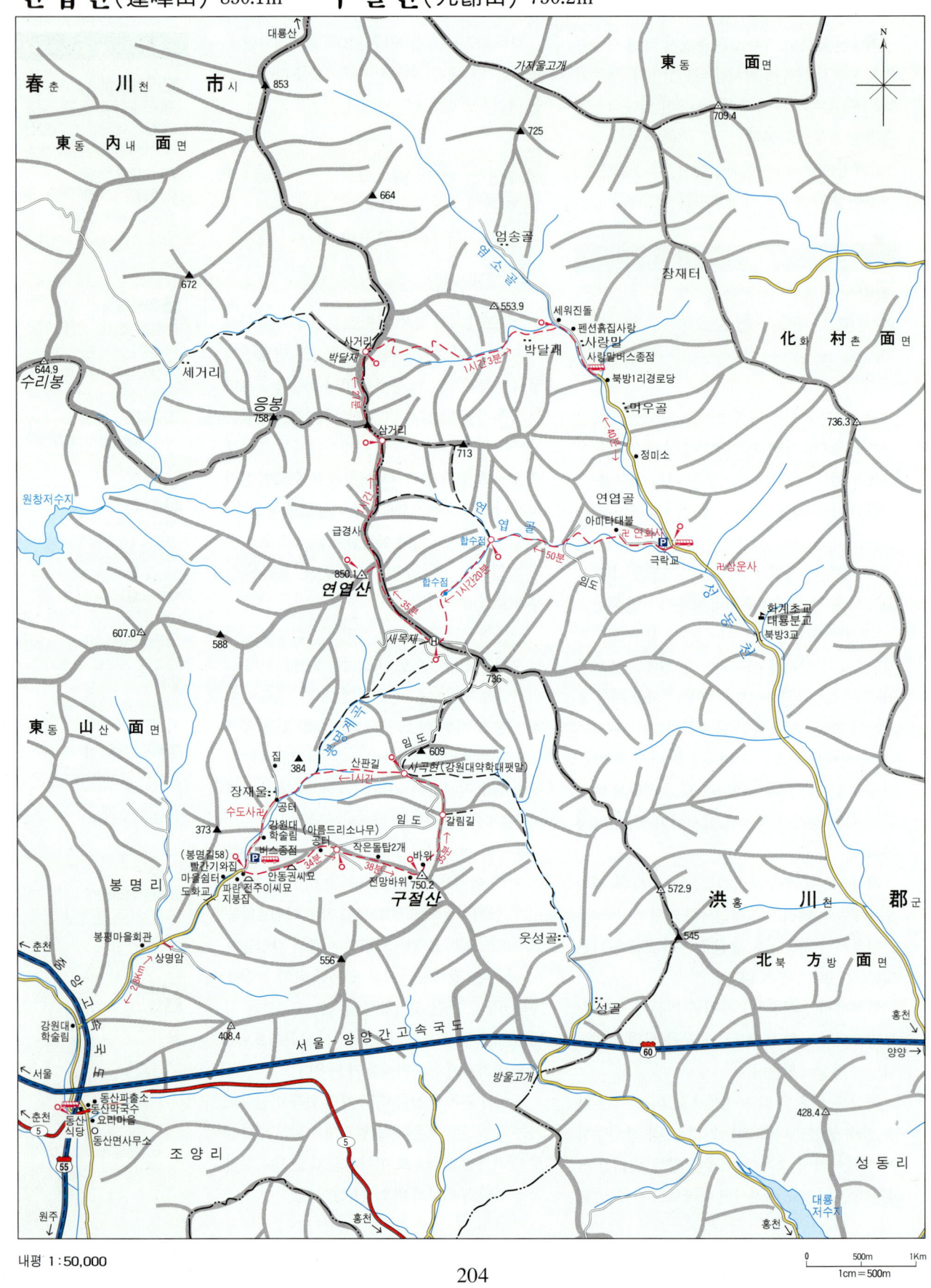

연엽산 · 구절산
강원도 춘천시 동산면, 홍천군 북방면

연엽산(蓮葉山. 850.1m)은 대룡산에서 남쪽으로 이어져 약 7km 지점에 위치한 산이다. 오지에 속한 산이며 아직 등산로가 정비되지 않아 희미한 길이 많고 길이 없는 구간도 있으므로 주의를 해야 한다.

구절산(九節山. 750.2m)은 연엽산에서 남쪽으로 이어져 약 3km 지점에 위치한 산이며 강원대학교 학술림에 속한 산이다.

등산로 Mountain path

연엽산 총 6시간 15분 소요
극락교→50분→합수곡→80분→새목재→35분→연엽산→60분→삼거리→27분→박달재→63분→사랑말

북방리 연화사 입구에서 극락교를 건너 3분을 가면 연화사 초대형 아미타대불이 있다. 여기서 왼편 두 번째 철다리를 건너 오른쪽 산길로 10m 가서, 오른편 건곡을 건너면 큰 계곡 왼쪽으로 길이 이어진다. 큰 계곡을 건너서 언덕으로 올라서면 임도가 나온다. 연화사에서 20분 거리다. 임도에서 왼쪽으로 2분가서 임도를 벗어나 계곡을 건너서면 오른쪽 계곡으로 등산로가 있다. 이 길을 따라 18분을 가서 계곡을 건너 조금가면 합수곡이 나온다. 극락교에서 50분 거리다.

합수곡에서 길 흔적만 있는 왼쪽 계곡을 따라 38분을 올라가면 능선을 사이에 두고 양 골이 나온다. 여기서 왼쪽골로 10분쯤 오르면 작은 산사태지역이 나온다. 여기서 왼쪽으로 30m 가서 약간 비탈진 왼쪽 계곡을 따라 오르면 주변은 벌목지대이고 급경사를 따라 30분 오르면 새목재에 닿는다.

새목재에서 오른쪽으로 33분을 오르면 삼거리가 나온다. 삼거리에서 왼쪽으로 올라서면 산불초소가 있고 50m 정도 더 가면 삼각점이 있는 연엽산 정상이다.

하산은 50m 거리 삼거리로 되돌아온 다음 왼편 북쪽으로 100m 급경사를 내려가면 완만한 능선길로 이어져 1시간 거리에 이르면 730봉 삼거리다.

삼거리에서 왼편 북쪽으로 7분을 가면 웅봉 삼거리가 나오고 오른쪽 길을 따라 20분을 가면 사거리 박달재에 닿는다.

박달재에서 오른쪽 비탈길로 가면 능선으로 이어지다가 오른쪽으로 꺾어져 계곡으로 이어지며 다시 왼쪽으로 꺾어져 원래 능선으로 이어진다. 원래 능선을 따라 15분을 내려가면 왼쪽으로 직각 꺾어져 1분 거리 계곡에서 오른쪽으로 계곡 따라 17분을 내려가면 물이 있는 계곡에 닿고, 30분을 더 내려가면 차도에 닿으며 차도를 따라 13분을 내려가면 버스종점이다.

구절산 총 3시간 47분 소요
도화동 종점→72분→구절산→35분→강원대안내판→60분→버스종점

봉명2리 마을 정자에서 수림관 쪽 50m 거리 오른쪽 빨간 기와집 뒤로 올라서면 묘가 나온다. 묘 왼쪽 능선길을 따라 12분을 가면 밭과 묘를 지나서 안동 권씨 묘비를 지나 22분을 올라가면 임도가 나온다.

임도 오른쪽 10m 에서 왼쪽 능선으로 뚜렷한 산길을 따라 12분을 올라가면 작은 돌탑 2개가 있고 15분을 더 올라가면 바윗길이 시작된다. 왼쪽은 절벽인 급경사 바윗길을 따라 7분을 올라가면 전망바위가 나오고, 4분을 더 오르면 삼각점이 있는 구절산 정상이다.

하산은 서쪽으로 10m 다시 되내려온 다음, 희미한 북쪽 길로 내려서면 급경사 바윗길로 이어져 20분을 내려가면 급경사험로는 끝나고 완만한 능선으로 이어진다. 완만한 능선길을 따라 7분 거리 갈림길에서 왼쪽 능선을 따라 8분을 가면 안부사거리 임도가 나온다.

안내판 임도 북쪽 50m 거리에서 왼쪽 산판길을 따라 47분을 내려가면 합수점이다. 합수점에서 3분 내려가면 삼거리가 나오고 10분 더 내려가면 수림관을 지나 버스종점이다.

여행 정보 Tourist Information

자가운전
연엽산 서울-홍천 간 44번 국도 또는 중앙고속도로 홍천IC에서 춘천 방면 5번 국도로 진입 3km 북방면 삼거리에서 우회전⇒1km 삼거리에서 좌회전⇒14km 연엽사 주차.

구절산 서울-양양 간 고속도로 조양IC에서 빠져나와 좌회전⇒동산면 삼거리에서 좌회전⇒ 약 3km 도화2동 버스종점 주차.

대중교통
연엽산 홍천버스터미널에서 1일 5회(06:00 08:30 12:10 15:10 18:30) 운행하는 북방리행 버스 이용, 종점 하차.

구절산 춘천 후평동-남부시장-학곡리 경유 복명리행 43번 버스(05:30 09:30 13:30 19:00)이용, 도화2동 종점 하차.

식당
연엽산
홍천강민물매운탕
홍천군 북방면 능평길
033-435-8951

별난매운탕
북방면 영서로 2730
033-435-1707

구절산
동산막국수
춘천시 동산면 영서로 410
033-261-7410

동산식당(일반식)
춘천시 동산면 구절산길
033-261-2412

숙박
홍천온천(모텔)
홍천군 북방면 온천길 179
033-435-1011

팔봉산(八峰山) 327m   금학산(金鶴山) 654.6m

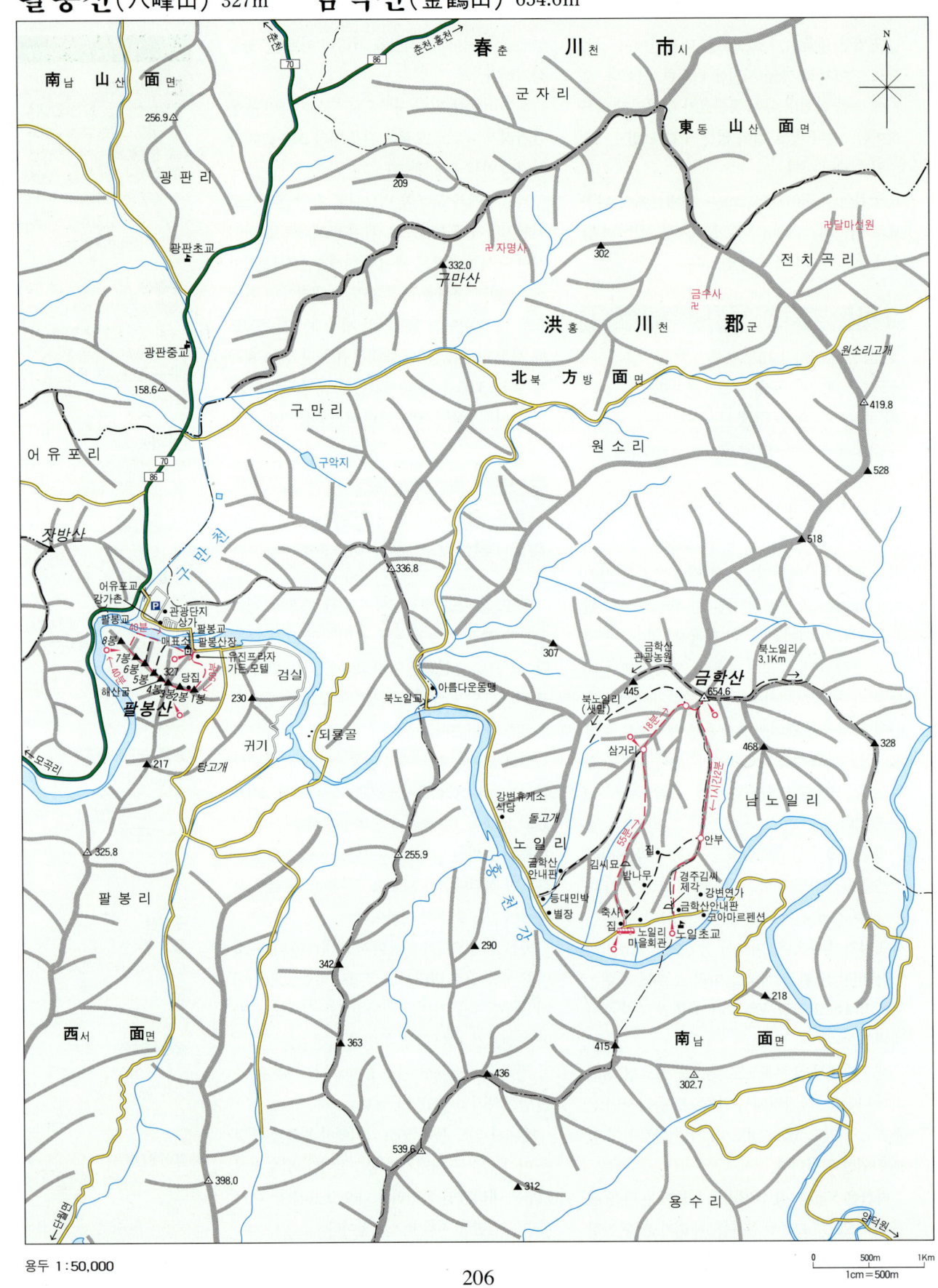

바위봉 금학산 정상

팔봉산 · 금학산
강원도 홍천군 서면, 북방면

팔봉산(八峰山. 327m)은 서면 팔봉유원지 남쪽에 위치한 바위산이다. 해발 327m에 불과한 낮은 산이지만 8개의 암봉으로 이루어져 있고, 아기자기한 바윗길 산행이며 삼면이 홍천강으로 에워싸여 있다. 능선은 암릉길이므로 눈비가 올 때는 산행을 피해야 한다.

산행은 팔봉교에서 1봉 2봉 3봉(정상) 4봉 5봉 6봉 7봉에서 8봉 사이 안부에서 오른쪽으로 내려서 강변길을 따라 팔봉교로 원점회귀 산행이다. 8봉은 바윗길 험로이다.

금학산(金鶴山. 654.6m)은 북방면 남쪽 노일리 북쪽에 위치한 산이며 남쪽은 홍천강이다. 대중교통이 매우 불편하므로 자가용을 이용하는 것이 합리적이다.

등산로 Mountain path

팔봉산 총 3시간 10분 소요
매표소→50분→3봉정상→40분→
7봉안부→20분→모래사장→20분→
매표소

팔봉교 남쪽 매표소에서 왼쪽 철판으로 된 간이다리를 건너면, 왼쪽으로 사면길이 이어져 가다가 오른쪽으로 급경사를 오르면 지능선 삼거리에 닿는다. 삼거리에서 오른쪽 능선으로 오른다. 능선에서 1봉까지는 수림지대이고 2봉은 당집이 있다. 당집에서 안부로 내려서면 철사다리가 나온다. 철사다리를 오르면 트래버스 지점을 지나고 촛대바위가 있는 3봉 정상에 닿는다. 매표소에서 50분 거리다.

3봉에서 내려가서 다시 4봉으로 오르고 약 10m 의 좁은 바위굴을 빠져 올라서면 4봉에 선다. 4봉에서 5봉 사이 안부에 이르면 오른쪽으로 하산길이 있다.

안부에서 5봉으로 오르는 길은 험로이며 설치된 쇠줄을 잡고 오른다. 5봉에 서면 홍천강이 흐르는 아름다운 풍경을 볼 수 있고 6봉 7봉을 어렵지 않게 지나면 안부삼거리다. 안부에서는 오른쪽으로 하산한다. 안부에서 8봉을 경유하여 오른쪽으로 하산길도 있으나 험로이므로 주의를 요한다. 안부에서 오른쪽으로 20분을 내려가면 강변 모래사장이다.

여기서부터는 강변길 따라 20분을 걸으면 팔봉교에 닿는다.

금학산 총 3시간 15분 소요
노일마을회관→55분→삼거리→18분→
금학산→2분→갈림길→60분→
노일마을회관

노일리 마을회관 왼쪽 버스 종점 삼거리에서 북쪽으로 소형차로를 따라 60m 들어가면 등산안내판이 있는 갈림길이다. 갈림길에서 왼쪽으로 50m 정도 가면 오른편 능선 초입에 등산로가 있다. 이 등산로를 따라 오르면 본격적인 등산이 시작된다. 지능선 등산로를 따라 10분을 오르면 최씨묘가 있고 묘를 지나서 뚜렷한 능선길을 따라 20분 정도 올라가면 더욱 급경사로 이어져 25분을 오르면 능선 삼거리가다.

삼거리에서 왼쪽으로 5분을 가면 왼쪽 갈림길이 있고 10분을 더 오르면 하산길 삼거리가 나온다. 삼거리에서 3분을 더 오르면 사방이 확 트인 삼각점이 있는 금학산 정상이다. 정상 북쪽에 양 방향으로 하산길도 있다.

하산은 올라왔던 100m 거리 삼거리로 되 내려간다. 삼거리에서 왼편 정 남쪽 능선을 탄다.

능선 하산길은 뚜렷하고 깨끗하며 매우 향기로운 능선으로 이어져 1시간을 내려가면 노일초교 뒤 도로에 닿는다. 도로에서 노일리 마을회관까지는 3분 거리다.

여행 정보 Tourist Information

자가운전
팔봉산 홍천 방면 6번 국도를 타고 용문 통과 단월면에서 빠져나와 약 2.5km 항소교삼거리에서 직진⇨70번 지방도를 타고 서면 명성삼거리에서 좌회전⇨2km 점말삼거리에서 우회전⇨팔봉교 전 주차.
금학산 서울-양양 간 고속도로 춘천IC에서 빠져나와 동산면으로 진입한 후, 남쪽 3km 역전교에서 우회전⇨약 6km 원소리에서 좌회전⇨약 3km 북일교 삼거리에서 좌회전⇨3km 남노일리 마을회관 주차.

대중교통
팔봉산 춘천 후평동에서-학곡리경유-두미리행 1일 13회를 타고 팔봉산 하차.
금학산 홍천터미널에서 1일 3회(06:00 12:00 17:30) 노일리행 버스 이용, 종점 하차.

식당
팔봉산
팔봉산장(숙식)
홍천군 서면 한치골길 1033
033-434-0537-8
금학산
강변식당(일반식)
홍천군 북방면 노일로 310번길 5-34
033-435-3787

숙박
코아마루펜션
홍천군 북방면 노일로 38번길 7
033-435-1689
강변연가펜션
홍천군 북방면 노일로 38번길 12-21
033-434-2868

쇠뿔봉 558m

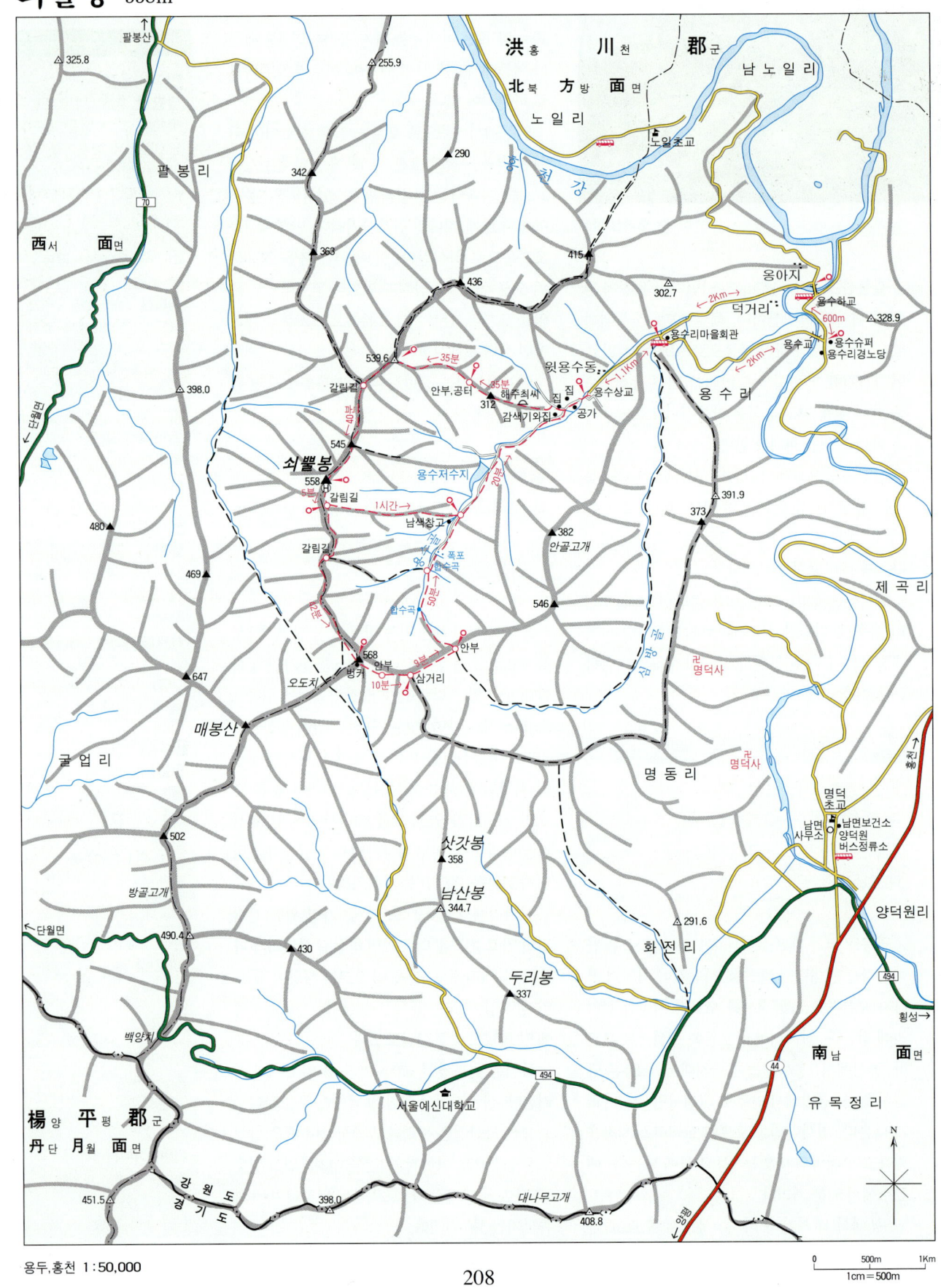

넓은 헬기장 쇠뿔봉 정상

쇠뿔봉 강원도 홍천군 남면, 서면

쇠뿔봉(558m)은 나지막한 산이나 깊은 산의 형태를 이루고 있고 깊고 긴 계곡이 흐르고 있다. 쇠뿔봉 주변에는 북쪽으로 팔봉산 금학산이다. 주변에 홍천강변 유원지가 있으므로 주말 산행지로 좋은 산이다. 대형차량의 접근이 어렵고 대중교통이 불편하므로 소형차량을 이용하는 산행만이 가능하다.

산행은 용수상교를 기점으로 서쪽 지능선을 따라 539.6봉을 경유하여 남릉을 타고 정상에 오른다. 하산은 남쪽 주능선을 따라 5분 거리에서 동쪽 지능선을 타고 합수곡 저수지를 경유하여 다시 용수상교로 하산한다.

종주 코스는 계속 남쪽 주능선을 타고 568봉을 지나서 10분 거리 삼거리에 이른 다음, 왼편 북동쪽 지능선을 타고 9분 거리 안부에서 서쪽 세능선을 타고 계곡으로 내려서 계곡을 따라 폭포를 경유하여 용수상교로 하산한다.

등산로 Mountain path

쇠뿔봉 총 4시간 15분(종주 코스 5시간) 소요
용수상교→70분→539.6봉→40분→
쇠뿔봉→5분→갈림길→60분→
합수곡→20분→용수상교

양덕원 남면사무소에서 홍천 방면 명덕초교 지나서 바로 좌회전-용수리 방면 도로를 따라 약 8km 거리에 이르면 오른쪽에 용수슈퍼, 왼쪽에 용수리경노당에서 좌회전-용수교를 건너 소형차로를 따라 약 2km 거리에 이르면 용수마을회관 삼거리다. 삼거리에서 좌회전-1km 거리 용수상교(龍水上橋)에 주차하고 여기서부터 산행이 시작된다.

용수상교에서 마을길로 50m 가면 갈림길이 나온다. 갈림길에서 오른쪽으로 100m 거리에 이르면 왼쪽으로 계곡을 건너는 농로가 있다. 이 농로를 따라 30m 가면 작은 밭이다. 밭 오른쪽 산으로 올라서 길이 없는 왼쪽 비탈로 60m 정도 치고 가면 왼쪽에서 올라오는 능선길을 만난다. 급경사로 이어지는 능선길을 따라 5분 정도 올라가면 해주최씨 묘가 있다. 묘에서 급경사 산길을 따라 8분을 오르면 첫 봉우리에 닿는다. 여기서부터 뚜렷하고 완만하게 이어지는 지능선길을 따라 17분을 가면 안부에 닿는다. 안부 주변은 수천 평 넓은 벌목지대이며 나무가 없는 다소 혼란한 지역이다. 여기서 서쪽 지능선을 유지하면서 2분 정도 가면 묵밭 끝 부분에 묘를 지나면서 다시 능선 숲길로 이어진다. 여기서부터 다시 급경사 길로 이어져 35분을 오르면 539.6봉 공터에 닿는다.

539.6봉에서 왼편 서남쪽으로 이어지는 능선길을 따라 15분 거리에 이르면 548봉을 지나서 오른쪽으로 갈림길이 나온다. 갈림길에서 왼편 남쪽 주능선으로 간다. 왼쪽 주능선을 따라 12분을 가면 왼쪽으로 갈림길이 나온다. 갈림길에서 직진하여 13분 거리에 이르면 헬기장인 쇠뿔봉 정상이다.

정상에 서면 사방이 막힘이 없다. 서쪽은 매봉산 북쪽은 팔봉산 금학산이 가까이 보이고 동쪽은 매화산 오음산 멀리 시야에 들어온다. 동쪽 용수리 농가 마을 일대가 내려다보인다.

정상에서 하산은 남쪽으로 이어지는 주능선을 탄다. 남쪽 주능선을 따라 5분 거리에 이르면 작은 봉우리에 왼쪽으로 갈림길이 나온다. 이 갈림길에서 왼쪽 지능선으로 내려간다. 정 동쪽으로 뻗은 지능선길을 따라 내려가면 하산길은 다소 희미하지만 능선을 벗어나지 말고 끝까지 지능선만을 따라 1시간을 내려가면 지능선이 끝나면서 창고가 있는 합수곡 삼거리에 닿는다. 여기서부터 왼쪽 농로를 따라 20분 더 내려가면 용수상교에 닿는다.

여행 정보 Tourist Information

자가운전
홍천 방면 6번·44번 국도를 이어 타고, 남면(양덕원)으로 진입한 다음, 명덕초교 지나 바로 좌회전⇒용수리, 남노일리 방면으로 약 8km 가다가 용수리 경로당에서 좌회전⇒약 2km 거리 용수리 마을회관에서 좌회전⇒1.1km 거리 용수상교 주차.

대중교통
동서울터미널에서 홍천 방면 버스 이용, 양덕원 하차.
양덕원에서 1일 4회(6:55 9:05 15:55 18:00) 운행하는 용수, 남노일리 방면 버스를 타고 용수리마을회관 하차(마을회관에서 용수상교까지는 1.1km).
양덕원 콜택시
033-432-3377

식당
중앙정육점 생고기1번지
홍천군 남면 양덕원리
033-432-8166

밥도둑생선구이
홍천군 남면 시동로 10
033-432-8952

예원식당(일반식)
홍천군 남면 양덕원2길 10
033-432-4084

월천뚝배기(일반식)
홍천군 남면 설악로 550-13
033-432-8820

숙박
우등장모텔
홍천군 남면 명덕길 4
033-432-0457

양덕원장날 5일 10일

금물산(今勿山) 770m

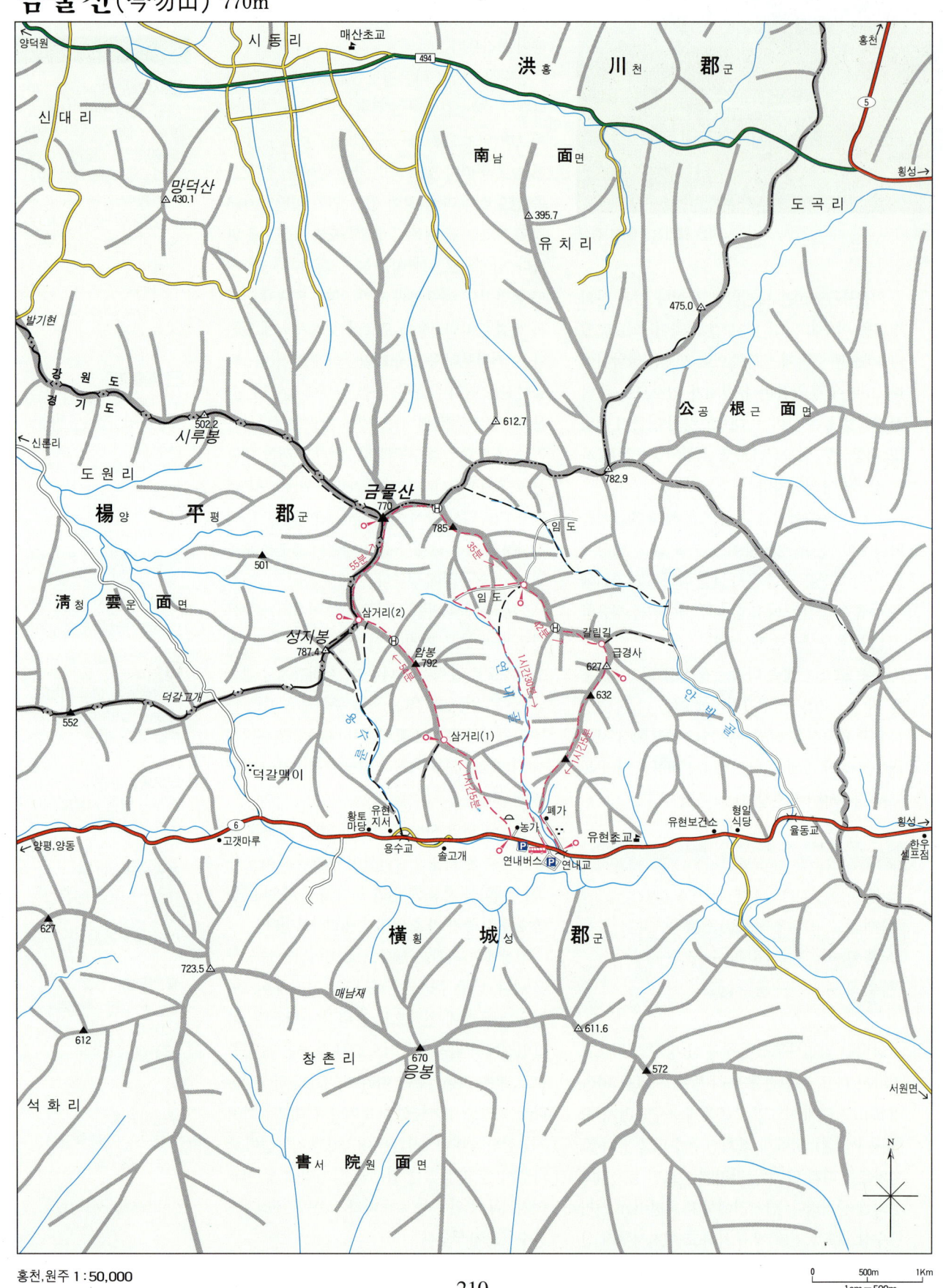

금물산

강원도 횡성군, 홍천군 · 경기 양평군

금물산(今勿山. 770m)은 전체적인 산세는 육산이나 주능선에 바위가 있는 편이다. 연내골 왼쪽 능선은 바위길이 있으나 험하지 않고 소나무가 많으며 정상부근에는 큰 나무가 없고 작은 나무들로 구성되어 있다. 정상 남쪽으로 흐르는 연내골은 물이 많고 깨끗하며 연내골을 중심으로 동서 양 능선으로 등산로가 이루어져 있다.

산행은 유현교에서 정상을 바라보고 연내골 왼쪽 능선을 타고 성지봉삼거리에 오른 후, 오른쪽 능선을 따라 금물산 정상에 오른다. 하산은 동릉을 타고 임도에서 하산길이 갈라진다. 쉬운 코스는 연내골로 이어져 1시간을 내려가면 유현교에 닿는다.

장거리 코스는 임도에서 계속 동남쪽으로 이어지는 주능선을 타고 627봉 삼거리에 오른 다음, 오른편 서쪽 지능선을 타고 유현교로 원점회귀 산행이다.

등산로 Mountain path

금물산 총 6시간 16분 소요
연내교→65분→1삼거리→54분→성지봉삼거리→55분→금물산→35분→임도→42분→627봉→65분→연내교

유현3리 연내교에서 서쪽 도로를 따라 100m 거리에 이르면 왼쪽에 주차공간이 있고 오른쪽 산 밑에 외딴 기와집이 한 채 있다. 도로에서 외딴 집 쪽으로 20m 가다가 왼쪽 밭 갓길로 올라서면 바로 산길로 접어들어 50m 정도 올라가면 돌담이 있고 오른쪽은 공사장이다. 여기서 돌담 왼쪽으로 가서 지능선으로 산길이 있다. 이 지능선 산길을 따라 가면 묘를 지나면서 20분을 오르면 양쪽으로 희미한 산길이 있고, 직진급경사 능선길로 이어져 40분을 오르면 능선 1삼거리에 닿는다.

삼거리에서 북쪽으로 이어진 주능선을 따라 17분을 가면 큰 바위가 나온다. 첫 번째 큰 바위를 지나가면 헬기장이 나온다. 헬기장에서 18분을 가면 왼쪽에서 오르는 갈림길을 만나며, 직진해서 위에서는 왼쪽으로 우회하고, 다음 바위에서는 오른쪽으로 우회한다. 바위를 지나서 15분을 급경사 길로 4분을 더 오르면 성지봉삼거리에 닿는다.

삼거리에서 오른쪽으로 3분 내려가면 평범한 길로 이어진다. 능선길은 왼쪽 편으로 휘어지면서 주능선으로 등산로가 이어져 13분을 올라가면 안부 갈림길이 나온다. 안부갈림길에서도 주능선 길을 따라 작은 봉우리를 넘으면 39분을 오르면 통신 안테나를 지나서 바로 금물산 정상이다. 정상은 삼거리이며 협소하고 별 특징이 없다.

하산은 오른쪽 동쪽 능선을 탄다. 동릉을 따라 15분을 가면 안부를 지나서 780봉 헬기장에 닿고, 20분을 더 내려가면 임도가 나온다. 임도에서는 하산길이 두 갈래로 갈린다. 오른쪽 길은 임도로 이어져 30분 거리에 이르면 계곡에 닿고, 계곡에서부터 연내골로 이어지는 임도를 따라 1시간을 내려가면 연내교 버스정류장에 닿는다.

능선 코스는 임도에서 동남쪽 능선으로 접어들어 20분을 가면 헬기장이다. 헬기장에서 11분을 더 가면 안부 삼거리가 나온다. 이 삼거리에서 왼쪽은 압박골로 하산길이다.

삼거리에서 남동쪽 주능선을 따라 가면 급경사로 이어져 11분을 올라가면 627봉에 닿는다.

여기서는 두 능선으로 갈라지는데 오른쪽 서남 방면 능선을 따라 내려간다. 오른쪽 능선길을 따라 14분을 내려가면 갈림길이 나오는데 오른쪽으로 간다. 다시 10분 거리에 이르면 갈림 능선이 나오는데 또 오른쪽으로 간다. 오른쪽 능선을 따라 20분을 더 내려가면 또 갈림 능선이 나온다. 여기서도 오른쪽으로 간다. 오른쪽으로 내려가면 잣나무 숲이 나오면서 하산길이 있으나 희미해진다. 여기서는 외딴집과 연내교 오른쪽을 바라보면서 길이 없는 급경사를 치고 내려가면 10분 이내에 외딴 집에 닿고, 외딴집 오른쪽으로 나오면 계곡 길로 이어져 연내교로 이어진다.

여행 정보 Tourist Information

자가운전
수도권에서 양평, 홍천 방면 6번 국도를 타고 용두리휴게소 지나서 700m 거리 횡성 방면으로 우회전⇒6번 국도를 따라 군 경계를 지나 삼거리에서 좌회전⇒유현지서 지나서 연내교 공터 주차.

대중교통
동서울터미널에 유현리 경유 횡성행 버스 이용, 유현지서 지나 연내골(교) 하차.
또는 용두리에서 횡성행 버스 이용. 유현지서 지나 연내골(교) 하차.
용두리택시
031-771-8258

식당
형일식당(일반식)
횡성군 서원면 경강로 803
033-342-3707

동가래한우셀프점
횡성군 공근면 경강로 1026
033-345-8841

황토마당(일반식)
횡성군 서원면 경강로 463
033-344-0100

소잡는날(한우)
횡성군 서원면 서원서로 854
033-344-2701

용두장날 2일 7일

매화산(梅花山) 751.9m   까끈봉 641.5m

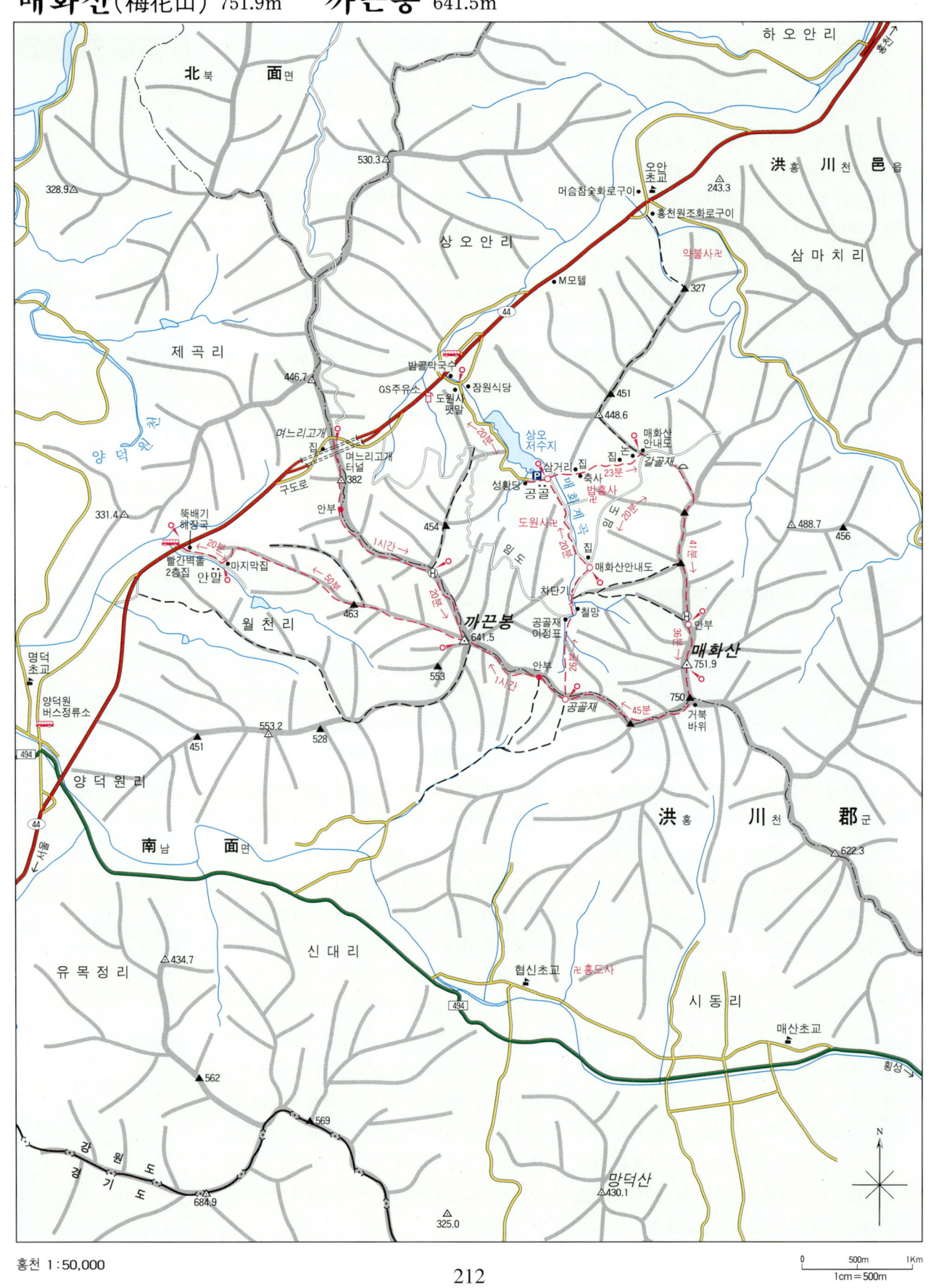

매화산 · 까끈봉 강원도 홍천군 홍천읍, 남면

매화산(梅花山, 751.9m)과 **까끈봉**(641.5m)은 양평에서 홍천으로 가는 44번 국도 양덕원을 지나 며느리고개에서 오른편으로 이어진 능선에 첫 봉이 까끈봉이고, 이어서 공골재를 지나서 우뚝 솟은 산이 매화산이다. 공골재를 사이에 두고 서쪽은 까끈봉 동쪽은 매화산이다.

등산로 Mountain path

매화산 총 4시간 11분 소요
마을삼거리→23분→갈골재→41분→헬기장→36분→매화산→45분→공골재→46분→마을삼거리

상오안리 장원식당에서 남쪽 2차선 도로를 따라 1km 들어가면 2차선 도로 끝 공골마을 삼거리 소형차로가 나온다.

삼거리에서 왼쪽 길을 따라 5분을 가면 마을 끝집이며 소형차로가 농로로 바뀐다. 계속 이어지는 농로를 따라 8분을 가면 외딴집 마당을 통과한다. 여기서부터는 산판길을 따라 5분을 가면 갈림길이 나온다. 갈림길에서 왼쪽으로 논을 끼고 5분을 가면 갈골재에 닿는다.

갈골재는 넓은 공원처럼 혼란스럽다. 또한 북쪽 지능선 일대를 벌목을 하여 길이 없어져 있다. 하지만 지능선에서부터는 길이 있다.

갈골 임도삼거리에서 왼쪽으로 20m 가서 오른편 지능선을 따라 30m 거리에서 왼쪽 능선 안부를 바라보고 70m 정도 오르면 묘가 있는 지능선에 닿는다. 임도에서 5분 거리다. 묘에서부터는 동북쪽으로 이어지는 능선을 따라 오르면 능선길은 점점 뚜렷해지면서 16분을 오르면 첫 봉우리에 닿는다. 첫 봉우리에서 능선길을 따라 13분을 가면 오른쪽으로 갈림길이다. 갈림길에서 계속 주능선 길을 따라 7분을 가면 헬기장이 있고 오른쪽으로 갈림길이다.

계속 직진 주능선을 타고 10분 정도 가면 바윗길이 시작된다. 다시 10분 정도 지나면 급경사로 이어져 16분을 더 오르면 삼각점이 있고 헬기장 매화산 정상이다.

하산은 남쪽능선으로 10분 거리에 이르면 남봉에 닿는다. 남봉에서 하산은 서쪽능선을 따라 22분을 내려가면 공터가 있는 봉 오른편 비탈길로 이어지며 13분을 내려가면 사거리 공골재에 닿는다.

공골재에서 북쪽으로 6분 내려서면 물이 있는 계곡에 닿고 계곡길을 따라 15분을 내려가면 임도가 나온다. 여기서 오른쪽 임도를 따라 25분을 내려가면 마을삼거리에 닿는다.

까끈봉 총 3시간 30분 소요
(구)며느리고개→60분→삼거리→20분→까끈봉→50분→농가→20분→안말 입구

까끈봉은 양덕원에서 홍천 방면으로 2km 가량 가면 오른쪽 안말 입구가 나오고, 700m 더 가면 오른쪽으로 며느리고개 (구)도로가 나온다. (구)도로를 따라 약 300m 가면 매화산 보장사를 지나서 며느리고개가 나온다. 며느리고개에서 남쪽 절개지를 오르면 능선으로 이어져 까끈봉으로 오르는 등산로가 뚜렷하다. 이 능선길을 따라 22분 오르면 382봉을 지나서 안부에 닿고, 주능선길을 따라 38분을 오르면 왼편에서 올라오는 삼거리 나온다.

삼거리에서 계속 주능선을 따라 가면 50m 거리에 헬기장을 지나서 20분 거리에 이르면 까끈봉 정상이다.

정상은 삼각점이 있고 잡목에 에워싸여 조망은 좋지 않다.

하산은 정 서쪽 안말 쪽으로 난 지능선을 타고 간다. 정 서쪽 능선길을 따라 40m 내려가면 삼거리가 나온다. 이 삼거리에서 오른쪽 능선길을 따라 30분 내려가면 갈림능선이 나온다. 갈림 능선에서 왼편 직선능선을 따라 20분을 내려가면 산길이 끝나면서 밭과 농가가 나온다.

농가에서 20분을 내려가면 안말 입구 도로에 닿는다.

여행 정보 Tourist Information

자가운전
홍천 방면 6번·44번 국도를 이어 타고 **까끈봉**은 양덕원 통과 약 3km에서 (구)도로로 우회전⇒(구)며느리고개 주차.
매화산은 홍천 쪽 며느리터널 통과 700m에서 (구)도로로 우회전⇒100m 도원사 표석에서 우회전⇒1km 2차선 도로 끝 삼거리 공터 주차.

대중교통
동서울터미널에서 홍천행 버스 이용, 양덕원 하차 후, 양덕원에서 홍천행 시내버스 이용, **까끈봉**은 안말 입구 하차.
매화산은 며느리터널 통과 상오안리 장원막국수집 앞 하차.

식당
장원막국수
홍천읍 상오안길 62
033-435-5855

밤골막국수
홍천읍 상오안길 215-1
033-435-0075

홍천원조화로구이
홍천읍 양지말길 17-8
033-435-8613

머슴참숯구이
홍천읍 오안로 3-10
033-435-1378

숙박
M모텔
홍천읍 설악로 970
033-434-9925

양덕원장날 5일 10일

공작산(孔雀山) 887.4m 오봉산(五峰山) 586.6m

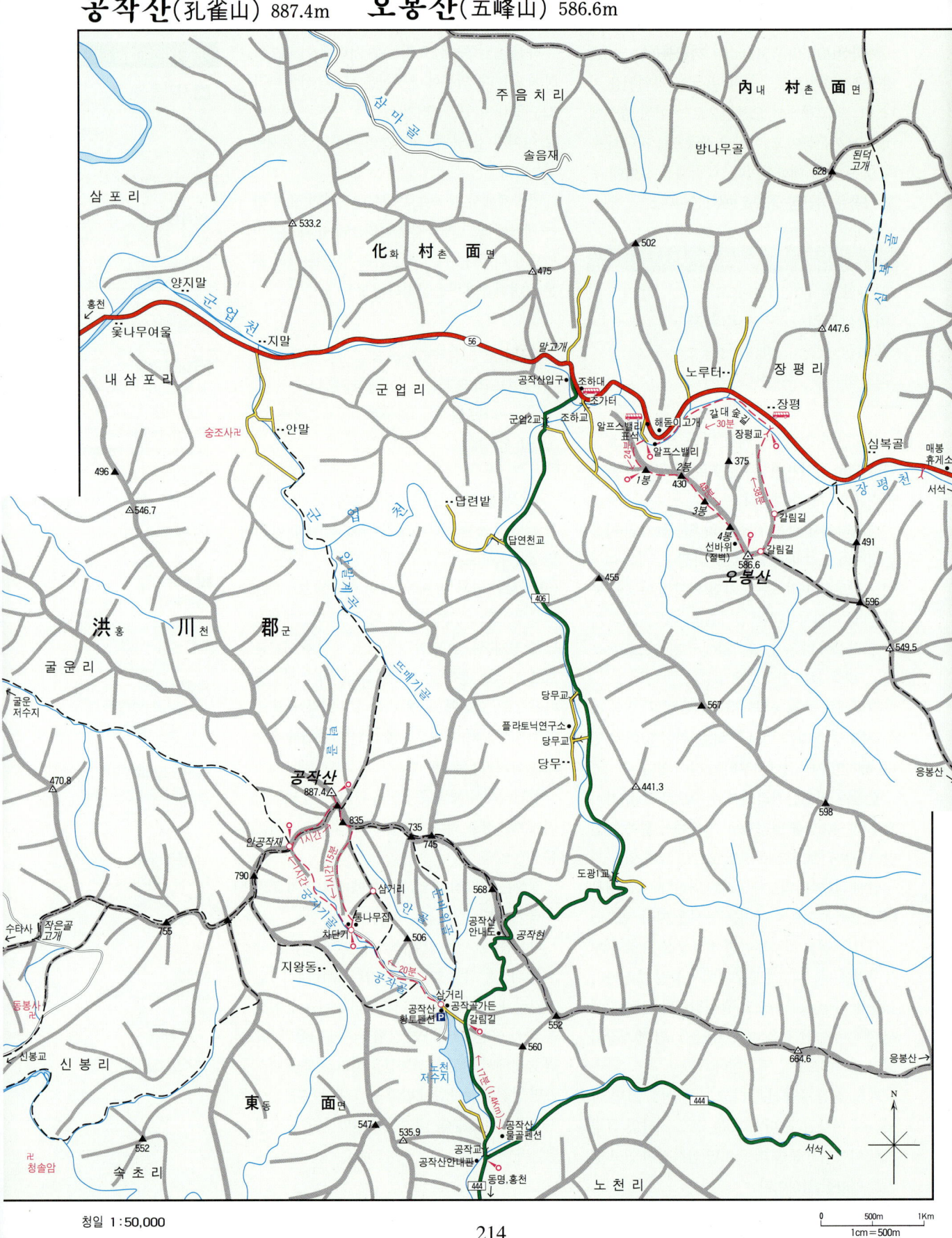

새싹이 시작하는 초봄 공작산 하산길

공작산 · 오봉산 강원도 홍천군 동면, 화촌면

공작산(孔雀山. 887.4m)은 남쪽에서 바라보면 공작이 꼬리를 편 형세라 하여 공작산이라 이름이 지어졌다고 한다. 홍천군 군립공원으로 지정되었으며 남쪽 면은 휴양림이다. 정상부근 주능선은 바위 지대이고 기타 지역은 대부분 육산이며 소나무가 많은 산이다.

오봉산(五峰山. 586.6m)은 동홍천 신내사거리에서 서석으로 가는 56번 국도 10km 지점 해돋이고개 남쪽에 뾰쪽하게 생긴 산이다. 다섯 개의 봉우리로 이루어져 있어 오봉산이라 부르며 아기자기한 산세에 소나무가 많은 산이다. 험로가 없고 3시간 정도의 산행으로 가족 산행지로 매우 적합한 산이다.

등산로 Mountain path

공작산 총 4시간 55분 소요
공작골 삼거리→20분→차단기→60분→안공작재→60분→공작산→75분→차단기→20분→공작골 삼거리

공작골 주차장 삼거리에서 오른쪽으로 100m 가면 삼거리다. 삼거리에서 왼쪽으로 20분을 들어가면 차단기 삼거리가 나온다.

삼거리에서 왼쪽으로 80m 거리 갈림길에서 오른쪽으로 조금 가면 마지막 산막 갈림길이 나온다. 여기서 왼쪽 계곡길을 따라 가면 계곡을 건너선 지점에 삼거리가 또 나온다. 삼거리에서 오른쪽으로 가면 언덕길로 이어지면서 45분을 오르면 안공작재 삼거리에 닿는다.

안공작재에서 오른쪽 주능선을 따라 가면 바윗길이 연속 이어지면서 48분을 오르면 삼거리가 나온다. 삼거리에서 왼쪽으로 12분을 가면 봉을 하나 지나 두 번째 협소한 봉이 정상이다.

삼면이 절벽인 정상에서 바라보면 사방이 막힘이 없다. 하산은 남쪽 12분 거리 올라왔던 삼거리로 다시 내려온 다음, 왼쪽 동릉을 따라 3분 거리에 이르면 835봉 삼거리가 또 나온다. 이 삼거리에서 오른편 남쪽 능선으로 간다. 동남쪽으로 길게 뻗어 내려간 지능선을 따라 내려가면 소나무가 많고, 주변이 매우 향기로우며 완만하게 이어지면서 1시간을 내려가면 묵밭을 지나 차단기 삼거리에 닿고, 20분을 더 내려가면 등산 기점 공작골 주차장이다.

오봉산 총 3시간 20분 소요
알프스밸리→24분→1봉→48분→오봉산→38분→장평교→30분→알프스밸리

알프스밸리 주차장에서 남쪽 계곡으로 가면 돌다리가 있다. 돌다리를 건너 등산로를 따라 12분을 오르면 주능선에 닿고 주능선을 따라 12분을 오르면 제1봉에 선다.

1봉에서 동쪽으로 이어지는 주능선을 따라 7분을 오르면 입석이 있고 전망이 좋은 2봉이다. 북쪽 면은 절벽으로 주의를 해야 한다. 다시 주능선을 타고 9분을 오르면 제3봉 쉼터이다. 삼봉을 지나 13분 거리에 이르면 참호가 있는 4봉이다. 4봉에서 7분을 가면 선바위가 있는 바윗길이 나온다. 남쪽 면은 절벽지대이므로 주의를 해야 한다. 바윗길을 통과하여 12분을 더 오르면 삼각점이 있는 오봉산 정상이다.

하산은 북쪽 능선을 따라 5분을 내려가면 오른쪽으로 희미한 갈림길이 있고, 계속 직진하여 7분을 내려가면 오른편으로 희미한 갈림길이 또 나온다. 갈림길에서 뚜렷한 왼쪽길을 따라 26분을 내려가면 장평교에 닿고 3분 거리에 홍천 서석 방면 시내버스 정류장이다.

*장평교에서 서쪽 장평천 오른쪽으로 난 갈대숲길 따라 30분을 가면 알프스밸리에 닿는다.

여행 정보 Tourist Information

🚗 자가운전

공작산 홍천 방면 6번 44번 국도를 이어타고 홍천 외곽도로에서 동면 방면 444번 지방도로 우회전⇒동면소재지를 통과 8km 노천리 삼거리에서 좌회전⇒1.5km 삼거리에서 좌회전⇒1.5km 공작골 삼거리 주차.

오봉산 서울-양양고속도로 동홍천IC에서 빠져나와 우회전⇒10km 화촌면사무소에서 우회전⇒10km 56번 국도에서 좌회전⇒약 12km 알프스밸리 주차.

🚌 대중교통

공작산 홍천터미널에서 노천리행 버스 (1일 6회)를 타고 공작교 삼거리 하차.

오봉산 홍천터미널에서 서석 방면 군내버스를 타고 알프스밸리 하차.

🍴 식당

공작산송어횟집
홍천군 동면 노내골길 7
033-433-3968

장평막국수
홍천군 화촌면 구룡령로 1295
033-433-0544

🏠 숙박

알프스밸리(식당, 펜션)
홍천군 화촌면 구룡령로 1016-29
033-433-2332

홍천장날 1일 6일

만대산(萬垈山) 633.1m   묵방산(墨坊山) 611m

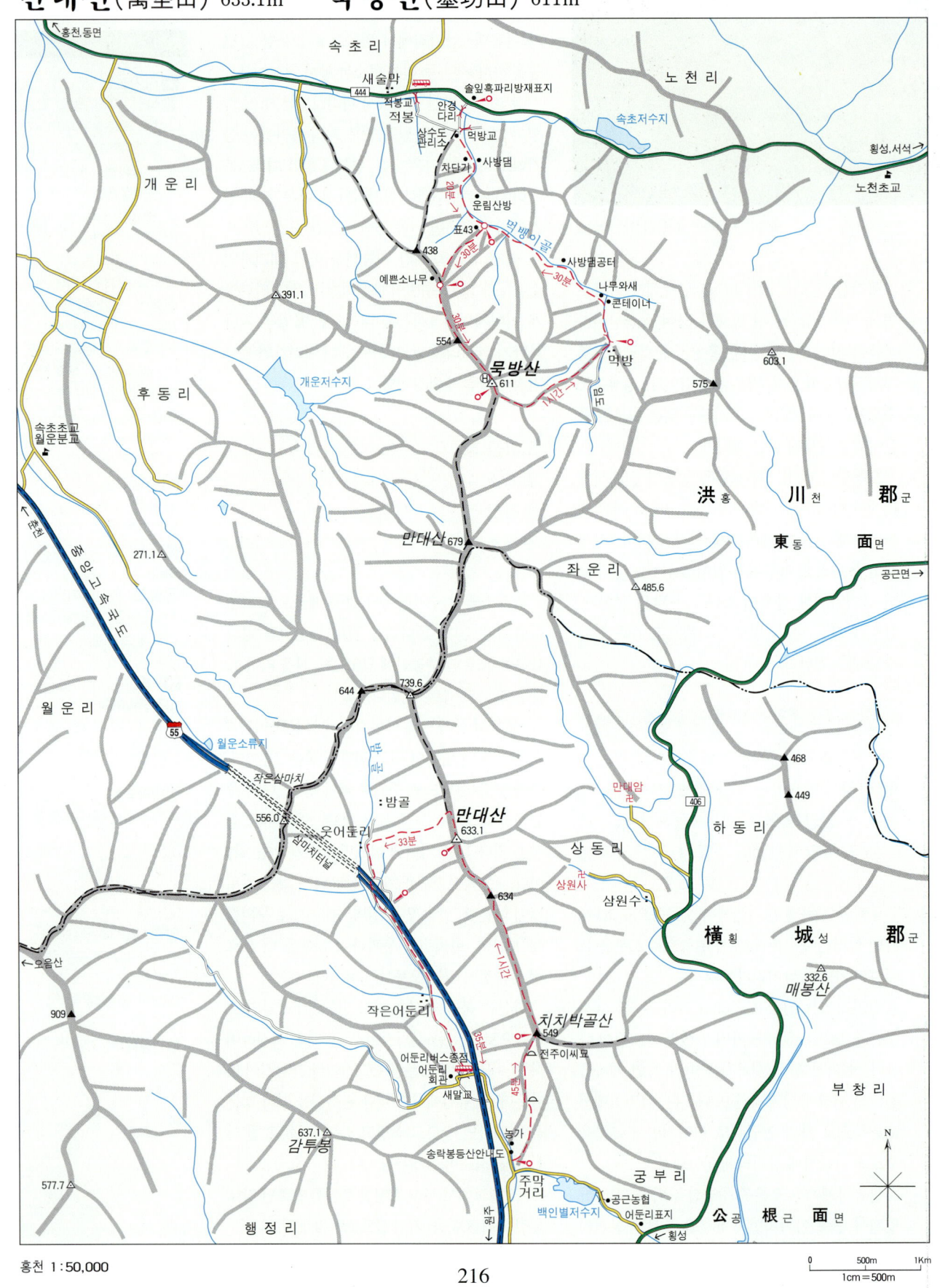

어둔리에서 바라본 만대산 전경

만대산 · 묵방산
강원도 횡성군 공근면, 홍천군 동면

만대산(萬垈山. 633.1m)은 공근면 어둔리 중앙고속도로를 사이에 두고 서쪽은 오음산 동쪽은 만대산이다. 완만한 산세에 산행시간이 짧아 가족 산행지로 좋은 산이다.

묵방산(墨坊山. 611m)은 만대산에서 북쪽능선으로 이어져 약 5km 지점에 위치한 산이다.

등산로 Mountain path

만대산 총 3시간 53분 소요
주막거리→45분→치치박골산→60분→만대산→33분→도로→35분→주막거리

어둔리 주막거리 삼거리에서 북쪽으로 50m 거리 오른쪽으로 송학봉등산로안내판이 있다. 등산안내판이 있는 농로를 따라 가면 다리를 건너 바로 갈림길이 나온다. 갈림길에서 직진하여 100m 가면 갈림길이 나오는데 왼쪽 계곡길로 간다. 왼쪽 계곡길을 따라 10분을 가면 오른쪽에 묘가 있는 지점에서 왼쪽으로 올라서면 바로 능선이 나온다. 여기서 오른쪽 능선길을 따라 22분을 오르면 주능선 전주이씨 묘가 나오고 5분을 더 오르면 치치박골산이다.

치치박골산에서 무난한 북릉을 따라 1시간을 가면 만대산 정상이다.

하산은 북쪽 능선을 따라 8분을 내려가면 안부삼거리가 나온다. 삼거리에서 왼쪽으로 내려간다. 왼편으로 급경사 지역을 내려서면 계곡길로 이어져 25분을 내려가면 농가를 지나 중앙고속도로 밑을 통과하여 도로에 닿는다. 도로에서 왼쪽 도로를 따라 35분을 내려가면 새말교를 지나서 왼쪽으로 내려가면 주막거리이다.

묵방산 총 4시간 10분 소요
차도→20분→갈림길→30분→주능선→30분→묵방산→60분→임도→50분→차도

동면소재지에서 동쪽으로 444번 지방도로를 따라 2.5km 거리에 이르면 신봉리 삼거리다. 삼거리에서 우회전 600m 더 가면 왼쪽 산기슭에 솔잎혹파리방제 표시가 있고 오른쪽으로 농로가 있다. 여기서 오른쪽 농로를 따라 계류를 건너 왼쪽으로 200m 가면 사거리 왼쪽에 먹방교가 있고 바로 오른쪽에 동면정수장이다. 여기서부터 먹방이골을 따라 계속 임도로 이어진다. 이 사거리에서 임도를 따라가면 200m 거리에 차단기가 있다. 차단기를 통과하여 임도를 따라 400m 지점에 이르면 왼편 계곡 건너에 운림산방(雲林山房)이 있고, 오른쪽에 작은 말뚝(43표시)이 있으며 말뚝 오른쪽 작은 계곡으로 산길이 있다. 이 산길을 따라 50m 가서 계곡을 건너 계곡 오른쪽으로 14분을 가면 오른쪽 능선으로 산길이 이어진다. 능선길을 따라 16분을 오르면 주능선에 닿는다.

주능선에서는 왼쪽 주능선 길을 따라 30분을 오르면 묵방산 정상이다. 정상은 삼각점이 있고 20평정도 공터이다.

하산은 남쪽 주능선으로 100m 거리에 이르면 삼거리가 나온다. 삼거리에서 직진 남쪽 산길은 뚜렷하고 왼편 동쪽 길은 희미하다. 여기서 왼쪽 희미한 동쪽 길로 간다.

왼쪽 능선을 따라 내려가면 10분 거리에 갈림 능선이 나온다. 여기서 오른쪽으로 15분을 내려가면 묘가 나온다. 묘에서 계속 능선을 따라 14분을 내려가면 갈림능선이 나온다. 여기서는 왼쪽 능선으로 간다. 왼쪽 능선만을 따라 6분을 가면 묘 2기가 나오고 13분을 더 내려가면 임도 다리가 나온다. 여기서 왼쪽 임도를 따라 왼쪽으로 300m 거리에 이르면 나무와새 농원이 있고, 임도 따라 20분을 내려가면 갈림길에 닿으며 20분을 더 내려가면 444번 지방도에 닿는다.

여행 정보 Tourist Information

🚗 자가운전
만대산 횡성 방면 6번 국도를 타고 횡성읍 신촌리 삼거리에서 5번 국도로 좌회전⇨공근면에서 406번 지방도로 우회전⇨2km 청곡삼거리에서 좌회전⇨1.5km 공명분교에서 우회전⇨2km 어둔리 주막거리 주차.

묵방산 홍천 방면 6번, 44번 국도 이용, 홍천 우회도로에서 동면 방면 444번 지방도로 우회전⇨동면을 통과하여 3km 신봉리 삼거리에서 직진⇨500m 거리에서 농로 우회전⇨동면정수장 주차.

🚌 대중교통
만대산 동서울터미널에서 횡성행 버스 이용, 횡성에서 어둔리(05:58 10:07 14:40 17:39) 1일4회 이용, 주막거리 하차.

묵방산 동서울터미널에서 홍천행 버스 이용, 홍천버스터미널에서 동면행 버스 이용, 신봉리(새술막) 삼거리 하차.

🍴 식당
만대산
용천식당(일반식)
횡성군 공근면 학담1리 869
033-344-0289

쌍둥이네미꾸라지탕
공근면 공근남로 37
033-342-8996

묵방산
동부식당(일반식)
홍천군 동면 속초리
033-436-1836

🏠 숙박
공작산물골펜션
동면 노천리 2000
033-433-6683

오음산(五音山) 929.6m   봉화산(烽火山) 691.6m

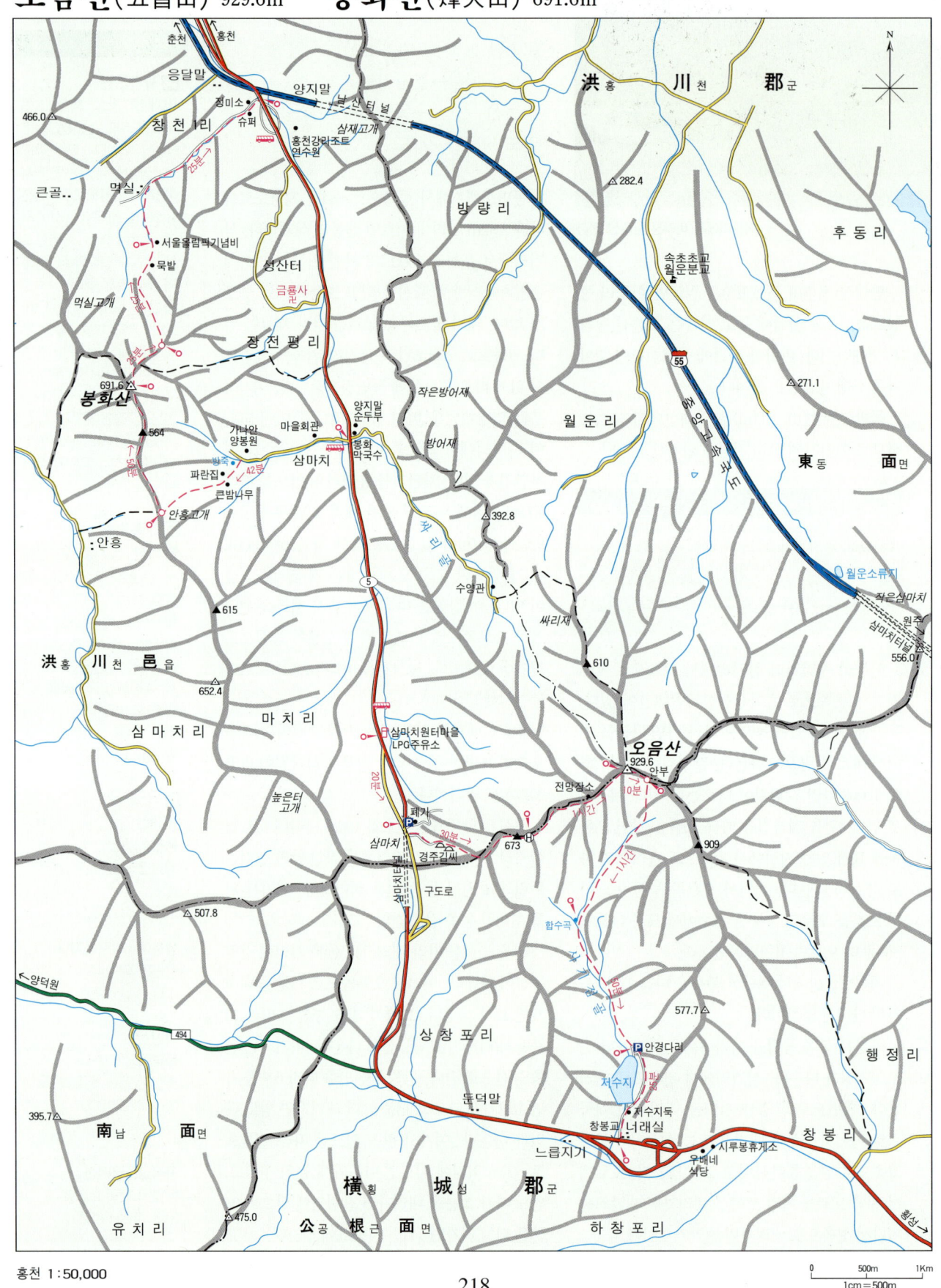

오음산 · 봉화산
강원도 홍천군 동면, 홍천읍, 횡성군

공근면에서 바라본 오음산

오음산(五音山. 929.6m)은 홍천읍에서 원주 방면으로 5번 국도를 따라 약 10km 거리의 삼마치고개에서 동쪽 능선 상에 가장 높이 솟은 산이 오음산이다.

봉화산(烽火山. 691.6m)은 홍천읍 삼마치 서쪽에 위치한 산이다.

등산로 Mountain path

오음산 총 5시간 5분 소요
삼마치→30분→헬기장→60분→오음산→70분→합수곡→85분→창봉고가

원터마을 입구의 LPG주유소 옆 버스정류장에서, 오른쪽 국도 밑 지하도를 U턴 통과하여 다시 왼쪽 5번 국도로 진입한 뒤, 터널 방면으로 70m 가서 오른쪽 (구)도로를 따라 약 1.km 거리 20분을 가면 삼마치고개에 닿는다.

삼마치고개 왼쪽 오음산등산안내판이 있는 등산로를 따라 50m 오르면 (구)도로 흔적이 있는 길로 이어져 6분을 올라가면 손목안내표시 삼거리가 나온다. 삼거리에서 왼쪽으로 가면 바로 갈림길이 또 나온다. 갈림길에서 왼쪽 지능선으로 오르면 무명 묘 경주이씨 묘 김해김씨 묘가 연속 있고 12분을 오르면 삼거리 능선이다.

삼거리에서 왼쪽 능선길을 따라 13분을 오르면 헬기장이다. 헬기장에서 20분을 오르면 안부에 닿고, 안부에서 계속 이어지는 급경사 밧줄지역을 오르면 지능선에 닿으며, 헬기장에서 25분 거리 고사목 전망장소에 닿는다. 여기서 15분을 더 오르면 오음산 정상이다.

하산은 남쪽 사기전골 창봉리를 향해 동쪽으로 10분 내려가면 안부사거리가 나오고, 사거리에서 오른편으로 내려서면 건 계곡으로 가다가 왼쪽 비탈길 지능선을 넘어 다음 계곡으로 하산길이 이어지며 물이 있는 계곡에 닿는다.

안부에서 1시간 거리다. 계곡길을 따라 내려가면 계곡에 수몰되어 길이 없어지는 지역이 있으나 잘 살피면 길이 이어지고, 계곡을 벗어나지 말고 따라 내려가면 큰 어려움 없이 하산할 수 있다. 이후 약 50분을 내려가면 안경다리가 있는 차도에 닿는다. 현재 저수지공사로 계곡길로 갈 수 있지만 물이 차면 왼쪽 소형차로를 따라가게 되며, 25분을 내려가면 창봉고가를 지나서 (구)도로에 닿는다.

봉화산 총 3시간 47분 소요
삼마치→42분→안흥고개→50분→봉화산→25분→삼거리→50분→장천1리

삼마치1리(큰말) 버스정류장에서 서쪽으로 난 마을길을 따라 가면 마을회관이 나오고 16분을 더 가면 가나양봉원이다. 양봉원 뒤 삼거리에서 왼쪽으로 소형차로를 따라 6분을 가면 방죽이 있는 파란집이다. 마지막 집인 여기서부터 산길이 시작된다. 집 왼쪽 큰 밤나무 옆으로 올라가 50m 가면 세 갈래길이 나온다. 여기서 가운데 길을 따라 20분을 오르면 안흥고개에 닿는다.

안흥고개에서는 오른편 완만한 북쪽 능선을 따라 30분을 가면 갈림길 안부에 닿고 직진하여 급경사를 20분을 더 오르면 봉화산 정상이다.

하산은 동쪽으로 난 급경사 길로 5분 내려서면 안부를 지나 북봉 삼거리다. 이 삼거리에서 오른쪽으로 25분을 내려가면 이정표삼거리가 또 나오고, 이 삼거리에서 왼쪽으로 내려가면 25분 거리에 묵밭을 지나서 서울올림픽기념비가 있는 민가가 나온다. 여기서부터는 소형차로를 따라 25분을 내려가면 정미소 장전1리 버스정류장에 닿는다.

여행 정보 Tourist Information

🚗 자가운전
봉화산은 홍천 방면 6번-44번 국도를 이어 타고, 홍천 입구 삼거리에서 횡성 방면 5번 (구)국도 우회전⇨약 10km 삼마치1리 양지말순두부집 주차장 주차.
오음산은 삼마치1리에서 횡성 쪽 2km 터널 500m 전에 오른쪽 (구)도로로 우회전⇨1.km 삼마치고개 주차.

🚌 대중교통
동서울터미널에서 홍천행 버스 이용, 홍천버스터미널에서 원터(삼마치)행 시내버스 1시간 간격 이용, **오음산**은 원터 LPG주유소 앞 하차. **봉화산**은 삼마치1리 하차.

🍴 식당
머슴참숯구이
홍천읍 오안로 3-10
033-435-1378

홍천잡목반직영식당(한우)
홍천읍 연봉로 36
033-432-6622

양지두부촌
홍천읍 옥류동길 169
033-434-6585

🏠 숙박
M모텔
홍천읍 설악로 970
033-434-9925

양덕원장날 5일 10일

수리봉 959.6m　　발교산(髮校山) 995.2m　　병무산(兵務山) 920m

잡목이 무성한 발교산 정상

수리봉 · 발교산 · 병무산
강원도 횡성군, 홍천군

발교산-병무산 총 7시간 58분 소요
절골 입구→80분→삼거리→50분→
발교산→56분→망고개→50분→
병무산→55분→쌍묘→34분→
곡석치→76분→주막거리

수리봉(959.6m) · **발교산**(髮校山, 995.2m) · **병무산**(兵務山, 920m)은 전체적인 산세는 육산이나 주능선을 중심으로 급경사 바윗길이 종종 나타는 산이다. 대중교통과 대형버스는 춘당초교까지만 들어갈 수 있고 소형차는 안구접이까지 들어갈 수 있다.

산행은 각각 오를 수도 있고 2개산 또는 3개산으로 나누어 하는 산행이 바람직하다.

수리봉은 별개 산행을 하고 발교산과 병무산은 동시 산행으로 소개한다.

등산로 Mountain path

수리봉 총 4시간 7분 소요
버스종점→72분→안부→30분→수리봉
→25분→여우재→60분→버스종점

안구접이 버스종점에서 북쪽으로 마을길은 따라 7분을 가면 다리를 건너 삼거리다. 삼거리에서 오른쪽으로 5분을 가면 마지막 농가가 있다. 여기서 북쪽 이김이골로 이어진 등산로를 따라 1시간을 오르면 안부에 닿는다.

안부에서 오른쪽으로 15분을 가면 공터에 닿고 15분을 더 오르면 삼각점 수리봉 정상이다.

하산은 남릉을 따라 18분을 가면 갈림 능선이 나온다. 여기서 왼편 동남쪽으로 7분을 더 내려가면 여우재 삼거리다.

여우재에서 오른편 남쪽 지능선을 따라 40분을 내려가면 계곡 갈림길에 닿고 오른쪽으로 20분을 더 내려가면 버스종점이다.

안구접이 버스종점 1km 전 절골 입구 다리에서 서쪽 소형차로를 따라 100m 가면 갈림길이다. 갈림길에서 오른쪽으로 21분을 가면 삼거리를 지나서 융푸라원펜션이 있다. 펜션에서 계곡길을 따라 17분을 가면 갈림길이 나오는데 오른쪽 능선 비탈길로 간다. 비탈길로 15분을 가면 봉명폭포가 나오고 25분을 더 가면 이정표 삼거리가 나온다.

삼거리에서 왼편 남쪽으로 골을 건너서 8분을 가면 왼쪽 지능선으로 산길이 이어져 32분을 오르면 주능선에 닿는다. 주능선에서 왼쪽으로 10분을 오르면 발교산 정상이다.

하산은 남쪽 주능선을 따라 12분을 내려가면 바위봉이다. 바위봉에서 오른쪽 능선길을 따라 30분을 내려가면 사거리 망고개에 닿는다.

망고개에서 왼쪽으로 25분을 내려가면 농가에 닿고 30분을 더 내려가면 주막거리다.

망고개에서 계속 병무산까지 종주산행은 서남쪽 능선으로 직진한다. 처음부터 급경사로 이어지는 등산로를 따라 45분을 오르면 주능선 삼거리에 닿고 삼거리에서 왼쪽으로 100m 정도 바위봉을 오르면 병무산 정상이다.

병무산에서 하산은 100m 거리 삼거리로 되돌아가서 왼편 남쪽 능선을 탄다. 곡석치를 향해 남쪽 주능선을 따라 32분을 내려가면 왼쪽 비탈길로 이어지고 10분을 가면 다시 능선으로 올라서 13분을 가면 분지에 쌍 묘가 나온다.

쌍묘에서 동남쪽 능선길을 따라 18분을 가면 갈림 능선이 나온다. 여기서 오른쪽 능선을 따라 16분을 내려가면 곡석치 사거리에 닿는다.

곡석치에서 왼편 북쪽 길을 따라 24분을 내려가면 민가에 닿고 25분 내려가면 평해황씨 전사각을 지나며 27분을 더 내려가면 주막거리다.

여행 정보 Tourist Information

자가운전
중앙고속도로 횡성IC에서 빠져나와 19번 국도를 타고 청일면 춘당리에서 좌회전⇨**병무산**은 소형차로 2km 주막거리.
발교산은 주막거리에서 우회전⇨3km 절골 입구.
수리봉은 절골 입구에서 오른쪽 1km 종점 주차.

대중교통
동서울터미널에서 횡성행 버스 이용 후, 횡성에서 춘당리행 버스 1시간 간격 이용, 춘당초교 하차. 횡성에서 춘당리 사실항마을 경유 봉명리 구접이 마을행 버스 1일 2회(09:30 19:30).

식당
청일중앙식당(일반식)
횡성군 청일면 청일로 851
033-342-5020

윤가네면옥
횡성군 청일면 유동로 35
033-342-0008

용수가든(민박, 식당)
횡성군 청일면 청정로 1508
033-344-6688

답십리해장국
횡성읍 종합운동장 옆
033-344-5218

숙박
융푸라원펜션
횡성군 청일면 봉명로 443-100
033-344-8254

온천
힐스프링온천
횡성군 갑천면 외갑천로 585번길 5-7
033-344-9333

응봉산(鷹峰山) 868m   대학산(大學山) 876.4m

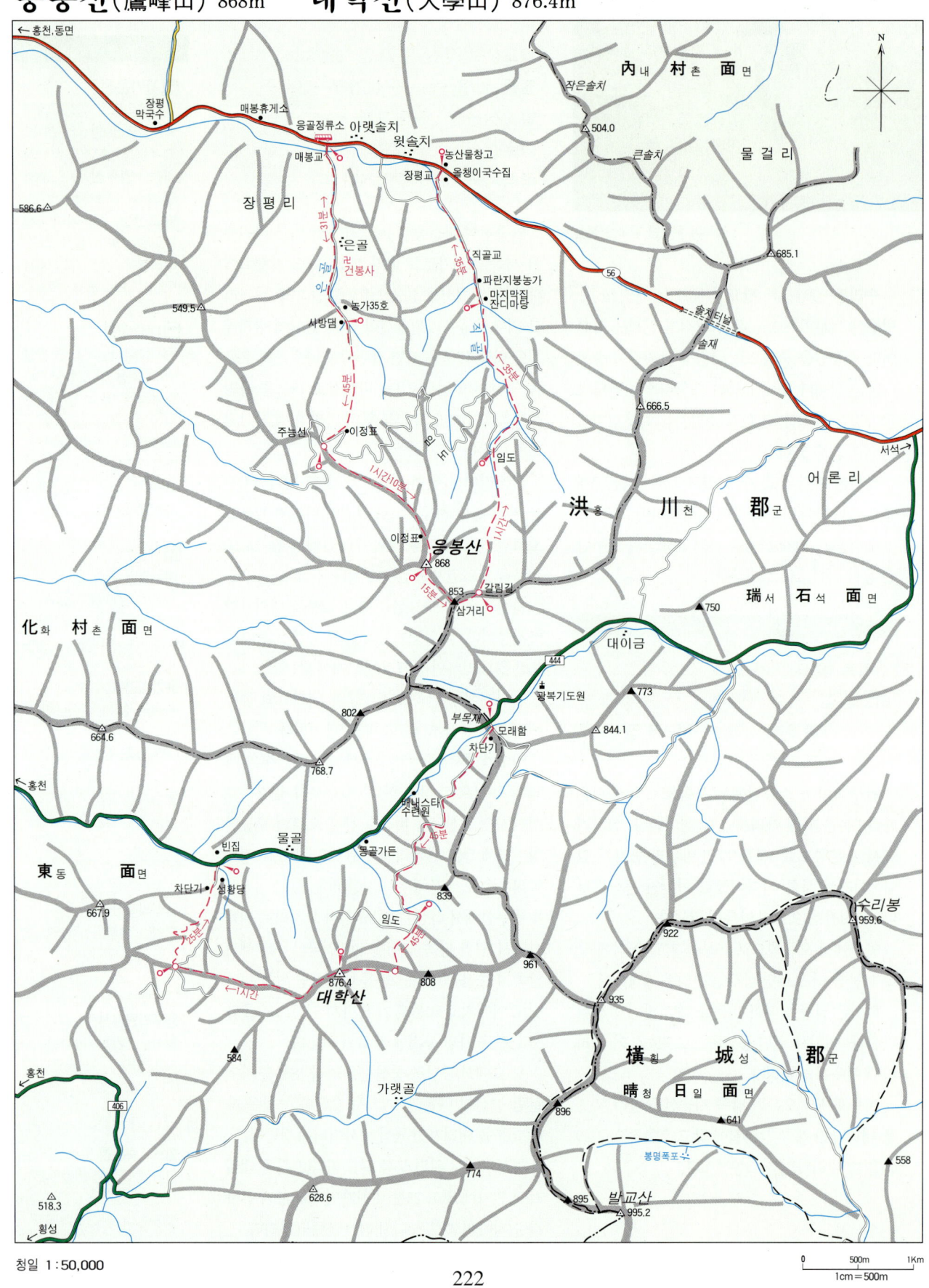

대학산 하산길

응봉산 · 대학산
강원도 홍천군 화촌면, 동면

응봉산(鷹峰山, 868m)은 홍천에서 서석으로 가는 444번 지방도 부목재를 사이에 두고 북쪽은 응봉산 남쪽은 대학산이다. 산행은 아랫솔치에서 은골을 따라 임도를 경유하여 능선을 타고 정상에 오른 뒤 직골을 경유하여 윗솔치로 하산한다.

대학산(大學山, 876.4m)은 응봉산 남쪽 부목재 남서쪽에 위치한 순수한 육산이다. 해발 약 600m인 부목재에서 산행을 시작하여 임도를 따라 대학산에 오른 뒤 서쪽 능선을 타고 진지리 고개를 경유하여 북쪽 임도를 따라 성황당으로 하산한다.

등산로 Mountain path

응봉산 총 5시간 51분 소요
매봉교→31분→사방댐→45분→
주능선→70분→응봉산→15분→
삼거리→60분→임도→35분→
끝집→35분→농작물창고

화촌면 장평1리 매봉휴게소에서 서석 쪽 도로를 따라 약 300m 가면 응봉 버스정류장이 나온다. 정류장에서 오른쪽으로 건봉사 간판이 있고 매봉교가 있다. 여기서 매봉교를 건너 마을길을 따라 14분을 가면 건봉사가 있고 12분을 더 들어가면 마지막 농가가 나온다. 응골길35호 농가마당을 지나서 5분을 더 가면 합수곡 아래 사방댐이 있고 승용차길 끝이다.

여기서 오른쪽으로 계류를 건너면 계곡 오른쪽으로 숲길이 나온다. 이 숲길을 따라가면 계곡길로 가다가 지능선으로 이어진다. 지능선을 따라 30분을 오르면 이정표가 있는 임도에 닿는다. 임도에서 오른쪽으로 100m 가면 왼쪽계곡으로 희미한 산길이 있다. 여기서 임도를 버리고 희미한 계곡길로 간다. 계곡길로 들어가면 급경사 비탈길로 이어져 15분을 오르면 주능선 삼거리에 닿는다.

여기서 왼편 동남 방향으로 능선을 따라 40분을 오르면 이정표가 있고 계속 능선길 따라 30분을 더 오르면 삼각점이 있는 응봉산 정상이다.

하산은 남서쪽 능선으로 약 12분을 가면 853봉 삼거리다. 남쪽은 부목재이고 동쪽으로 3분을 가면 갈림길이 나온다. 삼거리에서 왼편 북쪽으로 지능선으로 이어져 1시간을 내려가면 임도가 나온다. 임도를 가로질러 계곡을 따라 30분을 내려가면 합수곡에 닿고 5분 더 내려가면 끝 집에 닿는다. 여기서부터 소형차로를 따라 35분 내려가면 윗솔치 농협창고 도로에 닿는다.

대학산 총 3시간 55분 소요
부목재→45분→임도갈림길→45분→
대학산→60분→임도사거리→25분→
성황당

부목재에서 오른쪽으로 보면 임도가 시작되고 차단기가 있다. 이 임도를 따라 대학산 등산이 시작된다. 차단기를 통과하여 임도를 따라 45분을 가면 임도를 벗어나 왼쪽(남)으로 능선으로 오르는 샛길이 있다. 이 샛길을 따라 15분을 오르면 주능선에 닿는다. 주능선에서 오른쪽(서)으로 경사진 길을 20분을 올라가면 바위지대를 지나서 구름다리를 건넌다. 구름다리를 지나 10분을 더 가면 대학산 정상이다.

하산은 서쪽 능선을 따라 내려간다. 서릉을 따라 내려가면 10분 거리에 삼거리가 나온다.

삼거리에서 오른쪽(서북)으로 내려간다. 완만한 오른쪽 능선길을 따라 50분을 내려가면 임도 사거리가 나온다.

임도사거리에서 오른쪽 임도를 따라 27분을 내려가면 성황당을 지나 444번 도로에 닿는다.

여행 정보 Tourist Information

자가운전
응봉산 홍천 인제 방면 6번·44번 국도를 이어타고 홍천 지나 신내사거리에서 우회전⇨56번 국도를 타고 약 15km 거리 매봉휴게소 주차.

대학산 6번, 44번 국도를 이어타고 홍천에서 동면 방면 444번 지방도로 우회전⇨동면 통과 노천삼거리에서 좌회전⇨공작산 삼거리에서 우회전⇨약 9km 부목재 주차.

대중교통
응봉산 동서울터미널에서 홍천행 버스 이용 후, 홍천버스터미널에서 솔치 경유 서석행 버스 이용, 솔치 하차.

대학산 홍천버스터미널에서 동면 경유 서석행 버스 이용, 부목재 하차.

식당
응봉산
장평막국수
홍천구 화촌면 구룡령로 1295
033-433-0544

대학산
공작산송어횟집
홍천군 동면 노내길 7
033-433-3968

솟대쉼터(일반식)
홍천군 동면 공작산로 1326
033-433-5610

숙박
공작산물골펜션
홍천군 동면 공작산로 1489-14
033-433-6683

홍천장날 1일 6일

구룡산(九龍山) 478.3m 당산(堂山) 541.1m

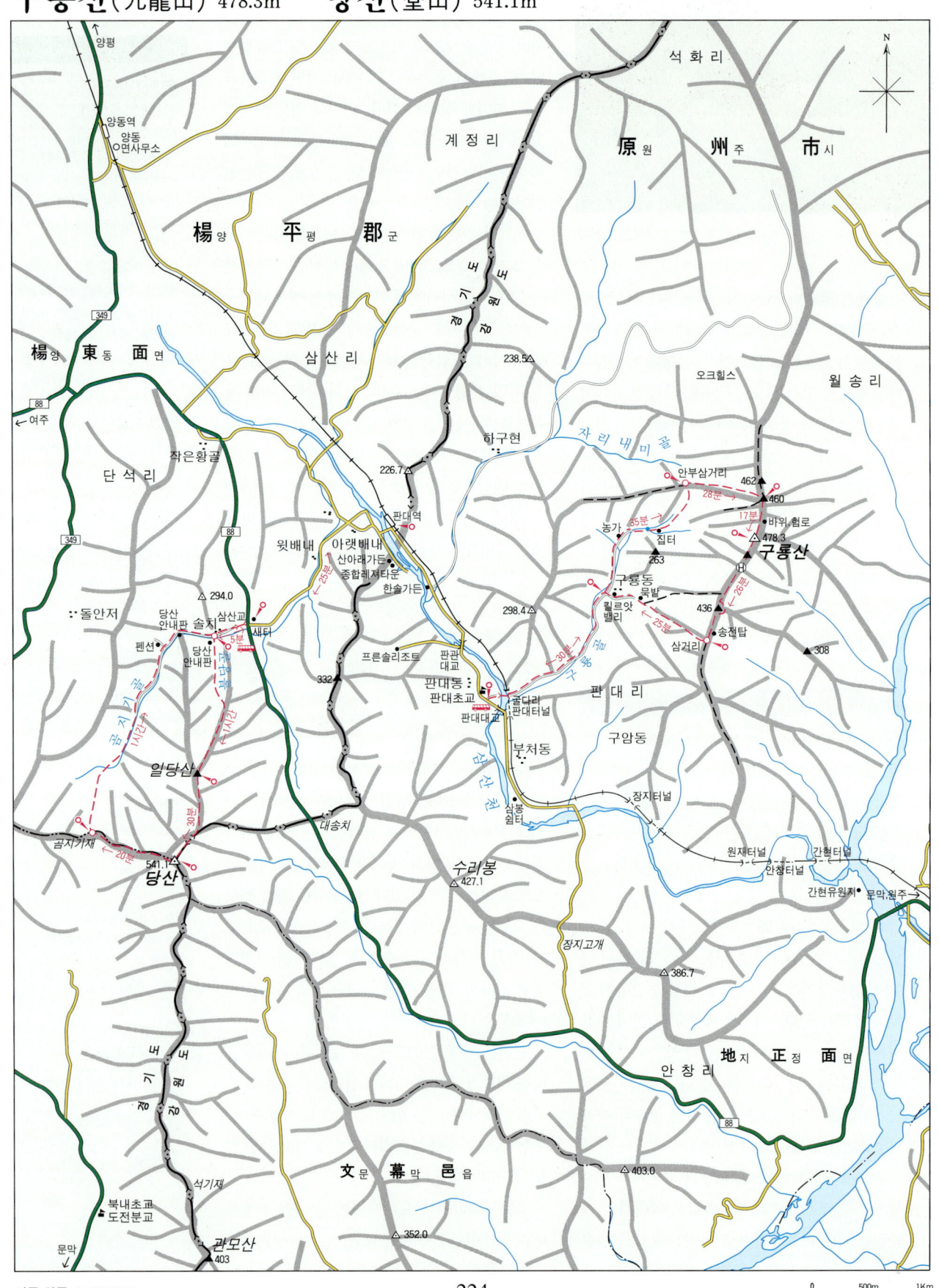

구룡산 · 당산
강원도 원주시 지정면

새터 당산 산행기점

구룡산(九龍山. 478.3m)은 중앙선 철로를 사이에 두고 당산과 동서로 마주하고 있으며 주변에 삼산천과 섬강이 흐르고 있다. 나지막한 산이며 산세가 완만하여 주말 가족 산행지로 좋은 산이다.

당산(塘山. 541.1m)은 구룡산과 중앙선 철로를 사이에 두고 동서로 마주하고 있다. 구룡산과 같이 산세가 험하지 않고 완만하여 주말 가족 산행지로 적합한 산이다.

등산로 Mountain path

구룡산 총 4시간 11분 소요
판대초교→30분→구룡마을→35분→
능선→28분→460봉→17분→
구룡산→26분→송전탑→25분→
구룡마을→30분→판대초교

판대초교 삼거리에서 동쪽 소형차로를 따라 1.7km 거리에 이르면 구룡마을 길리앗벨리 삼거리가 나온다. 삼거리에서 왼쪽 농로를 따라 6분을 가면 마지막농가가 있고 차단기가 있다. 차단기를 통과하여 50m정도 가면 계곡으로 건너 산길이 이어진다. 이 산길을 따라 13분 거리에 이르면 합수점에 집터가 나온다. 집터에서 왼쪽으로 뚜렷한 등산로를 따라 16분을 오르면 안부능선에 닿는다.

능선에서 완만한 오른쪽 능선을 따라 5분 정도 가다가 급경사 길로 이어져 22분을 오르면 460봉 삼거리에 닿는다.

여기서 오른쪽 능선을 따라 10분 정도 가면 바위 험로가 나온다. 밧줄이 있으나 주의할 지점이며 계속 이어지는 바윗길을 따라 7분을 오르면 삼각점이 있는 구룡산 정상이다.

하산은 남쪽능선을 탄다. 남릉을 타고 6분을 가면 첫 봉을 지나고 2분 거리에 헬기장이다.

헬기장을 지나서 5분 거리에 이르면 오른쪽으로 갈림길이 있다. 갈림길에서 직진하여 바위 능선을 왼쪽으로 돌아가면 갈림길이 나오는데 오른쪽으로 올라가야 한다. 오른쪽으로 올라서면 남릉으로 이어져 12분을 내려가면 안부에 송전탑이 나온다. 송전탑을 통과하여 30m 거리에 이르면 삼거리봉이 나온다.

삼거리봉에서 오른쪽 지능선을 탄다. 서북쪽으로 뻗은 지능선을 따라 25분을 내려가면 길리앗벨리 구룡마을이다.

당산 총 4시간 45분 소요
판대역→30분→새터→60분→
일당산→30분→당산→20분→
곰지기재→60분→새터→25분→판대역

판대역에서 아랫배내삼거리에 이른 후, 왼쪽으로 난 도로를 따라 1.5km 가면 솔치사거리 삼산교가 나온다. 솔치사거리에서 88 지방도로를 벗어나 서쪽 솔치마을을 통과하여 5분 거리에 이르면, 왼쪽 계류 건너 당산 등산 안내판이 있고 물탕골로 들어가는 등산로가 있다. 이곳이 당산 기점이다.

등산안내판에서 계곡길로 시작하는 등산로를 따라 27분을 오르면 절터가 나온다. 절터에서 계류를 건너 왼쪽 능선을 따라 35분을 오르면 일당산에 닿는다.

일당산에서 무난한 등산로를 따라 30분을 더 오르면 당산사거리 정상이다.

정상에서 하산은 서쪽 주능선길을 타고 20분을 내려가면 고개사거리에 닿는다.

고개에서 오른편 북쪽 곰지기골로 내려간다. 오른쪽 길로 40분을 내려가면 펜션을 지나서 다리가 있는 등산안내판이 나온다. 여기서 20분을 더 내려가면 당산폭포를 지나 솔치마을이다.

여행 정보 Tourist Information

자가운전
영동고속도로 문막 IC에서 빠져나와 우회전⇨42번 국도를 타고 2.5km에서 우회전⇨88번 지방도를 타고 3.2km 송원동 삼거리에서 **구룡산**은 우회전⇨판대방면 지방도를 타고 3.6km 판대교에서 우회전⇨1.7km 구룡마을 주차.

당산은 송원동 삼거리에서 계속 88번 지방도를 타고 5km 간 세터4거리에서 좌회전-솔치마을 주차.

대중교통
청량리-원주 간 열차 이용, 판대역 하차.
구룡산은 판대역-구룡마을 도보 70분 소요.
당산은 판대역-새터 도보 25분 소요.

식당
산아래가든(일반식)
원주시 지정면 판대리 941
033-773-1440

한솔가든(일반식)
원주시 지정면 판대리
033-733-7040

삼봉쉼터(매운탕, 민박)
원주시 지정면 지정로 1073
033-731-6538

숙박
현도예갤러리펜션
양평군 양동면 삼산리 1115-9 솔치마을
010-9989-2927

여주장날 5일 10일
문막장날 3일 8일

명봉산(鳴鳳山) 615m

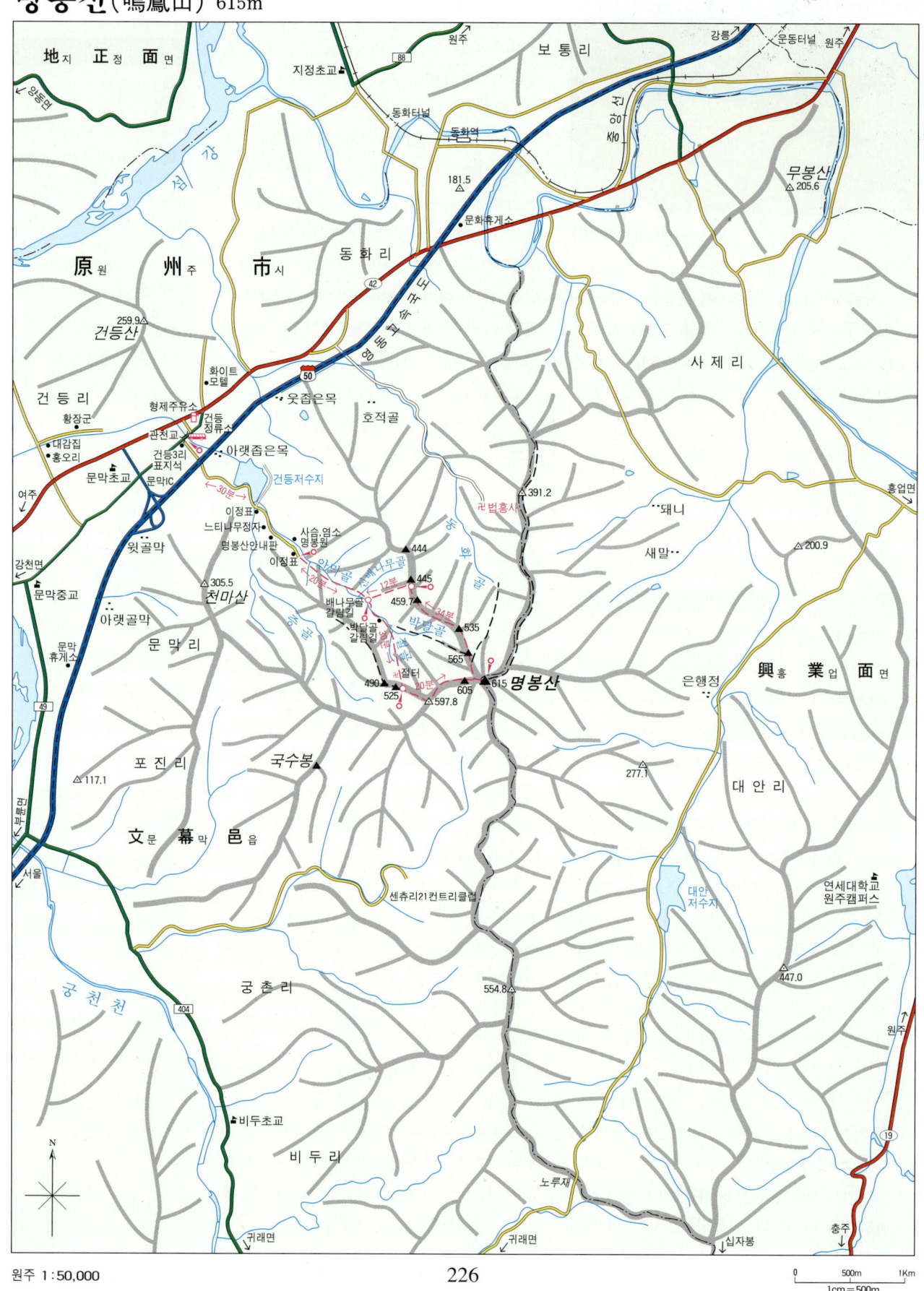

명봉산 실배나무골 갈림길

명봉산 강원도 원주시 문막읍

12분→배나무골 갈림길→20분→
명봉원→30분→관천교

명봉산(鳴鳳山. 615m)은 문막읍 영동고속도로 문막휴게소 남쪽에 높이 솟은 산이다. 주변은 나지막한 산과 들판으로 이루어져 있어서 상당히 높게 보인다. 모산인 치악산 남태봉에서 서쪽으로 뻗어나간 산맥은, 백운산 조두봉을 지나 3km 지점에서 두 능선으로 갈린다. 여기서 남쪽은 십자봉 삼봉산으로 이어지고 북서쪽은 대양아치를 지나서 덕가산에 이른 후, 덕가산에서 두 능선으로 갈린다. 서쪽은 갈미재로 이어지고 북쪽으로 이어지는 능선은 노루재를 지나서 약 7km 지점에 높이 솟은산이 명봉산이다.

산행은 문막IC에서 빠져나와 첫 번째 사거리에서 우회전 동쪽으로 1km 거리 형제주유소 닿기 전에 우회전 건등리표지석이 있는 소형차로 따라 고속도로 밑을 통과하고, 건등저수지 상류에서 명봉산 안내 이정표를 따라 명봉원을 통과하여 안막골 쉼터를 지나서 597.8봉을 경유하여 동북릉을 타고 정상에 오른 뒤, 하산은 북서쪽 능선을 타고 445봉에서 서쪽으로 지능선을 따라 안막골을 경유하여 명봉원으로 다시 원점회귀산행이다.

명봉산은 수도권에서 영동고속도로를 따라 1시간 거리에 위치하고 있고 산행에 험로가 없으며 산행시간도 4시간 정도면 충분하므로 주말 가족산행지로 매우 적합한 산이다.

등산로 Mountain path

명봉산 총 4시간 14분 소요
관천교→30분→명봉원→20분→
배나무골삼거리→30분→525봉→
20분→명봉산→34분→445봉→

영동고속도로 문막 IC에서 빠져나와 원주 방면으로 우회전 500m 거리 형제주유소 전 관천교에서 동남쪽으로 난 소형차로를 따라 가면 고속도로 밑을 통과하여 건등저수지가 나오고 저수지 상류에 이르면 삼거리다. 삼거리에서 왼쪽으로 가면 느티나무가 있고 명봉산안내판 삼거리가 또 나온다. 이 삼거리에서 왼쪽 길로 접어들면 바로 명봉원 철문이 있다. 관천교에서 30분 거리다.

명봉원 철문을 지나가면 집 뒤로 난 샛길이 있다. 샛길을 따라 가면 등산안내판이 있고 이어서 계곡 오른쪽으로 등산로가 이어진다. 다시 계곡을 건너면 왼쪽으로 희미한 길이 있으나 오른쪽으로 간다. 계곡을 넘나들면서 20분 거리에 이르면 배나무골삼거리가 나온다. 왼쪽 능선길은 하산길로 하고 오른쪽으로 8분을 가면 쉼터가 있는 삼거리가 나온다.

삼거리에서 오른쪽으로 절골을 따라 17분을 올라가면 돌무더기가 있고 갈림길이 나온다. 갈림길에서 오른쪽으로 간다. 5분을 올라가면 525봉 옆 안부 삼거리가 나온다. 삼거리에서 왼쪽으로 5분을 가면 삼각점봉에 닿는다. 삼각점봉에서 동쪽 능선을 따라 10분 거리에 이르면 605봉 삼거리가 나온다. 삼거리에서 5분을 더 가면 명봉산 정상에 닿는다.

정상에서 하산은 605봉으로 다시 되돌아 와서 북쪽 능선으로 간다. 북릉을 따라 4분을 가면 갈림길이 나온다. 왼쪽 길은 다박골 하산길이고 오른쪽 능선길은 신배나무골 하산길이다. 오른쪽 능선을 따라 26분을 가면 445봉 신배나무골 안내판 삼거리에 닿는다.

이 삼거리에서 왼쪽으로 12분을 내려가면 신배나무골 입구에 닿는다. 여기서부터는 올라왔던 길을 따라 20분을 내려가면 명봉원에 닿고 관천교까지는 20분 거리다.

여행 정보 Tourist Information

🚗 자가운전
영동고속도로 문막IC에서 빠져나와 우회전⇨500m 거리 관천교에서 우회전⇨1차선 소형차로를 따라 건등저수지를 지나 삼거리에서 좌회전⇨명봉원 입구 주차.

🚌 대중교통
청량리역에서 열차, 강남, 또는 동서울터미널에서 버스 편으로 원주에 도착한 다음, 원주역에서 10~15분 간격으로 운행하는 문막행 시내버스 이용, 문막IC 전 형제주유소 하차.

🍴 식당
대감집(보리밥, 쌀밥)
원주시 문막읍 석지1길 88
033-734-5637

사랑식당(일반식)
원주시 문막읍 문막시장1길 46-3
033-734-2417

시골집칼국수
원주시 문막읍 원문로 1632
033-735-5634

청진옥(해장국)
원주시 문막읍 문막읍사무소 앞
033-745-9167

🛕 명소
실록사

문막장날 3일 8일

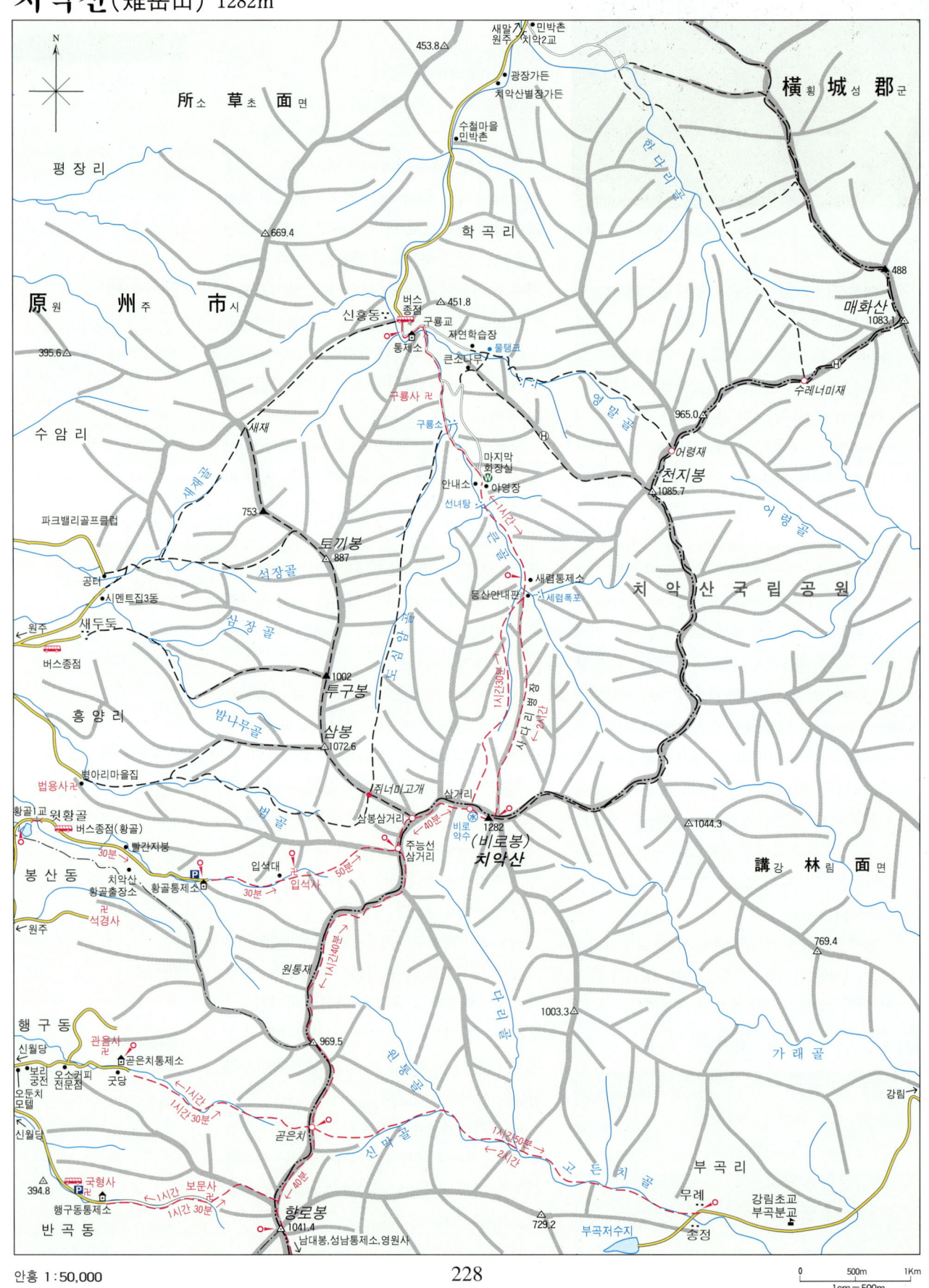

돌탑이 있는 아름다운 치악산 정상

치악산
강원도 원주시, 횡성군 강림면

등산로 Mountain path

구룡사 코스 총 6시간 30분 소요

구룡사 매표소 →60분→ 세렴통제소 →120분→ 비로봉 →90분→ 세렴통제소 →60분→ 구룡사 매표소

치악산(雉岳山,1282m)은 주봉 비로봉(1282m)을 중심으로 북쪽으로부터 매화산(1083.1m) 천지봉(1085.7m) 서쪽은 삼봉(1072.6m) 토끼봉(887m) 남쪽은 향로봉(1041.4m)남대봉(1180m) 선바위산(999m)에 이르기까지 거대하고도 수많은 봉으로 이루어져 있고, 깊은 계곡과 폭포가 어우러져 웅장한 산세를 이루고 있는 명산으로 1984년 12월 31일 우리나라에서 16번째 국립공원으로 지정되었다.

치악산 정상에는 3기의 미륵 탑이 서 있다. 중앙의 탑은 신선탑 남쪽의 탑은 용왕탑 북쪽의 탑은 칠성탑이라 한다.

치악산의 유래는 옛날에 단풍이 아름다워 적악산(赤岳山)이라고 불렀는데 전설에 의하면 옛날 경상도 의성 땅의 한 나그네가 이곳을 지나다가 꿩을 잡아먹으려는 구렁이를 발견하고 꿩을 구해주었고, 이 꿩도 구렁이가 나그네를 해치려는 것을 구해주었다고 합니다.

나그네를 휘감은 구렁이가 상원사에서 종이 세 번 울리면 살려주겠다고 하였는데 꿩 세 마리가 종을 세 번 치고 죽었다고 합니다. 그 때부터 구렁이가 꿩을 잡으려는 것을 살려주어 은혜를 갚은 꿩들의 종소리에 유래되어, 꿩을 의미하는 치(雉)자를 써서 치악산(雉岳山)이라 이름을 바꾸어 부르게 되었다고 한다.

치악산 등산코스는 구룡사, 황골, 곧은치, 행구동, 금대리, 성남, 부곡리 코스 등이 있다.

소개하는 등산로는 대표적인 구룡사 코스만 소개하고 기타 코스는 지도를 참고한다.

치악산 북쪽 구룡사 주차장에서 매표소를 통과해 비로봉 이정표를 따라 가면 등산로가 뚜렷하고 이정표가 요소에 배치되어있는 등산로를 따라 1시간을 거리에 이르면 세렴통제소에 닿는다. 세렴통제소 오른편 다리를 건너면 바로 이정표삼거리다. 직진은 능선길 오른쪽은 계곡으로 이어져 정상으로 이어진다. 왼쪽 능선길로 올라가서 오른쪽 계곡으로 하산하는 산행이 일반적이다. 왼쪽 능선길을 따라 오르면 사다리병창 능선으로 이어지면서 장장 2시간을 오르면 치악산 정상 비로봉에 닿는다.

하산은 서쪽 철 계단으로 8분을 내려가면 안부삼거리다. 안부 삼거리에서 직진하면 향로봉 남대봉으로 이어지는 주능선길이고, 오른편 길은 구룡사 세렴통제소 구룡사 하산길이다.

오른편 북쪽 길을 따라 내려서면 급경사 계곡으로 이어진다. 계곡길로 접어들면 돌밭길이 시작되어 계곡이 다할 때까지 돌밭길로 이어져 1시간 30분을 내려가면 세렴통제소에 닿는다. 세렴통제소에서 올라왔던 길을 따라 1시간을 내려가면 구룡사 매표소에 닿는다.

황골-비로봉 코스 총 2시간 소요

소초면 홍양리 황골 입구 삼거리에서 동쪽 입석사 방면 도로를 따라 500m 정도 가면 차선이 좁아지는 소형차로를 따라 20분을 가면 주차장이 있는 황골통제소가 나온다. 통제소에서 30분을 더 가면 입석사이다. 입석사를 지나면 돌밭길로 이어져 26분을 오르면 지능선에 닿는다. 지능선을 지나 24분을 오르면 주능선에 닿는다. 주능선 삼거리에서 왼편 능선길을 따라 40분을 오르면 비로봉 정상에 닿는다. 하산은 구룡사 코스나 올라왔던 그대로 되돌아 내려간다.

여행 정보 Tourist Information

자가운전
영동고속도로 새말IC에서 빠져나와 우회전⇒500m 거리에서 다시 우회전⇒원주 방면 42번 국도를 타고 1km 확곡삼거리에서 좌회전⇒4km 구룡사 종점주차.

대중교통
청량리역에서 1일 18회 운행하는 태백선 중앙선 열차 이용 원주역 하차. 동서울터미널에서 10~15분 간격으로 운행하는 원주행 고속버스 이용 원주 하차.
원주역-시외버스터미널에서 구룡사행 버스(41번 30분 간격, 42번 60분 간격, 41-1번 3회) 이용 구룡사 종점 하차.

숙식
구룡사지구
치악산한우
원주시 소초면 학곡1리
033-731-8893

치악산휴게소(토종닭)
소초면 칠송아랫길 26
033-732-8520

치악산관광가든(민박)
소초면 구룡사로 143
033-731-6646

수철마을민박촌
소초면 학곡리 구룡사 입구
033-732-8660

황골지구
고향집(우리콩 두부전문)
소초면 하황골길 12
033-731-9911

하이트모텔
소초면 황골로 289
033-731-8001

보름가리봉 860m 벼락바위봉 937.6m

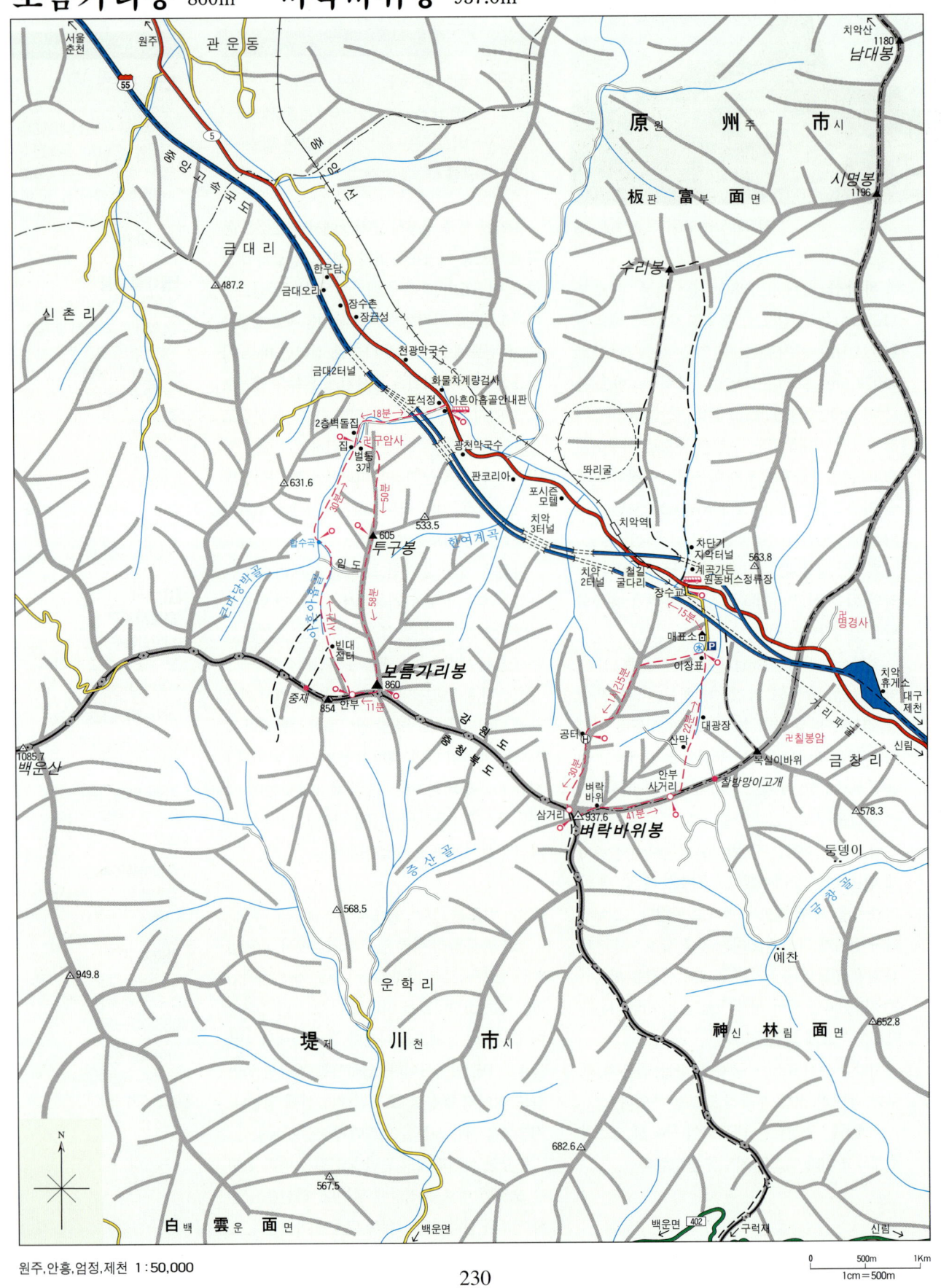

보름가리봉 · 벼락바위봉
강원도 원주시 판부면, 제천시, 백운면

벼락바위봉(937.6m)은 치악재에서 백운산으로 이어진 산맥을 따라 약 2km 거리에 위치한 산이다. 산행은 휴양림에서 오른쪽 능선을 타고 정상에 오른 뒤 동릉을 경유하여 다시 휴양림으로 원점회귀 산행이다.

보름가리봉(860m)은 벼락바위봉에서 서쪽으로 약 1.5km 거리에 위치한 산이다. 산행은 구암사 오른편 2층 벽돌집에서 투구봉을 경유하여 보름가리봉에 오른다음 아흔아홉골로 하산한다.

등산로 Mountain path

벼락바위봉 총 4시간 8분 소요
장수교→15분→매표소→65분→헬기장→30분→벼락바위봉→41분→안부→22분→매표소→15분→장수교

원동버스정류장에서 신림쪽 도로를 따라 300m 가면 오른쪽으로 휴양림 안내판이 있다. 여기서 휴양림안내판 화살표 방향으로 장수교를 건너 소형차로를 따라 1km 가면 매표소 삼거리다.

삼거리에서 오른쪽 70m 거리 이정표가 있는 취수장에서 오른쪽 능선길을 따라 10분을 올라가면 첫 봉에 닿고, 왼편 완만한 지능선길을 따라 55분을 올라가면 헬기장에 닿는다.

헬기장에서 남쪽 방면 능선길을 따라 13분을 올라 가면 안부에 폐쇄된 갈림길이 나오고 8분을 올라가면 주능선삼거리다. 주능선에서 왼쪽으로 9분을 더 올라가면 삼각점이 있는 삼거리 벼락바위봉 정상이다.

정상에서 왼편 동쪽으로 8분을 가면 벼락바위가 나온다. 벼락바위에 서면 원주시가지 치악산 백운산 구학산 등이 시야에 들어온다.

벼락바위에서 하산은 동릉을 탄다. 동쪽 바위 구멍을 통과하여 13분을 내려가면 왼쪽으로 갈림길이 나온다. 갈림길에서 직진하여 2분을 가면 이정표 삼거리다. 삼거리에서 오른쪽으로 18분을 내려가면 안부사거리에 닿는다.

안부사거리에서 왼쪽 북쪽으로 7분을 내려가면 임도 사거리 취수장이다. 여기서부터 직진하여 소형차로를 따라 15분을 내려가면 매표소에 닿고 15분을 더 내려가면 장수교에 닿는다.

보름가리봉 총 5시간 5분 소요
표석정→18분→2층 벽돌집→50분→투구봉→58분→보름가리봉→11분→안부→60분→합수곡→48분→표석정

5번 국도 변 금대1리 구암사 입구에서 오른쪽 구암사 길을 따라 약 1km 들어가면 구암사로 가는 다리 삼거리다. 삼거리에서 오른쪽으로 차단기를 통과하여 3분을 가면 2층 벽돌집이 나온다.

여기서 왼쪽 계곡을 건너서 오른쪽으로 10m 가면 10평 정도 고추밭이 있다. 고추밭 끝머리에서 계곡을 벗어나 희미한 왼쪽 길을 따라 50m 가면 바위아래 벌통 3개가 있다. 여기서 바위 왼쪽으로 올라가면 산길은 왼편 비탈길로 이어져 100m 가면 구암사에서 올라오는 뚜렷한 등산로와 만난다. 여기서 오른쪽 능선을 따라 22분을 오르면 605m 투구봉이다.

투구봉에서 10분을 가면 갈림능선이 나오고 갈림능선에서 7분을 더 오르면 전망바위가 나온다. 다시 완만한 능선을 따라 10분 거리에 이르면 가파른 능선이 왼쪽으로 휘면서 13분을 가면 갈림능선에 닿는다. 여기서 18분을 더 오르면 삼거리 보름가리봉 정상이다. 정상은 양편이 수십 길 절벽이며 사방이 막힘이 없다.

하산은 남쪽으로 100m 정도 가면 주능선 갈림길이 나온다. 이 갈림길에서 왼편 서쪽 주능선으로 간다. 주능선을 따라 11분 가량 가면 안부삼거리에 닿는다.

안부에서 주능선을 벗어나 오른편 북쪽으로 내려서 20분을 내려가면 빈대절터 삼거리다. 삼거리에서 계속 아흔아홉골을 따라 40분을 내려가면 큰마당박골 합수곡이다. 합수곡에서 30분을 내려가면 등산기점 2층집에 닿고 소형차로를 따라 18분 내려가면 5번 국도에 닿는다.

여행 정보 Tourist Information

자가운전
중앙고속도로 남원주IC에서 빠져나와 우회전⇒5번 국도로 진입, **보름가리봉**은 제천 방면 12km 거리 왼편 화물차계량검사소에서 200m 구암사 입구 주차.

벼락바위봉은 제천방면 5번 국도 15km 거리 치악산휴양림 입구에서 우회전⇒1km 휴양림 주차.

대중교통
동서울터미널에서 원주행 버스 이용 후, 원주버스터미널에서 금대리, 신림, 주천 방면 버스 이용, **보름가리봉**은 금대1리 아흔아홉골 입구 하차. **벼락바위봉**은 원동 하차.

식당
자연밥상(버섯찌개)
원주시 판부면 금대길 9
033-765-5266

하누담(한우)
원주시 판부면 치악로 1079
033-766-0554

광천막국수
원주시 판부면 치악로 883
033-766-5334

숙박
포시즌모텔
원주시 판부면 치악로 741-10
033-763-7700

명소
금대계곡

치악산자연휴양림
033-762-8288

문막장날 3일 8일

백운산(白雲山) 1085.7m

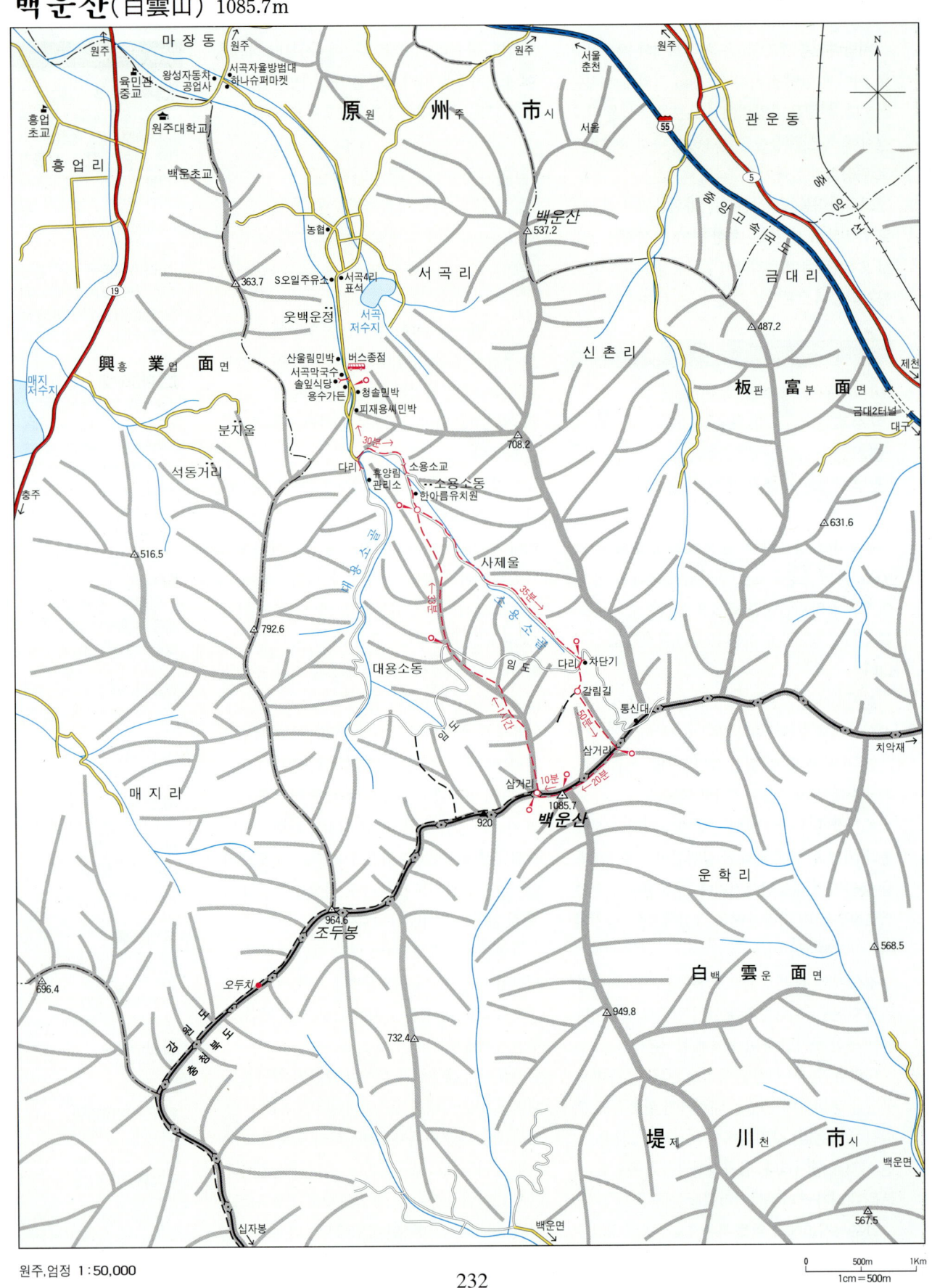

원주,엄정 1:50,000

표지석이 세워진 백운산 정상

백운산
강원도 원주시 판부면 · 충북 제천시

백운산(白雲山. 1085.7m)은 치악산 남대봉에서 서쪽으로 뻗은 산맥이 치악재 벼락바위봉 보름가리봉 백운산 조두봉 십자봉 삼봉산으로 이어지는 대표적인 산이다.

휴양림으로 인하여 옛날 등산로가 없어지고 현재 등산로가 정비된 가장 좋은 코스이다.

산행은 석곡 버스종점을 출발 소형차로 차단기를 통과 지능선 주능선을 타고 정상에 오른 다음, 서쪽 안부에서 북릉을 타고 한아름유치원 석곡 버스종점으로 하산한다.

등산로 Mountain path

백운산 총 5시간 28분 소요
후절종점→65분→차단기→50분→주능선→20분→백운산→70분→임도→33분→유치원→30분→후절종점

원주시 판부면 서곡리 후리절교가 있는 버스종점에서 휴양림으로 들어가는 소형차로를 따라 10분을 가면 다리가 있는 삼거리가 나온다. 오른쪽은 대용소골 휴양림이며 왼쪽은 소용소골이다. 삼거리에서 왼쪽 소형차로를 따라 20분을 가면 소용소교를 통과하여 200m 거리에 이르면 한아름유치원이 있고, 100m 더 가면 오른쪽 지능선으로 산길이 있다. 이 산길은 하산길이다. 여기서 계속 소형차로를 따라 35분을 올라가면 오른쪽에 임도가 시작되는 차단기가 나온다.

여기서 오른쪽 임도로 50m 거리에 이르면 다리가 있고 왼쪽으로 등산로가 있다. 이정표가 있는 등산로를 따라 9분을 올라가면 갈림길이다. 갈림길에서 왼쪽 길로 간다.

왼쪽 지능선으로 올라서면 날등으로 등산로가 뚜렷하다. 왼편 통신대로 가는 길을 바라보면서 지능선을 따라 50분을 오르면 주능선삼거리에 닿는다.

삼거리에서 오른쪽 낙엽송지역 완만한 주능선을 따라 20분을 오르면 백운산 정상이다.

정상은 협소하고 표지석과 안테나가 있으며 삼거리이다. 조망은 치악산과 원주시 일대가 막힘없이 시야에 들어오고 백운산맥이 장엄하게 펼쳐진다.

하산은 서쪽 주능선을 따라 10분을 내려가면 오른쪽에 바위가 있고 작은 안부사거리가 나온다. 주능선 길은 뚜렷하고 남쪽과 북쪽 길은 희미하다.

안부에서 주능선을 버리고 오른편 북쪽 희미한 길로 간다. 희미한 북쪽 길로 내려서면 비탈길로 이어져 50m를 가면 북쪽으로 이어지는 지능선으로 산길이 이어진다. 비교적 뚜렷한 북쪽 지능선을 따라 20분을 내려가면 첫 봉우리 닿기 전에 오른쪽으로 갈림길이 있다. 갈림길에서 왼편 능선길로 간다. 능선길을 따라 가면 봉우리에 오르게 된다. 봉우리에서부터 지능선은 서북쪽으로 휘어지다가 다시 정 북쪽으로 이어진다. 지능선을 타고 가면 부러진 죽은 나무 밑을 통과하고, 갈라지는 능선에서 뚜렷한 오른쪽 지능선으로 내려간다. 양편이 급경사인 지능선을 따라 30분을 내려가면 오른쪽으로 임도가 보이는 작은 안부에 닿는다. 여기서 오른쪽 임도로 내려서 갈 수도 있다. 안부에서 계속 주능선을 따라 가면 솔밭길로 이어져 10분을 내려가면 임도에 닿는다.

능선 끝은 절개지 이므로 10m 전에 오른쪽으로 내려서면 안전하다. 임도를 가로질러 계속 지능선을 따라 내려가면 완만하고 소나무가 많은 길로 이어져 33분을 내려가면 한아름유치원 앞 소형차로에 닿는다.

여기서부터 소형차로를 따라 30분을 내려가면 후절 종점이다.

여행 정보 Tourist Information

자가운전
중앙고속도로 남원주IC에서 빠져나와 좌회전⇨19번 국도를 타고 충주 방면으로 1.5km 삼거리에서 좌회전⇨500m에서 우회전-500m에서 좌회전⇨7km 용수골 버스종점을 통과 600m 휴양림 삼거리에서 좌회전⇨1.3km 한아름유치원 주차.

대중교통
동서울. 강남터미널에서 원주행 버스 이용하거나, 청량리역에서 하루 17회 운행하는 강릉 부산 방면 열차 이용, 원주 하차. 원주버스터미널 또는, 원주역에서 1일 9회 운행하는 서곡리행 버스 이용, 서곡 종점 하차.

식당
서곡막국수
원주시 판부면 서곡길 326
033-763-8137

청솔보리밥집
원주시 판부면 서평길 12-1
033-762-5298

솔바우
원주시 판부면 용수골길 333
033-762-4807

숙박
산울림펜션
원주시 판부면 금대리
033-763-7519

백운산자연휴양림
033-766-1063

문막장날 3일 8일

미륵산(彌勒山) 696m   덕가산(德加山) 699.5m

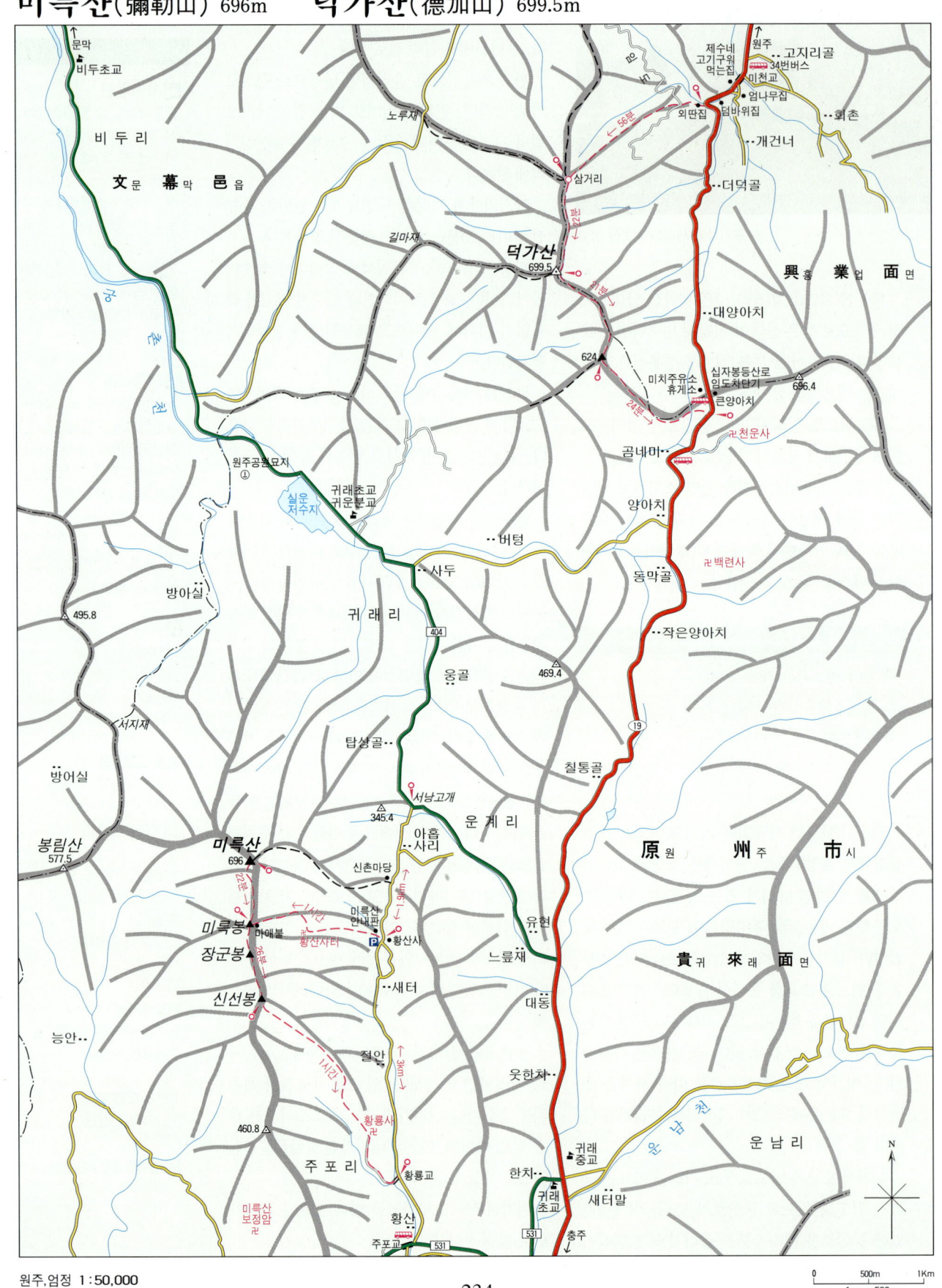

미륵산 · 덕가산
강원도 원주시 흥업면, 귀래면

미륵산(彌勒山, 696m)은 바위와 소나무가 어우러진 산이다. 황산사터가 있고 마애불이 있으며 주능선 등산로는 바윗길이 많은 산이다.

덕가산(德加山, 699.5m)은 원주에서 귀래면으로 이어지는 19번 국도 큰양아치재 서쪽에 위치한 순수한 육산이다.

등산로 Mountain path

미륵산 총 4시간 10분 소요
새터고개→60분→미륵봉→22분→미륵산→22분→미륵봉→26분→신선봉 갈림길→60분→황룡교

새터고개 황산사입구 안내판에서 계곡길을 따라 3분을 가면 경순왕 영정각 입구를 지나고 계속 계곡길을 따라 23분을 올라가면 황산사터가 나온다.

황산사터에서부터 지능선을 따라 11분을 올라가면 바윗길이 시작되어 11분 오르면 왼편에 마애불이 있다. 마애불에서 바윗길을 따라 8분을 더 오르면 주능선에 닿는다. 주능선 안부에서 직선으로 바위를 오르면 미륵봉이다.

미륵산 정상은 북쪽으로 22분 거리에 있다. 안부에서 북쪽으로 내려서면 급경사 바윗길을 통과하고 아기자기한 능선으로 이어져 22분 거리에 이르면 표지석이 있는 헬기장 미륵산 정상에 닿는다. 정상에서 바라보면 사방이 막힘이 없다.

하산은 다시 22분 거리 미륵암사거리로 되돌아간다. 미륵암사거리에서 남쪽 황산마을을 향해 내려가면 급경사 바윗길로 이어지다가 다시 능선으로 이어져 13분 거리에 이르면 장군봉에 닿고 7분을 지나면 신선봉이다. 신선봉에서 5분을 더 가면 쉼터가 있고 갈림길이다.

갈림길에서 왼편 지능선으로 내려간다. 뚜렷하게 이어지는 지능선을 따라 가면 왼편이 절벽이므로 다소 주의하면서 바윗길을 따라 약 5분을 통과하면 무난한 능선으로 하산길이 이어져 갈림길에서 14분 거리에 이르면 쉼터에 표지목이 있다. 표지목에서 계속 지능선을 따라 9분을 내려가면 갈림길이 나오는데 직진 능선길을 따라 17분을 내려가면 갈림길이 나온다. 갈림길에서 오른쪽으로 빠져 내려가게 되고 계곡길로 이어진다.

계곡길을 따라 8분을 내려가면 황룡사에 닿는다. 황룡사에서부터는 소형차로를 따라 12분을 내려가면 황룡교를 건너자 바로 삼거리에 닿는다. 삼거리에서 오른쪽으로 1km 거리에 이르면 황산마을 531번 지방도로고, 왼쪽 도로를 따라 약 3km 거리에 이르면 새터고개 산행기점이다.

덕가산 총 3시간 3분 소요
외딴집→56분→삼거리→22분→덕가산→21분→624봉→24분→큰양아치재

원주에서 충주로 가는 (구)19번 국도 매치리 미천교에서 서쪽 (구)도로를 따라 100m 정도 가면 꼬부라지는 지점 오른쪽에 대현정사 간판이 있고 간판 오른쪽에 외딴집이 있다. 외딴집 왼편 능선으로 산길이 있다. 이 산길을 따라 10m 정도 가면 갈림길이다. 갈림길에서 오른쪽 능선길을 따라 9분을 올라가면 임도를 만난다. 임도를 가로질러 여흥이씨 묘를 지나 희미한 능선길을 따라 10분을 오르면 솔밭이 시작된다. 소나무가 많은 지능선을 따라 15분을 오르면 묘가 있고 길은 왼편으로 휘어진다. 다소 가파른 능선을 따라 22분을 오르면 삼거리에 닿는다.

삼거리에서 남쪽 주능선을 따라 가면 평지와 같은 능선길로 이어져 22분을 더 오르면 헬기장 덕가산 정상이다. 나지막한 산이나 주변이 막힘이 없다.

하산은 계속 남쪽 주능선을 탄다. 남쪽능선을 따라 내려 내려가면 아기자기하고 호젓한 작은 바윗길을 지나면서 21분을 가면 624봉 갈림길이다.

갈림길에서 왼편 능선을 따라 24분을 내려가면 안부를 지나 큰양아치재에 닿는다.

여행 정보 Tourist Information

자가운전
덕가산은 중앙고속도로 남원주IC에서 빠져나와 좌회전⇒19번 국도 타고 9km 매치리 (구)19번 도로 미천교에서 서쪽으로 50m 고가다리 밑 주차.
미륵산은 원주IC에서 빠져나와 좌회전⇒계속 19번 국도를 타고 귀래면에서 2.4km 황산마을 주포교에서 우회전⇒3km 새터고개 주차.

대중교통
청량리역에서 열차, 동서울터미널에서 원주행 버스 이용 후, 원주역과 시외버스터미널에서 귀래행 1시간 간격 31번 버스 이용, **덕가산**은 매치리 하차. **미륵산**은 귀래면 하차 후, 택시 이용.

숙식
덕가산
엄나무집(엄나무백숙)
원주시 흥업면 복원로 1192-1
033-763-4403

재수네고기구워먹는집
원주시 흥업면 복원로 1205-1
033-744-7122

송천가든
원주시 흥업면 복원로 1205-1
033-744-7122

미륵산
두부고을
원주시 귀래면 주포안말길 8-3
033-764-0098

산촌가든(일반식)
원주시 귀래면 주포리 새터
011-365-0089

남대봉(南台峰) 1180m   수리봉 810m

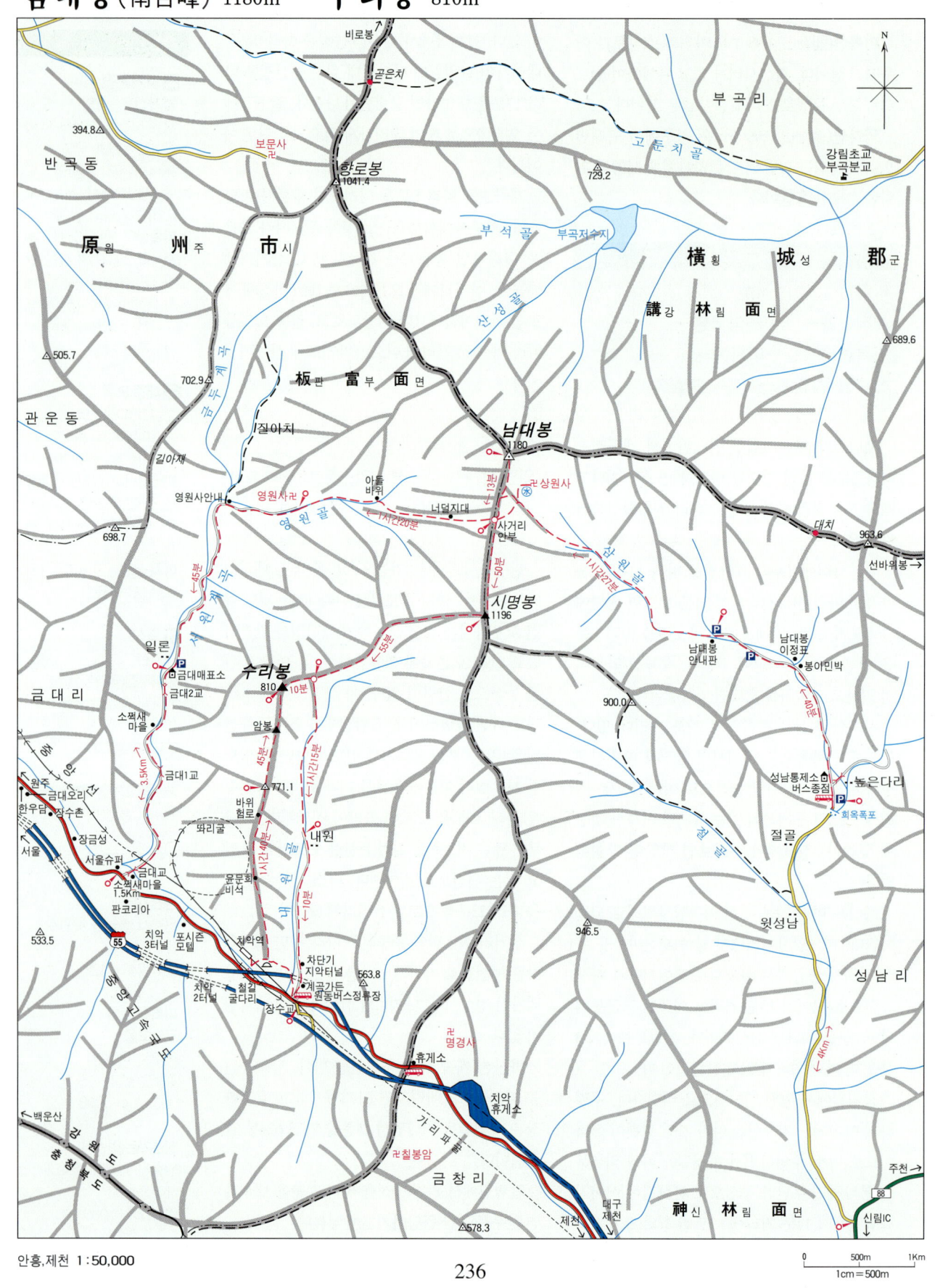

남대봉 · 수리봉
강원도 원주시 신림면, 판부면

남대봉 정상 헬기장

남대봉(南台峰, 1180m)은 치악산 비로봉에서 남쪽으로 이어지는 주능선을 따라 약 10km 거리 치악산 최남단에 위치한 산이다. 남대봉 정상 남쪽 1100m 에는 상원사가 자리하고 있고, 서쪽 영원골에는 영원사가 자리하고 있다.

산행은 성남리에서 상원골을 경유하여 남대봉에 오른 후, 북쪽 영원사를 경유하여 금대리로 하산하거나 서쪽능선을 타고 치악재로 하산한다.

수리봉(810m)은 치악산 향로봉에서 서남쪽으로 뻗어나간 능선 상에 위치한 바위산이다. 10월이면 단풍이 아름답다. 고속도로를 달리다가 단풍 계절에 치악산 쪽을 바라보면 가장 아름답게 보이는 단풍이 수리봉이다.

수리봉은 열차산행이 편리하다. 청량리역에서 중앙선 열차를 타고 원주를 지나 치악역에서 내려 바로 산행을 시작하기 때문이다.

등산로 Mountain path

남대봉 총 5시간 25분 소요
성남통제소→40분→주차장→87분→남대봉→13분→사거리→80분→영원사→45분→금대통제소

성남리 통제소삼거리에서 왼쪽 소형차로를 따라 30분(2.6km)을 들어가면 주차장이 있고 10분을 더 들어가면 치악산안내도가 있는 소형주차장이다.

여기서 계곡으로 이어진 등산로를 따라 28분을 가면 계곡을 벗어나 능선길로 이어져 34분을 오르면 샘이 있고 8분을 더 오르면 상원사에 닿는다. 상원사 입구에서 왼쪽 비탈길을 따라 10분을 가면 주능선에 닿고 오른쪽으로 7분을 더 오르면 헬기장 남대봉이다.

사거리에서 오른편 서쪽으로 내려간다. 급경사 돌밭길로 이어지는 서쪽 길을 따라 47분을 내려가면 철다리 합수점에 닿는다. 합수점에서 계곡을 따라 33분을 내려가면 영원사 입구에 닿는다.

영원사에서 절길을 따라 45분을 더 내려가면 금대통제소에 닿는다. 금대통제소에서 금대2리 버스정류장까지는 3.5km 이다.

수리봉 총 5시간 소요
원동버스정류장→100분→771봉→45분→수리봉→10분→갈림길→75분→외딴집→10분→원동버스정류장

금대3리 원동버스정류장에서 북쪽 편에서 고가 및 민가 사이에 고속도로 교각 2개가 있는 쪽으로 농가가 있다. 이 농로를 따라 5분을 가면 묘가 있고 치악역에서 올라오는 삼거리에 닿는다. 삼거리에서 산길이 뚜렷한 지능선을 따라 50분을 오르면 바위지대가 나온다. 바위지대를 통과하여 10분을 더 오르면 절벽지대 윤문희 씨 비석이 나온다. 비석을 지나 10분을 가면 경주이씨 묘가 나오고 바위지대가 이어진다. 바위지대를 지나 억새밭을 통과하고 바위봉에 올라서면 정상이 보인다. 다시 능선을 타고 올라가면 왼쪽으로 절벽지대를 통과하며 30분을 오르면 바위지대를 지나서 771봉에 닿는다.

771봉을 지나서 계속 능선길을 따라 45분을 올라가면 송전탑을 지나서 수리봉 정상이다.

하산은 동쪽으로 이어진 주능선을 따라 10분 거리에 이르면 공터 안부삼거리가 나온다.

삼거리에서 오른편 남쪽으로 난 하산길을 따라 1시간 15분을 내려가면 억새밭을 지나서 외딴집과 밭이 나온다.

여기서 10분 내려가면 원동버스정류장이다.

여행 정보 Tourist Information

🚗 자가운전

남대봉 중앙고속도로 신림IC에서 빠져나와 우회전-1.5km에서 좌회전⇒4km 성남 주차장.

수리봉 중앙고속도로 남원주IC에서 빠져나와 우회전⇒약 4km에서 5번 국도로 우회전⇒5번 국도를 타고 약 12km 판부면 금대3리 원동골 입구 주차.

🚌 대중교통

동서울터미널에서 원주행 버스 이용, 청량리역에서 중앙선 열차 이용, 원주 하차.

남대봉은 원주역-(구)터미널에서 1일 5회 성남행 23번 시내버스 이용, 종점 하차.

수리봉은 원주역(구)터미널에서 30분 간격으로 운행 21번, 25번 버스 이용, 원동 하차.

🍴 숙식
남대봉

약수가든
신림면 성남로 262
033-763-3638

하니삼방(민박)
신림면 성남로 194-1
011-230-1084

수리봉
자연밥상(버섯찌개)
원주시 판부면 금대길 9
033-766-5534

하누담(한우)
원주시 판부면 치악로 1079
033-766-0554

광천막국수
원주시 판부면 치악로 883
033-766-5534

선바위봉 999m   매봉산 1093.1m

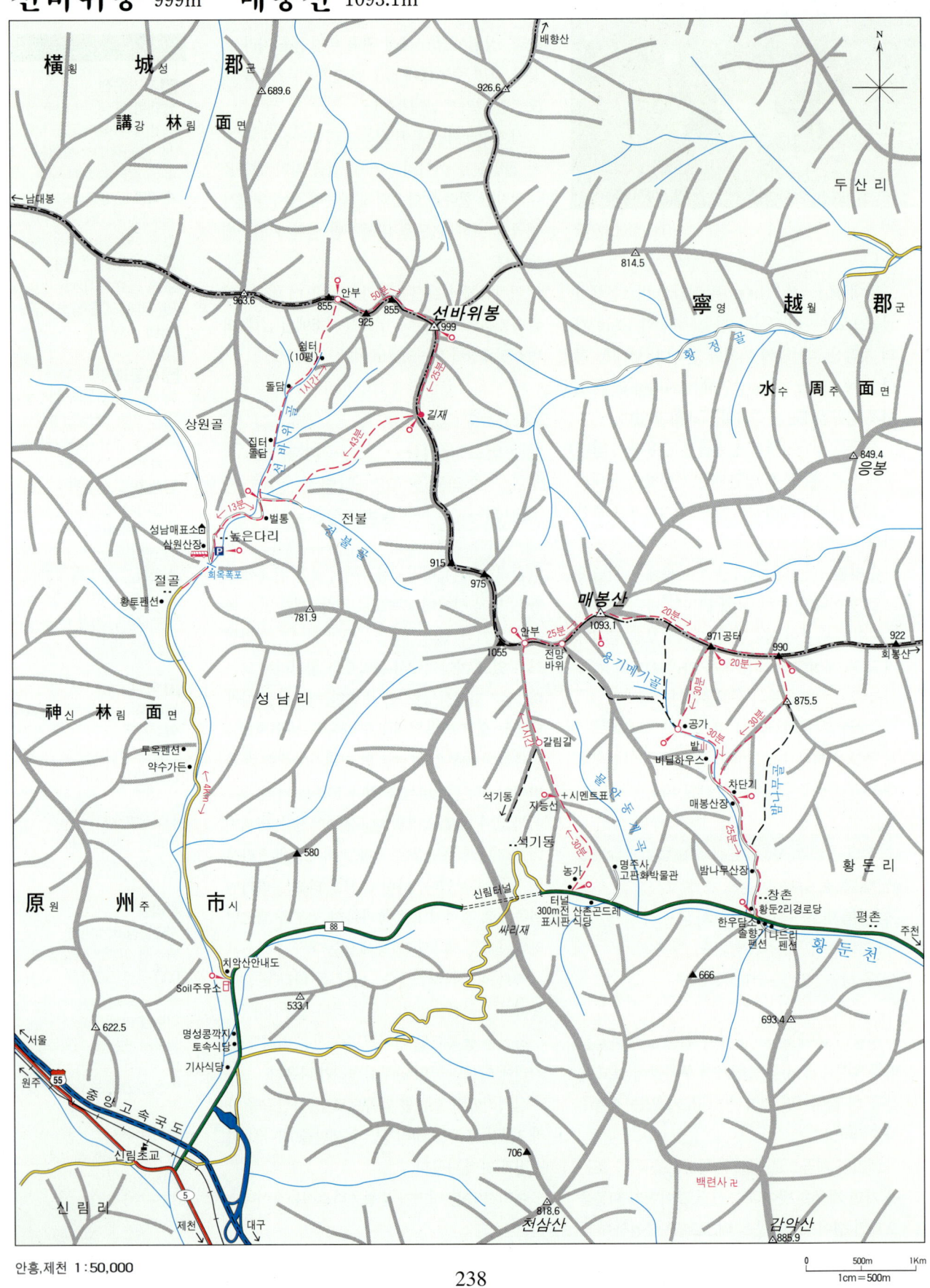

선바위봉·매봉산 강원도 원주시 신림면, 영월군 수주면

선바위봉(999m)은 치악산 남대봉에서 동쪽으로 뻗은 능선으로 약 6km 지점에 위치한 산이다. 선바위골 등산로는 855봉 주능선까지 계속 길이 희미하므로 방향을 잘 잡아야 한다.

매봉산(1093.1m)은 선바위봉에서 남쪽 주능선 약 5km 지점에 위치한 산이다. 완만한 산세에 등산로가 뚜렷한 편이며 험로가 없는 산이다.

등산로 Mountain path

선바위봉 총 4시간 24분 소요
성남 종점→13분→벌통→60분→안부→50분→선바위봉→25분→길재→56분→성남 종점

성남 버스종점에서 오른쪽 높은 다리를 건너 소형차로를 따라 800m 가면 오른쪽에 벌통이 있고 작은 창고가 있다.

벌통에서 50m 거리 왼쪽으로 계곡을 건너는 갈림길이 있다. 갈림길에서 왼쪽 계곡을 건너서 15분을 가면 계류를 한번 건너 왼쪽에 돌담이 있는 집터가 나온다. 계속 계곡길을 따라 17분을 가면 합수곡이다. 합수곡에서 왼쪽으로 몇 발 가다가 오른쪽으로 계곡을 건너 오른쪽 계곡길을 따라가면 왼쪽에 돌담이 있고, 낙엽송 지역으로 이어지다가 오른쪽으로 계곡을 건너서 산길이 이어져 10분을 가면 10평 정도 쉼터가 나온다. 여기서 18분을 더 올라가면 주능선 안부에 닿는다.

안부에서 오른쪽 주능선을 따라 50분을 가면 삼각점이 있는 선바위봉 정상이다.

하산은 남쪽 주능선을 따라 25분을 내려가면 삼거리 길재에 닿는다.

길재에서 오른편 서쪽으로 18분을 내려가면 낙엽송 밭 계곡에 닿는다. 계곡과 나란히 이어지는 길을 따라 7분을 내려가면 산판길이 시작되고 4분 거리에 이르면 농로가 나온다. 농로를 따라 8분을 내려가면 삼거리 민가에 닿고 19분 더 내려가면 버스종점이다.

매봉산 총 4시간 30분 소요
신림터널→90분→안부→25분→매봉산→40분→990봉→30분→매봉산장→25분→만남휴게소

신림터널 동쪽 300m 신림터널 안내판에서 도로를 벗어나 북쪽으로 들어가면 왼쪽에 외딴 농가를 지나 50m 가면 밭 끝이 나오고 낙엽송지역으로 산길이 이어진다. 산길은 희미하게 지능선까지 이어지는데 처음부터 지능선까지 등산로를 따라 빨간 비닐 끈으로 표시가 되어있다. 비닐 끈과 같이 이어지는 능선길을 따라 30분을 올라가면 지능선에 닿는다.

여기서부터 1시간 거리 주능선까지 지능선길은 외길이며 뚜렷하다. 완만한 지능선을 따라 20분을 가면 왼쪽에서 올라오는 삼거리가 나오고, 계속 완만한 능선을 타고 가다보면 경사진 길로 이어져 40분을 올라가면 주능선안부에 닿는다.

안부에서 오른쪽으로 10분을 가면 전망바위가 있고 오른쪽으로 갈림길이 나온다. 계속 주능선을 타고 가면 헬기장을 지나 매봉산 정상이다. 주능선에서 25분 거리다. 정상은 삼각점이 있고 사방이 막힘이 없다.

하산은 990봉으로 이어지는 동쪽 능선을 탄다. 동쪽 능선을 따라 14분을 내려가면 안부사거리에 닿고, 계속 능선을 따라 가면 6분 거리에 공터를 이룬 971봉 삼거리에 닿는다.

안부 또는 971봉에서 오른쪽으로 30분 내려가면 용가메기골에 닿고, 30분을 계곡 따라 내려가면 매봉산장이다. 다시 971봉에서 계속 동쪽 능선을 따라 20분을 가면 990봉에 닿는다.

여기서는 오른쪽(남)으로 지능선을 타고 약 10분 거리에 이르면 갈림길이 나오는데 오른쪽 능선으로 간다. 오른쪽 길로 10분 거리에 또 갈림길이 나오는데 계속 오른쪽으로 가며, 10분 더 내려가면 삼거리를 지나 매봉산장이다.

매봉산장에서 25분 거리에 이르면 만남휴게소이다.

여행 정보 Tourist Information

자가운전
선바위봉 중앙고속도로 신림IC에서 빠져나와 우회전⇒1km 성남주유소 삼거리에서 좌회전⇒4km 성남버스종점 주차.
매봉 중앙고속도로 신림IC에서 빠져나와 우회전⇒88번 지방도 신림터널을 통과 후 바로 주변에 주차.

대중교통
선바위봉 동서울터미널에서 원주행 버스 이용. 원주시외버스터미널 앞에서 23번(1일 5회) 성남행 버스 이용, 종점 하차.
매봉 원주버스터미날 앞에서 운학리, 주천행 버스 이용, 신림터널 지나 200m 하차.

숙식
선바위봉
약수가든식당(일반식)
원주시 신림면 성남로 262
033-763-3638

하니산방(민박)
원주시 신림면 성남로 194-1
011-377-7776

매봉산
산촌식당(곤드래밥)
원주시 신림면 황둔로 564
033-761-0755

한우담소(한우)
원주시 신림면 신림황둔로 710
033-765-8701

명소
명주사(고단화박물관)
황둔2리

신림장날 4일 9일

감악산(紺岳山) 954m 천삼산(天蔘山) 818.6m

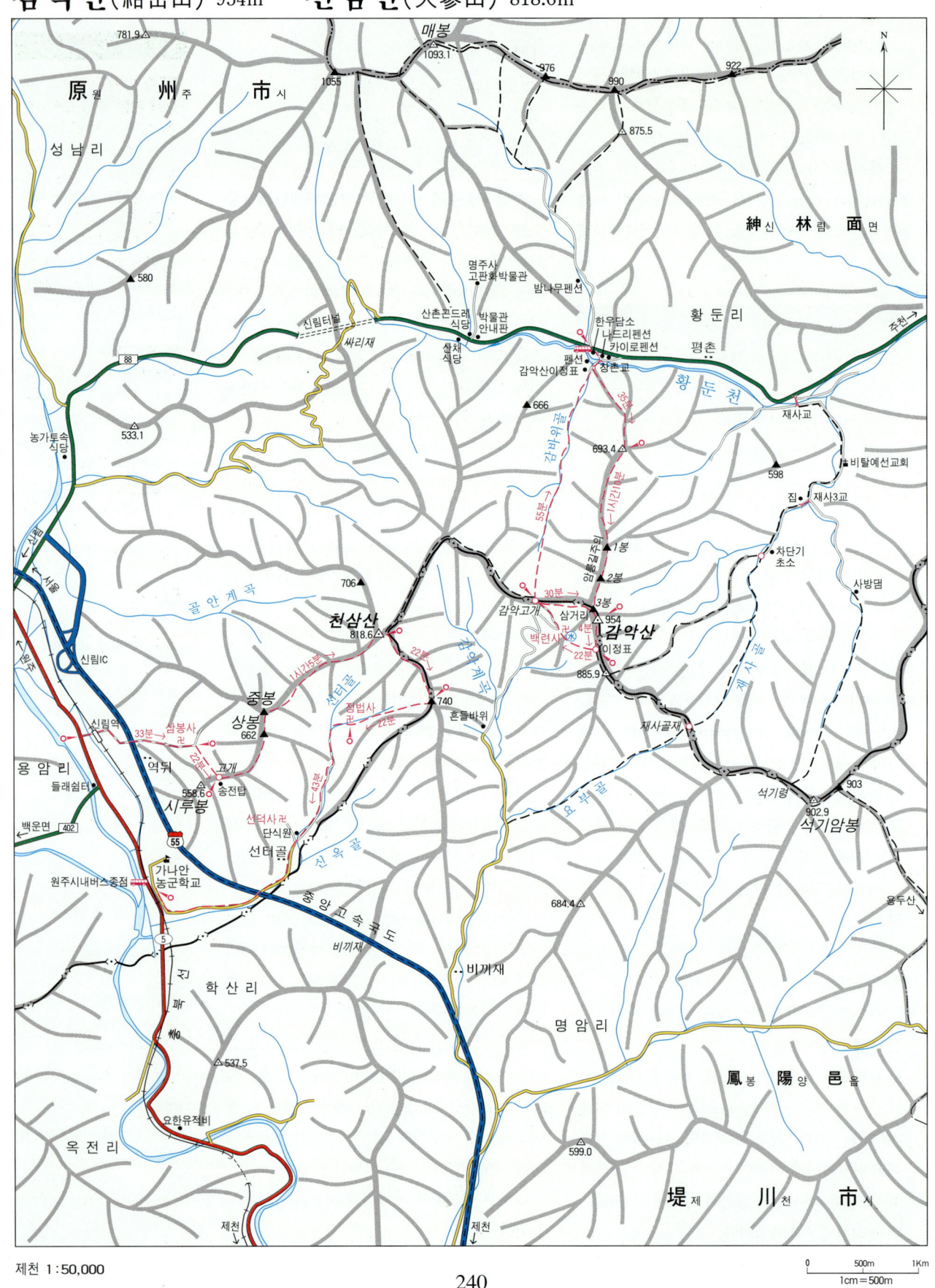

감악산 · 천삼산

강원도 원주시 신림면 · 충청북도 제천시

감악산 삼봉

감악산(紺岳山. 954m)은 정상 부근은 대부분 바위로 이루어져 있고, 등산로도 바윗길 험로가 이 있으며 정상 남쪽 바로 아래에 고찰 백련사가 자리하고 있다. 산행은 황둔리 만남휴게소에서 능선 693봉 1봉 2봉 암릉길을 경유하여 정상에 오른 다음, 하산은 백련사 감악고개를 경유하여 만남휴게소로 내려온다. 또는 천삼산까지 종주산행도 가능하다.

천삼산(天蔘山. 818.6m)은 중앙선 신림역 동쪽에 뾰쪽하게 솟은 산이다. 감악산에서 능선으로 약 3km 지점에 위치해 있고 산세는 무난한 편이다. 산행은 신림역에서 삼봉사를 거쳐 정상에 오른 뒤 선터골을 따라 가나안농군학교로 하산한다.

등산로 Mountain path

감악산(험로) 총 4시간 6분 소요
창천교→35분→693봉→70분→감악산→26분→감악고개→55분→창천교

황둔리 버스정류장에서 남쪽으로 소형차로를 따라가면 창촌교를 건너서 갈림길이 나온다. 갈림길에서 왼쪽으로 간다. 왼쪽 다리를 건너 능선길을 따라 35분을 올라가면 693봉에 닿는다. 693봉에서 계속 이어지는 능선길을 따라 20분을 오르면 바윗길이 시작된다. 바윗길을 따라 12분을 오르면 1봉에 닿는다. 1봉에서 계속 이어지는 바윗길(험로)을 따라 22분 거리에 이르면 감악산 표지석이 있는 2봉에 닿는다. 2봉에서 남쪽 능선을 따라 8분을 오르면 주능선 삼거리에 닿는다. 삼거리에서 남쪽으로 8분을 더 가면 표지석이 있는 감악산 정상이다.

하산은 남쪽 석기암봉 방면으로 4분 내려가면 삼거리 갈림길이다. 갈림길에서 오른편 서쪽으로 11분 내려가면 백련사에 닿고, 백련사에서 2분 거리 갈림길에서 오른쪽으로 9분을 가면 감악고개에 닿는다.

감악고개에서 북쪽 감바위골로 내려간다. 북쪽으로 내려가면 계속 감바위골로 이어지면서 55분을 내려가면 만남휴게소에 닿는다.

천삼산 총 4시간 27분 소요
신림역→33분→삼봉사→22분→송전탑→65분→천삼산→22분→삼거리→22분→정법사→43분→버스종점

신림역에서 역대합실을 통과 철길을 건너면 갈림길이 나온다. 갈림길에서 오른쪽으로 들어가면 고속도로 지하도를 지나서 오른쪽으로 삼봉사로 가는 소형차로가 나온다. 이 소형차로를 따라 33분 거리에 이르면 삼봉사에 닿는다.

삼봉사에서는 왼쪽 낙엽송 수림 계곡으로 오른다. 계곡길을 따라 22분을 오르면 송전탑 아래 안부에 닿는다. 안부에서 동북쪽으로 이어지는 주능선을 따라 5분을 오르면 전망바위가 나온다. 이어서 밧줄이 설치되어 있는 바위지역을 수차례 지나면서 20분을 오르면 상봉을 지나 중봉에 닿는다. 중봉에서 오른쪽 능선을 따라가면 진달래 군락이 이어지며 30분을 가면 바위지대 위에 갈림길이 나타난다. 여기서 왼쪽으로 발길을 옮기면 밧줄을 잡고 수직 절벽을 내려선다. 이어서 아름드리 노송이 있는 안부이고 10분을 더 오르면 천삼산 정상이다. 정상은 삼거리이며 삼각점이 있고 전망이 빼어나다.

하산은 남쪽 능선을 따라 22분 거리에 이르면 선터골 흔들바위로 가는 삼거리가 나온다.

여기서 오른쪽 선터골 쪽으로 22분을 내려가면 정법사에 닿는다. 정법사에서 16분을 내려가면 단식원에 닿고, 소형차로를 따라 28분을 더 내려가면 원주시내 버스종점 도로에 닿는다.

여행 정보 Tourist Information

자가운전
중앙고속도로 신림IC에서 빠져나와 감악산은 우회전⇒주천 방면 88번 지방도 신림터널 지나 황둔2리 회관 앞 주차.

천삼산은 신림IC에서 빠져나와 좌회전⇒신림사거리에서 좌회전⇒1.5km 신림역 주차.

대중교통
감악산은 원주버스시외터미널 앞에서 1일 6회 황둔행 24번 25번 버스 이용, 황둔2리회관 앞 하차.

천삼산은 원주역, 원주버스터미널 앞에서 학산행 버스 이용, 신림역 하차. 청량리역에서 6시 50분 발 제천 방면 무궁화 열차 이용, 신림역 하차.

숙식
감악산
산촌곤드래식당
원주시 신리면 황둔로 564 신림터널 동편
033-761-0755

한우담소(한우)
신림면 신림황둔로 710
033-765-8701

나드리펜션
신림면 신림황둔로 714-13
033-764-5888

천삼산
최고네식당
신림면 치악로 13
033-762-0650

명소
치악재

신림장날 4일 9일

구학산(九鶴山) 983m 담바위봉 705m

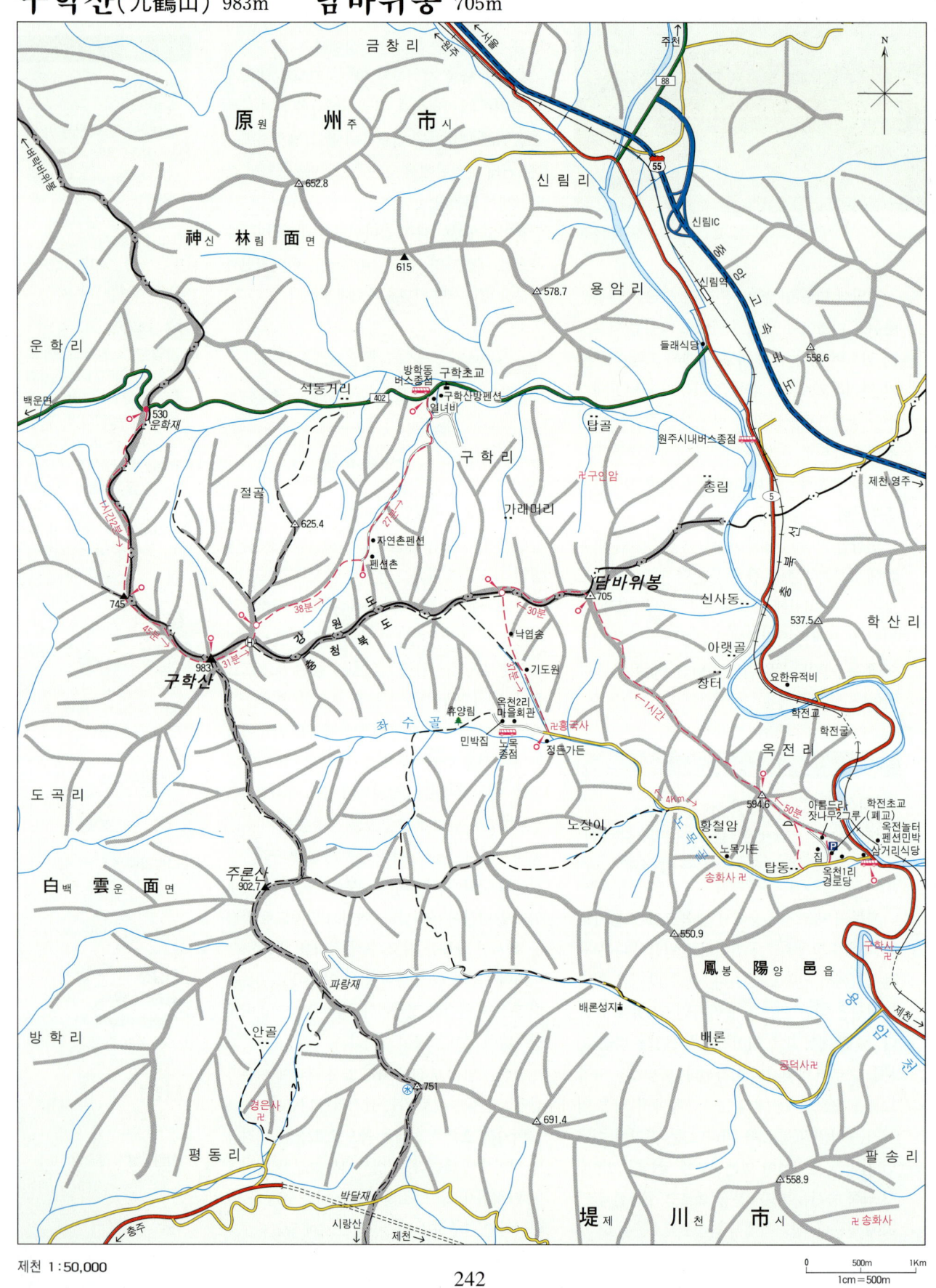

제천 1:50,000

구학산 · 담바위봉
강원도 원주시 신림면 · 충북 제천시

구학산 정선전씨 열녀비

구학산(九鶴山. 983m)은 신림면에서 백운면으로 넘어가는 운학재에서 남쪽으로 이어지는 능선 상에 높이 솟은 산이다.

산행은 운학재에서 남릉을 타고 정상에 오른 다음, 동쪽 헬기장을 경유하여 지능선을 타고 펜션 단지를 지나 구학리로 하산한다. 건각들이라면 구학산에서 남쪽 주론산이나 동쪽 담바위봉까지 종주산행도 좋다.

담바위봉(705m)은 구학산에서 동쪽 능선으로 이어져 약 4km 거리에 위치하고 있는 육산이다. 산행기점에서 50분 거리 등산로가 다소 희미하고 그 외는 무난한 편이다.

산행은 신림에서 제천으로 가는 5번 국도변 학전초교에서 출발하여 능선을 타고 담바위봉에 오른 뒤, 북릉 1km에서 남쪽 노목으로 하산한다.

등산로 Mountain path

구학산 총 4시간 23분 소요
운학재→62분→745봉→45분→
구학산→31분→삼거리→38분→
펜션촌→27분→열녀비

구학초교에서 35분 거리 운학재가 구학산 산행기점이다. 운학재에서 남쪽으로 난 뚜렷한 등산로를 따라 7분을 오르면 첫 봉우리에 닿는다. 첫봉에서 능선길은 완만하게 이어지며 55분을 오르면 삼거리 745봉에 닿는다.

계속된 주능선길을 따라 45분을 더 오르면 삼각점과 표지석이 있는 구학산 정상이다.

하산은 삼거리에서 왼쪽 동릉을 따라 13분을 가면 헬기장 삼거리가 나온다. 여기서 오른쪽 능선은 담바위봉으로 가는 길이고 구학리는 왼쪽으로 간다. 왼쪽 길을 따라 18분을 더 내려가면 다시 삼거리가 나온다.

삼거리에서 오른쪽 길로 36분을 내려가면 비포장 소형차로가 나오고, 오른쪽 길로 2분을 더 내려가면 펜션지역 포장도로에 닿는다. 여기서부터는 도로 따라 27분을 내려가면 구학리 열녀비가 있는 차도에 닿는다.

담바위봉 총 4시간 57분 소요
삼거리식당→50분→694.6봉→60분→
담바위봉→30분→안부→37분→
흥국사→60분→삼거리식당

학전초교 앞 옥전리 삼거리식당에서 동쪽으로 100m 가량 가면 옥천1리 경로당을 지나 학천초교(폐)가 나온다. 여기서 학교운동장 왼쪽으로 들어가면 운동장 끝 지점 왼쪽에 외딴 농가가 있고 농가 오른쪽으로 아름드리 잣나무 두 그루가 있다. 이 잣나무 아래로 비탈길을 따라 약 100m 가면 능선에 묘가 있다. 식당에서 10분 거리다. 묘에서 잡목이 우거진 왼쪽 능선으로 산길을 헤치고 5분을 가면 전망이 트이고 무덤이 있다. 무덤에서 2분을 가면 탑동에서 오르는 삼거리에 닿는다. 이 삼거리에서부터 작은 나무들이 많은 능선길로 이어지며 33분을 오르면 694.6봉에 닿는다.

694.6봉에서 5분을 가면 전망바위가 나오고 다시 10분을 가면 사거리안부에 닿는다. 안부에서부터는 경사진 길로 이어지며 45분을 오르면 담바위봉 정상이다.

정상에서 하산은 서쪽 능선을 타고 30분을 가면 안부갈림길이다.

갈림길에서 왼쪽으로 내려간다. 왼쪽 등산로를 따라 37분을 내려가면 낙엽송지역과 기도원을 지나 흥국사에 닿는다.

흥국사에서 삼거리식당까지는 약 4km 1시간 거리다.

여행 정보 Tourist Information

자가운전
구학산 중앙고속도로 신림IC에서 빠져나와 좌회전-신림삼거리에서 좌회전⇒2km에서 우회전⇒402번 지방도를 타고 약 6km 운학재 주차.
담바위봉 중앙고속도로 신림IC에서 빠져나와 좌회전⇒신림삼거리에서 좌회전⇒5번 국도를 타고 제천 방면 10km 옥전삼거리 구학초교 주차.

대중교통
구학산 원주역, 원주시외버스터미널 앞에서 구학리행(1일 4회) 이용, 구학리 종점 하차(종점~운학재 약 4km).
담바위봉 제천에서 봉양 탁사정 경유 옥전리, 노목행 시내버스 80번 이용, 옥전 삼거리식당 하차.

숙식
구학산
최고네식당
원주시 신림면 치악로 13
033-762-0605

구학산방펜션
원주시 신림면 방학동길 181
033-762-9696

담바위봉
삼거리식당
제천시 봉양읍 옥전길 76
043-651-6640

노목민박
제천시 봉양읍 옥전길 404

명소
탁사정(옥전리)

신림장날 4일 9일

오갑산(梧甲山) 609.1m   원통산(怨慟山) 675m

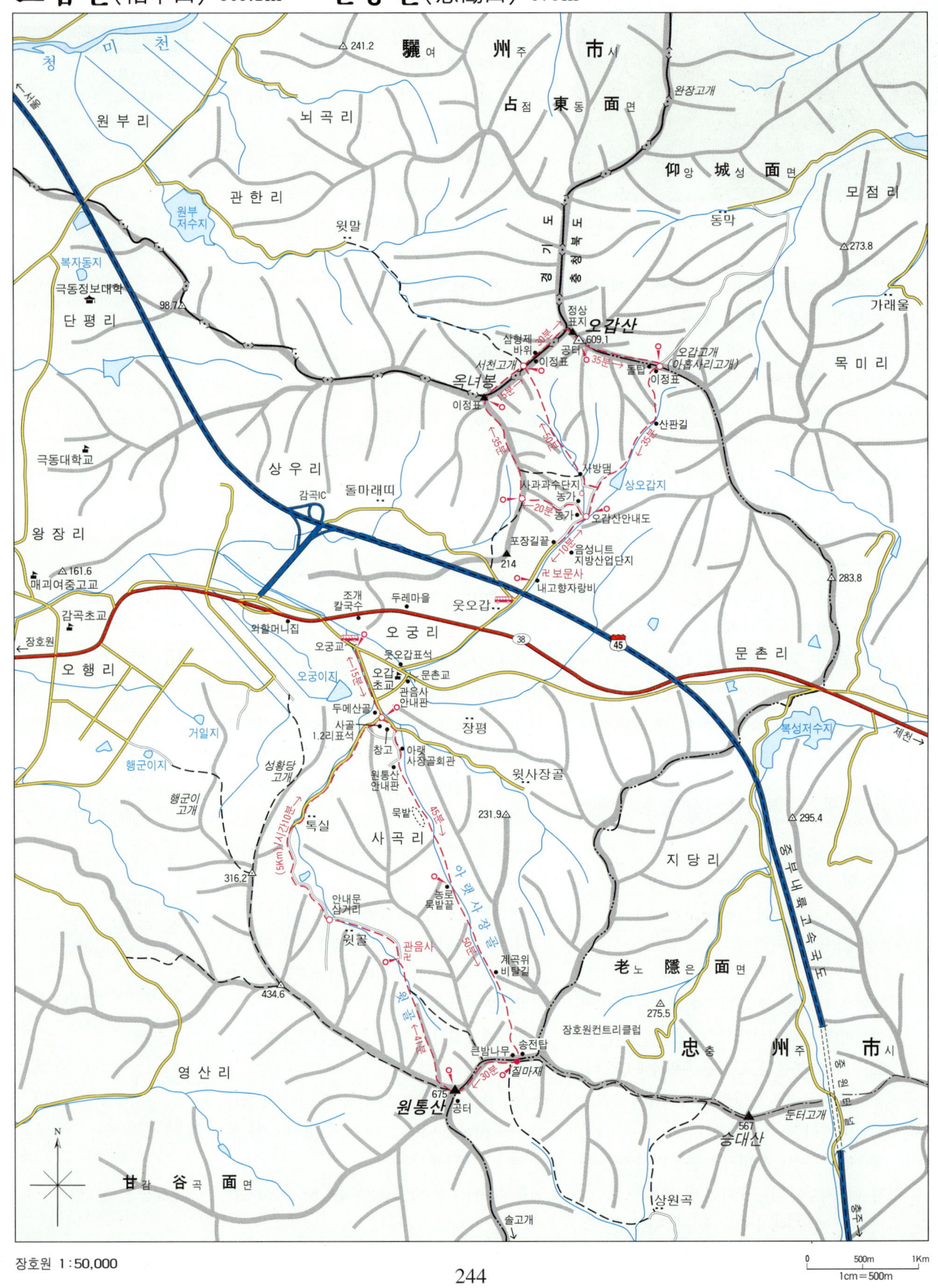

오갑산 · 원통산
충청북도 음성군 감곡면, 경기도 여주시

오갑리에서 바라본 오갑산

오갑산(梧甲山, 609.1m)은 중부내륙고속도로 감곡IC 북동쪽에 위치한 산이다. 산세가 부드럽고 소나무가 많은 산이다.

원통산(怨慟山, 675m)은 감곡IC 남쪽에 위치한 산이다.

등산로 Mountain path

오갑산 총 3시간 50분 소요
오갑산안내도 → 55분 → 옥녀봉 → 15분 → 서천고개 → 30분 → 오갑산 → 35분 → 오갑고개 → 35분 → 안내도

웃오갑마을 버스종점에서 북동쪽 고속도로 밑을 통과하고 내고향자랑비를 지나 400m를 가면 2차선 포장길이 끝나고 소형차로를 따라 5분 거리에 오갑산 안내도가 있는 삼거리가 나온다.

삼거리에서 왼쪽 농로를 따라 5분을 가면 농로가 끝나고 간이창고를 지나면 묘가 있다.

여기서 능선길을 따라 올라가면 왼쪽 비탈길로 이어져 10분을 가면 왼쪽에서 오르는 삼거리가 나온다. 삼거리에서 오른쪽 능선으로 35분을 올라가면 옥녀봉 삼거리에 닿는다.

이정표가 있는 옥녀봉삼거리에서 오른편 주능선을 따라 15분을 내려가면 서천고개 사거리에 닿는다. 고개에서 계속 동쪽 주능선을 따라 12분을 오르면 삼형제바위가 나오고, 아기자기한 주능선 길로 이어져 15분을 더 오르면 삼거리 갈림능선에 닿는다. 삼거리에서 오른쪽으로 50m 거리에 오갑산 표시가 있고, 동쪽으로 100m 더 가면 넓은 휴식처가 있는 오갑산 정상이다. 정상은 표지석이 있고 전망이 빼어나며 점심장소로 좋은 휴식공간이다.

하산은 동릉을 탄다. 동릉을 따라 내려가면 바위지대를 통과하게 되고, 이어서 급경사로 이어지는 동릉을 따라 35분을 내려가면 오갑고개(아홉사리고개) 사거리에 닿는다.

오갑고개에서 오른쪽 길로 내려서면 작은 협곡을 지나서 오른쪽 비탈길로 이어져 7분을 내려가면 산길은 왼쪽 지계곡으로 꺾어지다가 6분을 내려가면 주계곡을 만나고, 경운기가 갈 수 있는 넓은 계곡길로 이어져 5분 거리에 이르면 사과밭이 나오고, 10분 거리에 저수지 둑을 지나며 7분 정도 더 내려가면 삼거리 오갑산안내도에 닿는다.

원통산 총 5시간 11분 소요
오궁교 → 60분 → 농로끝 → 50분 → 질마재 → 30분 → 원통산 → 41분 → 관음사 → 70분 → 오궁교

오갑초교 서쪽 오궁교삼거리에서 우회전 남쪽으로 1km 가면 사곡리 삼거리다. 삼거리에서 왼쪽으로 1분을 가면 오른쪽으로 소형차로가 두 번 나온다. 여기서 두 번째 오른쪽 소형차로를 따라 15분을 가면 아랫자장골 마을회관을 지나고, 5분을 더 가면 묵밭이 시작되어 15분을 가면 묵밭이 끝나면서 숲길로 이어진다. 계곡으로 이어지는 산길은 뚜렷하지만 잡초가 많은 편이며, 21분을 올라가면 합수곡으로 이어져 26을 더 오르면 질마재에 닿는다.

질마재에서 오른쪽 서능을 따라 오르면 급경사에 밧줄이 있으며 13분을 오르면 관음사로 가는 갈림길이 나온다. 갈림길에서 왼쪽으로 16분을 더 가면 표지석이 있는 원통산 정상이다.

하산은 오른쪽 서능을 따라 5분 거리에 이르면 오른쪽으로 희미한 갈림길이 나온다.

이 갈림길에서 오른쪽 길을 따라 25분을 내려가면 삼거리가 나오고 11분 더 내려가면 관음사에 닿는다. 관음사에서 소형차로를 따라 5km 거리에 이르면 사곡리 삼거리에 닿는다.

여행 정보 Tourist Information

자가운전
중부내륙고속도로 감곡IC에서 빠져나와 첫 번째 신호등 사거리에서 좌회전⇒**원통산**은 1km 오궁교 삼거리에서 우회전⇒1km 사곡리 삼거리 주차.

오갑산은 감곡IC 첫 신호등에서 좌회전⇒2km 문촌교에서 좌회전⇒1km 2차선 포장길 끝 주차.

대중교통
서울 동서울터미널에서 20~30분 간격으로 운행하는 감곡행 버스 이용, 또는 충주 장호원에서 수시로 운행하는 감곡행 버스 이용, 감곡에서는 문촌리행 시내버스 1일 5회를 이용, **원통산**은 오갑초교 전 오궁교 하차. **오갑산**은 문촌리 웃오갑 마을 하차.

식당
외할머니집(일반식)
음성군 감곡면 가곡로 230
043-881-6122

두레마을(두부요리)
음성군 감곡면 가곡로 469번길 3
043-882-3747

조개칼국수
음성군 감곡면 가곡로 326
043-882-0953

온천
능암탄산온천
충주시 앙성면 가곡로 1457
043-855-7360

장호원장날 4일 9일

보련산(寶蓮山) 764.4m 국망산(國望山) 769.5m

장호원, 엄정 1:50,000

보련산 · 국망산
충청북도 충주시 노은면, 앙성면

보련산(寶蓮山. 764.4m)과 **국망산**(國望山. 769.5m)은 충주시 노은면과 앙성면 경계를 이루고 있는 산이다. 하남고개를 사이에 두고 동쪽은 보련산 서쪽은 국망산이며 전체적으로 완만한 산세를 이루고 있어 가족 산행지로 좋은 산이다.

보련산 산행은 돈산온천에서 원점회귀 산행을 하거나, 노은면에서 정상을 오른 후에 하남고개나 돈산온천으로 잡으면 된다.

국망산은 하남고개에서 국망산 둔터고개로 잡으면 된다.

등산로 Mountain path

보련산 총 4시간 25분 소요
느티나무집→78분→성안고개→35분→보련산→16분→스핑크스바위→34분→갈림길→42분→느티나무집

돈산온천 앞 느티나무식당 왼편으로 마을길을 따라 13분을 가면 동암마을회관이다. 동암마을회관 왼편 계곡길을 따라 100m 가서 계곡을 건너 18분 거리에 이르면 외딴집이 있다. 외딴집에서부터 계곡 왼편으로 난 등산로를 따라 45분을 오르면 성안고개에 닿는다.

성안고개에서 오른쪽 능선을 따라 35분을 오르면 표지석이 있는 보련산 정상에 닿는다.

정상에서 바라보면 노은면 앙성면 일대가 막힘없이 시야에 들어온다. 하산은 하남고개 북서쪽 능선을 따라 16분을 내려가면 708봉 스핑크스바위가 있다.

스핑크스바위에서 돈산온천 쪽은 서쪽으로 10m 가서 오른편 북쪽 지능선으로 간다. 처음에는 희미하게 시작하지만 점점 뚜렷하게 이어지면서 16분을 내려가면 소나무가 있는 무명봉에 닿는다. 무명봉에서 계속 북쪽 지능선을 따라 18분을 내려가면 능선이 갈라지는 지점이 나온다. 여기서 오른쪽 뚜렷한 능선길을 따라 24분을 내려가면 산길이 끝나고 농로가 나온다. 농로 50m 거리에서 오른쪽 밭둑길로 5분을 가면 동암마을이 나오고 13분을 가면 느티나무식당이다.

* 하남고개 쪽 하산길은 스핑크스바위에서 서북쪽 주능선을 따라 20분을 가면 굴바위를 지나 676봉에 닿고, 676봉에서 계속 서쪽 능선길을 따라 40분을 내려가면 하남고개에 닿는다.

* 노은면쪽 등산로 노은교-50분-보련골건너-60분-지능선-30분-보련산 (2시간 20분 소요)

노은면 노은교 삼거리에서 북쪽 100m 거리 오른쪽 보련마을길을 따라 5분을 가면 연하2리 마을회관을 통과하고, 마을길을 따라가다가 오른쪽 다리를 건너서 왼쪽으로 조금가면 농가가 끝나고 산길로 접어드는 지점이 나온다. 여기서부터 보련계곡을 따라 40분을 가면 보련골을 건너 지능선으로 오른다. 지능선을 따라 5분 거리 갈림길에서 오른쪽 지능선 비탈길을 따라 가면 건곡을 건너서 왼편 능선으로 오르게 된다. 계곡에서 1시간 거리다.

능선에서 오른쪽 지능선 급경사 바윗길로 이어지며 30분을 올라가면 보련산 정상에 닿는다.

국망산 총 2시간 53분 소요
하남고개→40분→사거리안부→30분→국망산→20분→삼거리→23분→둔터고개

하남고개에서 서쪽 국망산 안내판이 있는 왼쪽으로 오르면 철망 오른쪽으로 등산로가 이어져 5분을 오르면 지능선 119 표지판이 나온다. 표지판에서 완만한 지능선을 따라 35분을 오르면 남쪽으로 갈라지는 봉우리를 지나서 사거리 안부에 닿는다.

안부에서 계속 직진하여 주능선을 따라 30분을 더 오르면 삼각점 국망산 정상에 닿는다.

하산은 서쪽 주능선을 따라 내려가면 노송과 바위로 이루어진 하산길로 이어지며 20분을 내려가면 갈림길이 나온다.

갈림길에서 둔터고개를 향해 왼쪽 능선을 따라 23분을 내려가면 둔터고개에 닿는다.

여행 정보 Tourist Information

자가운전
중부내륙고속도로 감곡IC에서 빠져나와 첫 신호에서 직진 후, 38번 국도로 좌회전⇨앙성면에서 빠져나와 **보련산**은 동쪽 (구)38번 국도를 타고 약 3km 돈산온천 주차. **국망산**은 앙성면에서 남쪽 49번 지방도를 타고 약 4km 하남고개 주차.

대중교통
충주에서 30분 간격으로 운행하는 360번 365번 앙성면 방면 버스 이용, 동암 하차. 노은 방면은 충주에서 1시간 간격으로 운행하는 노은행 버스 이용 후, 하남고개와 둔터고개는 대중교통이 없으므로 노은면에서 승용차 편을 이용해야 한다.

식당
농협촌(한우)
충주시 앙성면 가곡로 1512
043-855-5808~9

돌집식당(청국장)
앙성면 가곡로 1514-3
043-853-4280

느티나무식당(일반식)
앙성면 가곡로 1410
043-855-2178

통통돼지(돼지)
앙성면 내용1길 5
043-864-3352

앙성식당(일반식)
앙성면 가곡로 1046
043-855-2876

온천
능암온천
앙성면 새바지길 37
043-844-2020

무제봉(武帝峰) 574.1m 옥녀봉(玉女峰) 455.8m

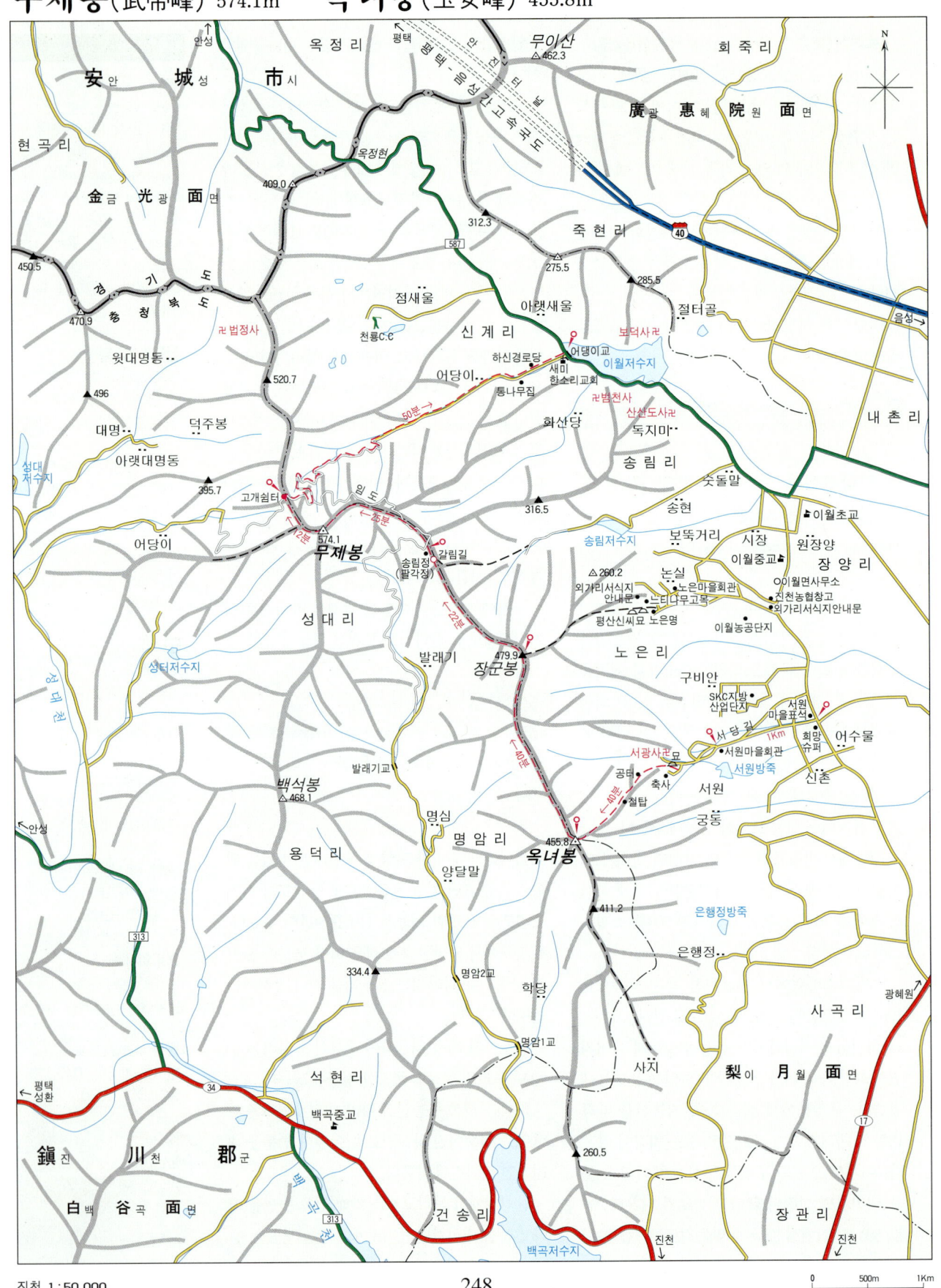

묘지와 표지석이 있는 무제봉 정상

무제봉 · 옥녀봉
충청북도 진천군 백곡면, 이월면

무제봉(武帝峰. 574.1m)과 **옥녀봉**(玉女峰. 455.8m)은 북쪽 덕성산에서 지맥이 남쪽으로 뻗어 내려가다가 옥정현(玉井峴)을 지나서 지맥이 갈라져 하나는 동남쪽으로 뻗어가서 무제봉을 이루고, 장군봉(479.9m) 옥녀봉(455.8m)에서 남쪽으로 이어지다가 백곡천으로 가라앉는다. 또 하나는 서남쪽으로 뻗어 서운산으로 이어진다.

산세는 순수한 육산이며 소나무가 대부분을 이루고 있다. 옥녀봉에서 장군봉 팔각정까지는 소나무 군락지로 자연 그대로이며 등산로는 흙한 점 묻지 않는 솔잎 낙엽길이다. 팔각정에서 무제봉까지 일대는 참남무시들음병으로 대부분 벌목되어 아쉬움이 있다. 등산로도 완만하고 무난하여 가족 산행지로 적합한 산이다.

산행은 이월면 노원리 서원마을에서 지능선을 타고 옥녀봉에 오른 후에 북쪽 능선을 타고 장군봉을 경유하여 무제봉에 오른다. 하산은 북쪽 안부에서 동쪽 임도를 따라 이월저수지 상류 어댕이교로 하산 한다. 이 외에 노원리 노원영당에서 장군봉으로 오르는 길이 있고, 옥녀봉 남쪽 사지마을 장수골에서 오르는 길도 있다.

등산로 Mountain path
옥녀봉-무제봉 총 4시간 9분 소요
서원마을회관→40분→옥녀봉→40분→
장군봉→22분→송림정→25분→
무제봉→12분→고개→50분→어댕이교

진천군 이월면소재지에서 남쪽 진천 쪽 17번 국도를 따라 1.7km 거리에 이르면 오른쪽으로 서원마을 표석(1.2km)이 있고 희망슈퍼가 있다. 여기서 도로를 벗어나 오른편 서원마을길을 따라 1km 들어가면 서원마을회관이다.

서원마을회관에서 다리를 건너 삼거리에서 왼쪽 마을 골목으로 150m 정도 들어가면 갈림길 사이 산자락에 묘가 있다. 여기서 묘를 통과 능선으로 오른다. 뚜렷한 등산로는 소나무 지역으로 깨끗하고 상쾌한 소나무 낙엽길로 이어진다. 묘를 출발해서 무난한 능선길을 따라 37분을 오르면 주능선 삼거리 옥녀봉에 닿는다.

옥녀봉은 삼각점 표지석 이정표가 있다. 옥녀봉에서 장군봉을 향해 북쪽으로 이어지 주능선을 따라 간다. 주능선길은 소나무 숲에 솔잎 낙엽이 쌓여 신발에 흙이 묻지 않는 산길로 이어지고 완만한 평지 오솔길 편안하고 여유로운 산행이다. 노래를 부르면서 40분 거리에 이르면 삼거리 쉼터 장군봉에 닿는다.

장군봉에서 무제봉을 향해 북서쪽으로 이어지는 주능선을 따라 20분 거리에 이르면 오른쪽으로 하산길이 있고, 계속 2분 거리에 이르면 임도 쉼터 팔각정에 닿는다.

팔각정에서 임도를 가로 질러 능선을 따라 오른다. 여기서부터 무제봉까지는 참나무시들음병으로 대부분 벌목지대이다. 다소 경사진 능선길을 따라 25분 거리에 이르면 무제봉 정상에 닿는다. 무제봉 정상은 표지석이 3개나 있고 묘가 있으며 사방이 막힘이 없어 전망대와 같다.

무제봉에서 하산은 북서 방향으로 50m 가서 오른쪽 능선을 따라 12분을 내려가면 고개 임도에 닿는다. 고개에서 오른쪽 임도를 따라 4분 거리 임도 삼거리에서 왼쪽 신계리 방향으로 내려간다. 신계리 방향 임도를 따라 46분을 내려가면 통나무집을 경유하여 어댕이교 버스정류장에 닿는다.

무제봉과 옥녀봉은 나지막하고 완만한 산세이다. 능선 등산로도 평지처럼 편안하고 등산로는 솔잎과 낙엽이 쌓여 있어 기분좋은 가족 산행지로 적합하다.

여행 정보 Tourist Information

자가운전
평택 제천 간 고속도로 북진천IC에서 빠져나와 남쪽으로 좌회전⇒1km에서 우회전⇒2km에서 좌회전⇒3km 이월면통과 서원마을 표석에서 우회전⇒1km 서원마을회관 주차.

대중교통
서울 서초동 남부버스터널에서 20분 간격으로 운행하는 진천행 버스를 타고 이월면 하차. 청주 사직동 시외버스미널에서 15분 간격으로 운행하는 진천 경유 괴산행 버스 이용, 이월 하차. 이월에서 서원마을까지 택시 이용.
이월버스정류장에서 서울 남부터미널행 버스는 15~20분 간격으로 있음.

식당
통나무집(오리, 닭)
진천군 이월면 어두길 41
043-536-1177
010-4083-5871

할머니집(오리, 매운탕)
진천군 이월면 화산공길 18
043-536-7891

이월가든(돌솥밥+청국장)
진천군 이월면 진안로 53
043-537-6301

청산가든(일반식)
진천군 이월면 진안로 360
043-537-4878

숙박
봉림장여관
진천군 이월면
043-532-8009

금수산(錦繡山) 1015.8m 망덕봉 916m

금수산 · 망덕봉
충청북도 단양군 적성면, 제천시 수산면

상천리에서 바라본 금수산

금수산(錦繡山. 1015.8m)은 백악산(白岳山)이라 불러왔으나 퇴계 이황 선생이 단양군수로 재직 시 가을 단풍의 경치가 마치 비단에 수를 놓은 것 같다하여 비단 금(錦)에 수를 놓을 수(繡)자를 써서 금수산이라 이름을 바꾸었다고 한다. 사계절 아름다운 산이지만 특히 가을 단풍이 들면 비단 같은 산세를 이룬다.

망덕봉(916m)은 금수산에서 서쪽으로 뻗어나간 능선 상에 약 2km 거리에 위치하고 있는 평범한 산이다. 남쪽 상천리 쪽 산행 기점부터 정상까지는 바윗길이므로 상당히 힘든 코스이다.

등산로 Mountain path

금수산 총 5시간 3분 소요
상천휴게소→30분→2삼거리→66분→얼음골재→27분→주능삼거리→30분→금수산→15분→들뫼삼거리→45분→2삼거리→30분→상천휴게소

상천리 휴게소에서 왼쪽 백운동교를 건너 마을길을 따라 6분을 가면 백운산장을 지나고, 계속 농로를 따라 7분을 가면 이정표 삼거리가 나온다. 여기서 오른쪽 길을 따라 9분 거리 동문재를 통과하여 3분 거리에 이르면 두 번째 삼거리가 나온다.

여기서 왼쪽으로 계곡길을 따라 31분을 가면 합수점이 나온다. 여기서부터 가파른 능선길을 따라 35분을 오르면 얼음골재 사거리에 닿는다.

왼쪽은 망덕봉, 오른쪽 금수산이다. 오른쪽 능선을 따라 27분을 오르면 주능선 삼거리다.

삼거리에서 오른쪽으로 조금 내려서면 왼쪽에서 오르는 삼거리다. 삼거리에서 직진하면 바윗길이 시작되어 정상까지 이어진다. 바윗길을 따라 30분을 올라가면 철계단으로 된 바위봉 금수산 정상에 닿는다.

하산은 남쪽 능선을 따라 4분 거리 묘에서 오른쪽 능선으로 내려서면 다시 왼쪽 비탈길로 이어져 묘에서 11분을 내려가면 들뫼삼거리다.

들뫼삼거리에서 왼쪽은 적성면 상리이고, 오른쪽은 상천리다. 오른쪽 상천리 방면으로 내려가면 완만한 길로 가다가 급경사(밧줄) 지역을 내려선 다음부터는 완만하게 이어지면서 45분을 내려가면 계곡 2삼거리에 닿고, 30분을 더 내려가면 상천리 휴게소에 닿는다.

망덕봉 총 4시간 40분 소요
상천휴게소→20분→용담폭포→60분→710봉→50분→망덕봉→10분→얼음골재→80분→상천휴게소

상천휴게소에서 왼쪽 백운동교를 건너 마을길을 따라 13분을 가면 백운산장을 지나서 금수산 갈림길이다. 갈림길에서 왼쪽으로 7분을 가면 용담폭포가 나온다.

용담폭포에서 왼쪽으로 오른다. 왼쪽 길은 희미하게 능선으로 이어지며 바윗길 험로를 통과하게 된다. 눈비가 올 때는 어려운 구간이다. 급경사 바윗길로 시작하는 능선길을 따라 1시간 오르면 710봉에 닿는다.

710봉에서 계속 이어지는 능선길을 따라 50분을 더 오르면 넓은 공터 망덕봉에 닿는다.

하산은 오른편 동쪽으로 10분을 내려가면 얼음골재 사거리다.

어름골재에서 오른쪽으로 25분을 내려가면 계곡에 닿고, 계곡을 따라 25분 거리 삼거리에서 오른쪽으로 30분을 더 내려가면 상촌휴게소이다.

금수산까지 계속 산행은 어름골재에서부터 금수산 안내를 따른다.

여행 정보 Tourist Information

자가운전
중앙고속도로 북단양(매포)IC에서 빠져나와 좌회전⇒500m에서 우회전⇒700m에서 좌회전⇒갑오고개 넘어 82번 지방도에서 좌회전⇒300m 청풍대교 북단 삼거리에서 좌회전⇒약 10km에서 좌회전⇒1km 상천휴게소 주차장

대중교통
동서울터미널에서 제천행 버스 이용, 제천에서 1일 4회(05:40 06:40 12:20 16:20) 운행하는 상천리행 버스 이용, 상천리 종점 하차. 제천에서 1일 23회 운행하는 청풍행 버스 이용, 청풍에서 상천리까지 택시 이용.
청풍택시
043-648-0502

숙식
백운산장식당(일반식)
제천시 수산면 상천1길 42
043-9493-1034

장평가든(식당, 민박)
제천시 청풍면 청풍호로 54길 14-9
043-743-0151

한울림식당(일반식)
단양군 적성면 상학1길 161
043-423-990

명소
충주호
옥순대교

수산장날 5일 10일

월악산(月岳山) 1092m   덕주봉(德周峰) 893m

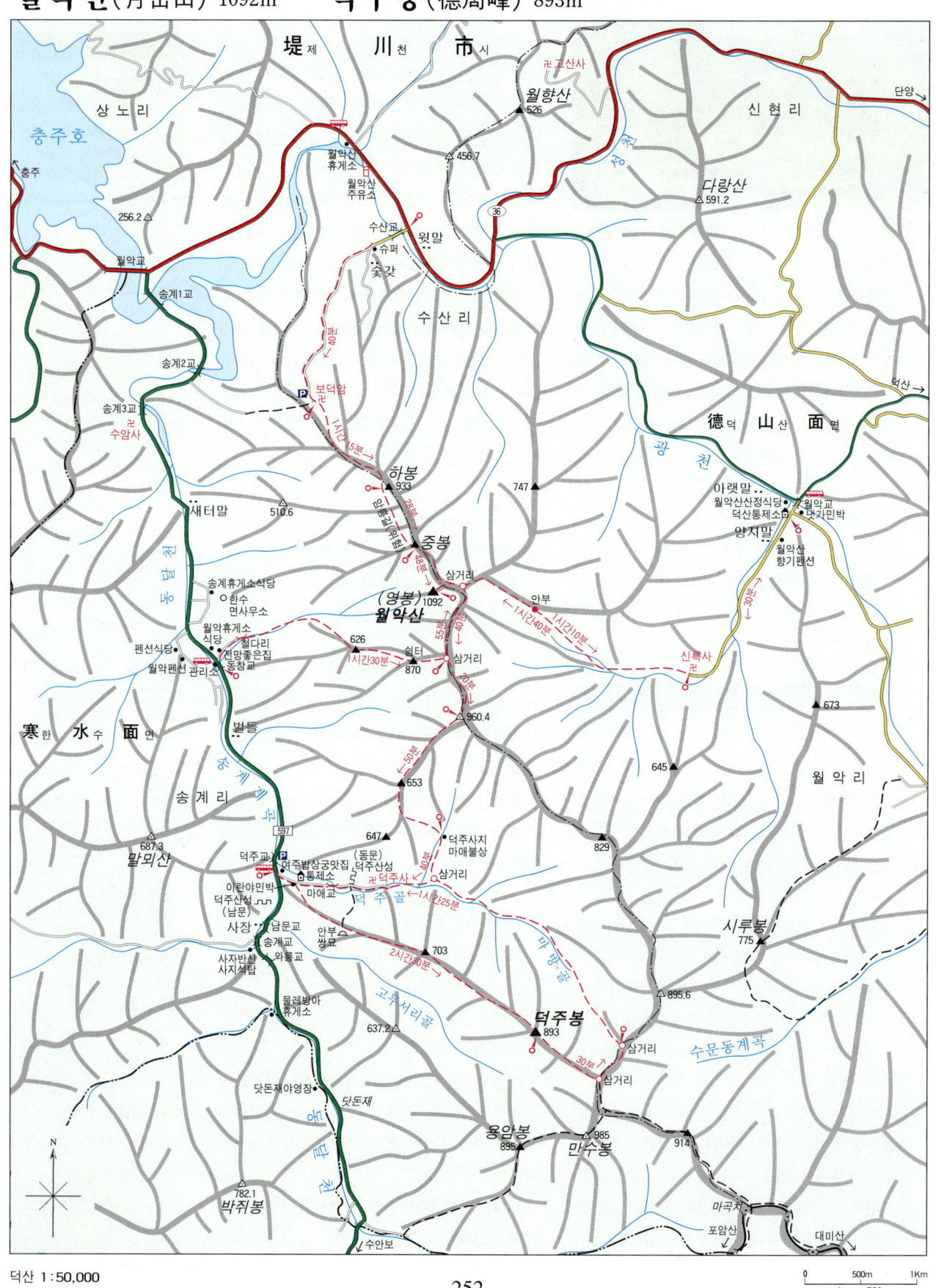

덕산 1:50,000

월악산 · 덕주봉
충청북도 제천시 한수면

월악산(月岳山, 1092m)은 영봉을 중심으로 상봉 중봉 하봉으로 이루어져 있고, 도락산 금수산을 포함하여 1984년 12월 31일 17번째 국립공원으로 지정되었다. 국립공원 내에는 옥순봉 구담봉 상선암 중선암 하선암 사인암 등이 속해 있으며, 마의태자와 덕주공주의 이야기가 얽힌 미륵사지의 석불입상과, 덕주사 마애불을 비롯한 많은 문화재가 산재해 있다.

덕주봉(893m)은 월악산 남쪽 5km 덕주사 동남쪽에 위치한 바위산이다.

등산로 Mountain path

월악산 총 5시간 55분 소요
동창교→90분→삼거리→55분→영봉→40분→삼거리→20분→960.4봉→50분→마애불→40분→덕주교

동창교 통제소에서 동쪽으로 소형차로를 따라 100m 가면 자광사가 있고, 100m 더 가면 첫 번째 철다리를 건너서 산행이 시작된다. 두 번째 세 번째 철다리를 건너면 샘이 있다. 여기서부터 급경사 등산로를 따라 올라가면 전망이 좋은 605봉에 닿는다.

605봉에서 지능선길을 따라 870봉 쉼터를 거쳐 오르면 월악산 영봉이 올려다 보이는 송계삼거리 헬기장에 닿는다. 동창교에서 1시간 30분 거리다.

삼거리에서 북쪽 영봉을 향해 20분을 올라가면 신륵사 갈림길이 나온다. 갈림길에서 왼쪽 비탈길을 따라가면 바로 갈림길이다. 갈림길에서 왼쪽 철계단길로 오르면 영봉(월악산)정상에 닿는다. 신륵사갈림길에서 35분 거리다.

영봉에서 조망은 충주호 일대와 포암산 대미산 소백으로 이어지는 백두대간이 펼쳐진다.

하산은 올라왔던 송계삼거리로 되 내려간다. 송계삼거리에서 남릉을 따라 20분가면 960.4봉 삼거리이다.

삼거리에서 오른쪽 길을 따라 내려가면 653봉을 지나서 왼쪽 계곡으로 이어진다. 철계단을 내려서 비탈길을 내려가면 마애불에 닿는다. 960.4봉에서 50분 거리다.

마애불에서부터는 평탄한 계곡길로 이어져 덕주산성터를 지나면 덕주사에 닿는다. 덕주사에서부터 소형차로를 따라 15분 거리에 이르면 통제소를 지나 덕주휴게소에 닿는다

* 북쪽 수산리 보덕암 코스는 수산1리 수산교를 건너 쑥갓마을 가게 오른쪽 삼거리에서 왼쪽(보덕암안내판) 소형차로를 따라 40분을 가면 주차공간을 지나서 보덕암에 닿는다.

보덕암에서 왼쪽으로 난 등산로를 따라 올라가면 하봉 아래에 닿는다. 여기서 오른쪽 비탈길로 이어져 돌아올라 가다가 절벽 험로를 통과하면 중봉에 오르게 된다. 오른쪽 절벽길은 쇠줄로 안전설치를 하였으나 조심해야한다. 중봉을 지나면 비탈길로 가다가 신륵사 삼거리전에 오른쪽 철계단을 오르면 월악산 정상이다. 수산교에서 4시간 소요.

덕주봉 총 5시간 40분 소요
덕주교→150분→덕주봉→30분→주능선→15분→삼거리→85분→덕주교

덕주사 입구 이란야민박집에서 오른쪽 안테나 옆으로 난 밭과 지능선 사이로 난 길을 따라 70m 가량 가면 오른쪽 골로 길이 이어져 10분 거리에 지능선 쌍묘가 있는 안부에 닿는다.

쌍묘에서 동쪽 산죽길로 들어서 5분을 가면 성터가 나오고 이어서 바윗길이 시작된다. 외길인 지능선을 따라 오르면 연속해서 바윗길을 오르내리며, 휴게소에서 2시간 30분을 오르면 덕주봉 정상에 닿는다.

하산은 계속 동릉을 타고 15분을 가면 주능선 삼거리에 닿는다. 삼거리에서 왼편 북쪽으로 15분을 가면 덕주골 삼거리가 나온다. 삼거리에서 왼편 서쪽으로 내려가면 계곡에 닿고, 계곡길을 따라 1시간 25분을 내려가면 덕주사를 거쳐 덕주교에 닿는다.

여행 정보 Tourist Information

자가운전
중부내륙고속도로 괴산IC에서 빠져나와 좌회전⇒19번국도 500m에서 좌회전⇒19번 국도 6km 삼거리에서 우회전⇒약 2km 수안보휴게소 삼거리에서 좌회전⇒36번국도 15km에서 우회전⇒597번 지방도 5km 동창교 주차.

대중교통
동서울터미널에서 1일 8회 운행하는 수안보, 송계리행 버스 이용, 송계 종점 하차.
충주에서 1시간 간격으로 운행하는 내송계행 222번 246번 버스 이용, 동창교 하차.
수산리 코스는 제천에서 1일 5회 운행하는 송계행 버스 이용, 수산교 하차.

식당
월악산휴게소식당
제천시 한수면
미륵송계로 1564
043-653-7801

여주밥상궁맛집(일반식)
한수면 미륵송계로 1354
043-651-1949

이란야펜션식당(일반식)
한수면 미륵송계로2길 14
043-653-3008

숙박
자연산천가든펜션
제천시 한수면
미륵송계로3길 64-25
043-651-5500

명소
덕주사
미륵사지

수안보장날 1일 6일

박달산(朴達山) 824.7m   주월산(舟月山) 507m

충주 1:50,000

박달산 · 주월산 충청북도 괴산군 장연면, 감물면

돌탑이 쌓인 주월산 정상

박달산(朴達山, 824.7)은 괴산군 일대의 산들이 대부분 암산인데 비해 박달산은 육산으로 이루어져 있고, 산세가 완만하여 누구나 부담 없이 오를 수 있는 산이다.

주월산(舟越山, 507m)은 느릅재를 사이에 두고 동쪽은 박달산 서북쪽은 주월산이다. 산길이 능선을 따라 길게 이어져 있고, 능선 양편을 내려다보면서 아기자기한 능선길 산행이 매력적이다.

등산로 Mountain path

박달산 총 4시간 3분 소요
느릅재→60분→745봉→30분→박달산→13분→동골재→80분→방곡삼거리

중부내륙고속도로 괴산IC가 있는 장연면 방곡리 사거리에서 괴산 방면 19번 국도를 타고 약 4km 가면 감물면으로 넘어가는 느릅재가 나온다. 느릅재 남쪽 편에 박달산 안내판이 있고 안내판 오른쪽으로 등산로가 있다. 밭 오른쪽으로 난 등산로를 따라가면 숲길로 접어들어 낙엽송 지역이 시작되며 지능선으로 등산로가 이어진다. 경사진 지능선 길을 따라 오르면 소나무가 많은 능선길로 이어진다. 순수한 흙길을 따라 1시간을 오르면 헬기장이 있는 745봉에 닿는다.

745봉에서부터는 주능선이 동쪽으로 휘어진다. 완만한 동쪽 주능선을 따라 30분을 가면 박달산 정상이다. 정상은 삼각점이 있고 20 여 평의 공터로 되어 있다. 주변이 높은 산이 없어서 사방이 다 내려다보인다.

하산은 동쪽 주능선을 따라 13분을 내려서면 동골재 갈림길이 나온다.

갈림길에서 왼편 북쪽으로 내려가면 동골계곡으로 하산길이 이어져 계곡길을 따라 1시간을 내려가면 밭이 나온다. 밭에서부터는 농로를 따라 20분을 내려가면 방곡리 마을회관을 지나서 방곡 삼거리에 닿는다.

주월산 총 2시간 40분 소요
느릅재→50분→주월산→50분→간곡마을

느릅재에서 서쪽 편으로 보면 주월산표시가 있다. 주월산 표시 옆으로 산길을 따라 10분을 가면 전주이씨 묘를 지나고, 14분을 가면 안부를 지나서 첫 번째 봉우리에 닿는다. 첫 봉우리에서 등산로는 오른쪽으로 휘어져 10분 거리에 이르면 바윗길로 이어지다가 전망이 빼어난 산불감시초소가 나온다. 산불초가 있는 지점이 주월산에서 가장 경치가 빼어난 곳이다.

초소에서 동릉을 따라 가면 바위 양쪽으로 길이 있는데 오른쪽은 위험하므로 왼쪽으로 가야한다. 바위 왼쪽으로 가면 안부를 지나서 16분을 올라가면 작은 돌탑이 있는 주월산 정상이다.

하산은 계속 동쪽 능선길을 따라 내려간다. 동쪽으로 2분 거리 공터에서 오른쪽 능선을 타고 내려간다. 오른쪽 능선을 따라 5분을 내려가면 쉼터가 나오고 급경사가 시작된다.

급경사 하산길을 따라 13분을 내려가면 갈림길이 나온다. 갈림길에서 어디로 가도 10분 거리에 다시 합해진다. 갈림길에서 오른쪽으로 가면 급경사 지그재그로 내려가며 10분을 내려가면 다시 합 길이 나오고, 5분 더 내려가면 주월령으로 가는 도로에 닿는다. 여기서 오른쪽으로 5분 내려가면 간곡마을이다.

여행 정보 Tourist Information

자가운전
중부내륙고속도로 괴산IC에서 빠져나와 간곡삼거리에서 우회전⇨3km 거리 느릅재 주차, 또는 방곡리 하산지점에 주차.

대중교통
동서울터미널에서 연속 운행하는 충주행고속버스 이용, 충주에서 방곡 경유 장현행 버스(1시간 간격) 이용, 방곡 하차. 방곡~느릅재(3.5km) 구간은 버스 편이 없으므로 지나는 차편을 이용하거나 걸어가야 한다.

식당
주막거리(일반식)
괴산군 장연면 미선로 1386
043-832-5989

박달산가든(일반식)
괴산군 장연면 충민로 1545
043-832-1150

숙박
향나무식당(일반식)
충주시 수안보면 온천중앙길 33-6
글로리아호텔 앞
043-864-2813

문강온천
충주시 살미면 팔봉로 1061
043-847-0229

명소
문경새재

괴산장날 3일 8일
수안보장날 1일 6일

속리산(俗離山) 1057.7m

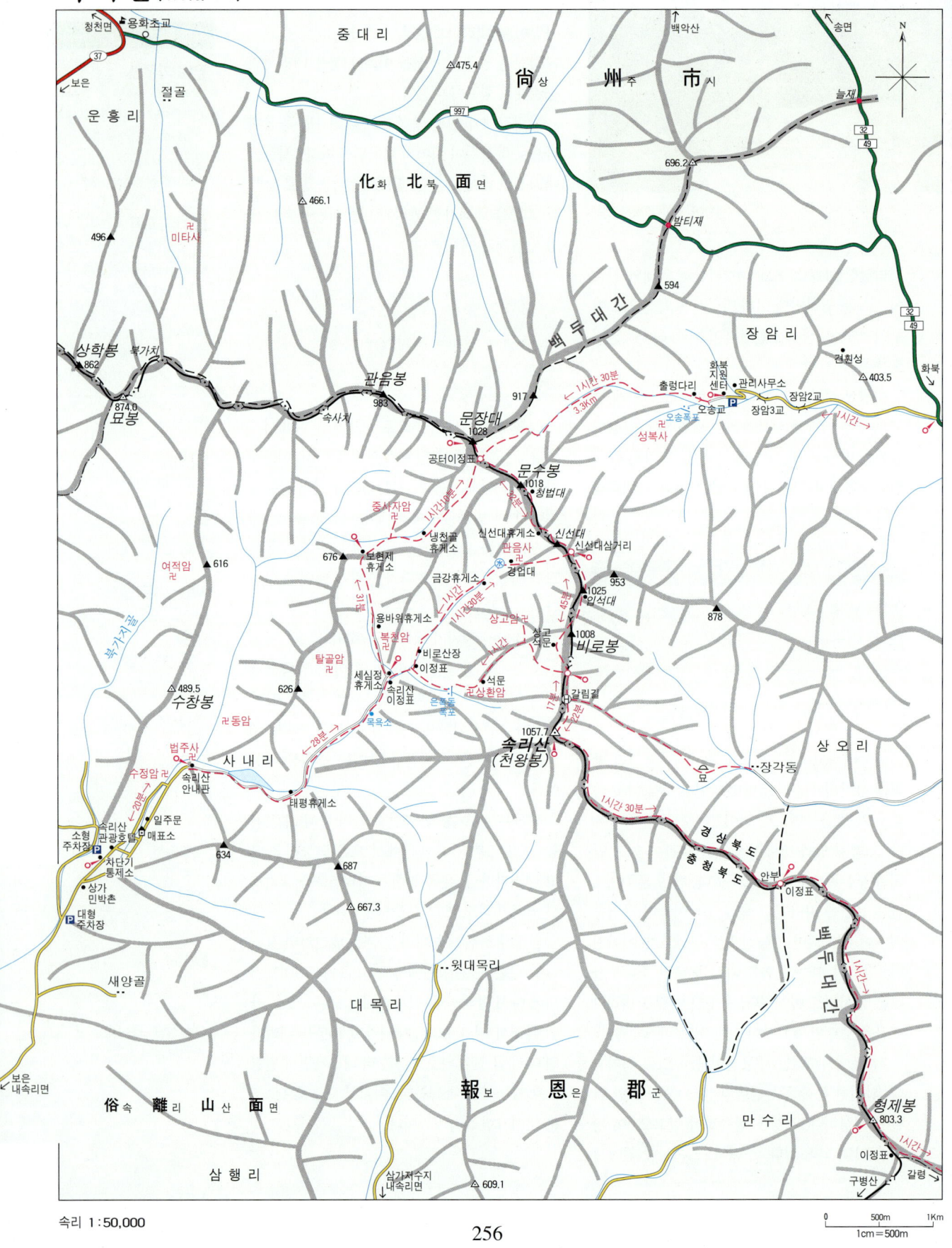

속리산

충청북도 보은군 · 경상북도 상주시

속리산을 상징하는 문장대

속리산(俗離山, 1057.7m)은 남쪽의 형제봉에서 북쪽으로 천왕봉 문장대 밤티재 늘재까지 주능선이 백두대간이다. 서쪽 등산로 입구에는 천년고찰 법주사가 자리하고 있고 정이품소나무가 있으며 우리나라 6번째 국립공원이로 지정되었다.

문장대는 항상 구름 속에 묻혀 있다 해서 운장대라 불렀는데 세조가 속리산에서 요양을 하고 있을 때 이 영봉에 올라보니 삼강오륜을 명시한 책 한 권이 있어 그 자리에서 책을 읽으며 강론을 펼쳤다하여 문장대라 부르게 되었다고 한다.

등산로 Mountain path

속리산 총 7시간 43분 소요

소형주차장→20분→법주사→28분→세심정→31분→보현제휴게소→70분→문장대→32분→신선대삼거리→45분→석문갈림길→22분→천왕봉→17분→석문갈림길→60분→세심정→48분→소형주차장.

대형주차장에서 1km 가면 차단기가 있고 왼편에 소형주차장이 있다. 차단기를 통과하여 산책로를 따라 매표소 일주문을 통과하면서 20분을 가면 법주사입구 삼거리다.

삼거리에서 오른쪽 소형차로를 따라 28분을 가면 세심정휴게소 삼거리다.

삼거리에서 왼쪽 소형차로를 따라 15분을 가면 용바위골휴게소가 나온다. 여기서부터 등산로를 따라 16분을 올라가면 보현제휴게소가 나오고, 15분을 더 가면 중사자암 갈림길이 나온다. 갈림길에서 20분을 올라가면 냉천골마지막휴게소가 있다. 휴게소를 지나서부터 등산로는 경사를 이루면서 30분을 오르면 주능선 공터 사거리에 닿는다.

공터에서 왼쪽으로 5분을 가서 철계단을 오르면 거대한 암봉 문장대에 선다. 남쪽으로 백두대간을 따라 속리산 주능선이 집체만한 바위들로 수를 놓은 듯이 천왕봉까지 이어진다.

문장대에서 하산은 올라왔던 공터사거리로 되내려와서 남쪽 주능선을 따라 천왕봉을 향해 간다. 공터 이정표에서 천왕봉 방면 주능선을 따라 가면 평지와 같은 길로 이어져 27분을 가면 신선대휴게소에 닿고 휴게소에서 계속 비탈길을 따라 5분을 가면 신선대 삼거리가 나온다.

신선대 삼거리에서 오른쪽으로 1시간 내려가면 세심정휴게소에 닿는다.

신선대삼거리에서 계속 남쪽 주능선을 따라 가면 입석대 비로봉을 우회하면서 45분을 가면 석문삼거리가 나온다. 여기서 왼쪽 주능선을 따라 22분을 오르면 천왕봉이다.

천왕봉에서 하산은 올라왔던 22분 거리 석문삼거리로 되돌아간다.

석문삼거리에서 왼편 서쪽으로 내려서면 능선으로 가다가 8분을 내려가면 작은 계곡에 닿는다. 여기서부터 비탈길로 이어져 6분 거리에 이르면 상고암 200m 이정표가 있는 갈림길이 나온다. 갈림길에서 다시 3분 내려서면 또 상고암 300m 갈림길이 또 나온다. 여기서부터 지능선으로 이어져 12분을 내려가면 계곡에 닿으면서 다시 계곡 오른쪽 비탈길로 이어진다. 비탈길을 따라 5분 거리에 이르면 바위구멍을 통과하고, 다시 10분을 내려가면 상현암 갈림길이 나온다. 갈림길을 뒤로하고 비탈길을 따라 10분을 내려가면 신선대로 가는 삼거리가 나온다. 삼거리에서 5분을 더 내려가면 세심정휴게소 삼거리에 닿는다.

여기서부터 올라왔던 산책로를 따라 48분을 내려가면 법주사를 지나 소형주차장에 닿는다.

여행 정보 Tourist Information

자가운전
당진상주 간 고속도로 속리산IC에서 빠져나와 좌회전⇒25번 국도를 타고 약 7km 거리에서 속리산 이정표를 보고 우회전⇒속리산 이정표를 따라 약 6km 중판삼거리에서 우회전⇒약 2km 상판삼거리에서 좌회전⇒약 3km 속리산 소형주차장.

대중교통
(동서울-속리산 1일 12회)
(남서울-속리산 1일 3회)
(대전-속리산 1일 17회)
(청주-속리산 1일 26회)
(수원-속리산 1일 4회)
(부천-속리산 1회 06:50)
(안산-속리산 1회 08:30)

식당
문장대식당(자연버섯전골)
보은군 속리산면
법주사로 244
043-543-3655

산야초식당(산채)
보은군 속리산면
법주사로 258-4
043-543-1136

약초식당(신토불이)
보은군 속리산면
법주사로 258-5
043-543-1433

숙박
아람호텔
보은군 속리산면 사내2길 78-8
043-543-3791-2

항아리민박
보은군 속리산면 사내1길 85-3
043-542-0356

명소
법주사
화양계곡

보은장날 5일 10일

흑성산(黑城山) 504m　태조봉(太祖峰) 420m　성거산(聖居山) 573m

흑성산 · 태조봉 · 성거산 충청남도 천안시, 성거읍, 옥천읍

흑성산(黑城山, 504m) · **태조봉**(太祖峰, 420m) · **성거산**(聖居山, 573m)은 천안시 동쪽편에 남북으로 길게 이어진 산이다. 서기 930년 고려태조 왕건이 친히 이곳에 올라 오룡쟁주의 지세를 살피고 천안도독부를 설치하여 삼국통일의 전진기지로 삼았다.

금북정맥인 주능선은 북쪽 성거산에서 서남쪽으로 능선을 이루면서 태조봉 흑성산으로 이어진다. 정상에는 통신탑이 있고 흑성산 남쪽 기슭에는 독립기념관이 자리하고 있다.

산세가 완만하고 험로가 없으며 등산로는 다양한 편이므로 취향에 따라 산행을 할 수 있다.

주요 산행코스는 시내 쪽에서 체육곡원 청소년수련원 각원사 독립기념관 목천 성거읍 방면 등이 있다.

종주산행은 남쪽 독립기념관에서 흑성산에 먼저 오른 다음, 북쪽 주능선을 타고 태조산 대머리봉 만일재 성거산을 경유하여 북쪽 천흥리 성거읍으로 하산한다.

등산로 Mountain path

흑성산-태조봉-성거산
총 7시간 23분 소요

독립기념관→80분→흑성산→80분→
태조봉→20분→대머리봉→63분→
만일재→30분→성거산→38분→
대원정사→42분→성거읍

독립기념관 주차장 끝 북쪽 매표소입구 오른쪽 도로 삼거리에서 왼쪽으로 도로를 따라 10분을 가면 삼거리가 나온다. 삼거리에서 왼쪽 순환도로를 따라 20분 거리에 이르면 오른편에 (흑성산 가는 길 표시 코스 1052m)가 나온다. 이곳이 흑성산 등산기점이다.

표시가 있는 오른쪽 산길로 올라서면 작은 능선에 삼거리가 나온다. 삼거리에서 왼쪽으로 간다. 왼쪽 길을 따라 올라가면 완만한 길로 올라가다가 점점 경사진 길로 이어져 50분을 올라가면 흑성산 정상에 닿는다.

흑성산에서 오른편 북쪽으로 이어진 주능선을 따라 30분을 가면 임도를 만난다. 임도를 가로질러 15분을 가면 아홉사리고개다. 아홉사리고개를 지나서 계속 주능선을 따라 35분을 가면 태조봉 정상에 닿는다.

태조봉에서 계속 북쪽 주능선을 따라 20분을 가면 삼거리 대머리봉에 닿는다.

대머리봉 삼거리에서 오른편 북쪽 주능선을 따라 21분을 가면 왼편 각원사로 가는 갈림길이다. 갈림길을 지나서 3분을 가면 왼쪽은 호서대학 왼쪽은 약수터 가는 사거리가 나온다. 사거리에서 북쪽으로 6분을 가면 상명대 갈림길이다.

갈림길에서 오른쪽 주능선을 따라 13분을 가면 걸마고개 사거리에 닿고 사거리를 통과하여 주능선을 따라 20분을 가면 만일고개사거리에 닿는다. 왼쪽은 청흥저주지 오른쪽은 목천읍 송전리길이다.

만일고개에서 동쪽 주능선을 따라 올라가면 바로 급경사로 이어져 30분을 오르면 성거산 표지석이 있는 삼거리 봉에 닿고, 오른쪽으로 조금 가면 바위가 있는 성거산 정상이다.

성거산에서 하산은 표지석이 있는 삼거리로 되돌아가서 오른편 능선을 따라 2분을 내려가면 안부에 묘가 있고 삼거리다. 안부에서 왼쪽으로 내려서면 길은 오른편 비탈길로 이어진다. 3분 거리에 이르면 지능선으로 이어지다가 6분을 내려가면 일대가 내려다보이는 전망대가 나온다. 전망대를 내려서 5분을 내려가면 하산길은 두 갈래로 갈린다. 왼쪽은 능선길로 돌아 하산길이고, 오른쪽은 계곡 쪽으로 하산하게 되어 계곡에서 다시 만나게 된다. 북쪽 오른편 길을 따라 내려가면 계곡으로 이어져 22분 거리에 이르면 대원정사에 닿는다.

대원정사에서부터는 소형차로가 이어진다. 12분을 내려가면 천흥저수지 삼거리에 닿고, 오른편으로 2km 30분 거리에 이르면 성거읍 버스 정류장에 닿는다.

여행 정보 Tourist Information

자가운전
경부고속도로 목천IC에서 빠져나와 직진⇨독립기념관 이정표를 따라 약 3km 독립기념관 주차장. 각원사 방면은 천안IC에서 빠져나와 우회전⇨1km에서 우회전⇨약 2km 각원사 주차장.

대중교통
천안버스터미널에서 독립기념관행 3번 버스를 타고 독립기념관 종점 하차.
각원사 방면은 천안역에서 102번 버스를 타고 각원사 종점 하차.
대머리봉 체육공원 쪽은 시내버스가 없다.
천안역-성거읍 구간은 10분 간격으로 버스가 있다.

숙식
안서동
옛날청국장
천안시 동남구 각원사길 191
041-568-9683

호당골순두부
천안시 동남구 각원사길 153
041-556-5181

엠파이어모텔
천안시 동남구 각원사길 187-14
041-564-2025

성거읍
참좋은집(한우)
천안시 서북구 성거읍 망향로 756
041-553-6291-2

참나무장작구이(오리)
천안시 서북구 성거읍 성거길 86
041-522-5292

병천장날 1일 6일

광덕산(廣德山) 699.3m   망경산(望京山) 600.1m

광덕산 · 망경산
충청남도 아산시 송악면, 천안시 광덕면

넓은 광덕산 정상

광덕산(廣德山. 699.3m)은 아산시 동쪽에 위치한 공원 같은 산이다. 부드럽고 완만한 산세에 교통이 편리하여 가족 산행으로 적합한 산이다. 광덕산 남쪽 광덕리에는 신라 진덕여왕 6년(652년) 자장이 창건한 광덕사가 있고 호두나무가 처음 전래된 곳이다.

산행은 강당리 버스종점에서 361봉 주능선을 따라 광덕산 정상에 오른다. 하산은 북쪽 장군바위 사거리에서 왼쪽은 강당리, 오른쪽은 광덕사 하산길이고, 직진은 망경산 길이다.

망경산(望京山. 600.1m)은 광덕산에서 동북쪽 능선으로 이어져 약 4km 거리에 위치한 순수한 육산이다. 산행은 수철리에서 능선을 타고 망경산에 오른 후 넋티고개로 하산한다.

등산로 Mountain path

광덕산 총 4시간 9분 소요
강당골주차장→27분→능선→52분→
광덕산→25분→장군바위→60분→
삼거리→25분→강당골주차장

강당골 마지막 주차장 안내도에서 이정표를 따라 27분을 올라가면 지능선에 닿는다.

지능선에서 11분을 올라가면 산불초소를 지나고, 완만하게 이어지는 지능선을 따라 11분을 오르면 대피소를 지나 임도에 닿는다. 임도에서 오른쪽 30m 거리에서 왼쪽 능선으로 이어지는 등산로를 따라 가면 완만하게 이어지다가 급경사로 변해지면서 30분을 올라가면 넓은 공터 광덕산 정상이다.

정상에서 동북쪽 길은 장군바위 망경산 방면이며, 서남쪽 길은 능선으로 이어져 광덕사로 하산길이다. 광덕산 정상에서 망경산 방면 동북쪽 주능선을 따라 6분 거리에 이르면 왼쪽으로 이마당약수터로 하산길이 있고, 계속 주능선을 따라 19분을 가면 장군바위 사거리가 나온다.

사거리에서 왼쪽으로 1시간 내려가면 장군샘을 지나 계곡 삼거리에 닿고, 25분을 더 내려가면 강당골 주차장이다. 장군바위 사거리에서 오른쪽으로 내려가면 안산마을 광덕사를 경유하여 1시간 내려가면 광덕리 주차장이다.

망경산 총 2시간 40분 소요
안세일마을 입구→45분→임도정자→
25분→망경산→30분→넋티고개

안세일 입구에서 17분을 가면 구암주식회사 정문이다. 정문에서 다리를 건너 8분을 가면 보암쑥공장이 나온다. 쑥공장 왼쪽 등산로를 따라 8분을 올라가면 지능선 삼거리에 닿는다. 지능선에서 오른쪽 능선을 따라 4분을 가면 갈림길이다. 갈림길에서 계속 지능선을 따라 8분을 올라가면 임도와 정자를 만난다.

정자에서 임도를 가로 질러 능선을 따라 25분을 올라가면 넓은 공터 망경산 정상에 닿는다.

하산은 넋티고개로 한다. 동쪽으로 난 지능선 길을 따라 12분을 내려가면 꼬부라지는 지점이 나온다. 여기서 왼쪽으로 하산길이 꼬부라지고 급경사를 이루면서 8분을 내려가면 묘를 지나고 10분을 더 내려가면 넋티고개에 닿는다.

* 광덕산에서 망경산까지 종주산행은 광덕산 정상에서 북동쪽 주능선을 타고 25분을 가면 장군바위가 나오고, 장군바위에서 40분을 가면 설화산 삼거리에 닿는다. 삼거리에서 북동쪽 능선을 따라 30분을 가면 망경산이다.

망경산에서 하산은 망경산 하산길을 참고한다.

여행 정보 Tourist Information

자가운전
경부고속도로 천안IC에서 빠져나와 아산 방면 21번 국도를 타고 광덕산은 아산시내 닿기 전에 21번(신) 국도로 진입, 4km에서 39번 국도로 좌회전 ⇨1.5km 송악면에서 좌회전⇨2km 강당골 주차장.
망경산은 아산시내에서 남쪽 배방면 방면 623번 지방도를 타고 수철리 안세일마을 주차.

대중교통
장항선 전동열차 이용, 온양온천역 하차.
광덕산은 온양온천역에서 강당골행(120번) 버스 이용, 강당골 종점 하차.
망경산은 수철리행(172번) 버스 이용, 수철2리(안세일) 하차.
광덕사 쪽은 천안역에서 광덕사행 30분 간격 버스 이용.

식당
강당골
송림계곡식당(일반식)
아산시 송악면 강당로 258번길 4
041-544-6976

시골밥상가든(일반식)
송악면 강당로115번길 10
041-544-7157

온양
일미식당(한정식)
아산시 온천대로 1436-10
041-542-2096

온천
온양관광온천
아산시 온천대로 1459
041-540-1500

명소
외암민속마을
현충사

칠갑산(七甲山) 560m

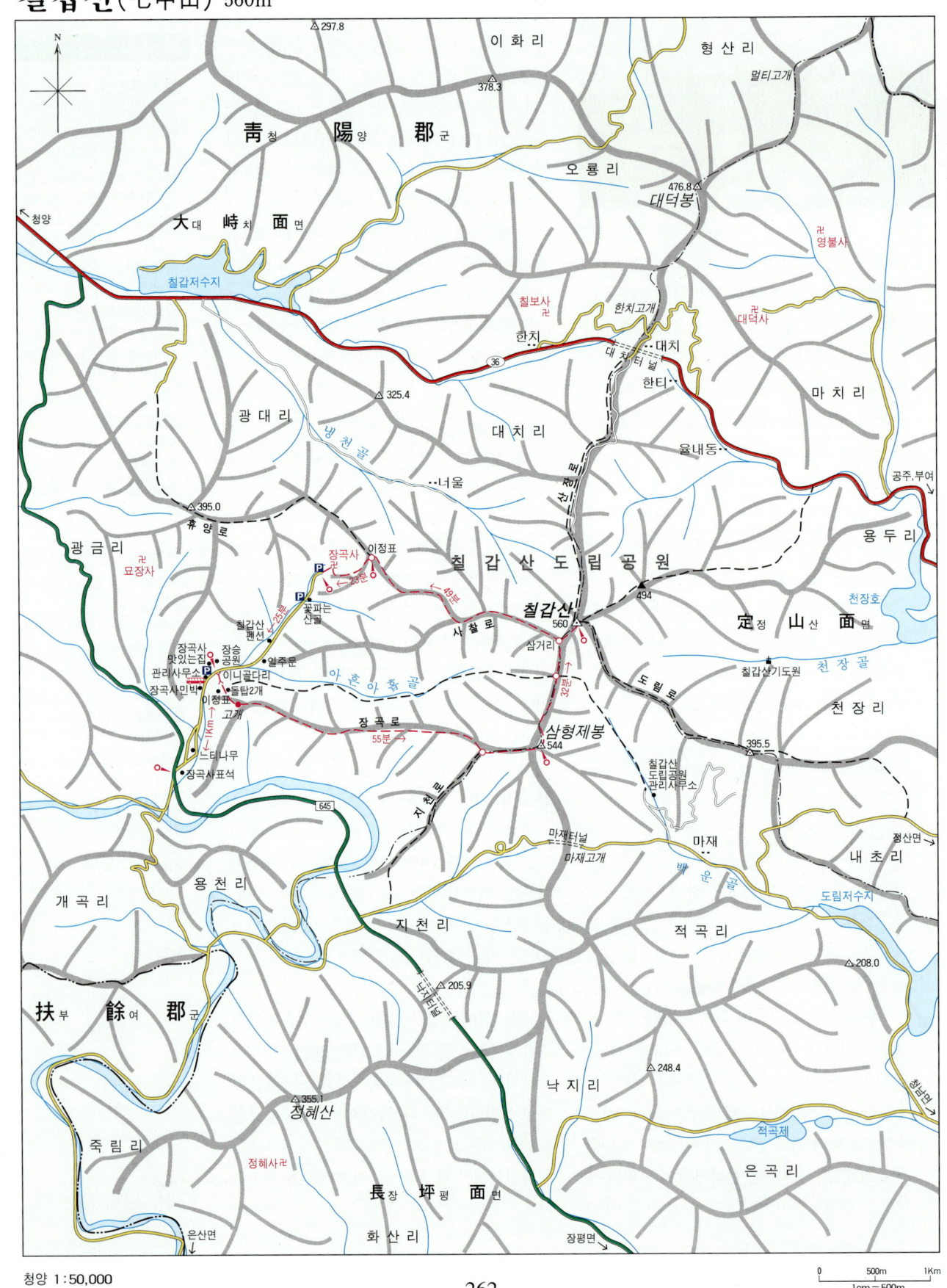

자연속에 그림 같은 칠갑산 장곡사

칠갑산 충청남도 청양군 대치면, 장평면, 정산면

칠갑산(七甲山. 560m)은 산세가 완만하고 경치가 빼어나 전국에서 많은 인파가 몰리는 명산이다. 칠갑산 노래로도 유명한 산이며 1973년 충청남도 도립공원으로 지정되었다.

칠갑산 서쪽 장곡리 산기슭에는 장곡사가 자리하고 있고 장승공원이 조성되어 있다. 봄이면 진달래가 많아 아름다운 경치를 이루고 있고 산세가 완만하고 험한 곳도 없으며 산행시간도 3~4시간 정도면 다녀올 수 있으므로 가족 산행지로 매우 좋은 산이다.

칠갑산을 오르는 등산로는 사방에서 오를 수 있게 등산로가 잘 정비 되어 있다. 하지만 대부분 교통이 편리한 장곡사가 있는 서쪽 대치면 장곡리를 기점 또는 하산점으로 한다.

산행은 장곡리에서 칠갑산을 바라보고 오른편 능선 장곡로를 타고 정상에 오른 뒤, 왼편 능선 사찰로를 따라 장곡사로 원점회귀 산행이다.

그외 동쪽 광대리 칠갑산 휴양림에서 휴양로, 북쪽 대치리 칠갑정에서 산장로, 동쪽 정산면 천장리에서 천장로, 동남쪽 장평면 도림리 도림사에서 도림로 , 남쪽 장평면 지천리에서 지천로 등 다양한 등산로가 있다.

칠갑산 산행은 사계절 다 가능하지만 특히 눈이 있는 겨울산행도 큰 어려움 없이 산행을 할 수 있으므로 겨울 산행지로 좋은 산이다.

등산로 Mountain path

칠갑산 총 4시간 4분 소요

주차장→55분→삼형제봉→32분→
칠갑산→49분→삼거리→23분→
장곡사→25분→주차장

청양에서 장평간 645번 지방도를 따라가면 장곡교 건너기 전에 대치면 장곡사 입구 삼거리가 나온다. 삼거리에서 장곡사 표지석이 있는 동북쪽 도로를 따라 1.5km 들어가면 칠갑산 관리사무소가 있는 주차장이다. 주차장 북쪽 끝 지점에 칠갑산 안내도가 있다. 안내도 오른쪽 도로에서 장곡사 쪽으로 100m 거리에 이르면 오른쪽으로 아니골다리다. 아니골다리를 건너 50m 거리 삼거리에서 오른쪽으로 5m 가면 돌탑 두 개가 있고, 등산로 이정표가 있다. 여기서부터 삼형제봉까지 칠갑산 장곡로 등산로이다.

돌탑을 통과하여 나무계단 길을 따라 8분을 오르면 주능선에 닿는다. 주능선에서 왼쪽능선으로 장곡로가 이어진다. 주능선 길은 잘 다듬어진 완만한 능선로 이어져 45분을 올라가면 오른쪽 지천로에서 올라오는 길과 합쳐져 삼형제봉에 닿는다.

삼형제봉에서 왼편 북쪽 주능선을 따라가면 왼쪽 장곡골 쪽으로 두 번 갈림길이 있고, 직진하여 능선에 올라서면 사찰로 주능선삼거리에 닿는다. 사찰로 삼거리에서 오른쪽으로 5분을 가면 칠갑산 정상이다. 정상은 광장으로 사방이 막힘이 없다.

정상에서 하산은 서쪽 사찰로, 휴양로, 북쪽 산장로, 동쪽 천장로, 도림로, 서쪽 장곡로 등 다양한 길이 있다.

주요 하산은 동쪽 사찰로를 따라 장곡사를 경유하여 다시 주차장으로 원점회귀 산행이다. 장곡사를 향해 올라왔던 5분 거리 동쪽 삼거리로 다시 내려간 다음, 삼거리에서 오른쪽 주능선 사찰로를 따라 내려간다. 사찰로는 완만하고 잘 다듬어져 있고, 이정표가 잘 배치되어 있어서 길 잃을 염려도 없으며 49분을 내려가면 갈림길이 나온다.

갈림길에서 왼쪽 길로 간다. 왼쪽 장곡사 방면 길을 따라 23분을 내려가면 장곡사에 닿는다. 장곡사에서부터는 차도를 따라 25분(2.2km) 거리에 이르면 일주문 장승공원을 지나서 주차장에 닿는다.

여행 정보 Tourist Information

자가운전
서해안고속도로 보령IC에서 빠져나와 동쪽 36번 국도를 타고 대치면 삼거리에서 우회전⇨645번 지방도를 타고 대치면 장곡교 전 장곡사 팻말에서 좌회전⇨1.5km 주차장. 천안논산간고속도로 공주IC에서 빠져나와 청양 방면 36번 국도를 타고 정상사거리에서 좌회전⇨39번 국도를 타고 장평 삼거리에서 우회전⇨645번 지방도를 타고 대치면 장곡교를 건너 1km에서 우회전⇨1.5km 장곡사주차장.

대중교통
서울 남부터미널, 천안, 대전에서 청양행 버스 이용, 청양에서는 1일 3회 (08:10 12:40 15:20) 출발 칠갑산 도립공원을 한 바퀴 도는 순환버스 이용, 칠갑산 장곡사 하차.
순환버스 청양 출발-칠갑산주차장-천장호-도림리-지천리-장곡주차장-휴양림 입구-칠갑산 주차장.

식당
장곡사맛있는집(일반식)
청양군 대치면 장곡길 119-19
041-943-5911

숙박
칠갑산식당(펜션)
청양군 대치면 장곡길 147
041-943-7211

장곡마을 민박
청양군 대치면 장곡리
041-943-8866

명소
장곡사

칠갑산휴양림
041-943-4510

서울근교 250산

지 은 이   신명호
펴 낸 이   장인행

인   쇄   2014년 11월 15일
발   행   2014년 11월 20일

펴 낸 곳   깊은솔
주   소   서울특별시 종로구 진흥로 439번지(구기동 인왕빌딩 301호)
전   화   02-396-1044(대표) / 02-396-1045(팩스)
등   록   제1-2904호(2001. 8. 31)

ⓒ 신명호, 2014
HP. 010-8652-3966

ISBN 978-89-89917-44-1 13990

값 18,000원

• 인지는 저자와의 협의에 의하여 생략합니다.
• 본 도서는 저작권등록이 되어있습니다.
  따라서 본 도서의 무단복제·전재·전송 행위는 저작권법에 의해 처벌받게 됩니다.
• Printed in Seoul, Korea